Kleinkunststücke
Eine Kabarett-Bibliothek in fünf Bänden
Herausgegeben von Volker Kühn

KLEINKUNSTSTÜCKE

Band 4

Wir sind so frei
Kabarett in Restdeutschland
1945–1970

Herausgegeben von Volker Kühn

QUADRIGA

Die Deutsche Bibliothek – CIP-Einheitsaufnahme

Kleinkunststücke : eine Kabarett-Bibliothek in 5 Bänden / hrsg. von Volker Kühn. – Weinheim ; Berlin: Quadriga.
NE: Kühn, Volker [Hrsg.]
Bd. 4. Wir sind so frei. – 1992

Wir sind so frei : Kabarett in Restdeutschland 1945–1970 / hrsg. von Volker Kühn. – Weinheim ; Berlin : Quadriga, 1992
(Kleinkunststücke ; Bd. 4)
ISBN 3-88679-164-5
NE: Kühn, Volker

Lektorat: Harro Schweizer
Satz: Satz- und Reprotechnik GmbH, 6944 Hemsbach
Druck: Druckhaus Beltz, 6944 Hemsbach
Umschlaggestaltung: Manfred Manke
Printed in Germany
ISBN 3-88679-164-5

INHALT

POSITIV DAGEGEN

AUF GEDEIH UND VERDERB

DAS KABARETT IST TOT – ES LEBE!

VORWORT

Kabarett nach 1945 – das war ein Neubeginn in mehrfacher Hinsicht. Als sich nach dem Ende der Nazi-Diktatur die Schubladen derer öffneten, die wie Erich Kästner im braunen Deutschland unter Lebensgefahr ausgeharrt hatten, um ihrer Chronistenpflicht nachzukommen, stellte sich heraus, daß diese Schubladen leer waren. Zu unbeschreiblich war das, was sich da ab 1933 in Deutschland ereignet hatte; die Sprache – auch sie befleckt vom Blut der unschuldigen Opfer und stumpf geworden ob der Mordlust der Peiniger, die ihre Kommandos immerhin in der Sprache Goethes und Lessings gebellt hatten – versagte sich offenbar gegenüber den Ereignissen von Auschwitz und Treblinka.

So begann das Kabarett nach 1945 traditionslos, geschichtslos und ohne Vorbilder, an denen es sich hätte schulen und messen können. Es schlug sich wacker, und die Bedingungen waren gut bis ideal. Westdeutschland, das sich als Restdeutschland verstand – ein Musterländle wie aus dem Werbeprospekt – oberflächenbehandelt, sauber-sauber, Talmi und Tinnef. Ein Stoff für Satire, sollte man meinen, dieses moderne Märchen vom geschlagenen Volk, das sich durch Wind und Wetter zur Vorzeigemannschaft eines Flaggschiffs emporkämpft und bald wieder zeigt, wo's langgeht; die Mär vom braven deutschen Michel, vom gelehrigen Musterknaben, der sich zum gehätschelten Wunderkind mausert und seine Lektion gelernt hat – Haste was, dann biste was. Kein schlechter Stoff.

Die Geschichte des Nachkriegskabaretts, die hier in seinen Texten dokumentiert wird, ist auch die Geschichte der Satire in schwerer Zeit. Es herrschten paradiesische Zustände: Man lebt im freiheitlichsten Staat, der je auf deutschem Boden existierte, man darf endlich alles sagen, kritisch und polemisch zur Sache kommen. Natürlich hat alles seine Grenzen, sagen die, an denen sich Kritik und Polemik entzünden. Paradiesische Zustände: Der Ruf nach dem Staatsanwalt ist unmodern geworden, Unliebsames läßt sich anderweitig aus der Welt schaffen, Kritisches wird weggelächelt, schlimmstenfalls zu Tode umarmt. Ein Stoff für Satire?

Über ihre Möglichkeiten und Grenzen angesichts solcher Umfeldbedingungen hat sich auch Heinrich Böll immer wieder den

Schreiberschädel zerbrochen. Ende der fünfziger Jahre – er hatte gerade »Doktor Murkes gesammeltes Schweigen« veröffentlicht – kam es zwischen uns zu einem Briefwechsel über die Frage, was Satiren im Nachkriegsdeutschland noch auszurichten vermögen. Böll, der Satiriker, der als Volkshumorist gefeiert wurde, war deprimiert: »Ich habe sehr viel darüber nachgedacht«, schrieb er mir damals, »ob die Satire überhaupt noch eine Waffe ist, gerade angesichts des Erfolges von Dr. Murke; niemand fühlt sich offenbar durch diese Geschichten getroffen oder gar betroffen, und vielleicht wäre es besser, Ohrfeigen auszuteilen, als es auf diese Weise zu versuchen; alles wird hierzulande zu einem Markenartikel...« Und weiter: »Was die ›Erfolglosigkeit‹ der Satire betrifft – dasselbe betrifft auch das Kabarett: Sie finden im Kom(m)ödchen, das wirklich ausgezeichnet gemacht ist, auch böse und aggressiv, als beste Kunden immer die Leute, die eigentlich vor Wut aufschreien müßten. Gewiß hängt es mit dem sogenannten Formalismus zusammen: das Kom(m)ödchen ist ›formal‹ so gut, daß man den Inhalt kaum noch ernst nimmt; aber es ist eine ernste Frage, auch für einen Schriftsteller, ob er die Form vernachlässigen, sein Kaliber vergröbern sollte, um seiner Wirkung sicherer zu sein... Eines Tages werden wir die Ohrfeige als Mittel wählen müssen, ich sehe keinen anderen Ausweg – oder vielleicht muß man jemand Bier ins Gesicht schütten...«

Die Ohrfeige, von der Böll sprach, teilte Beate Klarsfeld aus, ihr Objekt war Kanzler Kiesinger, der lediglich das Parteibuch, CDU statt NSDAP, zu wechseln brauchte, um sich zu staatlicher Allmacht-Repräsentanz im sogenannten Vierten Reich empordienern zu können. Es blieb nicht bei dieser Ohrfeige.

Und die Satire? Sie verließ die Schriftsteller-Stuben und machte sich selbständig, ging zu APO-Zeiten auf die Straße und gab sich in den klamaukigen Polit-Klamotten der Kommunarden-Clowns um Fritz Teufel zu erkennen. Für kurze Zeit fand sie im Kabarett-Keller bei Neuss und anderen einen vorübergehenden Unterschlupf. Oder sie flüchtete sich in die Realsatire, die im sprachlosen Schwätzertum der Politiker zu neuem Leben erwachte. Als literarische Spezies jedenfalls, wie sie einst Tucholsky vorgeschwebt hatte, wenn er forderte, sie müsse einfach alles dürfen, hat sie mit der Befriedung des rebellischen 68er-Protestes fürs erste abgedankt. Zeit für Gründerjahre.

Schmitten, im September 1992 Volker Kühn

Der Spuk ist aus

Am Ende steht der Neubeginn

Unsere Aufgabe kann nicht
in unserer Aufgabe bestehen.

Werner Finck

Deutschland 1945 – der Spuk ist aus. Das tausendjährige Reich liegt zerschmettert am Boden, und mit ihm sind, wie es der Teutonenwahn wollte, die Städte in Schutt und Asche versunken. Als die Überlebenden aus den noch rauchenden Trümmern ins Freie kriechen, sehen sie vor sich eine Steinwüste, ganze Landschaften sind ausradiert. Es herrschen Hunger, Entbehrung, Elend. Aber erst allmählich wird das gesamte Ausmaß der Katastrophe deutlich, die über fünfzig Millionen Menschenleben gefordert hat.

Doch die Menschen lassen sich nicht unterkriegen. Das Gefühl, noch einmal davongekommen zu sein, stärkt den Überlebenswillen und mobilisiert restliche Kraftreserven der Ausgehungerten für einen Aufbruch ins Ungewisse. Und der Heißhunger bezieht sich auch auf das, was man zwölf Jahre lang entbehren mußte: das freie, kritische Wort. Schauspieler, Musiker und Kabarettisten, die es bei Kriegsende irgendwo in die Provinz verschlagen hat, tun sich zusammen und organisieren erste Kleinkunst-Abende. Da die Theater größtenteils zerbombt und ausgebrannt sind, ist Improvisation gefragt, bei den alliierten Behörden gehen über tausend Anträge auf Erteilung einer Kabarett-Konzession ein. Bereits im Mai 1945 gibt es in Berlin und anderswo die ersten Brettl-Premieren, einen Monat später ist auch Willi Schaeffers mit seinem *Kadeko* wieder da, im Herbst trägt der todkranke Wolfgang Borchert in Hamburg Kleinkunst-Verse vor – überall in deutschen Landen wird aus dem Nichts heraus an provisorischen Podesten gezimmert, auf denen endlich wieder zu sehen und zu hören ist, was der Faschismus mundtot gemacht hatte: Kabarett.

Auf dem Programm stehen die Texte derer, die von der Nazi-Barbarei zum Verstummen gebracht worden waren, die der Verbannten, Verbotenen, Vertriebenen und Verbrannten: Tucholsky und Weinert, Klabund und Ringelnatz, Mühsam und Mehring. Vieles von dem, was da aus vergrabenen Bücherkisten wieder ans Licht gebracht wird, wirkt wie für den Tag geschrieben: Zeitkritik von vorgestern, deren düstere Warnungen im Trümmer-Deutschland eine späte Rechtfertigung erfahren. Aber auch die Klassiker kommen zu Wort: Baudelaire, Villon, Matthias Claudius.

Der Rückgriff auf Vergangenes geschieht nicht ganz unfreiwillig, denn es zeigt sich bald, daß die Nazis mehr ausgelöscht hatten als das Leben so vieler prominenter Kabarettisten, die aus politischen oder rassischen Gründen verfolgt worden waren. Da war eine ganze Tradition unterbrochen, und die Autoren, die, wie

Kästner, in die innere Emigration gegangen waren, wie man das damals nannte, hatten nur leere Seiten vorzuweisen. Das Unfaßbare eines Schreckens-Regimes, das Terror, Gewalt und Massenmord über eine Kulturnation gebracht hatte und weitgehend von der Mehrheit der Deutschen geduldet, wenn nicht gar unterstützt worden war, entzog sich offenbar der literarischen Aufarbeitung an Ort und Stelle, spottete ganz offensichtlich jeder Beschreibung selbst durch die Satire; vor dem Maßlosen, so hat es den Anschein, streckt selbst die Kunst der Überzeichnung die Waffen.

Als Rudolf Schündler, der im Sommer 1945 mit den Vorbereitungen für ein neues politisch-literarisches Kabarett beschäftigt ist, in München auf Erich Kästner trifft, glaubt er sein Projekt gesichert; aber der Dichter muß ihn enttäuschen, außer ein paar wohlklingenden Epigrammen hat er nichts vorzuweisen. So einigt man sich schließlich auf Vorgestriges aus Kästners Feder. Als sich das Münchner Kabarett im August 1945 der Öffentlichkeit mit seinem »Ersten Schritt« vorstellt, tritt Schündler als *Schaubuden*-Besitzer mit Kästner-Versen aus dem Jahr 1928 vor den Vorhang: »Wir sind die kleinen Erben großer Übeltäter...«

Aber bereits ein halbes Jahr später gehört Kästner zu den Haupttextern der *Schaubude*, sein »Marschlied 1945«, mit dem Ursula Herking ebenso trotzig wie programmatisch den Überlebenswillen der Davongekommenen beschwört, gilt als der eigentliche Neubeginn des deutschen Nachkriegskabaretts: »Wir hab'n ja den Kopf noch fest auf dem Hals.« In der Folgezeit verfaßt Kästner für das *Münchner Brettl*, wie seinerzeit zu Anfang der Dreißiger, moralische Appelle an den gesunden Menschenverstand; er plädiert für die Rückführung der Kriegsgefangenen, klagt bei den Österreichern die Mitschuld am Faschismus ein, agitiert gegen das Militär: »Der Satiriker«, schreibt er in dieser Zeit, »stellt die Dummheit, die Bosheit, die Trägheit und verwandte Eigenschaften an den Pranger. Er hält den Menschen einen Spiegel, meist ein Zerrspiegel, vor, um sie durch Anschauung zur Einsicht zu bringen.« Daß es dabei weniger um Abrechnung mit der Vergangenheit, eher um leicht larmoyant vorgetragenes Selbstmitleid geht, deckt sich weitgehend mit der Haltung des Publikums: Die Zeiten der »Schnurrbart-Majestät« sind gottlob vorbei, wie und warum es dazu kommen konnte – nichts Genaues weiß man nicht.

Weniger literarisch als bei der *Schaubude* geht es bei den kabarettistischen Neugründungen zu. Die jungen Schriftsteller, Schauspieler und Studenten, die ernüchtert aus dem Krieg heimgekehrt waren und sich, wie in Bad Reichenhall die *Hinterbliebenen*, zu einem Kabarett zusammentun, setzen sich direkter, beherzter, entschiedener und zugleich radikaler mit der Wirklichkeit, mit Vergangenheit und Gegenwart auseinander als die alten Profis der einstigen *Katakombe* und des *Kadeko*. Sie wollen auch die Abrechnung mit der Väter-Generation, wollen keine Erben, sondern eher Testamentsvollstrecker sein.

Als die *Hinterbliebenen*, die als Reise-Kabarett durch die Lande tingeln wollen, im Sommer 1945 damit beginnen, »unter den Trümmern auch nach den Resten des aktuellen Brettls zu graben, fanden sie«, so ihr Mitbegründer Heinz Hartwig, »wahrhaft nur noch einen Leichnam. Der Geist, der einstmals die teure Tote überhaupt erst zum Lebewesen gemacht hatte, war entwichen in diesem Lande. Aufgegeben. Abgegeben. Die historischen Stätten, in denen einst das Kabarett geatmet hatte, waren zerstört; die Menschen, die es gepflegt hatten, dahingegangen oder verstreut in alle Winde; die Literatur, von der es ehedem zehrte, verbannt und vernichtet; der Mut, der es einmal auszeichnete, gebrochen; selbst die bescheidensten Voraussetzungen einer Wiederbelebung unerfüllbar. Das war die Situation, als einige unentwegte Männer und Frauen in dem Bemühen um eine kabarettistische Veranstaltung erkannten, daß sie nicht an der Wiege, sondern an der Bahre eines geliebten Kunstzweiges standen. Daß es nur noch darum gehen konnte, das Testament zu vollstrecken, Erinnerungen zu bewahren und den Glauben an ein Wiedersehen mit dem literarischen Kabarett in einer ferneren besseren Welt durch die Zwischenzeit aufrechtzuerhalten.«

Ähnlich denken kritische Geister, die in den Großstädten wie Berlin und Leipzig wieder Kabarett spielen wollen, die einen neuen Ton suchen, die weniger unterhalten als vielmehr aufrütteln wollen. Nach all den Jahren, in denen das Kabarettistische zur seichten Unterhaltung und Durchhaltepropaganda verkommen war, kann endlich wieder Klartext gesprochen und politisch Dampf abgelassen werden – wenn auch unter den kritischen Blikken der alliierten Kontrolloffiziere.

Im ausgebombten Hamburg, wo Lotar Olias zur Jahreswende seine *Bonbonniere* eröffnet, in der auch die Lebensmüden, die Desillusionierten und die vom Schicksal Betrogenen auf die Bühne treten, um gegen die Schatten der Vergangenheit zu kämpfen, schreibt ein bereits vom Tode Gezeichneter nieder, was nicht nur die Kabarettisten in diesem Jahr bewegt: Nie wieder!

Horst Lommer

Der Spuk ist aus

Mai 1945

Heraus, heraus aus Bunkern und Kasernen!
Zerbrecht die Ketten, werft die Waffen fort:
Und laßt uns schwören bei den ewgen Sternen:
Nie wieder Krieg! Nie wieder Massenmord!

Heraus, heraus aus Kellern und aus Schächten!
Zum Licht empor, das in die Zukunft weist:
Nie wieder soll das Hakenkreuz uns knechten!
Nie wieder der verfluchte Preußengeist!

Sie rasten durch die Welt wie wilde Tiere
Und boten grinsend Deutschlands Ehre feil:
Die blutbefleckten Hitleroffiziere,
Die Bonzen mit dem fahlen Henkerbeil!

Ihr, die ihr heimkehrt aus dem großen Morden,
Seht euch nur um in Hitlers Drittem Reich:
Ganz Deutschland ist ein Haufen Dreck geworden,
Entstellt von Wunden und von Sorgen bleich.

Vergeßt sie nicht, die Hitlerkreaturen,
Die Herrn aus Wehrmacht, Wirtschaft, Staat, Partei,
Die bis zuletzt in dicken Wagen fuhren
An Hunger, Elend, Not und Tod vorbei.

Vergeßt sie nicht, des Führers Lieblingsgäste
Aus Wissenschaft, aus Kunst- und Filmbetrieb,
Den Amtsarzt nicht, der euch zur Rüstung preßte,
Den Zeitungsschmierer, der für Hitler schrieb!

Sie saßen fett an vollen Beutetischen
Mit ihren Weibern aus der Frauenschaft.
Laßt diese Hitlerhuren nicht entwischen!
Ihr schwüler Glaube gab dem Bluthund Kraft.

Den deutschen Namen haben sie geschändet,
Die halbe Welt zerstört mit Brand und Mord,
Verführt die Jugend und das Volk verblendet,
In Kot erstickt das freie deutsche Wort.

Wir Deutschen haben vieles gutzumachen:
Aus unsrer Mitte kam die Nazipest.
Die Stunde schlägt! Jetzt gilt es aufzuwachen!
Und wehe dem, der sie verrinnen läßt!

Nicht jene, die das Ritterkreuz erworben
Aus Hitlers Hand im wüsten Nazistreit, –
Die für die Freiheit im KZ gestorben,
Das sind die wahren Helden unsrer Zeit.

Wir grüßen sie in Ehrfurcht und geloben,
An unser Werk zu gehn zu ihrem Ruhm,
Und schwören bei den ewgen Sternen droben:
Nie wieder Krieg! Nie wieder Nazitum!

FERDINAND MAY

Der rote Mohn

Vor den Stacheldrähten blüht der rote Mohn,
Achtlos tritt der Posten ihn mit seinen Füßen.
Über diesen Hügeln lacht der Sommer schon,
Kommen Mädchen an die Zäune, uns zu grüßen.

Kommen Frauen, die in ihrer scheuen Hand
Brote bringen, die nach unsren Äckern schmecken.
Und sie sehn erschüttert unsres Hungers Brand,
Sehn, wie wir nach trocknem Brot die Hände recken.

Vor den Stacheldrähten brennt der rote Mohn,
Doch noch wilder, heißer brennen Heimwehqualen.
Über diesen Hügeln reift die Ernte schon…,
Heimat, weißt du auch, für wessen Schuld wir zahlen?

Werner Finck

Beim Ziegelputzen zu singen

Wer hat dich, mein Vaterland,
Abgewrackt bis zum Verschrotten?
Ach, es rosten nur Klamotten,
Wo die schönste Heimat stand!

Deutscher Ruhm und deutscher Klang,
Deutscher Glaube, deutsche Treue...
Alles hin. Es geht die Reue
Einsam auf den Stimmenfang.

Alle Habe, alles Geld
Ging mit diesem Krieg zu Ende.
Wer's noch hat, reibt sich die Hände,
Die er früher steil gestellt.

Leergebrannt liegt Stadt für Stadt.
Welche Hausse in Ruinen!
Aber was wir dran verdienen,
Ist die Schuld, die keiner hat.

Erich Kästner

Elegie

Es ist im Leben häßlich eingerichtet,
Daß nach den Fragen Fragezeichen stehn.
Die Dinge fühlen sich uns keineswegs verpflichtet;
Sie lächeln nur, wenn wir vorübergehn.

Wer weiß, fragt Translateur, was Blumen träumen?
Wer weiß, ob blonde Neger häufig sind?
Und wozu wächst das Obst auf meterhohen Bäumen?
Und wozu weht der Wind?

Wir wolln der Zukunft nicht ins Fenster gaffen.
Sie liegt mit der Vergangenheit zu Bett.
Die ersten Menschen waren nicht die letzten Affen.
Und wo ein Kopf ist, ist auch meist ein Brett.

Wir werden später jung als unsre Väter.
Und das, was früher war, fällt uns zur Last.
Wir sind die kleinen Erben großer Übeltäter.
Sie luden uns bei ihrer Schuld zu Gast.

Sie wollten Streit. Und uns gab man die Prügel.
Sie spielten gern mit Flinte, Stolz und Messer.
Wir säen Gras auf eure Feldherrnhügel.
Wir werden langsam. Doch wir werden besser!

Wir wollen wieder mal die Tradition begraben.
Sie saß am Fenster. Sie ward uns zu dick.
Wir wollen endlich unsre eigne Aussicht haben
Und Platz für unsern Blick.

Wir wollen endlich unsre eignen Fehler machen.
Wir sind die Jugend, die an nichts mehr glaubt
Und trotzdem Mut zur Arbeit hat. Und Mut zum Lachen.
Kennt ihr das überhaupt?

Beginnt ein Anfang? Stehen wir am Ende?
Wir lachen hunderttausend Rätseln ins Gesicht.
Wir spucken – pfui, Herr Kästner – in die Hände
Und gehn an unsre Pflicht.

Lotar Olias

Das ganze Leben ist ein Karussell

Der Heimkehrer:
Im Jahre 18 war ich schon in Rußland interniert,
Und 40 ham se mich nochmal neun Jahre angeschmiert.
Heut find ich keine Bleibe nich von Hamburg bis Köln-Deutz.
Ich pfeif auf alles in der Welt, auch auf das Rote Kreuz.
  Das ganze Leben ist ein Karussell,
  Man kommt nicht kommt nicht kommt nicht
  Kommt nicht von der Stell.

Der Schieber:
Ich schob schon unter Wilhelm zwo mit Speck und Schweine-
Und unter Adolf hatten wir ganz schöne Zeiten auch, [bauch,
Dann standen wir im Ami-Sold, Pall Mall und Penicillin,
Und mit der Fahne schwarz-rot-gold, da wer'n wir auch verdien'.
  Das ganze Leben...

Der Jugendliche:
Warum se mich geboren ham, das weiß ich selber nicht.
Ich klaute Kohlen bei der Bahn und kam vor's Schnellgericht.
Mein Alter sagt: Wähl SPD. Mein Meister sagt: Tu's nie,
Denn nächstes Mal, da klappt's nicht mehr mit der Jugendamnestie.
  Das ganze Leben...

Der Militarist:
In meinem Haus hängt an der Wand das Bild von Majestät.
Wir kamen leider letztes Mal mit dem Atom zu spät.
Die Jugend unsres Volkes ist soldatischen Geschlechts.
Ein Hundsfott, wer nach Osten blickt. Der Zug der Zeit ist rechts.
  Das ganze Leben...

Die Dirne:
Ich tingelte als Tänzerin zehn Jahr mit KdF,
Mein Freund war Obergruppenscheich, nun sind die Sterne wech.
Heut laufe ich die ganze Nacht, doch keiner nimmt mich hin,
Denn auch bei der Besatzungsmacht liegt heute nichts mehr drin.
  Das ganze Leben...

Der Diplomat:
Ich bin wie Meißner und Herr Schacht als Diplomat versiert,
Und habe schon zu Hitlers Macht mit Clay korrespondiert.
Heute geh ich auf den Bonner Strich und hab die beste Chance.
Gesinnung ist veränderlich. Honni soit qui mal y pense.
  Das ganze Leben...

Der Dichter:
Ich bin ein armer Literat und denk, daß auf der Welt
Doch irgendwo und irgendwann ein Stern vom Himmel fällt.
Mein Hauswirt schmiß mich gestern raus. So wichtig ist das nicht.
Ich saß die Nacht im Wartesaal und schrieb euch dies Gedicht.
  Das ganze Leben ist ein Karussell,
  Man kommt nicht kommt nicht kommt nicht
  Kommt nicht von der Stell.

Heinz Hartwig

Ein Landser kehrt heim

So, hier mach ick aba Pause;
Heute ha'ck jenuch jelatscht.
Denk ick an den Wech nach Hause
Bin ick richtichjehnd jeklatscht.
Siebenhundert Kilometa!
Mit die Stiebeln, mit den Rock!
Na, for'n Tippelbruder jeht'a.
Ha ick nich'n feinen Stock?

Jestan ham se mir entlassen:
Untaschütze Meier drei.
Und nu loof ick uff de Straßen
Und bejreife: Ick bin frei!
Frei von allet. Nach sechs Jahre,
Die ne Ewichkeit erschien'n.
Und ick kenn bloß noch die Frare:
Wie komm ick nu nach Berlin...

Na, det wird sich allet finden,
Soll da wo ne Jrenze je'm,
Da kann man so nachts vaschwinden...
Für een Landser keen Problem.
Wenn ick mehr zu fressen hätte,
Wär det Loofen nich so schwer.
Oda mal ne Zijarette...
Wenn'ck bloß erst zuhause wär!

Ob se denn noch uff mir warten?
Ob noch meine Bude steht,
Und mein kleena Schreberjarten?
Und wie et woll Muttan jeht?
Erwin muß nu ooch schon jroß sein.
Ob mir der so wiederkennt?
Ville wird ja nich mehr los sein,
Is ja allet abjebrennt.

Ach, ick zittre vor die Stunde
Nu seit ville Wochen schon.
Die vafluchten Himmelhunde!
Aba redn wa nich davon.
Ick muß hin. Ick muß et wissen.
Janz ejal wie't aussehn dut;
Wenn ick bloß die Trude finde,
Denn is allet wieda jut. – –

Da kommt eena um de Ecke:
Muß ick mit, det is mein Mann.
»Hallo Kumpel! Lange Strecke,
Miede Beene! Halt ma an!«
Wie? – Ach so, det wa son Feina...
Muß ma erst'n Frack anziehn.
Na ick seh schon: Unsaeina
Kommt erst weiter in Berlin.

Na machts jut, ick muß jetzt wandan.
Janz egal. Ich muß jetzt hin.
Scheenen Jruß ooch an die andan.
Mensch! Vastehste? Nach Berlin!

Wolfgang Borchert

Janmaaten

In der Kombüse kreist die Buddel.
Es spukt ein toller Kuddelmuddel
Um rote und um grüne Positionslatüchten:
Janmaaten spinnen Seegeschichten.
Sogar der Halbmond geht im Hafen
Vor Anker und dreht sachte bei.
Der Schiffsjung kann nicht schlafen,
Die Nutten girren am Kai.
Die Nacht legt einen Silbernebel
Auf Masten, Tau und Segel.
Es schlägt halb zwei. Da kräht ein Hahn.
Vielleicht war's auch der Klabautermann.

Hellmuth Krüger

Hereinspaziert!

Hereinspaziert! Hier ist die Bestie gezähmt,
Die, gegen Menschen schwer gerüstet,
Sich ihrer guten Taten schämt,
Und sich mit schlechten Taten brüstet.

Hereinspaziert! Die Vorstellung beginnt!
Sie dauert ohne Unterbrechung.
Die Bestie ist immer bös gesinnt,
In ihrer Mordlust kennt sie keine Schwächung.

Hereinspaziert! Die Bude ist geheizt,
Die Fütterung beginnt soeben.
Wer bei der Fütterung den Menschen reizt,
Der wird Unmenschliches erleben!

Heinz Hartwig

Der Hinterbliebenen-Song

Wir stehen hier am Grabe, am Grabe einer Zeit,
Die gestorben und verdorben
Bis in alle Ewigkeit!
Ja, es sind die Reste einer hohlen Geste,
Die hier aufgebahrt, die man hier verscharrt.
Wir erweisen ihr die letzte Ehre!
Wir sind die Hinterbliebenen,
Die hin und her Getriebenen,
Die nach den ungeschriebenen
Gesetzen freier Kunst sich traun,
Den Deckel auf den Sarg zu haun!

Mit einem Troste treten wir unsere Erbschaft an:
Daß Entwichnes und Verblichnes
Nie mehr auferstehen kann.
War doch jene Leiche vom vergangnen Reiche
Ein vorn und hint' totgebornes Kind.
Denn der Geist war längst schon aufgegeben!
Wir sind die Hinterbliebenen,
Die auf und ab Getriebenen,
Die nach den ungeschriebenen
Gesetzen freier Kunst sich freun,
Die Asche in den Wind zu streun!

Aus dieser Asche steige ein Funke himmelwärts,
Der die Zweiheit Friede-Freiheit
Neu entflammt für jedes Herz.
Dies wolln wir bewachen. Dies wolln wir belachen,
Und zwar jetzt und hier. Denn wer bürgt dafür,
Daß wir's morgen noch belachen dürfen?
Wir sind die Hinterbliebenen,
Die ganz und gar Durchtriebenen,
Die nach den ungeschriebenen
Gesetzen freier Kunst sich mühn,
Uns mal zum Denken zu erziehn!

Erich Kästner

Marschlied 1945

In den letzten dreißig Wochen
Zog ich sehr durch Wald und Feld.
Und mein Hemd ist so durchbrochen,
Daß man's kaum für möglich hält.
Ich trag Schuhe ohne Sohlen,
Und der Rucksack ist mein Schrank.
Meine Möbel hab'n die Polen
Und mein Geld die Dresdner Bank.
Ohne Heimat und Verwandte,
Und die Stiefel ohne Glanz, –
Ja, das wär nun der bekannte
Untergang des Abendlands!
　Links, zwei, drei, vier, links, zwei, drei –
　Hin ist hin! Was ich habe, ist allenfalls:
　Links, zwei, drei, vier, links, zwei, drei –
　Ich habe den Kopf, ich hab ja den Kopf
　Noch fest auf dem Hals.

Eine Großstadtpflanze bin ich,
Keinen roten Heller wert.
Weder stolz noch hehr noch innig,
Sondern höchstens umgekehrt.
Freilich, als die Städte starben,
Als der Himmel sie erschlug,
Zwischen Stahl- und Phosphorgarben –
Damals warn wir gut genug.
Wenn die andern leben müßten,
Wie es uns sechs Jahr geschah –
Doch wir wollen uns nicht brüsten,
Dazu ist die Brust nicht da.
　Links, zwei, drei, vier, links, zwei, drei –
　Ich hab keinen Hut. Ich habe nichts als:
　Links, zwei, drei, vier, links, zwei, drei –
　Ich habe den Kopf, ich habe den Kopf
　Noch fest auf dem Hals!

Ich trag Schuhe ohne Sohlen.
Durch die Hose pfeift der Wind.
Doch mich soll der Teufel holen,
Wenn ich nicht nach Hause find.
In den Fenstern, die im Finstern
Lagen, zwinkert wieder Licht.
Freilich nicht in allen Häusern.
Nein, in allen wirklich nicht.
Tausend Jahre sind vergangen
Samt der Schnurrbart-Majestät.
Und nun heißt's: Von vorn anfangen!
Vorwärts marsch! Sonst wird's zu spät!
  Links, zwei, drei, vier, links, zwei, drei –
  Vorwärts, marsch, von der Memel bis zur Pfalz!
  Links, zwei, drei, vier, links, zwei, drei –
  Denn wir hab'n ja den Kopf, denn wir hab'n ja den Kopf
  Noch fest auf dem Hals!

LOTAR OLIAS

Prosit Neuanfang!

Prosit 1946!
Nach den Jahren der Bewegung oder besser gesagt:
Nach den bewegten Jahren ist Ruhe eingetreten.
Nimm aus dem Spind die letzten roten Beeten,
Und schleppe auch das Molkebier herbei.
Und laßt uns Neujahr feiern ohne Pauken und Trompeten
Mit Heinrich Heine und der Lorelei.
Denn niemand weiß sowieso vorher, was es bedeuten soll. Das Alte ist gestürzt, das Neue liegt noch in Handschellen. Zieht euch die Narrenkappe über beide Augen, laßt euch auch weiter Maulschellen verpassen und träumt dabei eure deutschen Träume. Wir sind zur Zeit das Volk der Gräber und der Schrebergärtner, denn was der eine eingräbt, das gräbt der andere wieder aus. Der eine gönnt dem andern nicht seinen Mist vor der Tür. Alle haben sie Angst, daß eines Tages Gras darüber wachsen könnte.

Hier habt ihr nun den Komposthaufen 1946 vor euch. Es ist alles drin, was wir uns wünschen: schwarze Erde, auf Karren zu verschieben, gut durchsiebt nach jeder Richtung hin, dann schwer belasteter Marschboden, Torfspreu, den die Masse des Kompostes aktiv durchgeknetet hat, und dann wieder leichter Boden, sogenannte Krümel, die am Rande mitliefen...
Und wenn das alles noch einmal gut durchgedrillt wird, dann ist zu erwarten, daß dieser Mist 1946 etwas mehr Kalorien hervorbringt: Rüben, so groß wie Nissenhütten und Puffbohnen, die bis in den Himmel ranken – Fahnenstangen haben wir ja noch in jeder Größe genug da.

Drum pflanzt mehr Bohnen. Aber möglichst weise,
An braunen und an blauen schluckten wir uns arm und krumm.
Pflanzt Bohnen diesseits und auch jenseits von der Neiße,
Vielleicht kommt dann der gleiche Ton, wenn auch von hintenrum.

Liebe Kollektiv-Vergnügte, Geistgewinnler einst und jetzt, Männer und Leute, Frauen und Jungfrauen, Betschwestern und andere Frömmler, Rebellen, Spießbürger und Genossen! Reden ist Blech, aber Schweigen ist gefährlich! Drum wende ich mich heute, Silvester 1946, an euch: Eintausendneunhundertsechsundvierzig zum ersten, zum zweiten und zum...
Na, was ist los? Bietet keiner mit?

Hans Fritz Beckmann

Das Leben geht weiter

Mach es dich traurig, stimm es dich heiter,
Das Leben geht weiter.
Steig hinauf – fall herab von der Leiter,
Das Leben geht weiter.
Werde zum Dulder, werde ein Streiter,
Das Leben geht weiter.
Dieser Gedanke sei stets dein Begleiter:
Das Leben geht weiter!

Alexander Hunzinger

Himmelfahrt des kleinen Mannes

Entschuldigung – ich bin heut nacht gestorben.
Um punkt halb zehn war meine Dienstzeit um.
Ich hatte mich schon länger drum beworben
Zum Eintritt ins Elysium.

Entschuldigung – ich wollte mich nicht drücken,
Ich werd nicht mehr gebraucht, der Krieg ist aus.
Ich wollt nur noch die Krise überbrücken.
Der kleine Mann geht nun nach Haus.

Entschuldigung – ich wollte avancieren,
Nicht gerade sittlich, sondern nur sozial.
Vielleicht wird mich der liebe Gott lancieren.
Ein kleiner Mann hat schließlich auch sein Ideal.

Entschuldigung – ich war inzwischen oben
Und sah mir die Erlösung aus der Nähe an.
Was glauben Sie – da wird genauso frech geschoben
Wie hier. Und unsereiner kommt auch da nicht an.

Entschuldigung – war das denn auch gelogen?
Die letzten sollen doch die ersten sein.
Selbst nach dem Tode wird man noch betrogen.
Das find ich aber wirklich doch gemein.

Entschuldigung – was nützen die Beschwerden
Im Angesicht der Ewigkeit?
Sei'n Sie mal'n kleiner Mann im Himmel und auf Erden,
Dann sind Sie auch zu jedem Kompromiß bereit.

Entschuldigung – so lieg ich unterm Rasen
Und schweig fein still, und denke dran:
Einmal wird's doch zur Auferstehung blasen,
Und dann, dann steh ich meinen kleinen Mann.
Entschuldigung –

Lotar Olias

Der Schatten

Der Mann Wer bist du?

Der Schatten Dein Schatten.

Der Mann Laß mich zufrieden. Ich will in die Sonne.

Der Schatten Wicht! Das Gesicht der Sonne ist von Blut, Nebeln und Giftgasen verhüllt.

Der Mann Du bist... Mars?

Der Schatten Mars. Jawohl, der Gott, der das Eisen wachsen ließ und die Kriegervereine.

Der Mann Ich bin in keinem Kriegerverein. Ich bin Pazifist.

Der Schatten Narr. Du wartest nur die nächste passende Gelegenheit ab, um wieder mitschießen zu dürfen.

Der Mann Niemals mehr! Schwerer Herzfehler.

Der Schatten Angst. Du hast Angst vor der letzten eisernen Ration.

Der Mann Ration! Hunger! Der Brotkorb! Hoch!

Der Schatten Wie die Fahne, auf die du geschworen hast.

Der Mann Ich habe auf viele Fahnen geschworen.

Der Schatten Umso höher der Brotkorb. Mit Herz und Hand. Ein Dutzend fahrlässiger Offenbarungseide bringen das Herz ins Obdachlosenasyl.

Der Mann Ich gehe. Bereit zum Stempeln.

Der Schatten Ich habe dich gestempelt. Wie jede Maschine in der Fabrik ihren Stempel erhält.

Der Mann Ich bin ein Mensch!

Der Schatten Seit Kain nicht mehr. Lediglich eine gängige Ware. Wie die Schreibmaschine, der Spiralbohrer oder der Tretroller.

Der Mann Du bist ja verrückt. Mein Herz schlägt, meine Pulse klopfen...

Der Schatten Aber unruhig, unregelmäßig und von Lebensangst gejagt.

Der Mann Ich nehme Heilmittel.

Der Schatten Nazidol? Oder Republikzilin?

Der Mann Beides.

Der Schatten Sehr gut. Ein Heilmittel pflegt das andere zu erschlagen. Und der Bazillus triumphiert.

Der Mann Du bist die Pest!

Der Schatten Mehr: Dein böses Gewissen, dein Krieg, deine Seuche, deine Brotkarte, dein Gerücht. Der Mißtrauensarzt deiner pfeifenden Herzpumpe...

Der Mann Satan!

Der Schatten ... oder der Schuttabladeplatz deiner Offenbarungseide und deiner Unfähigkeiten. Inhaber der verdammten Firma »Schraube um Schraube – Wahn um Wahn«.

Der Mann Gib mir ein paar Schrauben für meine defekte Herzpumpe zurück. Ich zahle ab.

Der Schatten Womit?

Der Mann Ich ... will wieder auf eine Fahne schwören.

Der Schatten Du hast bereits geschworen.

Der Mann Wann?

Der Schatten Soeben. Auf meine Fahne.

Der Mann Trägst du denn nicht die Fahne der ausgleichenden Gerechtigkeit?

Der Schatten Nein. Nur die verdammte Fahne der ausstreichenden Gerechtigkeit. Dein Herz ist so vergiftet, daß es seinen Schatten für Licht hält. – Hörst du? Du hast ihn selbst gezeugt, deinen düsteren Schatten, den Marschtritt der Kriege, der Seuchen, der Brotkarten und der Gerüchte.

Der Mann Ich will ihn los sein, den Schatten. Was muß ich tun, um endlich erlöst zu werden?

Der Schatten Wähle bei der nächsten Wahl – mich.

Der Mann Dich?

Der Schatten Ja, mich. Dann geht's nämlich schneller.

Der Mann Schneller?

Der Schatten Ja. Viel schneller.

Der Mann Du würdest sofort auf den Knopf drücken? Sofort?

Der Schatten Sofort. Ich bin ja für die Menschenrechte.

Erich Kästner

Die Jugend hat das Wort

Ihr seid die Ältren. Wir sind jünger.
Ihr steht am Weg mit gutem Rat.
Mit scharfgespitztem Zeigefinger
Weist ihr uns auf den neuen Pfad.

Ihr habt das wundervoll erledigt.
Vor einem Jahr schriet ihr noch »Heil!«
Man staunt, wenn ihr jetzt »Freiheit« predigt
Wie kurz vorher das Gegenteil.

Wir sind die Jüngren. Ihr seid älter.
Doch das sieht auch das kleinste Kind:
Ihr sprecht von Zukunft, meint Gehälter
Und hängt die Bärte nach dem Wind!

Nun kommt ihr gar, euch zu beschweren,
Daß ihr bei uns nichts Recht's erreicht?
O, schweigt mit euren guten Lehren!
Es heißt: Das Alter soll man ehren...
Das ist mitunter, das ist mitunter,
Das ist mitunter gar nicht leicht.

Wir wuchsen auf in eurem Zwinger.
Wir wurden groß mit eurem Kult.
Ihr seid die Ältren. Wir sind jünger.
Wer älter ist, hat länger schuld.

Wir hatten falsche Ideale?
Das mag schon stimmen, bitte sehr.
Doch was ist nun? Mit einem Male
Besitzen wir selbst *die* nicht mehr!

Um unser Herz wirds kalt und kälter.
Wir sind so müd und ohn Entschluß.
Wir sind die Jüngren. Ihr seid älter.
Ob man euch wirklich – lieben muß?

Ihr wollt erklären und bekehren.
Wir aber denken ungefähr:
»Wenn wir doch nie geboren wären!«
Es heißt: Das Alter soll man ehren…
Das ist mitunter, das ist mitunter,
Das ist mitunter furchtbar schwer.

Eckart Hachfeld

Der Fisch-Kongreß

Unter dem Vorsitz des Ungeheuers vom Loch Neß
Tagte der Erste Internationale Fisch-Kongreß.
Außerhalb der amerikanischen Hoheitsgewässer!
– Nichts kennzeichnet den Ernst der Lage besser –!

Der Tintenfisch führte das Protokoll;
Einziger Punkt: »Atombomben auf Bikini-Atoll.«
Und dahinter eine Notiz, eine rote,
»Rund viereinhalb Millionen Tote.«

Zu Anfang gab das Neunauge schlicht
Einen neunfachen Augenzeugenbericht.
Als nächster Redner bat um Gehör
Kaviarfabrikant Baron Friedrich von Stör.

Er begann mit einem kleinen Bonmot:
Er sei gar kein Stören-Fried, – er heiße bloß so!
Er wünsche der Tagung Erfolg und Segen,
Im übrigen seien er und seine Genossen dagegen…

Der Thunfisch rief, man müsse was tun!
Man dürfe nicht ruhn! Man sehe ja nun,
Die Menschheit sei über die Fische empört,
Sonst hätten sie nicht den Krieg erklärt!

Vielleicht sei Amerika entrüstet,
Daß der Schwertfisch noch immer nicht abgerüstet –?
Auch wundre er sich, nach dem, was geschehn,
Den Heilbutt noch in der Gesellschaft zu sehn –!!

Man solle, anstatt noch lange zu fabeln,
Führungsblitztelegramm nach Washington kabeln,
Der Kabeljau brachte der erstaunten Runde
Schon bald darauf die folgende Kunde:

»Fortschritt der Menschheit – man müsse verstehn –
Opfer der Wissenschaft – leider nicht zu umgehn –
Zum Segen der Menschheit – höhre Gewalt –
Gezeichnet: im Auftrag – Gebühren bezahlt...«

Die Versammlung beschloß, den Beschluß zu verstehn
Und den Menschen auch weiter ins Netz zu gehn
Und bei weiteren Bomben, ohne zu klagen,
Zur Menschheitsentwicklung beizutragen...

Nur der Barsch blieb zurück, als die andern gingen,
Und zitierte leise den Götz von Berlichingen...

Karl Valentin

Vater und Sohn über den Krieg

Sohn *zehn Jahre alt* Du, Vata, gell, der Krieg is was Gefährliches?

Vater Freili, des is das Gefährlichste, was es gibt!

Sohn Warum wird dann immer wieder Krieg geführt, wenn er so gefährlich is?

Vater Ja mei! Es heißt halt, so lange es Menschen gibt, gibt es Kriege.

Sohn Gell Vata, wenn a König oder a Kaiser an König oder an Kaiser von einem anderen Land beleidigt, kummt a Krieg?

Vater Na na, – so einfach is des net. Da müssen schon die Kriegsminister und der Kriegsrat gefragt werdn.

Sohn Wenn dann der Herr Kriegsrat den Krieg will, dann kommt a Kriag?

Vater Nein – dann wird erst vorher noch der Reichstag einberufen und die Parteien entscheiden dann über Krieg oder Frieden!

Sohn Sind das solche Parteien, wie die bei uns im Haus wohnen?

Vater Hah! Dummer Bua – das sind politische Parteien, die vom Volk gewählt wurden!

Sohn Wird dann das Volk auch gefragt, ob wir an Krieg wolln oder nicht?

Vater Nein! 's Volk wird nicht gfragt, denn das Volk sind ja die Parteien, weil das Sechzig-Millionen-Volk im Reichstagsgebäude keinen Platz hätte – deshalb hat das Volk seine Vertreter!

Sohn An Hämmerle Maxe sei Vata is aa a Vertreter!

Vater Na, Bua – das is ja nur a Vertreter von einer Zigarettenfabrik.

Sohn Kriagst von dem koane Zigaretten?

Vater Na! In Kriegszeiten braucht man keinen Vertreter, weil die Waren knapp sind!

Sohn Du, Vata, werdn die Soldaten auch gfragt, obs an Krieg wolln?

Vater Na! Die Soldaten werden nicht gfragt, die müssen in den Krieg ziehn, sobald er erklärt ist – mit Ausnahme der Freiwilligen.

Sohn Müssen die Freiwilligen auch schießen im Krieg?

Vater Nein – ein Freiwilliger muß nicht, der schießt halt, weil im Krieg geschossen werden muß.

Sohn Dann müssens ja doch!

Vater Aber nur freiwillig muß er!

Sohn Gell Vater, die Gewehre, die Kanonen, die Fliegerbomben und alle die Kriegswerkzeuge, die laßt alle der Kaiser machen?

Vater Natürlich.

Sohn Die sind teuer, gell Vata?

Vater Die sind freilich teuer, die kosten viele, viele Milliarden.

Sohn Der Kaiser kanns aber leicht zahln, weil er reich is.

Vater Der es freili reich, der Kaiser is der reichste Mann im ganzen Land.

SOHN Von was is denn der Kaiser so reich worn, Vata?

VATER Durch sein Volk – durch die vielen Steuern.

SOHN Aber dem Kaiser sei Volk is net reich.

VATER Nein, das nicht, aber das macht die Masse. Wenn zum Beispiel von den sechzig Millionen Menschen nur jeder eine Mark Steuer im Jahr zahlt, sind es schon sechzig Millionen Mark.

SOHN Ghörn die sechzig Millionen dann dem Kaiser?

VATER Nein, die ghörn dem Staat und vom Staat kriagt der Kaiser dann auch etwas, aber vielleicht nur fünf Millionen, so viel, daß er halt mit seiner Familie gut auskommt.

SOHN A paar Millionen? Gell Vata, so viel verdienst du als Arbeiter nicht?

VATER Na – i verdien im Jahr net ganz zweitausend Mark.

SOHN Aber als Rüstungsarbeiter hast scho mehra verdient?

VATER Ja, das war aber nur während dem Krieg!

SOHN Gell, Vata – wegen dem Verdienst wär der Krieg scho recht?

VATER Eigentlich schon – – aber –

SOHN Was: aber? – –

VATER Lieber weniger verdienen und im Frieden leben wär halt doch schöner.

SOHN Ja, Vata, wennst du und deine Arbeitskameraden nie in einer Rüstungsfabrik arbeiten tätn, dann gäb es doch keine Waffen – dann wär doch immer Frieden, weil man ohne Waffen keinen Krieg führen kann.

VATER Ja ja, da hast du scho recht – aber das müssen alle Arbeiter auf der ganzen Welt beherzigen.

SOHN Warum tuan s' das nicht?

VATER Mei, Bua – du bist noch so jung – das verstehst noch nicht, wenn ich dir das auch erklär – die Arbeiter werden von den Kapitalisten überlistet.

SOHN Was ist des – überlistet?

VATER Überlistet? Es wird künstlich eine Arbeitslosigkeit erzeugt – wenn die Arbeitslosigkeit nach einigen Jahren den Höhepunkt erreicht hat, steht schon im Hintergrund der Krieg.

SOHN Was is nacha?

VATER Dann werden wieder Arbeiter gesucht.

SOHN Dann werden die Arbeiter wieder froh sein, wenns a Arbeit kriegen.

VATER Viele Millionen Arbeiter arbeiten dann wieder in Fabriken und machen die Teile für fünf Millionen Nähmaschinen.

SOHN Nähmaschinen? Du Vata, zu was braucht man denn im Krieg Nähmaschinen?

VATER Des wird den Arbeitern nur vorgetäuscht – in Wirklichkeit werden es lauter Maschinengewehre.

SOHN Glauben des die Arbeiter? Wie is des dann bei den Riesen-Kanonenrohren?

VATER Da wird den Arbeitern vorgetäuscht, das werden lauter Fernrohre für die Sternwarte.

SOHN Geh, Vata, so einen plumpen Schwindel kann man doch keinem Arbeiter vormachen.

VATER Freilich ist das nicht faßbar – aber die Kanonenrohre sind da, also habens die Arbeiter doch gemacht!

SOHN Hast du auch den Schwindel geglaubt?

VATER Ha ha – ich hab sofort gemerkt, daß das Waffen werden für den Krieg.

SOHN Warum hast du dann nicht gestreikt?

VATER Ich allein kann doch nicht streiken – wenn schon, dann müssen alle Arbeiter der ganzen Welt sofort in den Streik treten und keine Waffen mehr machen, dann wäre gleich Schluß mit den unseligen Kriegen.

SOHN Warum tun das dann die Arbeiter nicht?

VATER Mei, Bua, redst du dumm daher. Wenn i damals nach der großen Arbeitslosigkeit net in der Rüstungsfabrik gearbeitet hätt, wären wir, ich, die Mutter und du, verhungert und die anderen Arbeiter auch.

SOHN Ja, du hast ja doch gearbeitet und trotzdem müssen wir heute auch bald verhungern.

VATER Na na – so schlimm wirds nicht werden.

SOHN Wenn aber wieder a Krieg kommt, tätst du dann auch wieder für die Rüstung arbeiten?

VATER Ja mei, wenns uns wieder überlisten, dann gehts uns wieder so wie beim letzten Krieg.

SOHN Aber Vater, wenn das so ist, wie du mir alles erklärst, gibt es ja niemals einen ewigen Frieden auf der Welt.

VATER Niemals – deshalb heißt es ja doch: Solange es Menschen gibt, gibt es Kriege.

SOHN Menschen? Nein Vater – in dem Fall müßte es heißen: Solange es Arbeiter gibt, gibt es Kriege.

VATER Nein, es muß heißen, solange es solche Schwindler gibt, die die Arbeiter immer wieder anschwindeln, so lange gibt es Kriege.

SOHN Dann ist ja der Schwindel schuld an den Kriegen.

VATER Ja, so ist es – und diesen Schwindel heißt man internationalen Kapitalismus.

SOHN Kann man den denn ausrotten?

VATER Nein! Höchstens mit Atombomben, die die ganze Welt vernichten!

SOHN Gell Vater – aber der wunde Punkt is halt der: wer macht zum Schluß die Atombomben?

VATER Natürlich auch wieder die Arbeiter.

SOHN Wenn sich aber die ganzen Arbeiter auf der Welt einig wären, gäbs dann auch noch an Krieg?

VATER Nein – dann nicht mehr – das wäre der ewige Friede.

SOHN Aber gell Vater – die werden nie einig.

VATER Nie!

ERICH KÄSTNER

Das Spielzeuglied

Wer seinem Kind ein Spielzeug schenkt,
Weiß vorher, was passiert:
Das Spielzeug ist, bevor man's denkt,
Zerlegt und ruiniert.
Der Knabe haut und boxt und schlägt
Begeistert darauf ein.
Und wenn's auch sehr viel Mühe macht:
Am Ende, am Ende, am Ende kriegt er's klein.
Wenn das erledigt wurde, dann
Beginnt der zweite Teil:
Der Knabe starrt das Spielzeug an
Und wünscht sich's wieder heil!
  Jedoch, – was man zerbrochen hat, bleibt längre Zeit entzwei.
  Da hilft kein Wunsch und kein Gebet.
  Es hilft auch kein Geschrei.
  Die Kleinen brüllen wie am Spieß
  Und strampeln wie noch nie.

Das Beste wär: Wir legten sie
Mal gründlich, mal gründlich, mal gründlich übers Knie.
Es ist nur so: wir lieben sie.
Ihr Schmerz ist unser Schmerz.
Wir legen sie nicht übers Knie.
Wir drücken sie ans Herz.
Wir summen »Hoppe Reiter«,
Auf daß ihr Leid verweht.
Ach, wärn wir doch gescheiter!
Das geht nicht, das geht nicht, das geht nicht mehr so weiter,
Wenn das so weitergeht!

Es steckt ein Kind in jedem Mann.
Ein Spielzeug ist sein Ziel.
Nur, was dabei zustandekommt,
Das ist kein Kinderspiel.
Das Glück der Welt ist zart wie Glas
Und gar nicht sehr gesund.
Doch wenn die Welt aus Eisen wär, –
Die Männer, die Männer, sie richten sie zugrund!
Wenn das erledigt wurde, dann
Beginnt der zweite Teil:
Die Mannswelt starrt ihr Spielzeug an
Und wünscht sich's wieder heil!
Jedoch, – was man zerbrochen hat, bleibt längre Zeit entzwei.
Da hilft kein Wunsch und kein Gebet.
Da hilft auch kein Geschrei.
Und keiner will's gewesen sein,
Nicht du, nicht der, nicht die!
Das Beste wär: Wir legten sie
Mal gründlich, mal gründlich, mal gründlich übers Knie.
Es ist nur so: wir lieben sie.
Ihr Schmerz ist unser Schmerz.
Wir legen sie nicht übers Knie.
Wir drücken sie ans Herz.
Sie werden nicht gescheiter,
Solang ein Rest noch steht...
Diesmal war's ein Gefreiter...
Das geht nicht, das geht nicht, das geht nicht mehr so weiter,
Wenn das so weitergeht!

Heinz Hartwig

Verpaßte Gelegenheit

Ich bin sehr froh, daß die Kanonen schweigen
Und daß kein Schuß und auch kein Mann mehr fällt.
Ich bin sehr froh, daß sich die Waffen neigen
Und es nun friedlich zugeht auf der Welt.

Ich hasse Blut und halte nichts vom Töten.
Und trotzdem hab ich immer das Gefühl,
Als wäre noch ganz kurz etwas vonnöten,
Als lebten immer noch ein paar zuviel.

Ich meine die, die immer etwas erben,
und wenn die ganze Welt zugrunde geht;
Die davon leben, daß die andern sterben,
Und deren Geldtresor noch immer steht.

Für die sich Blut in Dividende wandelt,
Und deren Rechnungen auf Krieg beruhn,
Und die nun heut, wo es sich darum handelt,
Die Schuldigen zu finden, harmlos tun.

Das Volk verlor. Sie aber habn gewonnen.
Sie schwimmen stets als Fettwanst obenauf.
Wir stehn im Dunkel, während sie sich sonnen!
Ist das denn ewig dieser Welten Lauf?

Das Schicksal wählt noch immer unterschiedlich
Und trifft gemeinhin nur den armen Mann.
Ich bin, wie schon gesagt, im ganzen friedlich,
Jedoch: auf die paar Kugeln käm's nicht an.

Schade!

Dann gibt es nur eins!

Du. Mann an der Maschine und Mann in der Werkstatt. Wenn sie dir morgen befehlen, du sollst keine Wasserrohre und keine Kochtöpfe mehr machen – sondern Stahlhelme und Maschinengewehre, dann gibt es nur eins: Sag Nein!
Du. Mädchen hinterm Ladentisch und Mädchen im Büro. Wenn sie dir morgen befehlen, du sollst Granaten füllen und Zielfernrohre für Scharfschützengewehre montieren, dann gibt es nur eins: Sag Nein!
Du. Besitzer der Fabrik. Wenn sie dir morgen befehlen, du sollst statt Puder und Kakao Schießpulver verkaufen, dann gibt es nur eins: Sag Nein!
Du. Forscher im Laboratorium. Wenn sie dir morgen befehlen, du sollst einen neuen Tod erfinden gegen das alte Leben, dann gibt es nur eins: Sag Nein!
Du. Dichter in deiner Stube. Wenn sie dir morgen befehlen, du sollst keine Liebeslieder, du sollst Haßlieder singen, dann gibt es nur eins: Sag Nein!
Du. Arzt am Krankenbett. Wenn sie dir morgen befehlen, du sollst die Männer kriegstauglich schreiben, dann gibt es nur eins: Sag Nein!
Du. Pfarrer auf der Kanzel. Wenn sie dir morgen befehlen, du sollst den Mord segnen und den Krieg heilig sprechen, dann gibt es nur eins: Sag Nein!
Du. Kapitän auf dem Dampfer. Wenn sie dir morgen befehlen, du sollst keinen Weizen mehr fahren – sondern Kanonen und Panzer, dann gibt es nur eins: Sag Nein!
Du. Pilot auf dem Flugfeld. Wenn sie dir morgen befehlen, du sollst Bomben und Phosphor über die Städte tragen, dann gibt es nur eins: Sag Nein!
Du. Schneider auf deinem Brett. Wenn sie dir morgen befehlen, du sollst Uniformen zuschneiden, dann gibt es nur eins: Sag Nein!
Du. Richter im Talar. Wenn sie dir morgen befehlen, du sollst zum Kriegsgericht gehen, dann gibt es nur eins: Sag Nein!
Du. Mann auf dem Bahnhof. Wenn sie dir morgen befehlen, du sollst das Signal zur Abfahrt geben für den Munitionszug und für den Truppentransport, dann gibt es nur eins: Sag Nein!

Du. Mann auf dem Dorf und Mann in der Stadt. Wenn sie dir morgen kommen und dir den Gestellungsbefehl bringen, dann gibt es nur eins: Sag NEIN!
Du. Mutter in der Normandie und Mutter in der Ukraine, du, Mutter in Frisko und London, du, am Hoangho und am Mississippi, du, Mutter in Neapel und Hamburg und Kairo und Oslo – Mütter in allen Erdteilen, Mütter in der Welt, wenn sie morgen befehlen, ihr sollt Kinder gebären, Krankenschwestern für Kriegslazarette und neue Soldaten für neue Schlachten, Mütter in der Welt, dann gibt es nur eins: Sagt NEIN! Mütter, sagt NEIN!

Denn wenn ihr nicht NEIN sagt, wenn IHR nicht nein sagt, Mütter, dann:
In den lärmenden dampfdunstigen Hafenstädten werden die großen Schiffe stöhnend verstummen und wie titanische Mammutkadaver wasserleichig träge gegen die toten vereinsamten Kaimauern schwanken, algen-, tang- und muschelüberwest den früher so schimmernden dröhnenden Leib, friedhöflich fischfaulig duftend, mürbe, siech, gestorben –
die Straßenbahnen werden wie sinnlose glanzlose glasäugige Käfige blöde verbeult und abgeblättert neben den verwirrten Stahlskeletten der Drähte und Gleise liegen, hinter morschen dachdurchlöcherten Schuppen, in verlorenen kraterzerrissenen Straßen –
eine schlammgraue dickbreiige bleierne Stille wird sich heranwälzen, gefräßig, wachsend, wird anwachsen in den Schulen und Universitäten und Schauspielhäusern, auf Sport- und Kinderspielplätzen, grausig und gierig, unaufhaltsam –
der sonnige saftige Wein wird an den verfallenen Hängen verfaulen, der Reis wird in der verdorrten Erde vertrocknen, die Kartoffel wird auf den brachliegenden Äckern erfrieren und die Kühe werden ihre totsteifen Beine wie umgekippte Melkschemel in den Himmel strecken –
in den Instituten werden die genialen Erfindungen der großen Ärzte sauer werden, verrotten, pilzig verschimmeln –
in den Küchen, Kammern und Kellern, in den Kühlhäusern und Speichern werden die letzten Säcke Mehl, die letzten Gläser Erdbeeren, Kürbis und Kirschsaft verkommen – das Brot unter den umgestürzten Tischen und auf zersplitterten Tellern wird grün werden und die ausgelaufene Butter wird stinken wie Schmierseife, das Korn auf den Feldern wird neben verrosteten Pflügen hinge-

sunken sein wie ein erschlagenes Heer und die qualmenden Ziegelschornsteine, die Essen und die Schlote der stampfenden Fabriken werden, vom ewigen Gras zugedeckt, zerbröckeln – zerbröckeln – zerbröckeln –
dann wird der letzte Mensch, mit zerfetzten Gedärmen und verpesteter Lunge, antwortlos und einsam unter der giftig glühenden Sonne und unter wankenden Gestirnen umherirren, einsam zwischen den unübersehbaren Massengräbern und den kalten Götzen der gigantischen betonklotzigen verödeten Städte, der letzte Mensch, dürr, wahnsinnig, lästernd, klagend – und seine furchtbare Klage: WARUM? wird ungehört in der Steppe verrinnen, durch die geborstenen Ruinen wehen, versickern im Schutt der Kirche, gegen Hochbunker klatschen, in Blutlachen fallen, ungehört, antwortlos, letzter Tierschrei des letzten Tieres Mensch –
all dieses wird eintreffen, morgen, morgen vielleicht, vielleicht heute nacht schon, vielleicht heute nacht, wenn – –
wenn – –

wenn ihr nicht NEIN sagt.

Rückblick nach vorn

Aufbruch zwischen Trümmern

Wenn ick hier so auf den Ruinen stehe
Und jrade da, wo einmal stand mein Haus,
Und in de Bombentrichter Jänseblümchen wachsen sehe,
Dann hab ick det Jefühl, der Krieg is aus.

Ernst Bader

Der Mai 1945 wurde von den wenigsten Deutschen als das empfunden, was er nach zwölf Jahren Hitler-Diktatur eigentlich hätte bedeuten müssen: Befreiung vom Faschismus. Statt dessen fühlt man sich besiegt, man spricht, mit bedauerndem Unterton, vom »Zusammenbruch«, von »Kapitulation«, von der »Katastrophe«. Man fügt sich den Anordnungen der Besatzungsmächte; die von den Westalliierten verordnete Demokratisierung empfindet man als eine Art unabwendbare Reparationsverpflichtung; man hält das, was während der letzten Jahre in deutschem Namen passiert ist, für einen unvermeidbaren Unglücksfall der Weltgeschichte, eine Art Schicksalsschlag, gegen den man sich nicht hatte wehren können: Man hat nichts gewußt und wenig mitbekommen, man vergaß, verdrängte und gab sich ahnungslos – ein radikales Umdenken im Sinne einer »tabula rasa«, eines von Grund auf neu angedachten Neubeginns fand nicht statt. Die so oft beschworene Stunde Null hat es nie gegeben.

Dafür gibt es Gründe. Die von den Siegermächten im Zuge der Nürnberger Kriegsverbrecherprozesse eingeleitete »Entnazifizierungs«-Kampagne mit ihrer Fragebogen-Aktion ließ bald den nicht unberechtigten Verdacht aufkommen, hier hänge man die Kleinen und lasse die Großen laufen; zudem ist von der deutschen Kollektivschuld die Rede und auch davon, man werde Deutschland, das die Großen Vier bereits unter sich aufgeteilt hatten, in ein einziges Ackerland umwandeln. Hinzu kommt, daß die Einwohner Rumpfdeutschlands, die sich zudem meist als Opfer der Geschichte fühlten, in einer Zeit, in der Baracken, Bunker und Lager, Flüchtlings-Trecks, Hamsterfahrten, Schwarzmarkt und Schiebertum das Bild beherrschen, zu sehr mit dem Kampf ums eigene Überleben, mit der Sorge um eine Bleibe und die tägliche Brotration beschäftigt sind, als daß sie ihr Interesse auf eine Neuordnung der Dinge hätten richten mögen. Man denkt von heute auf morgen und nicht zuletzt an das Nächstliegende: an sich. Und wer leidlich satt geworden ist und ein Dach über dem Kopf hat, ist bestenfalls auf leichte Unterhaltung aus, die Zerstreuung garantiert.

Das Kabarett der ersten Stunde erfüllt solcherlei Bedürfnisse kaum. Allenfalls das wiedereröffnete Berliner *Kabarett der Komiker*, das kurz zuvor noch auf KdF-Veranstaltungen der Nazis »den arbeitenden Menschen etwas Licht und Sonne mit Musik und schönen Frauen« gebracht hatte, wie *Kadeko*-Chef Willi Schaeffers das nannte, spielt heiter-unverdrossen und durchhalte-optimistisch wie einst im Mai.

»Die meisten Kleinkunstbühnen wursteln weiter, auch wenn sie vorgeben, funkelnagelneu zu beginnen«, schreibt Erich Kästner in diesen Tagen. Zu den Ausnahmen zählt er das Reise-Kabarett *Die Hinterbliebenen*, jene – so Walter Kiaulehn – »gut gelaunten Wanderprediger gegen Muff und Reaktion«, die mit ihren durchweg gereimten Beiträgen alles mit Spott übergießen und dem Gelächter preisgeben, was sich aus dem Gestern in die Wirklichkeit der ersten Nachkriegsjahre herübergerettet hat. Sie schießen scharf und ecken an und nehmen das Demokratie-Gebot, das Maul aufzumachen, derart wörtlich, daß es zu Protesten und Handgreiflichkeiten mit dem Publikum kommt und sie sich sogar kurzfristig ein Spielverbot durch amerikanische Militärbehörden einhandeln.

Erich Kästner ist in der Zwischenzeit zum wichtigsten Textlieferanten für die *Münchner Schaubude* geworden, er kämpft wieder einmal, wie schon vor 1933, gegen Unvernunft, Heuchelei und für das Wahre, Schöne, Gute – Kabarett als moralische Anstalt auf hohem literarischen Niveau. Aggressivität ist seine Sache nicht, er appelliert an Anstand und Einsicht und an den inneren Schweinehund, den es zu bezwingen gilt. Ein Hauch von Resignation liegt über Kästners Szenarien, so auch, wenn er in seinem »Deutschen Ringelspiel 1947« die typisierten Nachkriegsfiguren nacheinander als Marionetten auftreten läßt, die am Gängelband der Zeit hängen. Da ist die Flüchtlingsfrau, die keiner will, der Schieber, der alles hat, der Heimkehrer, auf den niemand wartet, das leichte Mädchen, das mit der Zeit geht, der Politiker, der hohle Phrasen drischt, und schließlich der Dichter selbst, der sich händeringend aufs Bitten verlegt hat: »Ich bin der Dichter, der euch anfleht und beschwört; ihr seid das Volk, das nie auf seine Dichter hört...«

Auch das Stück, das um die gleiche Zeit im entfernten Hamburg in wenigen Tagen niedergeschrieben wird, will, so fürchtet sein Autor, »kein Theater spielen und kein Publikum sehen«. Wolfgang Borchert, der auch wegen unbotmäßiger Kabarett-Auftritte in die Fänge der NS-Justiz geraten war und, inzwischen sterbenskrank, die Aufführung seines Dramas »Draußen vor der Tür« nicht mehr erleben wird, artikuliert darin den Aufschrei seiner »verlorenen Generation« – ungelenk, hölzern und direkt, Anklage und Protest zugleich. Auf der Suche nach einem Zuhause findet sich Borcherts Heimkehrer Beckmann plötzlich auf einer Kabarett-Bühne wieder. Der Song, mit dem er dort sein Schicksal besingt, läßt dem Publikum das Lachen in der Kehle stecken bleiben. Der Kabarett-Direktor fürchtet um sein Geschäft: »Ihr Vortrag ist noch ohne

Eleganz und Erfahrung. Das ist alles zu grau, zu nackt. Sie machen mir ja das Publikum böse. Nein, wir können die Leute nicht mit Schwarzbrot füttern, wenn sie Biskuit verlangen.«

Über der Frage, wie hatte geschehen können, was im Mai 1945 endete, ist selbst Karl Valentin auf seine alten Tage noch ins Grübeln gekommen, das aber nicht mehr in die altgewohnte Form der dialektischen Nonsens-Groteske gekleidet ist und die Lacher verstummen läßt. Wenn er neuerdings im Rundfunk bekennt, seine Frau habe auf seinen Rippen Rüben gerieben und die Erde möge den Toten leicht werden, da den Totengräbern die Schaufeln ausgegangen seien, versagt das amüsierfreudige Publikum seinem einstigen Liebling die Gefolgschaft und protestiert derart lautstark, daß der Münchner Sender dem Komiker schließlich den Regler zuzieht.

Ähnlich ergeht es Valeska Gert, die Ende der vierziger Jahre aus ihrem New Yorker Exil nach Berlin zurückkehrt, wo sie ihrem Kabarett-Publikum mit provozierenden Polit-Grotesken wie der über die KZ-Kommandanteuse Ilse Koch die gute Laune verdirbt und schlechtem Gedächtnis auf die Sprünge hilft. Zur gleichen Zeit versuchen ein paar Straßen weiter im Berliner Künstler-Kabarett *Die Badewanne* Schriftsteller, Maler, Musiker und Tänzer, dem Zeitgeist mit schwarzen Messen, poetischen Blasphemien und surrealistischen Happenings – den pantomimischen Selbstmord in Variationen (»Pulsader«, »Schwert«, »Gift«, »Fenstersturz«, »Erhängen«, »Morphium«, »Gas«) gibt's als Pausennummer – Ausdruck zu geben. »Verehrte Badende«, begrüßt Lyriker Johannes Hübner seine Kabarett-Gäste in »Voltaire«-Manier, »ich habe heute die besondere Ehre, in Anbetracht der Tatsache, daß, wie bereits bekannt, zum Wohle der Allgemeinheit wie gewöhnlich jeder zu seinem Recht zu kommen hofft, Ihnen an dieser Stelle zu versichern, mit wie bedingungslosem Einsatz eine traurige Vergangenheit, vor allem angesichts einer hohen Kommission, ihr lange erwartetes Ende findet.«

Die *Badewanne* findet ihr erwartetes Ende recht bald – Kabarett als Bürgerschreck-Aktion paßt nicht in die Landschaft der frühen Fünfziger, die bereits auf das legendäre Wirtschaftswunder zusteuern; da meldet sich zunehmend Anspruch auf Gefälligeres an. Auf der *Badewannen*-Bühne probt bereits eine noch namenlose Kabarett-Truppe, die bald von sich reden machen wird: *Die Stachelschweine*.

Hellmuth Krüger

Die Schuld

Einer muß die Schuld daran doch tragen,
Daß uns heute so die Schuld bedrückt,
Und wir wollen darum nicht verzagen,
Bis es ihn zu finden uns geglückt.

War es Bismarck, der uns falsch geleitet?
Hat der Alte Fritz uns so versaut?
War es Nietzsche, der uns also zubereitet?
Hat uns Hegel das Gehirn verhaut?

Sind es die Gebrüder Grimm gewesen,
Deren Märchen Grausamkeit durchzieht?
Oder haben wir zu lang gelesen
In dem bösen Nibelungenlied?

Sicher werden wir den Kerl noch finden,
Also wappnen wir uns mit Geduld!
Sind es nicht die alten Adams-Sünden,
Sind zum Schlusse doch die Radfahrer dran schuld.

Herrmann Mostar

Schüttelgereimte Conference

Es geht ja schon vorwärts, im vierten Gang:
Spruchkammern gehn auf Privilegiertenfang.
Und die Bühnenwelt fühlt sich genesen:
Was? Schauspieler Nazis? Nie gewesen!
Man bat, daß die Kammer sich laß erweichen –
Und Frau Söderbaum spielt wieder Reichswasserleichen,
Weil ihr Hermann einmal den Eh'ring gab,
Lehnt doch keiner die Emmy Göring ab,

Herr Krauss wird in Braus und Saus gegrüßt,
Weil die bitterste Zeit uns Herr Krauss »gesüßt«.
Es schöß wohl nur, wer ein Quängler wär,
Gegen Furtsbusch und Knappertswängler quer;
Und wenn Zeugen sich wegen Herrn Wiemans regen,
Auch Heinz Rühmanns und Johannes Riemanns wegen,
Und wenn wieder Theater haben die Gründgens,
Dann beweist das: hier liegens' begraben, die Hündgens!
Doch da schon der alte Lärm anhebt,
Auch wenn nicht mehr der wackere Hermann lebt,
Da, um uns vor östlicher Macht zu beschützen,
Schon der Ami beginnt, unsern Schacht zu benützen,
Da es Männer schon gibt mit Verstümmlerhirnen
Hinter den markigen Himmlerstirnen,
Und da schon Demokraten wie Hitler schalten,
Kann getrost seinen Mund jetzt der Schüttler halten!!

Erich Kästner

Deutsches Ringelspiel 1947

Einige bezeichnende Figuren unserer Tage kommen nacheinander, an im Kreise bewegte Marionetten erinnernd, ins Rampenlicht. Dort singt jede Figur ihr Lied. Nachdem sie alle an der Reihe waren, enthüllt die auf dem Sockel stehende, im Dämmer der Bühnenmitte bisher nur geahnte allegorische Figur, die Zeit, ihr Gesicht und bringt den Abgesang. Während und sooft die Schauspieler stumm und planetenartig den Weg rund um die »Zeit« zurücklegen, ertönt eine spieluhrartige Musik.

Die Flüchtlingsfrau
Das Gebirg steht starr. Die Seen sind aus Eis.
Und es schneit. Und mich friert. Und es schneit…
Kaum weiß ich noch, wer ich bin, wie ich heiß.
Ihr macht euch in euren Stuben breit.
Und es schneit. Und mich friert. Und es schneit…
Ich steh euch im Weg, wo ich steh, wo ich bin.

Und es schneit. Und mich friert. Und es schneit...
Wo kam ich her, wo soll ich hin?
Ihr habt für mich keinen Raum, keine Zeit.
Und es schneit. Und mich friert. Und es schneit...

Ihr redet viel von Jesus Christ.
Und es schneit. Und mich friert. Und es schneit...
Ob euer Herz aus Eisen ist?
Der Mensch tut sich nur selber leid.
Und es schneit. Und mich friert. Und es schneit...

Der Geschäftemacher
Ich hab alles das, was keiner mehr hat.
Bei irgendwem muß es ja sein.
Ich spiele das Leben am liebsten vom Blatt.
Da klingt nicht jeder Ton rein.
Bei Nacht und Nebel und tonnenweise
Macht Fleisch, macht Mehl seine letzte Reise.
Ich mache die Preise!
Ich schiebe, ich schob, ich habe geschoben.
Fett – schwimmt oben!

Ich handle mit Holz, mit Brillanten und Speck,
Mit Häusern, mit Nägeln und Sprit.
Ich handle, wenn's sein muß, mit Katzendreck
Und verkauf ihn als Fensterkitt.
Ich verschieb die Waggons und dann noch die Gleise.
Ihr rennt wie hungrige Mäuse im Kreise.
Ich mache die Preise!
Es liegt mir nicht, mich lange zu loben.
Fett – schwimmt oben!

Der Heimkehrer
Das ist die Heimkehr dritter Klasse,
Ganz ohne Lorbeer und Hurra.
Die Luft ist still. Der Tod macht Kasse.
Du suchst dein Haus. Dein Haus ist nicht mehr da.

Du suchst dein Kind. Man hat's begraben.
Du suchst die Frau. Die Frau ist fort.
Du kommst, und niemand will dich haben.
Du stehst im Nichts. Das Nirgends ist dein Ort.

Du bist dem Tod von der Schippe gesprungen.
Der Abgrund hat dich nicht verschlungen,
Auch nicht die große Flut.
Du bist noch da und doch nicht mehr vorhanden.
Jetzt müßte einer schreien: »Stillgestanden!«
Das täte mir gut...

Das Frauenzimmer
Diese Zeit ist meine Zeit,
Und meine Zeit verrinnt.
Wie lange noch, dann ist's soweit!
Ich nehme, wen ich find.

Diese Zeit ist meine Zeit,
Und Sünde ist ein Wort.
Ich habe keine Zeit zum Leid
Und jag die Treue fort.

Diese Zeit ist meine Zeit.
Ich kämpf gern Brust an Brust.
Mit Lust und Liebe, süß im Streit,
Erstreit ich Lieb und Lust.

Diese Zeit ist meine Zeit.
Ich taug so viel wie sie.
Ich bin der Leib. Sie ist das Kleid.
Diese Zeit ist meine Zeit.
So schön war es noch nie!

Der Dichter
Der letzte Schuß ging längst daneben.
Ihr krocht aus Kellern und aus Gräben,
Das große Sterben war vorbei.
Der Tod war satt, und ihr begannt zu leben
Wie einst im Mai.
Ich bin der Dichter, der euch anfleht und beschwört.
Ihr seid das Volk, das nie auf seine Dichter hört.

Die Welt ging diesmal fast zugrunde.
Die Welt ging diesmal beinah vor die Hunde.
Ihr saht das Zweitjüngste Gericht.
Doch die Bedeutung dieser schwarzumwehten Stunde
Fühltet ihr nicht!

Ich bin der Dichter, der euch anfleht und beschwört.
Ihr seid das Volk, das nie auf seine Dichter hört.

Der Widersacher
Wir haben euch gezwungen und verlockt?
Stellt eure Unschuld bloß nicht untern Scheffel!
Wir haben euch die Suppe eingebrockt,
Und ihr habt nicht mal einen Löffel!

Ablösung vor! Ihr erbt den Schrott und Schund!
Es ist, als ob wir's abgesprochen hätten!
Wir richten Deutschland jedesmal zugrund –
Und dann kommt ihr und dürft es retten.

Dann schaun wir zu und schimpfen euch Verräter
Und spotten all der Fehler, die ihr macht.
Habt ihr das Land dann wieder hochgebracht,
Entsenden wir die ersten Attentäter
Und werben für die nächste Völkerschlacht!
Soviel für heute, – alles andre später!

Die Zeit
Mein Reich ist klein und unabschreitbar weit.
Ich bin die Zeit.
Ich bin die Zeit, die schleicht und eilt,
Die Wunden schlägt und Wunden heilt.
Hab weder Herz noch Augenlicht.
Ich kenn die Gut und Bösen nicht.
Ich trenn die Gut und Bösen nicht.
Ich hasse keinen. Keiner tut mir leid.
Ich bin die Zeit.

Da ist nur eins – das sei euch anvertraut:
Ihr seid zu laut!
Ich höre die Sekunden nicht,
Ich hör den Schritt der Stunden nicht.
Ich hör euch beten, fluchen, schrein,
Ich höre Schüsse mittendrein,
Ich hör nur euch, nur euch allein...
Gebt acht, ihr Menschen, was ich sagen will:
Seid endlich still!

Ihr seid ein Stäubchen am Gewand der Zeit, –
Laßt euren Streit!
Klein wie ein Punkt ist der Planet,
Der sich samt euch im Weltall dreht.
Mikroben pflegen nicht zu schrein.
Und wollt ihr schon nicht weise sein,
Könnt ihr zumindest leise sein!
Schweigt vor dem Ticken der Unendlichkeit!
Hört auf die Zeit!

Erich Kästner

Das Leben ohne Zeitverlust

Manche Frauen lieben kranke, blasse Dichter.
Dagegen hab ich nichts.
Manche Frauen glühn beim Anblick roter Mordgesichter.
Dagegen hab ich nichts.
Andre Frauen lodern auf bei jungen Männern.
Wieder andre ludern gern mit kalten Kennern.
Dagegen hab ich nichts.
Mein Herz hat mehr als eine offne Tür.
Deshalb hab ich nichts dagegen,
Doch ich hab auch nichts – dafür!
Ich hab mein Leben lang
Nur einen Mann geliebt.
Und ich hab Glück gehabt,
Daß es ihn gab und noch gibt.
Ihm bin ich zugetan,
Ob es Tag oder Nacht ist.
Ich liebe stets den Mann,
Der gerad an der Macht ist!
Ob er nun Staatsmann ist, ob Börsenheld, ob Krieger, –
Ich liebe den Sieger!
Drum kann geschehn, was will:
Ich liege immer richtig!

Und bei der Liebe
Ist das besonders wichtig!
Man hat mich im Verdacht,
Ich liebte das Neue.
O nein, – ich lieb nur die Macht
Und halt ihr die Treue!

Wen ich liebe, der kann schön sein wie ein Wandbild.
Dagegen hab ich nichts.
Oder er kann groß und schwer sein wie ein Reiterstandbild.
Dagegen hab ich nichts.
Er kann alt und kahl und sparsam im Verbrauch sein.
Bös und bauchig kann er selbstverständlich auch sein.
Dagegen hab ich nichts.
Er darf auch wild sein wie ein junger Stier.
Ich hab wirklich nichts dagegen,
Doch ich hab auch nichts – dafür!
Nur, mächtig muß er sein!
Dann steigt in mir die Flut...
Dann wirft ein einzger Blick
Mir rote Fackeln ins Blut...
Ich brenne wie ein Wald,
Wenn mein Herz erst entfacht ist...
Dann hab ich Temperatur,
Ob es Tag oder Nacht ist!
Er mag ein Henker sein, ein Teufel oder Tiger, –
Dann ist er der Sieger!
Drum kann geschehn, was will:
Ich liege immer richtig!
Und heutzutage
Ist das besonders wichtig!
Ich bin ein schwaches Weib.
Ich kenn keine Reue.
Und wer die Macht verliert,
Verliert meine Treue!

Wer die Macht verloren hat, soll untergehen.
Dagegen hab ich nichts.
Wenn er will, kann er auch zitternd um Erbarmen flehen.
Dagegegen hab ich nichts.
Meintwegen kann er Memoiren schreiben
Oder sich erschießen oder leben bleiben.

Dagegen hab ich nichts.
Die neuen Männer träumen schon von mir!
Deshalb kann's mir einerlei sein,
Ob er tot ist oder hier.
Nun ja, die Erde ist
Ein großer Wandelstern.
Und nach den neuen Herrn
Kommen noch neuere Herrn...
Bis schließlich Jener kommt,
Welcher stets an der Macht ist!
Er reißt mich in den Arm,
Ob's dann Tag, ob's dann Nacht ist!
Er wird kein Staatsmann sein,
Kein Schieber und kein Krieger,
Und trotzdem der Sieger.
Und auf dem Stein soll stehn:
»Nun liegt sie wieder richtig!
In dieser Lage
Ist das besonders wichtig!
Es war nicht angebracht,
Daß sie etwas bereute.
Sie liebte nichts als die Macht
Und tut es noch heute!«

Heino Gaze

Song vom kleinen PG

Heil Hitler – Verzeihung – Gestatten Sie –
Müller ist mein Name.
Karl Müller, wenn's recht ist, aus Stölpchensee.
Ich reist' bisher in Persilreklame.
Das ist nun passé.
Ich war ein kleiner PG.

Das heißt ... Gott, Sie wissen ja, wie das so kam.
Ich lebte mit kaum was im Sinn vor mich hin,
Bis mich mein Chef mal beiseite nahm

Und sprach: Müller, nun rin!
Na – und schon war ich drin.

Sie fragen: Warum? – Na, erlauben Sie mal –
Man wollte doch schließlich auch vorwärtskommen!
Meine Frau sagte auch: Du, sagte sie, Karl,
Tritt man ein! – Na, da hab ich's dann wahrgenommen...
Und bin mitgeschwommen.

Das heißt – mit dem Herzen war ich nie recht dabei.
Nee, auf Ehre! – Ich hab ja schon damals gesagt –
Und ich könnt's fast beweisen, nur ... einerlei!
Da war manches, das hat mir niemals behagt.
Na, – es sei, wie es sei!

Ich wollte sogar einmal – ich kann das beschwören! –
Mit meinem Freunde – trotz dem Verbot! –
Bei mir zuhause nachts ... London hören.
Tjaaa, das könnt ich bezeugen. – Nur ... mein Zeuge
Ist tot! ... Er hieß Max – und war rot.

Ich hab auch bei den Sammlungen fast nie was gespendet.
Nee, ich stand lieber selbst mit der Büchse im Regen.
Nein – ich hatte mich innerlich abgewendet.
Sie fragen: Weswegen –?
Na, ich war immer dagegen!

Tja – ich war sogar mit 'nem Juden bekannt.
Mit 'nem richtigen Juden! – Was sagen Se nun?
Dem hat man dann leider sein Haus angebrannt.
Er hieß Kohn oder Kuhn...
Ja – was sollt ich da tun?!

An sowas hab ich mich ja niemals beteiligt.
Ich bin unpolitisch von Kindheit an,
Und nur – weil der Zweck ja die Mittel heiligt,
Nahm ich dann...
Diese Stellung als ... Blockwalter an.

Ich war immer dagegen. – Gott, wie soll ich das sagen...
Verstehn Sie? – Ich war nur von außen braun.
Da können Se wirklich Gottweißwen fragen.
Im Vertraun –
Ich schrieb auch mal »Nein« an den Zaun.

Hm – und außerdem – ich bemerk das am Rande –
Ich flog nachher wirklich aus der Partei.
Nur leider – gesteh ich zu meiner Schande –
Da war es mit der Partei schon vorbei.
Es war – glaub ich – im Mai!

So – nun sagt doch mal selber – was sind das für Sachen!
Ich war ja zwar drin … doch auch nur ein Ideechen.
Und ich will mich auch gar nicht mal besser machen:
Na – PG – meinetwejen…
Aber … mehr ein PG-chen!!

Just Scheu

Der Fragebogen

Ich bin fragebogenkrank, ich bin fragebogenkrank,
Kennen Sie das fürchterliche Leiden?
In meinem Fragebogen stimmt zwar ziemlich alles – gottseidank,
Und das will schon heutzutage was bedeuten.
Aber trozdem werde ich den einen Tick nicht los,
Was mach ich bloß? Was mach ich bloß?
Ich seh nur Zahlen: Eins bis hunderteinunddreißig,
Hab ich auch alles richtig ausgefüllt – was weiß ich?
Ich träume jede Nacht, ich wär in etwas drin gewesen,
Dann schreck ich zitternd und mit Schweiß bedeckt empor.
Ich träume jede Nacht, ich wär doch in was reingetreten,
Daß grade ich kein Nazi sein soll, kommt mir komisch vor.
Vielleicht hat man mich mal heimlich in was reingeschoben,
Es wär ja denkbar bei dem Schwindel und dem Druck von oben.
Ich hab den Arzt gefragt. Er sagt, daß er nicht helfen kann:
Ich hätt den NSDAP-Verfolgungswahn.

Ich bin fragebogenkrank, sehr schwer fragebogenkrank,
Manchmal geht mein Leiden auch noch weiter.
Zum Beispiel neulich hatt' ich meinen zwölften Bogen ausgefüllt
Und das stimmte mich mal wieder etwas heiter.
Doch auf einmal plötzlich mitten in der Nacht ging's los,
Was mach ich bloß? Was mach ich bloß?

Ich weiß genau, im Grund ist alles Nervenschwäche,
Und doch mir war's, als ob selbst mein Weib schon zu mir spräche:
»Ich träume jede Nacht, du wärst in etwas dringewesen,
Sag mir die Wahrheit, Nazi, es ist alles aus.
Ich merk's die ganze Zeit an deinem schuldbewußten Wesen.
Verlaß sofort mein Bett und dieses Demokratenhaus.«
Sehn Sie, so rächt sich's, daß ich niemals etwas beigetreten,
Wär ich doch 33 gleich in die Partei getreten,
Dann hätt ich endlich meine Ruhe, denn als Aktivist,
Da weiß man wenigstens, daß man entlastet ist.

Erich Weinert

Die Hakenrune

Kaum war das tausendjährige Reich kaputt,
Da krochen sie behend, die Hakenrune
Rasch aus dem Knopfloch polkend, aus dem Schutt
Und machten, etwas vorschnell, auf Kommune.

Mit vollen Hosen standen sie parat,
Mit jeder Sorte Plebs sich zu verbrüdern,
Und drängelten sich vor, dem neuen Staat
Sich anzubieten oder anzubiedern.

Auf einmal gab's in Deutschland nichts als Opfer,
Bereit zum Eintritt in die Heilsarmee,
Und schon erschienen auch die Schulterklopfer
Und tremolierten ihr absolve te!

Wer konnte wohl auf so viel Nachsicht hoffen!
Sie stiegen wieder ins Geschäft mit ein,
Denn alle Hintertüren standen offen,
Und jeder hatte den Entlausungsschein.

Sieg-Heil! Der erste Schock ist überwunden.
Die Amnestie begießt man auf Banketts.

Und man entschädigt sich für Schrecksekunden
Und sucht und findet Löcher im Gesetz.

Schon gehn die meisten wieder durch die Maschen.
Wie lange noch? Dann steht der Schießverein.
Denn statt das Land von Nazis reinzuwaschen,
Wäscht man die ganzen Nazis wieder rein.

Das darf sich heut schon wieder frech vermessen
Und sein Bedauern fassen ins Gebet,
Daß viel zu wenig im KZ gesessen
Und daß es nicht noch mal nach Moskau geht.

Das darf heut immer noch Soldaten spielen,
Wohin kein unberufenes Auge guckt,
Und lernt auf unbequeme Köpfe zielen,
Bereit zum Einsatz, wenn die Straße muckt.

Das läßt schon wieder Meuchelmörder frei,
Nach denen sie jahrzehntelang gefahndet,
Als ob inzwischen nichts geschehen sei.
Doch Fahnenflucht wird immer noch geahndet.

Das macht, im Schatten der Vergeßlichkeit,
In seiner Klaue noch den Stil von gestern,
Schon wieder sich in Leitartikeln breit,
Und darf, was heut sich redlich müht, verlästern.

Das darf sich wieder vor Kathedern flegeln
Und wird nicht gleich mit Prügeln relegiert.
Das spielt sich wieder auf nach Standesregeln,
Statt Schutt zu karren, wie es ihm gebührt.

Ja, haben dafür unsere kühnsten Herzen
Gekämpft, gelitten und ihr Blut verströmt,
Daß, die wir einst geschworen, auszumerzen,
Heut nicht einmal mehr öffentlich verfemt?

Genauso hat es damals angefangen!
Und wo es aufgehört, ist euch bekannt.
Verschlaft ihr noch einmal, die zu belangen,
Dann reicht bestimmt kein Volk uns mehr die Hand.

Ihr Kampf

ER Na, Frau Braun, wie geht's Ihnen denn?
SIE Schlecht.
ER Stimmt was nicht?
SIE Stimmen? Sie wissen doch: meine unglückliche Ehe. Zwölf Jahre lang hat mich dieser Schuft an der Nase herumgeführt, und jetzt steh ich da mit meinem Haufen Kinder – betrogen und verlassen.
ER Ich verstehe nur das eine nicht, daß Sie diesem Schwindler so lange Ihr Vertrauen geschenkt haben. Sie waren eine reiche Frau und er ein armer Habenichts.
SIE Ja, das kann ich schon verstehen. Weil er mir, als ich ihn kennengelernt habe, den Himmel versprochen hat, und jetzt hab ich die Hölle.
ER War er denn wirklich so gemein?
SIE Gemein reicht gar nicht. Ich hab doch einen schönen Batzen Geld mit in die Ehe gebracht. Das wissen Sie doch.
ER Freilich weiß ich das. Ich kenn doch Ihre Verhältnisse. Ich weiß doch auch, wie Sie ihn kennengelernt haben. Mit seinen schönen Reden hat er Sie überlistet, hypnotisiert könnte man beinahe sagen.
SIE Ja, nicht nur er allein hat es auf mein Vermögen abgesehen gehabt, seine netten Freunderln dazu.
ER Und Sie haben ihn nie zur Rede gestellt, was er eigentlich mit Ihnen vorhat?
SIE Zur Rede gestellt? Da hätt ich mir nie was zu sagen getraut – bei seiner Herrschernatur – ein unrechtes Wort, dann ist er wie ein Besessener im Zimmer auf- und abgerannt, hat geschäumt vor Wut – einmal hat er ins Tischtuch hineingebissen vor lauter Zorn – und hat mir in der Wohnung alles kurz und klein geschlagen.
ER Und das haben Sie sich bieten lassen?
SIE Natürlich – aus Angst und Furcht hab ich alles über mich ergehen lassen. Scheiden lassen wollte ich mich von dem Tyrannen nicht, meinen Kindern zuliebe.
ER Das war ja ein zwölfjähriges Hundeleben, was Sie hinter sich haben.

Sie Das kann man wohl sagen.

Er Ja, haben denn die Nachbarn, wo Sie gwohnt haben, das gewußt, wie es Ihnen zugeht?

Sie Freilich. Ein paar haben ja sogar zu ihm gehalten, aber die letzten Jahre haben auch die von ihm nichts mehr wissen wollen.

Er So, Frau Braun, man könnte an ihrem normalen Geisteszustand zweifeln, daß sie zwölf Jahre all das Schreckliche mit solcher Geduld ertragen haben. Sie sind im wahren Sinne des Wortes eine Märtyrerin.

Sie Eine Märtyrerin? Ein Rindviech war ich zwölf Jahre lang.

Er Stimmt. Aber trösten Sie sich, wie winzig ist ein Menschenschicksal gegen ein Völkerschicksal.

Valeska Gert

Die Ratte

Ich bin eine Ratte, eine fette Ratte,
Alles Fleisch und keine Watte.
In der Blockade hättn Sie mich sehen sollen,
Von Hungerödemen war ich ganz geschwollen.
Fraß Stacheldraht, Spülklosetts, Häuserreste,
Puddings aus Gips war noch das Beste.
Da schlich ich zu den Amis hin,
Obwohl eine völkische Ratte ich bin.
Stahl Fleisch und Speck aus ihren Kästen
Und konnt an ihren Resten mich mächtig mästen.
Dann wollt ich von den Völk'schen nichts mehr wissen,
Wir Völk'schen werden doch fast stets beschissen.
Nun ging zu Ende die Blockade,
Ich fraß Fleisch, Fett und Schokolade.
Und stündlich werd ich feister
Und warte auf den neuen Meister.
Ich sehne mich nach Blut- und Bodenwurscht,
Nach rassereinem Blute hab ich Durscht.
  Bedeemdl, emdl, emdl,
  Im braunen Hemdl, Hemdl, Hemdl.

Karl Schnog

Nachruf

Doktor Goebbels, bald wird es drei Jahre,
Daß Sie sich mit Weib und Kind gekillt.
Noch begreif ich nicht das Sonderbare,
Dem mein Nachruf in die Grube gilt.

Doktor Goebbels, hätten Sie gewartet,
Statt zu folgen Ihrem Temperament,
Wären Sie inzwischen längst gestartet,
Teils als Fachmann, teils als Referent.

Doktor Goebbels, es ist unverzeihlich,
Daß Sie uns so Ihrer Kraft beraubt.
Warum waren Sie so furchtbar eilig?
Jupp, was haste denn von uns jejlaubt?

Herrmann Mostar

Das Märchen vom Hasen und vom Schweinigel

Es war einmal, wie's im Märchenbuch stand,
Ein Schweinigel und ein Has,
Die liefen um die Wett mitanand,
Wer schneller könnt laufen – aus Spaß;
Und der Schweinigel siegte, wie allbekannt,
Und der Has lag tot auf der Straß,
Weil, wo der Hase auch hingerannt,
Der Schweinigel immer schon saß,
Denn der schickte in Wirklichkeit seine Frau –
Na, Sie kennen das Märchen ja ganz genau!

Sie sagen: a Märchen, a niedlichs, a schlichts –
Aber sagen S': erleben's net wir?

Gibt's nicht, ganz im Umkreis unsres Gesichts,
So manchen Herrn Hase dahier?
Das gewohnte Leben, rings wankts und zerbrichts,
Doch was auch immer passier:
Sein Name ist Hase, er weiß von nichts
Und ergreift das Hasenpanier!
So macht's mancher Mann, so macht's manche Frau –
Na, Sie kennen den Typ ja ganz genau!

So rennt der Herr Hase und geht dabei drauf –
Doch Herrn Schweinigel kennen Sie auch!
Der macht es nicht mit dem ewgen Gelauf,
Daran hindert ihn schon sein Bauch;
Der schleicht hübsch die Hintertreppe hinauf,
Falls er von einem was brauch',
Und vermittelt ihm mal einen günstigen Kauf
Und fragt, ob Herr Rat gerne rauch,
Hilft's nichts, schickt er auch seine hübsche Frau –
Na, Sie kennen den Typ ja ganz genau!

Sie waren beim Wettlauf ja selber dabei:
Erst machte Wilhelm sich breit,
Dann gab's Republik, dann Reich Nummer drei,
Der Herr Hase tat einem leid:
Er rannte, als ob's um sein Leben sei,
Zu Kaisers Obrigkeit,
Zur Gewerkschaft dann, dann zur Gauleiterei
Und kam doch niemals zur Zeit
Und schlich traurig nach Hause zu seiner Frau –
Na, Sie kennen den Typ ja ganz genau!

Ja, lieber Herr Hase, Sie laufen sich tot!
Überall sitzt schon einer – oh ja!
Der war erst schwarzweißrot, dann war er rot,
Dann förderte er die SA – –
»Was Fragebogen! Parteiverbot!
Ich war mal PG? Aber naa...!!«
Und wo du auch hinrennst im Wettlauf ums Brot,
Der Schweinigel sitzt immer schon da,
Und gespickt ist er selbst und geschickt seine Frau –
Die Type, die merken wir uns genau!

Herrmann Mostar

Er geht um...

In der Geisterstunde zu singen

Da zitiert ihr jetzt Herrn aus dem Jeistareich,
Det sie tanzen nach eurer Flöte,
Mit Hellsehn un Tischrücken un son Jeseich,
Onkel Justaven oda Herrn Jöthe –
Ick weeß eenen, den habt ihr alle jekannt,
Den sein Jeist läßt sich schon wieda blicken,
Der spukt schon wieda int janze Land,
Da braucht ihr keen Tisch nich zu rücken,
Da brauch ick nich hellsehn, da seh ick schon klar,
Der muß nich erst zitiert wern wie Jöthe,
Der kommt von alleene, wie't damals war,
Und ihr tanzt nach seiner Flöte!
  Ick merk et, ick spür et, ick kieke so rum:
  Er jeht um!

Wenn ick hör det Jejeier un hör det Jefluch
Bei't Schlangenstehn un in de Züje:
»Warum jebn se uns denn nich zu fressen jenuch,
Se haben et doch zur Jenüje!«
»Ach, die nagen doch selber am Hungertuch,
Die leben doch von unserm Futter,
Drüben liest ma doch überall Hermann'n sein Spruch:
Atomkanonen statt Butter!«
»Un wat der Soldat och in Rußland erlitt,
So'n Vormarsch war doch wat Famoses,
Un so'n richtija Anschiß vom Feldwebel Schmidt,
Det war doch im Jrunde wat Jroßes –«
  Ich spür et, ick merk et, ick kieke so rum:
  Er jeht um!

»Na, un vor drei Jährkens, da jab et ja noch
Immerhin wat Bessres zu fressen,
Un mit so netten Leuten is ma ja doch
In'n Bombenkella jesessen.«

»Un hätten wir bloß die V 3 jekriecht
Zwee Wochen frieha – na sehn Se,
Denn hätten wir un nich die jesiecht –
Nich mal Jriffekloppen vastehn se!«
»Aba warten Se man, die werden sich ja
Janz bald in de Wolle kriejen,
Und denn könn'n se uns brauchen, un denn sin wa da,
Ohne uns könn'n die doch nich siejen!«
   Un ick merk et jenau, klingt's ooch noch so dumm:
   Er jeht um!

Ja, der alte Fimmel, der läßt euch nicht ruhn,
Ihr seid schon wieda obendroben,
Un wenn wir hier an andern wat tadeln tun,
Jleich denkt ihr, det wir euch loben!
Jleich denkt ihr, so'n richtija Sieja muß
Den Besiegten futtern und stützen –
Ohne Spiritismus und Spiritus
Habt ihr schon wieda eenen sitzen!
Doch käme er wirklich, un säh't ihrn bloß ma
Aus die Totenkoppoojen jlotzen –
Denn wäret ihr nüchtern, der Kater wär da,
Und et wär euch, wie damals, zum Kotzen!
   Aba in euch, tief drinne, da kiekt ma so rum:
   Da jeht er um!!!

Valeska Gert

Ilse Koch

Arbeitet schneller,
Die Augen heller.
Marsch, marsch,
Schlagt euch auf den Arsch.
Dies ist kein Erholungsaufenhalt,
Gehorcht ihr nicht, mach ich euch kalt.
Ihr seid in meiner Macht,
Schnell das Feuer angefacht.

Verbrennt die Briefe, verbrennt die Bücher,
Her damit die seidnen Tücher,
Gebt sie mir, mir gehörn sie zu,
Dann laß ich euch in Ruh.
Bemalt mir diesen Lampenschirm,
War einst Haut auf Menschenhirn.
Findest du mich schön?
Kannst mit mir zu Bette gehn.
Haha, war ja nur ein kleiner Spaß,
Weg mit dir, du dummes Aas!
Prügle dich halb tot,
Friß deinen eignen Kot.
Hat man so was schon erlebt,
Schnell mit der Peitsche ihm geklebt!
Mich, die Kommandeuse, will er haben.
Na wart, dich fressen bald die Raben.
Arbeite fix, arbeite schnell,
Sonst steck ich dich in Einzelzell.
Jetzt, zehn Jahre später, ist nichts mehr wahr.
Keinem krümmte ich ein Haar.
War reinste Sachlichkeit und Güte.
Keinem tat ich was, keinem, nicht die Tüte.
Häkle, stricke und mach Handarbeiten.
Warum kann mich niemand leiden?

Karl Valentin

Verstehst nix von der Politik

Sie Wennst nix von der Politik verstehst, nacha redst net so saudumm daher – des hoaßt net Komponist, sondern Kommonist.

Er Kommonist?

Sie A Komponist is ja a soichana, der zum Beispiel an »Tölzer Schützenmarsch« komponiert hat.

Er Naa! Des is net wahr, an Tölzer Schützenmarsch hat – des woaß i zufälligerweis – a Gastwirt von Tölz komponiert.

Sie Is ja verkehrt – du moanst ja musiziert.

Er Naa! – Oana, der wo a Musi macht, is koa Komponist – des is a Musikant.

Sie Naa – der wo die Musi spielt, is a Musikant.

Er Du spinnst ja – dann waar ja mei Radio dahoam aa a Musikant, der spielt aa oft a Musi.

Sie Du redst no grad so dumm daher wie damals im Weltkrieg neunzehnhundertvierzehn – da hast aa daherpolitisiert und hast allaweil vom Bierverband anstatt von Vierverband dahergredt.

Er Aber du hast aa nix verstanden, weilst damals gmoant hast, die Entente, des waar das hintere Ende von einer Ente.

Sie Geh, du alter Sprüchmacher. – Wie saudumm hast di damals gstellt beim Wählen, wos d' zu mir gsagt hast, i wähl einen Konditor statt einen Kandidaten, und wie du zu mir gsagt hast – für an Kaminkehrer is jetzt a harte Zeit, weil, wenn der an Radio hört, ist er a Schwarzhörer.

Er Des hab i doch nur aus Gaudi gsagt.

Sie A Gaudi – hast vielleicht da aa a Gaudi gmacht, wia du gsagt hast, dei Schwager is Strumpfbandführer worn, statt Sturmbannführer?

Er Da hab i mi ja nur versprochen.

Sie Daß du für dei Alter no so saudumm bist, da hab i heut noch den Beweis. Kannst dich noch erinnern, wia am Anfang vom Kriag die Verdunklungsvorschriften in der Zeitung gstanden san, da hab ich dir gsagt, daß im Englischen Garten Plakat angschlagn sind mit der Aufschrift: Das Herumschwirren von Glühwürmchen ist bei eintretender Dunkelheit polizeilich verboten. – Dann bist am andern Tag mit deim Radl nuntergfahrn, weils d' as net glaubt hast.

Er Ja, weil i anstatt Glühwürmchen Glühlämpchen verstanden hab.

Sie Geh, geh, geh, geh, geh, geh, geh! – Glühlämpchen hast du verstandn, als wia wann im Englischen Garten Glühlämpchen umanandaschwirrn tatn.

Er Mhm. – Du brauchst koa Angst ham, daß dir oana d' Weltmeisterschaft im Blödsein streitig macht! Kannst dich no erinnern, wia damals auf der Insel Kreta die Fallschirmspringer gelandet san – da hast du zu mir gsagt, ob's auf dera Insel allaweil regnen tut, weil die Fallschirmspringer alle an Schirm dabeighabt ham.

Sie Du hast ja aa damals an Blödsinn dahergredt, wias d' gsagt hast, da Hitler hat a Glück ghabt, daß er net Adolf Kräuter ghoaßn hat, sonst hättn ma schrein ... müässn »Heil Kräuter«!

Er Aber dei ganze politische Anschauung is ja nur a Kas gwesen, denn wenn's nach deiner Ansicht ganga wär, hättn mir den Kriag verlorn.

Sie Mir ham ihn ja verlorn.

Er Des woaß i scho! Ja, moanst du, daß du alloa bloß an Kas dahergredt hast?

Die Badewanne

Im Westen nichts Neues

Schwarzer Bühnenhintergrund, davor schwarzer Vorhang, der die große Maske verdeckt.

Auf der Bühne ein Sessel. Darin sitzt ein Mann, er trägt Frack, Lackschuhe, weißes Hemd, schwarzen Binder, weiße Handschuhe, rote Nelke. Links und rechts von ihm, auf den Sessellehnen, zwei Frauen in leichten Seidenkleidern. Die Darsteller tragen Masken, die der großen Maske gleichen. Man prostet sich mit Sektgläsern zu. Aus dem Grammophon ertönt der »Mariandl«-Schlager.

Ausgelassen schwenkt der Mann ein Geldbündel. Er steckt den Frauen Geldscheine in die Kleiderausschnitte, flüstert ihnen anzügliche Witze zu. Man erhebt sich, geht zum Bühnenrand, wendet dem Publikum den Rücken zu, verneigt sich. Dabei wird das Hakenkreuz sichtbar, das der Mann auf dem Hinterteil seiner Hose trägt.

Die Musik verstummt. Aus dem geöffneten Rachen der großen Maske bricht weißes Scheinwerferlicht. Aus dem Off ist Brechts Gedicht »An Chronos« zu hören.

Wir wollen nicht aus deinem Hause gehn
Wir wollen den Ofen nicht einreißen
Wir wollen den Topf auf den Ofen setzen.
Haus, Ofen und Topf kann bleiben
Und du sollst verschwinden wie der Rauch im Himmel
Den niemand zurückhält.

Wenn du dich an uns halten willst, werden wir weggehen.
Wenn deine Frau weint, werden wir unsere Hüte ins Gesicht ziehen
Aber wenn sie dich holen, werden wir auf dich deuten
Und werden sagen: Das muß er sein.
Wir wissen nicht, was kommt, und haben nichts Besseres
Aber dich wollen wir nicht mehr
Bevor du nicht weg bist
Laßt uns verhängen die Fenster, daß es nicht Morgen wird.

Die Städte dürfen sich ändern
Aber du darfst dich nicht ändern.
Den Steinen wollen wir zureden
Aber dich wollen wir töten
Du mußt nicht leben.
Was immer wir an Lügen glauben müssen
Du darfst nicht gewesen sein.
So sprechen wir mit unsern Vätern.
Der Scheinwerfer erlischt. Der Saal bleibt dunkel.

WOLFGANG BORCHERT

Wo sollen wir denn anfangen?

Eine Kabarett-Szene

Ein Zimmer. Der Direktor eines Kabaretts. Beckmann, leicht angetrunken

DIREKTOR *sehr überzeugt* Sehen Sie, gerade in der Kunst brauchen wir wieder eine Jugend, die zu allen Problemen aktiv Stellung nimmt. Eine mutige, nüchterne –

BECKMANN *vor sich hin* Nüchtern, ja ganz nüchtern muß sie sein.

DIREKTOR – revolutionäre Jugend. Wir brauchen einen Geist wie Schiller, der mit zwanzig seine Räuber machte. Wir brauchen einen Grabbe, einen Heinrich Heine! So einen genialen angreifenden Geist haben wir nötig! Eine unromantische, wirklichkeitsnahe und handfeste Jugend, die den dunklen Seiten des

Lebens gefaßt ins Auge sieht, unsentimental, objektiv, überlegen. Junge Menschen brauchen wir, eine Generation die die Welt sieht und liebt, wie sie ist. Die die Wahrheit hochhält, Pläne hat, Ideen hat. Das brauchen keine tiefgründigen Weisheiten zu sein. Um Gottes willen nichts Vollendetes, Reifes und Abgeklärtes. Das soll ein Schrei sein, ein Aufschrei ihrer Herzen. Frage, Hoffnung, Hunger!

BECKMANN *für sich* Hunger, ja, den haben wir.

DIREKTOR Aber jung muß diese Jugend sein, leidenschaftlich und mutig. Gerade in der Kunst! ... Positiv! Positiv, mein Lieber! Denken Sie an Goethe! Denken Sie an Mozart! Die Jungfrau von Orléans, Richard Wagner, Schmeling, Shirley Temple!

BECKMANN Gegen solche Namen kann ich natürlich nicht gegen an. Ich bin nur Beckmann. Vorne B – hinten eckmann.

DIREKTOR Beckmann? Beckmann? Ist mir im Moment gar nicht geläufig beim Kabarett. Oder haben Sie unter einem Pseudonym gearbeitet?

BECKMANN Nein, ich bin ganz neu. Ich bin Anfänger.

DIREKTOR *schwenkt völlig um* Sie sind Anfänger? Ja, mein Bester, so leicht geht die Sache im Leben aber nun doch nicht. Nein, das denken Sie sich doch wohl ein bißchen einfach. So mir nichts dir nichts macht man keine Karriere! Sie unterschätzen die Verantwortung von uns Unternehmern! Einen Anfänger bringen, das kann den Ruin bedeuten. Das Publikum will Namen!

BECKMANN Goethe, Schmeling, Shirley Temple oder sowas, nicht?

DIREKTOR Eben die. Aber Anfänger? Neulinge, Unbekannte? Wie alt sind Sie denn?

BECKMANN Fünfundzwanzig.

DIREKTOR Na, sehen Sie. Lassen Sie sich erst mal den Wind um die Nase wehen, junger Freund. Riechen Sie erst mal ein wenig hinein ins Leben. Was haben Sie denn so bis jetzt gemacht?

BECKMANN Nichts. Krieg: Gehungert. Gefroren. Geschossen: Krieg. Sonst nichts.

DIREKTOR Sonst nichts? Na, und was ist das? Reifen Sie auf dem Schlachtfeld des Lebens, mein Freund. Arbeiten Sie. Machen Sie sich einen Namen, dann bringen wir Sie in großer Aufmachung raus. Lernen Sie die Welt kennen, dann kommen Sie wieder. Werden Sie jemand!

BECKMANN *der bisher ruhig und eintönig war, jetzt allmählich erregter* Und wo soll ich anfangen? Wo denn? Einmal muß man doch irgendwo eine Chance bekommen. Irgendwo muß doch ein Anfänger mal anfangen. In Rußland ist uns zwar kein Wind um die Nase geweht, aber dafür Metall, viel Metall. Heißes hartes herzloses Metall. Wo sollen wir denn anfangen? Wo denn? Wir wollen doch endlich einmal anfangen! Menschenskind!

DIREKTOR Menschenskind können Sie sich ruhig verkneifen. Ich habe schließlich keinen nach Sibirien geschickt. Ich nicht.

BECKMANN Nein, keiner hat uns nach Sibirien geschickt. Wir sind ganz von alleine gegangen. Alle ganz von alleine. Und einige, die sind ganz von alleine dageblieben. Unterm Schnee, unterm Sand. Die hatten eine Chance, die Gebliebenen, die Toten. Aber wir, wir können nun nirgendwo anfangen. Nirgendwo anfangen.

DIREKTOR *resigniert* Wie Sie wollen! Also: dann fangen Sie an. Bitte. Stellen sie sich da hin. Beginnen Sie. Machen Sie nicht so lange. Zeit ist teuer. Also, bitte. Wenn Sie so liebenswürdig sein wollen, fangen Sie an. Ich gebe Ihnen die große Chance. Sie haben immenses Glück: ich leihe Ihnen mein Ohr. Schätzen Sie das, junger Mann, schätzen Sie das, sag ich Ihnen! Fangen Sie also in Gottes Namen an. Bitte. Da. Also.

Leise Xylophonmusik. Man erkennt die Melodie der »tapferen kleinen Soldatenfrau«

BECKMANN *singt, mehr gesprochen, leise, apathisch und monoton*
Tapfere kleine Soldatenfrau –
Ich kenn das Lied noch ganz genau,
Das süße schöne Lied.
Aber in Wirklichkeit: War alles Schiet!
Die Welt hat gelacht
Und ich hab gebrüllt.
Und der Nebel der Nacht
Hat dann alles verhüllt.
Nur der Mond grinst noch
Durch ein Loch
In der Gardine!
Als ich jetzt nach Hause kam,
Da war mein Bett besetzt.
Daß ich mir nicht das Leben nahm,
Das hat mich selbst entsetzt.
Die Welt hat gelacht...

Da hab ich mir um Mitternacht
Ein neues Mädchen angelacht.
Von Deutschland hat sie nichts gesagt
Und Deutschland hat auch nicht nach uns gefragt.
Die Nacht war kurz, der Morgen kam,
Und da stand einer in der Tür.
Der hatte nur ein Bein und das war ihr Mann.
Und das war morgens um vier.
Die Welt hat gelacht…

Nun lauf ich wieder draußen rum
Und in mir geht das Lied herum
Das Lied von der sau –
Das Lied von der sau –
Das Lied von der sauberen Soldatenfrau.

Das Xylophon verkleckert

DIREKTOR *feige* So übel nicht, nein, wirklich nicht so übel. Ganz brav schon. Für einen Anfänger sehr brav. Aber das Ganze hat natürlich noch zu wenig Esprit, mein lieber junger Mann. Das schillert nicht genug. Der gewisse Glanz fehlt. Das ist natürlich noch keine Dichtung. Es fehlt noch das Timbre und die diskrete pikante Erotik, die gerade das Thema Ehebruch verlangt. Das Publikum will gekitzelt werden und nicht gekniffen. Sonst ist es aber sehr brav für Ihre Jugend. Die Ethik – und die tiefere Weisheit fehlt noch – aber wie gesagt: für einen Anfänger doch nicht so übel! Es ist noch zu sehr Plakat, zu deutlich, –

BECKMANN *stur vor sich hin* – zu deutlich.

DIREKTOR – zu laut. Zu direkt, verstehen Sie. Ihnen fehlt bei Ihrer Jugend natürlich noch die heitere –

BECKMANN *stur vor sich hin* – heiter.

DIREKTOR – Gelassenheit, die Überlegenheit. Denken Sie an unseren Altmeister Goethe. Goethe zog mit seinem Herzog ins Feld – und schrieb am Lagerfeuer eine Operette.

BECKMANN *stur vor sich hin* Operette.

DIREKTOR Das ist Genie! Das ist der große Abstand!

Erich Kästner

Das Lied vom Warten

Bahnhofshalle mit heimkehrenden Kriegsgefangenen. Eine Frau mit einem selbstgemalten Plakat steht an der Rampe.

Zwei Jahre sind es jetzt im Mai,
Da war der Totentanz vorbei,
Da starb das große Sterben.
Wir traten vor das halbe Haus
Und sahen nur: Der Krieg war aus.
Und standen in den Scherben.

Doch auf dem Rest vom Kirchturm sang
Die Amsel voller Überschwang,
Und der Flieder, der blühte im Garten.
Die Bäume rauschten bis ins Blut.
Die Hoffnung sprach: Es werde gut!
Geduld, mein Herz, Geduld, mein Herz,
Dein bißchen Glück muß warten!

Zwei Jahre werden es im Mai.
Mein Mann, der ist gefangen.
Er ist gefangen, ich bin frei.
Die Hoffnung ging an uns vorbei.
Die Hoffnung ist vergangen.

Schaut her, Kameraden meines Mannes.
Wer kann Auskunft geben
Über den Gefreiten Hans Maier,
Maier mit a i,
Wer kann Auskunft geben über meinen Hans?
Bitte, kommt näher, und lest das Schild.
Ich habe es selber gemalt, und unten rechts
Das ist er, das ist sein letztes Bild!
War jemand mit ihm im Lager? Wo kommt ihr her?
Aus Rußland? Aus Frankreich? Erkennt ihn wer?
Er ist mein Mann, und ich brauch ihn so sehr.
Lacht mich nicht aus,
Oder meinetwegen lacht hinter mir her!

Ich steh und wart,
Daß sich das Schicksal meiner erbarme.
Schickt ihn doch heim.
Schickt ihn doch endlich heim in meine Arme!

Die gleiche bleiche Wartequal
Hockt wie ein Geier überall
Und hält uns in den Klauen.
Im Dunst der Stadt, im fernsten Tal, –
Ganz Deutschland ist ein Wartesaal
Mit Millionen Frauen.

Die Amsel schluchzt, die Blumen blühn,
Das Korn wird gelb, die Stare ziehn,
Und der Winter rupft Federn im Garten.
Ein Mond wird schmal, ein andrer naht,
Und rings ums Herz starrt Stacheldraht.
Geduld, mein Herz! Geduld, mein Schmerz!
Wir leben nicht, – wir warten!

Wir warten stumm,
Daß sich das Schicksal unserer erbarme.
Schickt sie doch heim.
Schickt sie doch endlich heim in unsre Arme!
Seht das Schild! Kameraden, schaut es an!
Wer kann Auskunft geben über fünf Millionen Mann?

Karl Valentin

Die Atombombe

Huberin Na Frau Maier, was sagn jetzt Sie über die neue Amtombombe?

Maierin Ja – dö soll ja furchtbar sein.

Huberin Furchtbar? Dö soll nicht nur furchtbar sein, das soll das Katastrophalste sein, was je erfunden wurde.

Maierin So, das Katrophalste, wie ham S' gsagt?

HUBERIN Das Ka-ta-stroh-fall-steh, das is schwer zum Ausdrükken.

MAIERIN Was is denn eigentlich so ein Katastrophal?

HUBERIN Ein Katastrophal ist eine Art Energie, und wenn die exeplidiert, dann gehts los, dann is dö ganze Welt hi.

MAIERIN Geht dann die Amtombombe los oder die Energie, wie Sie vorhin gsagt ham.

HUBERIN Na, na, der Kern geht los, net der Amtom selber.

MAIERIN So, so, nur der Kern. – Wo is der?

HUBERIN Der is innen drin im Amtom, genau wia bei de Zwetschgn, da is aa der Kern innen drin.

MAIERIN Ja stimmt, dös is erst kurz in der Zeitung gstandn von dieser Amtombombenkernzertrümmerung.

HUBERIN Ja, ja, des is des, stellns Ihna vor, so ein Amtomkern is so klein, daß man net amoi mit dem größtn Fernrohr siecht, und wenn der Kern zertrümmert werd, entstehen daraus lauter noch kleinere Molikühle, – de san um aa Drionstel mal kleiner, als wia der winzigste Amtomkern selber.

MAIERIN Ja was is dös, – da muaß aber der Arbeiter, der den winzig klona Amtomkern mit 'm Hammer zertrümmert, no guate Augn ham.

HUBERIN O mei, Frau Maier, in der Philophiserie lassn Sie hübsch zu wünschn übrig, Sie stelln Eahna diese Zertrümmerung so kindisch vor! Die zertrümmert sich ja selbst, wenn die Amtombombe vom Flugzeug aus hinabwärts auf den Boden fällt.

MAIERIN Wenns aber auf an woachn Boden fällt, in an sogenannten Lettn oder Batz, oder gar ins Wasser, was nacha?

HUBERIN Dann aa.

MAIERIN Aa nacha, Frau Huber, wenns naß werd? Löschts da net aus?

HUBERIN A woher, die Amtombombe is ja wasserdicht, de werd überhaupts net naß, bis de naß werd, gehts ja scho los, da is ja die Katastrophe schon exeplodiert.

MAIERIN Ja wia Sie dös alles wissn.

HUBERIN Kunststück – i bin immer auf dem laufenden und noch dazu sehr belesen.

MAIERIN Und was is nacha mit den kleinen Maniküren, wie Sie vorher gsagt habn.

HUBERIN Maiküren? – Sie meinen die Molikühlen – dö zreißts aa.

MAIERIN Einesteils könnt man sich ärgern, weils solche Sachen erfinden, aber für an gewöhnlichen Kartharr, da gibts no nix.

HUBERIN Ja, ja, Frau Maier, Sie dürfen auch an Kartharr net mit der Amtombombe in Einklang bringen.

MAIERIN Na, na, des steht mir fern, i moan ja nur.

HUBERIN Schaugns, wenn diese Amtomenergiekernzertrümmerungsmethode einmal zu nützlichen Sachen Verwendung findet, dann ist das doch ein wahrer Segen für uns und für die ganze Menschheit.

MAIERIN Ja, ja, schon, aber wenn doch vor der nützlichen Verwendung die schädliche Verwendung angewandt wird, dann ist doch nach meiner Ansicht die nützliche Verwendung nicht mehr anwendbar, weil mir doch scho alle hi san.

HUBERIN Na, so gfährli werds net wern. Im Krieg hats ja auch gheißn, jede Kugel trifft net, und da ists dasselbe, denn so genau als wia mit einem Gwehr oder einer Kanone könnas mit der Amtombombe niemals zielen.

MAIERIN Ja, i hab ja von all den neuen Erfindungen sehr wenig Kenntnisse, aber i muaß grad so staunen, daß Sie des alles so wissn, Frau Huber.

HUBERIN Mei, Frau Maier, von Ihnen kann man das auch gar nicht verlangen, und wie gsagt, bin ich sehr belesen und außerdem hat mi unser Zimmerherr, der Herr Lorenz, über vieles Technische aufgeklärt. Der Herr Lorenz is nämlich Möbelpakker bei der Speditionsfirma Fey und Falk und außerdem is er ein tüchtiger Bastler. Der hat vorige Woch einen Hasnstall gmacht aus lauter alte Kistnbrettln. Entzückend, sag ich Eahna. Ja, jetzt muaß i aber geh, vor lauter Ratschn kriag i sonst koa Milli mehr.

MAIERIN Ja, i muaß aa geh, aber interessant war des heit, hochund wissenschaftlich, Eahna is grad guat zuzhörn, Frau Huber, de andern Weiber redn nur allaweil, was soll i denn heit kocha, und vielleicht kriag i doch no an Bezugschein und so weiter.

HUBERIN Ja mei, Frau Maier, es gibt halt solche und Gott sei Dank andere aa. Also pfia Gott, Frau Maier.

MAIERIN Pfia Gott, Frau Huber!

Alexander Hunzinger

Die schräge Braut

Mein Haar ist rot. So rot wie eine Fahne,
Und meine Seele ist aus Zellophan.
Ich schwimme immer oben wie die Sahne
Und paß mich jeder Niederlage an.
Mein Körper spielt bei mir die erste Geige,
Wenn alles wankt und fällt – ich steige,
Denn ich bin zeitgemäß und kein Problem.
  Ich bin nicht mehr zu retten,
  Ich bin vom Krieg versaut,
  Ich tanze Jazz auf dem Vulkan und fresse Zigaretten
  Und gehe nur mit Kalorien in die Betten –
  Ich bin ne schräge Braut.

Ich bin die Aphrodite der Baracken
Und bin erotisch international.
Ich bin verdammt, die Männer abzuwracken
Und geistig bin ich leider ein Skandal.
Ich lebe hemmungslos von heut auf morgen
Und glaube nicht mehr an den lieben Gott,
Ich kenne keine Zukunftssorgen,
Denn ich bin zeitgemäß geschminkter Schrott.
  Ich bin nicht mehr zu retten…

Was kümmert mich das Schicksal der Millionen,
Wenn's nichts zu fressen gibt, dann geh ich fremd.
Ein dummes Luder lebt von den Rationen,
Die Ehre steht ja sowieso im Hemd.
Die Beine hoch! Der Untergang soll leben!
Die Katastrophe läßt mich völlig kalt.
Und wenn die Trümmer auch vor Scham erbeben,
Ich fahre Karussell auf dem Asphalt.
  Ich bin nicht mehr zu retten,
  Ich bin vom Krieg versaut,
  Ich tanze Jazz auf dem Vulkan und fresse Zigaretten
  Und gehe nur mit Kalorien in die Betten –
  Ich bin ne schräge Braut.

Das heilige Lenchen

Ein Mädchen lehnt sich aus dem Fenster, lauscht den »La Paloma«-Klängen einer Ziehharmonika.

Ich bin das heilige Lenchen,
Ich bin keine Nutte,
Ich tu's umsonst, weil's mir Spaß macht,
Wieviel von euch Hausfrauen können das sagen.

Dieses Berlin liebe ich, auch jezt wo der Herbst bald kommt. Der Herbst kommt immer bald. Für mich ist ein Frühling drin verborgen. So sieht man bei reiferen Damen die nächtlichen Trauerfarben in stumpfvioletten Unterröcken, violettem Geäder der Nasen und Krampfadern, Amethysten in Silberfiligran, Silbersträhnen, die bereits wie Sargbeschläge schimmern und irgendwo winken schon die Leichenwagentroddeln und die schwarzen Straußenfedern. Aber für mich ist immer Frühling.

Denn ich bin das heilige Lenchen,
Ich bin keine Nutte,
Ich tu's umsonst, weil's mir Spaß macht,
Die Liebe ist mein Verjüngungsmittel.

Ich weiß auch, irgendwo im trockenen Keller ist eine Hexe, ein Spinnrocken, ein Haubenstock, eine Robe aus Stroh und Papier und eine verwanzte Lockenperücke, und trinkt Baldriantee und scheißt in vermoderte Särge und kollert wie ein Truthahn, und sie schnurrt mit dem Spinnrad und sticht mit der Spindel in die Luft, und zieht schwarze Fäden durch die Luft hierhin und dahin, die kleben wie Fliegenfänger und fressen sich süß und giftig wie Feuerasseln und Tausendfüßler in die Haut. Aber ich habe keine Angst vor ihr, denn

Ich bin das heilige Lenchen,
Ich bin keine Nutte,
Ich tu's umsonst, weil's mir Spaß macht,
Mit der Liebe bekämpfe ich euch,
Die ihr mir nichts gönnt,
Weil ihr selber zu feige seid zum Zugreifen.

Ich war lange krank gewesen, nun wurde ich gesund. Die Fenster auf, und mit der hellen Sonne drang das Geschrei der Kinder und

der Spatzen zu mir herein. Und sie klingelten auf Rädern die Straße entlang, all die Jungens, die ich kannte, und lachten und schrien. Auch ich bin ja ein Kind der Straße, und ich stürzte mich aus dem Fenster und flog mit ihnen um die Wette, immer die Straße rauf und runter.
Die Hexe hat Rheumatismus davon gekriegt. Heute abend wird die ganze Produktenhandlung mit Benzin übergossen und angesteckt, die Hexe wird in Flammen auflodern, die Jungs haben's mir versprochen. Denn

Ich bin das heilige Lenchen,
Ich bin keine Nutte,
Ich tu's umsonst, weil's mir Spaß macht.
Amen.

Heinz Hartwig

Ansprache eines Kippenrauchers

Wenn ich so auf der Straße geh,
Halt ich den Kopf geneigt,
Ob ich nicht einen Stummel seh,
Der für drei Züge reicht.
Und find ich ihn, freu ich mich sehr,
Falls er sogar noch brennt,
Dann spar ich auch noch Streichhölzer:
Das ist mein Kontingent.

Ja, früher rauchte ich R 6
Und Attika und Nil
Und macedonisches Gewächs
Und sonntags ne Brasil.
Die Kippen warf ich achtlos weg,
Trat mit dem Fuß sie aus.
Heut bin ich nicht so over-stolz:
Ich mach Drehnoussi draus.

Es gibt ne Stummelwissenschaft,
Die unterscheidet das:

Ob kurz, ob lang, zerquetscht und ganz,
Ob trocken oder naß.
Wenn ich nen ganzen langen find,
Nenn ich ihn Bel ami,
Dagegen die ganz kurzen sind
Meist Made in Germany.

Wenn ich so auf der Straße geh,
Dann tu ich ganz betrübt,
Ob ich nicht einen Stummel seh,
Der noch zwei Züge gibt.
Ich bück mich schnell und steck ihn ein,
Bevor mich einer sieht.
Es würde mir doch peinlich sein,
Wünscht man mir Guten Appetit.

Das Bücken steht uns Deutschen gut,
Wir haben's leicht gelernt.
Man hat uns ja vor einiger Zeit
Das Rückgrat ganz entfernt.
Ein Nichtraucher war schuld daran,
Daß wir so tief gerutscht.
Ihr deutschen Männer, denkt daran,
Wenn ihr am Daumen lutscht!

Heinz Hartwig/Herrmann Mostar

Tausch-Rausch

Einst saß man noch als Kannibal
Und Urmensch im Neandertal,
Das Bargeld war da noch nicht Brauch:
Man hat getauscht, und es ging auch.
Und heute tauscht man wieder mal
Genau wie im Neandertal:
Abwaschbare Gummikragen gegen Zwillingskinderwagen!
Gebe echten Tizian gegen Flasche Enzian!
Tausche unsre ganze Zone gegen eine Kaffeebohne!

Biete Mythus Rosenberg, suche netten Gartenzwerg!
Tausche Görings Ordensbänder gegen einen Christbaumständer!
Suche möglichst kleinen Laden, biete Berghof Berchtesgaden!
Wer entnazit Alt-Pg? Schippe zwanzig Stunden Schnee!
Habe Sorgen, werde Mami – biete Nazi, suche Ami!
Wer hat was zum Steinerweichen? Biete mein Parteiabzeichen!
Biete ranzige Schwiegermutter, suche laufend frische Butter!
Gebe ein Gedicht von mir gegen Rolle Klopapier!
Reichstag gegen Parlament, Führer gegen Präsident!
Braunhemd gegen Lendenschurz oder einen großen ... Kurz:
Tausche diese ganze Welt, die mir gar nicht mehr gefällt,
Heute noch und auf der Stelle gegen ein Billett zur Hölle!
Lieber Gott, wir bitten drum: Tausch uns mit uns selber um!

Rolf Ulrich

Schwarzer Markt

1. Mann Kaffee, Zigaretten, Feuersteine, Schokolade, Milchpulver...
2. Mann *kommt mit Standuhr* Könn Se ne Standuhr gebrauchen?
1. Mann Wat soll ick denn damit?
2. Mann Dumme Frage, da wissen Se, was es geschlagen hat.
1. Mann Det weeß ick sowieso. Ick war Ortsgruppenleiter.
2. Mann Na und außerdem könn Se sich vielleicht aus dem Uhrwerk nen kleinen Destillationsapparat für Schnaps baun.
1. Mann Destillationsapparat? Is nicht schlecht. Wat wolln Se dafür haben? Kaffee, Zigaretten, Schokolade?
2. Mann Nee, Fuchs Sittengeschichte und Van der Velde.
1. Mann Wat wolln Se denn damit?
2. Mann Ach, ick hab da eenen Bekannten, der will seine drei Freundinnen auf Besatzungssoldaten schulen.
1. Mann Wat gibt der Ihnen dafür?
2. Mann Adolf Hitler, Mein Kampf.
1. Mann Sind Sie irre geworden? Denken Sie, ick habe Lust, durch det Kontrollratsgesetz in Spandau zu landen?
2. Mann Und Mein Kampf, den tausch ick denn mit zwei EK II und einem Sturmabzeichen für zehn Stangen Camel.

1. Mann Na, denn könn Se Ihre Lunge gleich uffn Friedhof pakken.

2. Mann Ick bin ja Nichtraucher – nee, die Camels, die tausch ick bei einem Kartoffelgroßhändler …

1. Mann Etwa gegen Kartoffeln?

2. Mann Quatsch, der hat doch keene Kartoffeln, der hat nur Schnaps.

1. Mann Jetzt kapier ick. Sie sind Säufer!

2. Mann Ick doch nich, der Russe, dem ick det bringe.

1. Mann Jetzt dreh ick langsam durch. Und wat gibt der Ihnen dafür?

2. Mann Ick gloobe, Ihnen ist der schwarze Markt uffs Gehirn geschlagen. Logisch, daß mir der Russe Uhren gibt.

1. Mann Na und?

2. Mann Wat heißt, na und? Die fünf Uhren, die ick dafür kriege, tausche ick dann, weil einem solche kleene Dinger so leicht abgenommen werden können, in einem Uhrengeschäft gegen ne Standuhr.

1. Mann Sagen Se mal, Sie haben wohl Schuhsohlen gekaut, wat? Sie haben doch ne Standuhr, warum tauschen Se denn erst, wenn Se eene wiederhaben wollen?

2. Mann Ach wissen Sie, ick brauch eigentlich nischt. Mein Sohn arbeitet bei de Amis, meine Tochter bei de Franzosen und meine Frau beim Senat. Und ick hab nischt. Und da isset so een schönet Gefühl, durch det Tauschen beim Aufbau der Nachkriegswirtschaft wieder aktiv mitarbeiten zu dürfen.

Die kleine Freiheit

Ein Teilstaat restauriert sich

Der Marschtritt der völkischen Bewegung
klingt derart gedämpft,
daß man nicht genau weiß:
Gehen sie oder kommen sie schon wieder?

Lotar Olias

Das dritte Nachkriegsjahr, 1948, ist das Jahr, in dem im besiegten Deutschland die Weichen gestellt werden – in Richtung Zukunft. Und die gründet sich fürs erste auf einen handfesten Ost-West-Konflikt. Die einst alliierten Siegermächte können sich in der Frage, wie es im besetzten Deutschland weitergehen soll, nicht einigen; man spricht, wenn überhaupt, nur noch frostig miteinander, wechselt Protestnoten, igelt sich ein, kapselt sich ab. Die ersten Mauern werden hochgezogen. Für die Deutschen, zumindest für die, die im westlichen Teil wohnen, könnte das das Signal für einen Neubeginn sein. Die Besiegten in der Rolle des lachenden Dritten? Die Chance wird gesehen und genutzt.

Der Mann, der auf diese Chance setzt, wird bald der erste Kanzler des neuen, westdeutschen Teilstaates sein, für den man in diesem Jahr 1948 das Fundament legt: Anbindung an den Westen. Das Angebot kam, erinnert sich Werner Finck, als die Mehrzahl der »Trizonesier« noch damit beschäftigt war, Trümmer und Illusionen wegzuräumen: »Da hieß es: Hier habt ihr die Demokratie. Und da haben wir gesagt: Moment, wir haben leider keine Zeit, aber geben Sie her, für später. Nur einer war unter uns, ein älterer Herr, der nahm sich die Zeit, der sagte: Jeben Sie her, die Demokratie, ich mach wat draus. Der hat was draus gemacht, und wir haben uns nichts draus gemacht. Das war Adenauer.«

Finck, der die dunklen Jahre der Hitler-Diktatur als feldgrau gekleideter Spaßmacher überlebt hatte, betätigt sich gleich nach Kriegsende als Chronist seiner Zeit, die er nicht müde wird, heiter-besinnlich zu glossieren. Bereits 1946 findet er sich mit Walther Kiaulehn und Hellmuth Krüger in München zu einem Schmunzelkolleg zusammen, das in »Experimental-Kursen für Scherz, Satire, Ironie und tiefere Bedeutung« recht unakademisch über den Spaß doziert, der da ernst genommen sein will. »Es war das Urkabarett«, so Kiaulehn im Rückblick, »eine Demonstration der guten Laune inmitten der schrecklichen Not.«

Die jungen Kabarettisten, die, um ihre Jugend betrogen, aus dem Krieg heimgekehrt waren, gaben sich weniger gelassen. Sie setzten eher auf die heilsame Kraft schonungsloser Aufarbeitung dessen, was da in den vorangegangenen »tausend Jahren« geschehen war, sie studierten die Fahrpläne, nach denen der Zug der Zeit bereits wieder rückwärts in die Zukunft fahren sollte. »Unbelastet, doch betroffen von den letzten tausend Jahren, hat man uns amnestiert«, sang das Studenten-Ensemble, das sich 1947 an der Kieler

Universität als *Die Amnestierten* gegründet hatte, »doch die Deutschen sind von Nöten und Gefahren immer noch nicht ganz kuriert...« Als die Kabarettisten dann zwei Jahre später auf ihren Gastspielreisen durch die deutschen Lande der alten Nationalhymne bierselig neue, unliebsame Reime – »Von der Ruhr bis an die Neiße, alles, alles... keinesfalles!« – andichten, ernten sie Pfiffe und Buhrufe.

Immerhin überleben sie die Währungsreform, an der eine Vielzahl kabarettistischer Unternehmungen der ersten Nachkriegsjahre, darunter die Münchner *Schaubude* und die *Hinterbliebenen* gescheitert sind. Andere, neue Kräfte drängen statt dessen an die kabarettistische Front und wissen sich auch dem wirtschaftlich nun robusteren Klima anzupassen. So auch die Düsseldorfer »Literaten-, Maler- und Schauspielerbühne« von Kay und Lore Lorentz, die sich *Das Kom(m)ödchen* nennt und im März 1947 seine Pforten öffnet. Der Titel des ersten Programms ist Programm: »Positiv dagegen«.

Mit der Einführung der D-Mark ist die Abgrenzung zwischen Ost und West, von der bisher nur auf den Alliierten-Konferenzen drohgebärdig die Rede gewesen war, machtpolitische Wirklichkeit geworden. Die Konfrontation erreicht mit der von den Sowjets verhängten Berlin-Blockade ihren vorläufigen Höhepunkt: Es ist die Stunde der »Rosinenbomber«, die die Einwohner der ehemaligen Hauptstadt mit dem Notwendigsten versorgen. Für geistig-moralische Lebensmittel, derer die eingeschlossene Dreisektoren-Stadt in diesen Monaten so dringend bedarf, erklärt sich überraschenderweise eine Institution zuständig, der man gemeinhin eher zersetzende als aufbauende Wirkung zusprechen mag: das Kabarett.

Die Insulaner nennt sich das Funk-Ensemble, mit dem vom Dezember 1948 an recht derber Frontstadt-Humor über den Sender RIAS – Rundfunk im amerikanischen Sektor – in den Äther gepustet wird, kabarettistische Spitzen und Spritzen gegen das »östliche Gift«; Durchhaltepointen, die von der Hoffnung künden, daß Berlin, die »Insel im roten Meer«, dermaleinst »wieder 'n schönes Festland wird«.

Insulaner-Chef Günter Neumann, das rührige Allround-Talent, das sich in Werner Fincks *Katakombe* und im *Kabarett der Komiker* entfaltet hatte, war bereits ein Jahr zuvor mit seinem kabarettistischen Zeitstück »Schwarzer Jahrmarkt« ein großer Wurf gelungen, eine Revue, die die Not jener Jahre thematisierte und komödiantisch verfremdete – für die Leinwand wurde dann die »Berliner Ballade« daraus.

Nach dem Ende der Berlin-Blockade gibt es an der Spree neben den *Insulanern* bald eine zweite Kabarett-Instanz, *Die Stachelschweine*, die sich jedoch – trotz der einen oder anderen obligatorischen »Ost-Nummer« – weniger als satirisches Bollwerk gegen »die da drüben« verstehen als vielmehr darauf aus sind, kritisch vor der eigenen Tür zu kehren. Und doch ist Erich Kästners »überflüssiger Rat« an die *Stachelschweine*, sich nie rasieren zu lassen, so überflüssig nicht: Klamottenkomik und sonstige Zugeständnisse ans touristische »Wessi«-Publikum geben, zumal nach Jahrzehnten ununterbrochenen Spielbetriebs, versöhnlichen Harmlosigkeiten Raum, in dem das zarte Satire-Pflänzchen nur allzu leicht verdorrt.

Kästner selbst hat zu Anfang der fünfziger Jahre noch einmal, ein letztes Mal, Gelegenheit, als Kabarettautor gegen die restaurativen Tendenzen des frischgebackenen Teilstaates anzuschreiben. Für die *Kleine Freiheit*, jenes Kabarett, das die aus der Emigration zurückgekehrte Trude Kolman in München etabliert, textet er im Opening-Song: »Der Titel des Programms – Die Kleine Freiheit – stammt nicht von uns. Den Titel schrieb die Zeit! Die große Freiheit ist es nicht geworden. Es hat beim besten Willen nicht gereicht...«

Wie es dazu kam, auch das ist bei Kästner nachzulesen: »Wir arbeiteten wie die Wilden, um uns wieder einmal sattzuessen. Wir arbeiteten wie die Besessenen, um uns einen Anzug zu kaufen, der nicht aus Holz gesponnen war. Wir arbeiteten wie die Berserker, um im Winter zehn Zentner Kohlen zu haben. Wir arbeiteten wie die Sklaven, um nicht länger unter Woilachs schlafen und auf Margarinekisten sitzen zu müssen.

Und als wir schließlich – wenn auch nicht alle, so doch viele – eines schönen Tages einigermaßen satt, in einem ziemlich warmen Zimmer, auf einem beinahe stuhlähnlichen Gegenstande sitzend, mit sauber gewaschenem Hals, denn auch Seife gab's ja wieder, aus unserer großen Lethargie erwachten und das eben erworbene Radio andrehten, staunten wir nicht schlecht. Wir waren in der Zwischenzeit an die Vergangenheit verkauft worden! Wir besaßen allerdings, bis auf Widerruf, die im Grundgesetz verbriefte ›kleine Freiheit‹, darüber zu murren und zu schimpfen. Und ein Kabarett gleichen Namens zu gründen. Das war nicht viel. Aber es war besser als gar nichts.«

Erich Kästner

Die kleine Freiheit

Der Titel des Programms

Der Titel des Programms – Die Kleine Freiheit –
Klingt eigentlich, als wüßten wir Bescheid.
Der Titel des Programms – Die Kleine Freiheit –
Stammt nicht von uns. Den Titel schrieb – die Zeit!

Die große Freiheit ist es nicht geworden.
Es hat beim besten Willen nicht gereicht.
Aus Traum und Sehnsucht ist Verzicht geworden.
Aus Sternenglanz ist Neonlicht geworden.
Die Angst ist Bürgerpflicht geworden.
Die große Freiheit ist es nicht geworden,
Die kleine Freiheit – vielleicht!

Wir sind so frei! Das heißt: Soweit's erlaubt ist.
Wir sind so frei! (Soweit man's überhaupt ist.)
Wir dürfen wieder zittern, wenn wir frieren.
Wir dürfen staunend vor Geschäften stehn.
Wir dürfen atmen, lachen, vegetieren.
Wir dürfen schimpfen und den Kopf verlieren.
Wir dürfen, wenn's so weitergeht, marschieren.
Wir sind so frei. Wir werden ja sehn.

Der Titel des Programms – Die Kleine Freiheit –
Hat seinen Grund. Sie wissen nun Bescheid.
Der Titel des Programms – Die Kleine Freiheit –
Stammt nicht von uns. Der Autor heißt: Die Zeit!

Anfang terrible

Dieser Prolog hat die Aufgabe, Geist und Personen des Ensembles in gefälliger Form vorzustellen, den bereits anwesenden Besuchern die Zeit zu vertreiben und den verspäteten Gästen Gelegenheit zu geben, sich zu sammeln. Er trägt halbsoldatischen Charakter und ähnelt einer preußischen Instruktionsstunde.

A Ich melde: Das Ensemble zur Besichtigung angetreten! Ohne Gewähr!

B Wieso ohne Gewehr?

A Ich kann mich für sie nicht verbürgen.

B 'n Abend, Leute!

ALLE Guten Abend.

B Aus! Wir beginnen mit der Vorstellung. Thema: Das Kabarett. – Was ist das: Kabarett?

C Das Kabarett ist eine Waffe.

B Was für eine Waffe?

C Eine Hieb- und Stichwaffe.

B Also eine Schnellfeuerwaffe. Was müssen wir dabei beachten?

D Wir müssen beachten, daß wir unsere Munition nicht zu schnell verpulvern, weil wir in dieser Stellung bis zur letzten Minute ausharren müssen.

B In welcher Stellung?

D In der Vorstellung.

B Welche Munition verwenden wir?

A Wir verwenden dreierlei Munition. A: Holzhammer, B: Pointe und C: Klamotte.

B In welche Gruppen zerfallen die Pointen?

A Die Pointen zerfallen in: Aufschlagzünder mit Leuchtspur, Schnellzünder, Spätzünder und Blindgänger.

B Welches ist die treffendste Pointe?

A Die treffendste Pointe ist, wenn sie nur einer versteht, weil alle anderen darüber lachen.

B Welche Pointe dürfen wir nicht vergessen?

A Das Dum-Dum-Geschoß!

B Wie nennen wir das Dum-Dum-Geschoß auch noch?
A Die billige Pointe.
B Warum können auch wir nicht auf die billige Pointe verzichten?
C Das können wir uns nur bei Subventionen erlauben.
B Wer bekommt Subventionen?
C Nur das gute Theater.
B Was hat das Theater sonst noch?
C Eine Souffleuse.
B Warum hat das Kabarett keine Souffleuse?
C Weil es sich nicht dreinreden läßt.
B Wer könnte zum Beispiel dreinreden?
D Der Deutsche Bund.
B Sind wir mit dem Deutschen Bund zufrieden? Wenn ja, warum?
D Weil es dort sehr bunt hergeht.
B Nennen Sie mir noch etwas Buntes!
D Die Uniform.
B Was ist der Vorzug der Uniform?
D Die Uniform erspart Zivilcourage.
B Was gehört zur Uniform?
C Die Waffe.
B Welche Waffe paßt nicht zur Uniform?
C Das Kabarett.
B Was ist das Kabarett für eine Waffe?
C Eine Angriffs- und Verteidigungswaffe.
B Kann man damit auch schießen?
C O doch, man kann damit ins Unkraut schießen.
B Warum fühlt sich das Publikum trotzdem so selten getroffen?
A Wir schießen ohne Gewähr.
B Und was ist unser Ziel?
A Daß man uns in Europa auch ohne Gewehr für voll nimmt.
B Andernfalls? – Na?
A Bitte austreten zu dürfen.

Joachim Hackethal

Song der Amnestierten

Unbelastet,
Doch betroffen
Von den letzten tausend Jahren,
Hat man uns amnestiert,
Doch die Deutschen
Nur die Deutschen?
Sind von Nöten und Gefahren
Immer noch nicht ganz kuriert.
Wir können heute leicht begreifen,
Was damals nicht ganz richtig war.
Warum denn in die Ferne schweifen?
Seht, das Übel liegt so nah!
Man könnte alles auch ganz anders sehn.
Was nützen Ideale, wenn andre drauf spazierengehn?
Mit Witz allein ist es noch nicht getan!
Noch ist es Zeit zur Therapie –
Aber höchste Eisenbahn!

Heinz Hartwig

Kurzsichtigkeit

Vielleicht sind meine Augen etwas trübe,
Vielleicht ist meine Brille nicht mehr scharf…
Fest steht: Ich habe manches nicht gesehen,
Was einem doch wohl nicht entgehen darf.

Ich habe nicht gesehn: Die Scheiterhaufen
Mit allen Büchern über Kampf und Krieg,
Und nicht bemerkt, daß aus den Bürgerhäusern
Der Rauch verbrannter Bilder aufwärts stieg.

Ich habe nicht die vielen Bleisoldaten
In öffentlichen Tiegeln schmelzen sehn
Und nicht entdeckt, daß heute alle Deutschen
Zum Schutz der Freiheit klar zusammenstehn.

Ich habe nicht gesehn, daß in den Ämtern
Der Geist der neuen Zeit schon eingekehrt,
Und nicht bemerkt, daß man in unsren Schulen
Nur noch nach demokrat'schem Grundsatz lehrt.

Ich habe nicht erlebt, daß man den Flüchtling
Mit ausgestreckter Hand bei uns empfängt,
Und nicht erblickt, wie jeder wahrhaft Schuldge
An seinem wohlverdienten Galgen hängt.

Ich habe nicht gesehn, daß unsre Lasten
Auf alle gleichermaßen aufgeteilt,
Und nicht erkannt, daß man beim Wohnungsbau
Sich so, wie's nottät, sputet und beeilt.

Ich habe nicht gesehn, wie aus den Fenstern
Der nationale Kitsch im Bogen fliegt,
Und daß man manchen krummen Hund im Lande
Mit derben Fäusten wieder grade biegt.

Ich habe freilich auf der andern Seite
Auch nicht gesehn, daß alles ward erfüllt,
Was man uns damals hoch und fest versprochen,
Und daß ein Wort aus Siegermunde gilt.

Ich sah auch nicht, daß man sich jetzt vom Geiste
Des Hasses und der Rache hat entfernt,
Und daß die Männer, die die Welt regieren,
Aus der Geschichte diesmal zugelernt.

Ich habe – leider – vieles nicht gesehen,
Was man doch wohl nicht übersehen darf.
Vielleicht sind meine Augen etwas trübe...
Vielleicht ist meine Brille nicht mehr scharf...

Vielleicht.

GÜNTER NEUMANN

Stammtisch-Strategien

MUTTER Papa, zu Tisch! Es gibt heut Erbsensuppe.
MAJOR Ach, mir ist alles schnuppe.
MUTTER Die Suppe schmeckt dir ganz bestimmt wie damals bei der Truppe!
MAJOR Schnell das Mostrichfaß!
MUTTER Jawoll, Herr Major!
MAJOR Mal das Maggiglas!
MUTTER Jawoll, Herr Major!
MAJOR Wonach stinkt's hier so erbärmlich? Von dem Weibervolk nimmt einer Parföngg!
MUTTER Iß die Suppe. Schmeckt die Suppe?
MAJOR Ja, die Suppe schmeckt wie vor Verdöngg!
MUTTER Meinst du den zweiten Weltkrieg?
MAJOR Ich mein den ersten Weltkrieg! *nimmt Maggiflasche*
Da stand hier die Infanterie! *nimmt Mostrichfaß*
Da stand da die Artillerie!
Da ging's buff! Feste druff! *haut in die Suppe*
Da beherrschten wir noch Flandern!
MUTTER Red kein Stuß!
Denn zum Schluß
War der Endsieg für die andern.
MAJOR Das war im ersten Weltkrieg!
MUTTER Jedoch im zweiten Weltkrieg…
MAJOR Da stand hier die Infanterie!
Da stand da die Artillerie!
Diesmal hat's da geklappt! *haut in die Suppe*
Und der Franzmann mußte wandern!
MUTTER Und zum Schluß,
Wie gehabt,
War der Endsieg für die andern!
MAJOR Das kam bloß durch den Führer,
Der hat es uns besorcht!
Lieber ist man Verlierer,
Als daß man nicht gehorcht!

Werner Finck

Kritik der reinen Unvernunft

Ein Vortrag

Es ist doch klar, daß man die Demokratie immer dann angeboten bekommt, wenn wir sie gar nicht gebrauchen können. Dann kriegen wir sie billig. Aber wenn wir mal reich sind und satt, dann wird sie nicht mehr angeboten. Dann ist sie wieder nicht da, die Demokratie.

Wenn wir mal wieder etwas gesättigt sind und ein bißchen Kalorien ... dann kommt die Kraft. Das liegt eben in uns drin. Na und das sind Gegner, was? Daß sie gar nicht mehr wissen, wohin mit der Kraft, wenn sie sie haben. Aber vorläufig ist ja gar nicht daran zu denken.

Da haben wir diese zwei Seelen in der Brust. Diese Deutschen, die von Goethe die zwei Seelen haben – mit dem »ach« in der Mitte. Die spiegeln sich auch wieder. Die sind noch außer uns. Wenn Sie an die beiden Pläne denken, an den Marshall-Plan und an den Molotow-Plan. Da sind wieder zwei Seelen über unserer Brust. Zuerst kam der Marshall-Plan. Da haben alle gestrahlt. Und kurze Zeit später kommt der zweite Plan, kommt Molotow auf den Plan getreten. Wenn er allein gewesen wäre oder der Marshall alleine, ja dann ... aber beide ... Daß man sich wieder entscheiden muß. Da wird nicht diktiert: »Jetzt ist Molotow dran.« – »Jetzt ist Marshall dran.« Jetzt heißt es: »Bitte entscheidet euch!« Jetzt wird wieder entschieden. Das geht eben nicht. Der eine Plan garantiert uns gewissermaßen die Freiheit von der Unabhängigkeit, und der andere Plan garantiert uns die Unabhängigkeit von der Freiheit. Toll ausgekocht. Wir können uns nicht entscheiden, weil wir eben ... Nicht auf Ehre und Würde können wir uns entscheiden. Sondern auf Nahrungsmittel.

Wer liefert denn das? Immer diese Care-Pakete. Auf der einen Seite wollen wir sie nicht haben, auf der anderen Seite müssen wir sie haben. Wieder die zwei Seelen. Also das wird noch eine ganze Zeitlang dauern, ehe das Wort wieder Geltung hat »wehrlos – ehrlos«. Eigentlich müßte man sagen: »Care-los – wehrlos«. Aber der Tag wird natürlich ohne weiteres kommen, wo es wieder im Volk lebendig wird. Wo man dann sagt: »Ja wie ist denn das nun?

Gar keine Soldaten? Wir sind doch ein Soldaten-Volk?« Das muß natürlich aufgefangen werden. Da sind die »Fröhlichen Hoffnungslosen« großartig.
Mit dem Humor fangen die das auf. Mit so ein bißchen alberner Stimme. Das ist ja, was wir erreichen wollten: Die »Fröhlichen Hoffnungslosen« haben vor, das Volk albern zu machen. Das ist das erste Ziel.
Wieso? Mancher Patriot wird erschrecken, wird sagen: »Wieso? ... albern ... wir ... Ich werde nie albern.« Er ist schon albern. Aber dem kann ich auch sagen, daß ja das Wort heute nur so hart klingt. Früher hieß ja mal »albern« was anderes, das Wort im Althochdeutschen. Das hat dann einen Bedeutungswandel durchgemacht. Das hieß ursprünglich soviel wie »aufrichtig« und »wahr«. Warum das zum heutigen »albern« heruntergesunken ist, weiß ich nicht. Vielleicht, wenn einer zu oft aufrichtig und wahr ist, dann wirkt er eines Tages albern. Jedenfalls müssen wir uns einmal vorstellen, wir wären schon 1933 ein albernes Volk gewesen. Stellen Sie sich mal vor, da wären sie alle aufmarschiert, mit ihrem ganzen Gepränge, mit Standarten – und stramm und fest hätten sie Lieder gesungen.
Und das Volk hätte gelacht. Es kann doch keiner schießen. Es sind doch lauter Leute – die lachen. Das geht ja nicht. Da hätten wir uns sehr viel erspart von dem, was wir erleiden mußten ...

GEORG BÜSING

Der Schieber

Was kostet der Aufbau von Barmbek?
Was kostet ein Sitz im Senat?
Denn was da an Bargeld so draufgeht,
Gewinnen wir abends im Skat.
Was kostet die Handwerkerinnung?
Was kostet der Tierschutzverein?
Wir kaufen uns jede Gesinnung
Und seifen den Amtsschimmel ein.
  Mit Schweinebauch und Zuckerschnaps
  Kriegt jeden man herum.

Und wer nicht schiebt, hat einen Klaps
Und kommt vor Hunger um.
Drum friß dich voll und schiebe weiter
Mit ruhigfestem Tritt.
Die Bürger- und Amtsschimmel-Leiter
Marschiern im Geiste mit.

Was kostet die Venus von Milo?
Was kostet ein Paß in die Schweiz?
Wir scheffeln Brillanten im Silo.
Die Reichsmark hat keinerlei Reiz.
Wir saufen den Sekt aus Kanistern
Und wählen nur konservativ.
Uns blähten noch einmal die Nüstern,
Wenn Wilhelm, der Kaiser, uns rief.
Mit Black and White und Chesterfield
Kippt jede Dynastie,
Nur wer nicht stur ins Schwarze zielt
Frißt Kohl wie's liebe Vieh.
Drum reih dich ein und schiebe weiter
Mit ruhigfestem Tritt,
Die Kriecher und Steigbügelhalter
Marschiern im Geiste mit.

Was kostet der Sessel des Tenno?
Was kostet der Kragen von Schacht?
Was kostet ein Posten bei Franco,
Der Engel, der blaue, pro Nacht?
Wir tragen Napoleons Schuhe,
Von Hermann Cherusker den Schlips,
Und auf dem Buffet in der Stube
Steht ganz Deutschlands Grotte in Gips.
Mit Abfallholz und Kohlenruß
Wirst du ein smarter Mann.
Nur wer vom Lohn bezahlen muß,
Lebt sich Ödeme an.
Drum sorgt für Sozialisierung
Mit ruhigfestem Schritt,
Die neue deutsche Bundesregierung
Marschiert im Geiste mit.

GÜNTER NEUMANN

Alte Kameraden

Eine Schießbuden-Szene

MANN *kommt mit Stoffbällen* Die aktuelle Wurfbude! Hier gibt's Stoff zum Kugeln. Hier können Sie Ihre Komplexe abreagieren. Drei Wurf zehn Reichsmark – oder fünf Alliierten-Mark.

OBERST *in Zivil, Trenchcoat, Jägerhut* Saren Se ma – jibt's denn hier keene Schießbude? Man kommt ja janz aus der Übung.

MANN Schießbude is hier, mein Herr. Aber – schießen is nich mehr.

OBERST Nanu? Aber – muß doch irjend'n Ersatz dafür jeben!

MANN Sie können was einschmeißen. Sie kriegen ne Stoffkugel und töppern leere Konservenbüchsen runter. Macht auch'n janz schönen Krach!

OBERST Naja – aber der richtige Jenuß isses nich!

MANN Nee, Herr Oberstleutnant!

OBERST Sie kennen mich?

MANN *steht stramm* Jawoll, Herr Oberstleutnant!

OBERST *peinlich berührt* Rühren! *Mann dreht sich im Walzertakt* Wo jedient?

MANN In Ihrem Rrrrrrrrrement, Herr Oberstleutnant!

OBERST Rühren! – Tja, so weit sind wir also jekommen?!

MANN Jawoll, Herr Oberstleutnant!

OBERST Trauriger Zivilistenklub.

MANN Jawoll, Herr Oberstleutnant!

OBERST Rühren! Nich mal jeschossen darf mehr werden. Und so was nennt sich nu Volksbelustigung!

MANN Jawoll, Herr Oberstleutnant!

OBERST Rühren! Achtung! Rühren! Achtung! Rühren! Achtung! *beginnt nach der Melodie »Alte Kameraden« zu singen*
Ein Jewehr ham wir leider heut nich mehr,
Und wir schmeißen doch die Flinte nich ins Korn!

MANN Jawoll, Herr Oberstleutnant!

OBERST Zwei, drei Zeil'n, und wir wer'n zur Fahne eil'n,
Janz ejal zu welcher, und bejinn von vorn.

MANN Jawoll, Herr Oberstleutnant!

Oberst Wort wie LKW und PKW, Dienstbefehl und Einsatz
Sind noch nich entfernt!
Mann Jawoll, Herr Oberstleutnant!
Oberst Noch sind wir schwach nich jeworden.
Noch sind die Tage der Orden
Wir stehn auch ohne Jewähr bei Fuß –
Jelernt is jelernt!
Noch jibt's den Kaiserplatz, Wilhelmplatz,
Lützowplatz, Hermannplatz, Kronprinzenallee!
Kaiserdamm, Preußenpark, Friedrichstadt,
Bismarckplatz und den Schlachtensee!
Noch jibt's die Kanonierstraße,
Die Grenadierstraße, den Hohenzollernplatz!
Da komm' se wieder an mit Stresemann –
Alles für die Katz!
Augen jradeaus!
legt Hut und Mantel ab, darunter kommen Pickelhaube und ordensgeschmückte Uniform zum Vorschein. Der Oberst marschiert im Stechschritt auf der Stelle.
Unsre Zeit is nich vorbei!
Mann Sei'n Se doch bloß vorsichtig!
Oberst Noch sind wir da wie einst im Mai!
Mann Sei'n Se doch bloß vorsichtig!
Oberst Erst kam Weltkrieg eins und zwei!
Mann Sei'n Se doch bloß vorsichtig!
Oberst Doch aller juten Dinge sind drei!
Mann Sei'n Se doch bloß vorsichtig!
Oberst Demokratie is ja janz schön!
Mann Sei'n Se doch – ach, was!
es übermannt ihn. Er marschiert begeistert mit
Oberst Bloß'n Führer müßte oben stehn!
Was fängt man an als deutscher Mann,
Solang man keinem treu jehorchen kann!

Valeska Gert

Der Jubler

Wilhelm, Ebert,
Brüning, Hitler,
Wer regiert,
Wird bejubiliert.
Ich jubel.
Denn ich lieb den patriotschen Trubel.
Fuhr der Willem durch die Linden,
Konntn Sie mich am Straßenrand finden.
Ich schrie, ich wedelte den Hut,
Aufregung tut mir schrecklich gut.
War Ebert Präsident vons Land,
Wahr ich's, der vor seinem Hause stand.
Dann kam der blasse Brüning hinterher,
Da wurde es nun reichlich schwer.
Doch Jubeln tut mir wirklich gut,
Ich wedelte den Hut.

Nun kam der Hitler dran,
Das war mein Mann.
Wie liebte ich den braunen Trubel,
So recht von Herzen kam mein Jubel.
Und jetzt zuletzt
Sind von Russen, von Amis wir besetzt.
Schwer ist's, das ist wahr,
Doch ich bleib der Jubler, der ich war.
Ich bin für Gerechtigkeit der Dinge,
Wem sein Brot ich esse, dem sein Lied ich singe.
Wohn ich im Osten, bin ich hin,
Seh ich Stalins Bart und Kinn.
Leb ich im Westen als feiner Mann,
Da bet ich eben Truman an.

Ob Dollar oder Rubel,
Ich jubel,
Jubel,
Jubel.

Solo mit unsichtbarem Chor

Obst- und Gemüsegarten. Blumen, Bäume und Sträucher parodistisch in gedrillter Anordnung. Wie auf dem Exerzierplatz. Der General, in umgearbeiteter Uniformjacke, beginnt jovial, mit einer Art Stammtischhumor. Der Soldatenchor bleibt unsichtbar.

General Alle mal herhören!
Auch die, die schwerhören!
Wie erholsam war dies Gärtchen,
Als der Krieg sein Ende fand!
Statt der Generalstabskärtchen
Obst und Blumen anzufertgen,
Hieß zwar: Hoffnungen beerd'gen
Und herab vom hohen Pferdchen,
Doch es zeugte von Verstand.
Man wohnte in Villen
Unter den »Stillen
Im Land« auf dem Land.
Es war nicht nur das Mindeste,
Es war auch das Gesündeste,
Das merkte auch der Blindeste.
Es läuteten schon frühe
Die Kirchen und die Kühe.
Ich hatte meine Ruhe,
Trug statt der Stiefel Schuhe
Und liebte Berg und Tal.
Mir blieb gar keine Wahl.
Chor Damals noch nicht!
Damals noch nicht, Herr General!
General Alle mal herhören!
Auch die, die schwerhören!
So ein Leben auf dem Land
Ist nicht nur für junge Stiere,
Raps und Flachs und Vogelmiere,
Bauersfraun und andre Tiere,
Sondern auch für höhre Offiziere

Außeror'ntlich intressant.
Ein Garten, noch so winzig,
Hat's militärisch in sich!
Ob Soldaten,
Ob Tomaten,
Für nen richtgen General
Ist das ziemlich egal.
Ist schließlich alles – Material.
Wenn der Spargel nicht »schießt«,
Wird er angeniest.
Alle mal herhören!
Auch die, die schwerhören!
Die Natur ist nicht bloß Verzierung.
Der Schritt vom Spalierobst
Zum Exerzierobst
Ist nur eine Frage der Führung.
Man kann im Grase liegen, unter schneidgen Bäumen,
Auf Hälmchen blicken und von Helmen träumen.
Die Baumfront steht Stamm bei Stamm.
Den linken Flügel übernimmt der Salat.
Die Marschall-Niel-Division steht stramm,
Die Hände an der Rosennaht!
So ein Garten galt bis heute
Nur als Ausflug und Hors d'œuvre.
Das hat aufzuhören, Leute!
Die Natur wird zum Manöver!
Soweit alles klar im Saal!

CHOR Soweit schon!
Soweit schon, Herr General!

GENERAL Fern von blutigen Geschäften
Kam man im Verlauf der Zeit
Wieder zu Pension und Kräften.
Alle mal herhören!
Auch die, die schwerhören!
Denn nun ist es wieder soweit!
In der Luft, zu Wasser und zu Lande, –
Ohne uns komm'n die andern nicht zu Rande!
Noch ist's ihnen etwas fatal.
Doch sie brauchen uns wieder einmal.
Hätten sie denn ohne uns
Weltkrieg Nummer eins begonnen?

CHOR Nein, Herr General!
GENERAL Hätten sie denn ohne uns
Weltkrieg Nummer eins gewonnen?
CHOR Nein, Herr General!
GENERAL Hätten sie denn ohne uns
Weltkrieg Nummer zwei begonnen?
CHOR Nein, Herr General!
GENERAL Hätten sie denn ohne uns
Weltkrieg Nummer zwei gewonnen?
CHOR Nein, Herr General!
GENERAL Na also und hurra:
Drum sind wir wieder da.
Vorderhand noch sehr beneidet
Und sogar manchmal verhöhnt,
Doch nur der Erfolg entscheidet,
Und den sind wir ja gewöhnt.
Wir haben ziemlich jeden Schwur
Geschworen und gehalten.
Das liegt nun mal in unsrer Natur,
Und wir sind noch ganz die alten.
Wir kommen, sehn und siegen
In ziemlich allen Kriegen,
Ganz wurscht, unter welcher Regierung.
Das ist eine Frage der Führung.
Na also und hurra:
Drum sind wir wieder da.
Unter Hitler hieß es »Wehrmacht«.
Unter Doktor Lehr heißt's »Lehrmacht«.
Doch ob Wehr – oder Lehr,
Ist ja völlig sekundär.
Hauptsache, daß wir wieder Ordnung kriegen.
Und daß wir wieder gegen England fliegen.

erschrickt, schüttelt den Kopf, sagt laut zu sich selber: »Ist ja kompletter Blödsinn! Wie komm ich denn darauf? Zurück, marschmarsch!« Holt ein Monokel aus der Tasche, klemmt es ins Auge, findet so den nötigen inneren Halt und singt

Hauptsache, daß wir wieder Ordnung kriegen.
Und das deutsche Rückgrat wieder gradebiegen.
Und daß wir wieder mal richtig liegen.
Und, wenn es sein muß, zum drittenmal siegen!
Alle mal herhören!

Auch die, die schwerhören!
Ob nun Wehr, oder Lehr –
Deutschland, ans Gewehr!
Und nun woll'n wir wieder mal!

CHOR Ohne uns, ohne uns,
Ohne uns, Herr General!

GENERAL Wer hat denn da gestört?
Das ist ja unerhört!
»Kerls, wollt ihr denn ewig leben?«
Brüllte schon der große Friedrich.
Und das meinte noch Sepp Dietrich.
Antwort braucht kein Aas zu geben.
Aber eines will ich wissen.
Und ihr werdet reden müssen.
Laßt ihr euch ungestraft beleidigen?
Muß sich der Mensch nicht eines Tags verteidigen,
Gesetzt, es bleibt ihm keine Wahl?

CHOR Alle mal herhören!
Auch die, die schwerhören! –:
Ohne Sie, ohne Sie,
Ohne Sie, Herr General!

Dem General fällt das Monokel aus dem Auge. Dunkel. Vorhang.

MARTIN MORLOCK

Romanze auf dem Pulverfaß

Unsre Väter hatten Angst vor Pilzvergiftung.
Unsre Mütter fühlten sich vom Blitz bedroht.
Unsre Tanten machten eine fromme Stiftung,
Wenn ihr Lebenswandel dazu Anlaß bot.
Nun, die Furcht hat sich seit jener Zeit gewandelt.
Einst private Schwäche, wird sie heute schon
Auf dem Weltmarkt und im großen Stil gehandelt:
Furcht gefällig? Ausverkauf in Depression!

Tausche angeschmutzte Friedensillusionen
Gegen ff. Angst vor Weltkrieg römisch drei!
Lieferung frei Haus, auch an Privatpersonen.
Prima Alltagsängste liegen gratis bei.
Doch wir danken höflich, schließen beide Augen,
Nur wer sehen will, sieht, wie die Zündschnur glimmt.
Ob gebrannte Kinder noch zum Löschen taugen?
Ob man da nicht besser ungebrannte nimmt?

Aber nein! Die Wacht am Rhein wär ja ohne uns verloren!
Sind wir doch, auch heute noch, zum Soldatenspiel geboren!
Jeder Feind, der etwa meint, wir sei'n schlappe Pazifisten,
Sei gewarnt: Wenn auch getarnt, sind wir ganz verwegne Chri-
Darf man euren Kulturbestand beleidigen? [sten!
(Chor: Nein!)
Wollt ihr das Abendland verteidigen?
(Chor: Doch, doch, natürlich.)
Wahrhaftig, wir sind ein Heldengeschlecht!
Hab ich recht?

Unsre Väter hatten's furchtbar mit der Ehre,
Unsre Mütter wußten nicht, was ein Kodex ist,
Unsre Tanten glaubten, daß es stillos wäre,
Wenn man auf der Promenade Leibniz-Kekse ißt.
Als der Krieg kam, fragten sie naiv: »Was knallt da?«
An Konflikte hat man damals nicht gedacht.
Werden jene Herrn von Potsdam und von Jalta
Auch so harmlos fragen, wenn es diesmal kracht?

Wir sitzen auf dem Pulverfaß,
Naja –
Na schön.
Wahrscheinlich ist das Pulver naß,
Drum scheint's nicht loszugehn.

Wir warten, wenn's drauf ankommt, noch
Ein weiteres Jahrzehnt.
Das ist zwar nicht bequem, jedoch:
Man sich dran gewöhnt.
Warschau-Pakt hin – Atlantik-Pakt her –
Man hat sich dran gewöhnt.

Eckart Hachfeld

Zwei Seelen, ach...

Betracht ich meinen Lebenslauf,
Dann geht's mir durch den Sinn:
Warum bin ich nicht stolz darauf,
Daß ich ein Deutscher bin?

Was habe ich von alters her
Gedichtet und gedacht!
Soviel wie ich hat keiner mehr
Der Welt an Glück gebracht!

Wie blühte mein Geist, wohin man auch schaut,
Schon in Klöstern, an Fürstenhöfen!
Ich habe in Köln einen Dom erbaut,
Und in Auschwitz Verbrennungsöfen...

»Eine feste Burg ist unser Gott«
Sing ich, wenn was passiert;
Und dann wird wieder stramm und flott
»Die Fahne hoch!« – marschiert!

Ich habe als Kant das Gewissen gerufen,
Als Goethe die Humanität gelehrt,
Und habe die Werte, die sie mir schufen,
In einer Kristallnacht zerstört...

Heute bad ich die arische Seele im Blut,
Morgen bitt ich zerknirscht um Absolution,
Ich mache das Unrecht an Israel gut,
Und zahl alten Nazis Pension...

Die Grenze, die mein Vaterland gespalten,
Liegt nicht bei Helmstedt, nicht bei Ludwigslust;
Die Grenze, die wir ewig aufrecht halten,
Geht mitten durch die eigne deutsche Brust.

Den Fuß im Dreck – und über uns die Sterne,
Das ist des Deutschen tragische Gestalt;
Beethovens Haus liegt bei der Ermekeilkaserne
Und Weimars Türme schaun auf Buchenwald...

Uns geht's wieder ausgezeichnet

Hallo, hallo, hallo!: Ah! Jetzt hören Sie mich wieder. – Wir sind unterbrochen worden. Aber ich habe jetzt eine andere Leitung bekommen. Nun kann ich wieder reden wie einst – im Mai, glaube ich, war der letzte Kommentar. Auf der Suche nach einer würdigen Einstellung zu den Ereignissen bin ich auf die Einstellung der Kommentare verfallen.

Bis dahin hat der NWDR ein paar Proteste bekommen, sehr wenige. Wegen der Rundfinck-Kommentare. Aber nachdem sie nicht mehr kamen, hagelte es Proteste. Wegen des Wegfalls. Erfolg: Wir nehmen sie wieder auf. Wie die Hörerschaft sie aufnehmen wird, bleibt abzuwarten. Hoffentlich mit viel Humor. Ohne Humor bleiben sie nach wie vor unerträglich.

Inzwischen ist unserem Hamburger Funkhaus ein neuer Intendant erstanden. Jetzt hat der Finck seinen Schnabel. Das mehrdeutige Wortspiel vom Schnabel halten liegt allzu nahe, als daß ich's machen möchte.

So – wo waren wir nun das letzte Mal stehen geblieben? Ich glaube, aus der Pariser Vor-Konferenz ist inzwischen Kaesong geworden, aber das schadet nichts; in Kaesong läßt sich genauso gut nichts erreichen wie in Paris.

Japan hat seinen Frieden erhalten. In Deutschland wird es jetzt allgemein beneidet. Die haben ihren Friedensvertrag! Wer weiß, wie lange wir noch warten müssen, bis wir zum nächsten Kriege zugelassen werden.

Auch Orden werden bereits wieder verteilt. Weil es mit dem neuen Bundesorden nicht rasch genug geht, wertet man die alten auf. Aber die Alten sind gar nicht so scharf drauf. Möglicherweise ist das auch nur ein Trick der Alliierten, damit sie in ihren Gazetten berichten können, es gehe den Deutschen wieder ausgezeichnet. Auch der Chronist selbst hat sein zweitklassiges eisernes Kreuz von 42 wieder aus dem Versteck hervorgeholt. Leider hat es noch einige Haken. Er wollte sich bereits mit der Feile darüber hermachen, aber das ist vielleicht zu voreilig. Erst mal abwarten, wen die Regierung ausfeilen wird.

In Berlin wird seit einem halben Jahr gefeiert. Die Festlichkeiten finden in sämtlichen Besatzungsräumen statt – (habe ich eben räumen gesagt? – Dann bitte ich um Entschuldigung.) Hüben und drüben feuert man sich mit dem Ruf an: Feste, Feste – immer Feste. Auch Herr Grotewohl soll jetzt festgelegt werden. Sein Vorschlag: »Deutsche, setzt euch an einen Tisch«, wird in Bonn plötzlich ernst genommen. Aber es ist eine schwere Entscheidung. Sollen wir uns widersetzen – wieder zwischen zwei Stühle? Was Moskau da anbietet, ist ein Scheck ohne Deckung. Weder von Ost noch von West.

Dem Chronisten ist der Zusammenschluß zu betont. Wir wissen, wie es dem Kreml auf Betonungen ankommt. Wir sagen: Zusammenschluß und sie sagen zusammen: Schluß! Mal meinen sie Entrüstung und mal meinen sie die End-Rüstung. Die Vorstellung, daß der eiserne Vorhang sich heben könnte, ist natürlich berauschend; aber die Vorstellung, die wir bei geöffnetem Vorhang haben, ist eine Zwangsvorstellung.

Wenn wir ganz offen sein wollen – und das wären wir ja nach Abzug aller Besatzungstruppen –, dann müßten sich erst mal die Hausbesitzer verständigen, ohne dessen Genehmigung es ja doch bekanntlich verboten ist, irgendwelche Änderungen in den überlassenen Räumen vorzunehmen. Das steht wörtlich im deutschen Einheits-Mietvertrag.

Kay Lorentz

Chor der Rechtsradikalen

Ein Lied! – Drei – Vier!
Wer hätt's vor drei, vier Jahr'n gedacht,
Daß wir es schon so weit gebracht.
Schon braucht man wieder alte Krieger:
»Demokraten zurücktreten lassen, mein Lieber!«

Herz und Hand – Vaterland!
Große Not – gestern tot!
Siehst du im Westen das Morgenrot?
Denn wir fahren,
Denn wir fahren,
Denn wir fahren immer mehr nach…

Rechts und Rechts und Rechts und Rechts!
Und ein junger Generalmajor marschiert voran,
Rechts und Rechts und Rechts und Rechts!
Auch politisch kommt es immer auf den Gleichschritt an.
Rechts und Rechts und Rechts und Rechts!
Wozu haben wir denn schließlich die Demokratie!
Mathilde, Mathilde, Veronika, Marie!

Mit gehangen, mit gefangen,
Mit gelaufen, mit marschieren,
Mit gemordet, mit besetzen
Und ein bißchen mit verlieren,
Mit versteckt und mit geschwiegen,
Zwischendurch mal volksertüchtigt,
Aber heute, heute liegen
Wir doch endlich wieder richtig.
Ruhig Blut und feste Schritte,
Und dann wär es doch jelacht,
Käm'n wir nicht bis dreiundfuffzig
Wieder mal »legal« zur Macht.

Herz und Hand – Vaterland!
Haß gesät – nie zu spät!
Merkst du, woher der Wind jetzt weht?
Denn wir suchen,
Denn wir suchen,
Denn wir suchen eine neue...
Dolch und Stoß und Dolch und Stoß!
Eine passende Legende ist heut sehr gefragt,
Dolch und Stoß und Dolch und Stoß!
Die vom Feind bezahlten Generale hab'n versagt.
Dolch und Stoß und Dolch und Stoß.
Wozu haben wir denn schließlich die Demokratie!
Mathilde, Mathilde, Veronika, Marie!

Meine Herren:
Vergleichen Sie bitte die Uhrzeit!
Zeiger wieder mal rückwärts drehen!
Nur so weiter machen!

Dankeschön.

Eckart Hachfeld

Ode an die Regierung

Wir steuern hin und steuern her	– Steuern her!
Man glaubt, nun geht es nimmermehr	– Immer mehr!
Nun ist das Schiff auf Grund gesetzt	– Grundgesetz!
Wir stehen an den Pumpen jetzt	– Pumpen jetzt!
Rasch ist die Staatsidee montiert	– Demontiert!
Es scheint, als ob's beinah was wird	– Na, was wird?
Jetzt geht es mit der Arbeit los	– Arbeitslos!
Die Exporteure warten bloß	– Wat denn bloß?
Bald werden Arm in Arm wir stehn	– Arm wir stehn!
Und in den Friedenstempel gehn	– Stempeln gehn!
Die Völker alliierten sich	– Irrten sich!
Kein Gegensatz berührt sie nicht	– 's rührt sich nichts!
Jetzt fehlt nur noch ne Kleinigkeit	– Einigkeit!
Dann wird Europas Pracht erneut	– Ach, der Neid!
Verständigung muß diesmal her	– Dies Malheur!
Dann ist der Friede ganz gewährt	– Ans Gewehr!
Man reicht sich unentwegt die Hand	– Weg die Hand!
Voll Liebe, Güte und Verstand	– Unverstand!
So laßt ans Werk uns munter gehn	– Untergehn!
Ach, wie ist der Gedanke schön	– Dankeschön!

Kay Lorentz

Chor der Restaurateure

Alle Hinter Glas, als Konservierte,
Zwischen Plüsch und Samtvelours
Hängt so manche antiquierte
Heut noch rührige Figur.
Leicht verstaubt, doch gut erhalten,
Exklusiv und unter sich,

Trotzen sie den Zeitgewalten
Als ein alter deutscher Stich.

PAPA Onkel Oskar zum Exempel
Hält die Jugend für idiotisch,
Immer für modernen Krempel
Und kein bißchen patriotisch.
Nehmen Sie die Arbeitsdienstpflicht,
Förderlich in hohem Maße,
Disziplin in einer Hinsicht
Und: sie kamen von der Straße!
Sicher, unter Hitler kamen
Fehler vor in manchem Fach.
Doch, Mama, die Autobahnen? –
Ja, die macht ihm keiner nach.

ALLE Aber was sind das jetzt für perverse Passionen,
Die Gewerkschaft bestimmt heute innenpolitisch,
Sogar unsere besten Auslandsmissionen
Sind doch nur teilweise antisemitisch.

MAMA Ach, wohin man sieht und schaut,
Alles, was uns einst vertraut,
Was mit Ehrfurcht wir behandelt,
Wird verstümmelt und verschandelt.
Sogar Bayreuth wird banal,
Keiner hütet mehr den Gral,
Und man sieht ihn tief erschreckt
Nur als simplen Lichteffekt.
Die romantischen Legenden
Sind entweiht von Bubenhänden.
Was nützt mir der ganze Wahnfried,
Wenn der Schwan nicht mehr den Kahn zieht.

ALLE Aber was sind das jetzt für perverse Passionen,
Auch wir sind doch immerhin geistig lebendig,
Wir hängen bestimmt nicht an Traditionen.
Strindberg und Ibsen sind auch unanständig.

SOHN Stud. rer. pol., Rhenania Gießen,
Fuchsmajor wie alter Herr,
Woll'n kein Privileg genießen,
Ausgenommen pukuniär.
Ganz egal, ob dummes Luder,
Auf den Schmiß am Kinn kommt's an,
Hilft dir dein Verbindungsbruder

Morgen als Verbindungsmann.
Bier-Komment als Mannestugend,
Frisch die Klinge in die Hand.
Schlag dich weiter, deutsche Jugend. –
Klirre, klirre, Vaterland!

ALLE Aber was sind das heut für perverse Passionen,
Die Bestimmungsmensur'n
Sind bestimmt kein Malheur;
Die Ehre ist ohne Satisfaktionen
Wie ein Kanzlergeburtstag ohne Wichs und Couleur.

TOCHTER Die Mama sagte mir einmal:
Liebes Kind, verlier Dich nie,
Denk an die Familiengilde!
Sieh, auch deine Freundin Hilde
Machte eine Glanzpartie.
Der Papa sagte mir einmal,
Such dir einen reichen Gatten,
Denk dabei an Stahl und Schrott –
Möglichst aus dem Kohlenpott –
Und ein Auftrag Panzerplatten
Kommt der Ehe sehr zustatten.

ALLE Aber was sind das jetzt für perverse Passionen,
Man eh'licht nach Liebe und nicht mehr nach Geld,
Doch die ganzen modernen Ambitionen
Tangieren ja nicht uns're eigene Welt.
Frisch auf, mein Volk, wir tun als ob,
Nur so kann nichts passieren.
Wir sind im Bild und froh darob,
Auf! Laßt uns restaurieren.

GÜNTER NEUMANN

Der Funzionär und die Planwirtschaft

DER FUNZIONÄR ... und damit, liebe Jenossen und Jenossinn', komme ick nunmehr zu unsern heutijen Themata: Vorüberjehende Mangelerscheinungen in unse Planwirtschaft! Jenossen! Wat de DDR in de letzten Jahre jeleistet hat, das jeht auf keene

Kuhhaut! In eine Kette von beispiellose Erfolge kann natürlich nich alles auf eenmal klappen, es jibt immer mal wieder Kinderkrankheiten, aber der Zahn der Zeit wird se schon abschleifen. Ihr müßt euch ja immer wieder verwegen-jewärtijen: Wat is bei uns losjewesen? Einer von die jrößten Tirannen, den de Weltgeschichte je jesehen hat, hat de Oojen zujekniffen –

ALLE Psst! Vorsichtig!

DER FUNZIONÄR *unbeirrt* Es jab wohl keenen von uns, der bei diese Nachricht nicht befreit aufjeatmet hat!

ALLE Nee!

DER FUNZIONÄR Sehta! Wir ham uns alle jesagt, na, den Verbrecher sind wa los, hahaha!

ALLE Pscht!

DER FUNZIONÄR Was habt ihr denn zu pischten? Also mit eenen Wort: Hitler war dot!

ALLE Ach so!

DER FUNZIONÄR Also nu bringt ma hier nich durcheinander! Nach diesen schaotischen Zusammenbruch herrschten bei uns die dollsten Zustände, und so kam es, daß unsa verehrter Jenosse Präzedent eines Tages das Ruder in seine kummerjewohnten Hände nahm, um – ick will ma bei das poetische Bild bleiben – um als wettererprobter Steuermann die DDR in eine bessere Zukunft rüberzuschiffen! Natürlich jehts bei sowas nich ohne Havarjen ab! Det is nu mal im Leben so! Ick möchte mal die Jenossen von de Landwirtschaft fragen: Wat passiert, wenn ihr'n neuen Traktor kriegt?

EINER Dann jeht er erstmal kaputt!

DER FUNZIONÄR Na sehta. Jenau so isses mit de DDR. Det sagt nich, daß wa uns mit jede Panne abfinden sollen, aber wir sollen ooch nich unjeduldig werden. Die Zoffjetunion besteht nu schon über 35 Jahre, und wenn ihr velleicht denkt, bei die is alles in Ordnung, denn seid ihr aber schief jewickelt! Jut Ding will Weile haben! Ihr wert euch velleicht fragen, weshalb ick dieses Problem heute aufs Trapez bringe, aber das hat seinen juten Jrund! Bei de HO in Dresden hat sich nämlich ein unbeliebsamer Vorfall zujetragen. Und zwar haben sich die Jenossen aufjeregt, weil draußen dranstand: »Regenmäntel einjetroffen!« Nu kamen se zu Hunderten mit ihre Punktkarte anjetrabt, es waren aber nur fünf Mäntel da! Tablau! Wat hätten die Jenossen von de Verkoofbrigade machen sollen? Man kann doch keen Paletoto veranstalten! Also ham se die Mäntel an die Verdienstesten abjeben wollen, und dabei hats natürlich böses Blut jejeben. Eenen Tag drauf aber hat de Brigade Zwirn schon eenen rinjewürjt bekommen, und für nächstes Jahr ham se schon eine hundertprozentige Steigerung der Lieferung garantiert, so daß also 1954 schon zehn Rejenmäntel zur Verfügung stehen. Und soville regnet's ja jarnich in Dresden. Ihr seht, mit juten Willen jeht alles! *alle murren*

DER FUNZIONÄR Wat is denn?

EINE Aber es hapert doch überall!

DER FUNZIONÄR Na, wo denn noch?

EINER Jetz' wird's Sommer, und ick hab' keene Badehose!

DER FUNZIONÄR Jenosse, sowie die neue Punktkarte raus is, kriegste ooch 'ne Badehose!

EINER Und wann ist det?

DER FUNZIONÄR Anfang bis Mitte Dezember!

EINER So spät?

DER FUNZIONÄR Ja, »so spät«! Im Sommer wird erstmal das Heizmaterial von vorigen Winter aufjerufen! Im August braucht keener mehr zu frieren! Und, wie ick jehört habe, haben wa September mit größere Nachlieferungen von Karnevalsartikeln zu rechnen. Hat noch eener wat zu meckern?

EINE Wir haben diesen Monat auf de Fettkarte noch keenen Jramm Butter bekommen!

DER FUNZIONÄR Ihr wert euer Fett schon wegkriegen! Wo soll denn de Butter herkommen? Die paar beschlagnahmten Freßpakete sind doch'n Troppen auf'n heißen Stein! Butter jibts diesmal nur für Funktionäre! Dafür habta Radieschen jekriecht! *alle murren*

DER FUNZIONÄR Also, Jenossen, ick will die kleenen Macken ja nich abstreiten, aber die Erklärung liegt doch klar auf der Hand: Der unjeheure Aufschwung in de DDR is so schnell jejangen, daß unse Wirtschaft nich janz mitjekommen is! Weiter! Ick komme nunmehr zu ein anderes ernsthaftes Problem! Ick bin da jestern per Zufall bei einen befreundeten Buchbindermeester jewesen, um meine Schuhe besohlen zu lassen, und da läßt der Mann auf eenmal durchblicken, daß er demnächst nach Westen machen will! Jenossen, das is ein unhaltbarer Zustand! Wo sollen de Männer von unse Regierung hinkommen, wenn ihnen die besten Kräfte schwinden? Im Westen is ooch nich alles Jold, was jlänzt! Und die schlechten westlichen Einflüsse kriechta ja selbst hier in de DDR zu spüren! Zum Beispiel gleich nach de Razefizifizierung hat sich de Magdeburger Elbbrücke um über einen Meter jesenkt! Und wenn die Kardosch den Mund jehalten hätte, könnte Stalin heute noch leben! – In übrijen: die Zahlen der sojenannten Flüchtlinge wird von Westen her jewaltig übertrieben! Es sind nachweisbar zirka fünf- bis sechstausend Männerkens nach drüben jetürmt. Davon waren allein dreißigtausend kriminelle Elemente. Und davon wieder wollen über sechshunderttausend zurückkommen! Jenossen, diese Opfer der Westberliner Hetze sollen nicht umsonst jebeten haben! Unser Ministerpräzedent hat jesagt: die Regierung der DDR ist bereit, Rückkehrer wieder aufzunehm! Jenossen, ich kann bei der Jelegenheit nur in Jrotewohls Kerbe hauen! Wir haben in Frankfurt an de Oder ein Lager für diejenigen Flüchtlinge errichtet, die als Ostflüchtlinge nach Westen jejangen sind und jetzt als Westflüchtlinge nach Osten zurückwollen! Ick kann euch nur sagen: die Rückkehrer in diesen Lager sind froh, daß se dem westlichen Terror entflohen sind!

EINER Na na!

DER FUNZIONÄR Also wenn de das nich glaubst, Jenosse, denn jeh doch hin und frag se doch! Alle beede! Die Sitzung is geschlossen!

GÜNTER NEUMANN

Insulaner-Song

Es liegt eine Insel im roten Meer,
Und die Insel heißt Berlin.
Und die Brandung geht hoch, und der Wind geht schwer,
Und die dunklen Wolken ziehn.
Huiiih – Huiiih –
Der Osten ist nah, und der Westen ist fern,
Und manch Flugzeug dröhnt durch die Nacht.
Und wacht man dann auf, ham verärgerte Herrn
Sich was Neues ausgedacht.
Huiiih – Huiiih –
Wir wolln unter fremdes Joch nicht
Trotz Drohungen und Atom,

Wir bleim auf dem Teppich und noch nicht
Kriegen se uns auf den Boom.
  Der Insulaner verliert die Ruhe nich.
  Der Insulaner liebt keen Jetue nich.
  Und brumm'n des Nachts auch laut die viermotorjen Schwärme,
  Det is Musik für unser Ohr, wer red't vom Lärme?
  Der Insulaner träumt lächelnd wunderschön,
  Daß wieder Licht ist und alle Züge gehn!
  Der Insulaner hofft unbeirrt,
  Daß seine Insel wieder'n schönes Festland wird!
    Ach, wär das schön…

Rolf Ulrich

Ost-West-Ausblick

Ein Mann mit Fernglas steht an der deutschdeutschen Grenze.

Mann Ein Blick genügt, um mir eine Mark und Ihnen eine Gänsehaut einzubringen. Wenn Sie schon mal in Helmstedt sind, Leute, dann tun Sie bitte einen Blick durch mein Rohr, und Sie können sehen, wie denen da drüben der Helm steht. Der Blick ne Mark von West nach Ost!

Reporter Gestatten Sie mal eben…

Mann Bitte – auch nach Berlin?

Reporter Nein, nach München. Ich bin vom Wege abgekommen. Gestatten – Zimmerling, Sportreporter von NWDR Hamburg.

Mann Die Mark müssen Se trotzdem bezahlen. Ick kann ma keine Pressekarten erlauben. – Wenn Se nach links drüben sehn, bemerken Sie ein Waldstück … rechts ist ein Barackenlager…

Reporter Da läuft ein Mann aus dem Waldstück genau hier auf uns, auf den Westen zu!

Mann Es handelt sich in diesem Fall um einen Flüchtling.

Reporter Und hinter ihm läuft ein zweiter, ein Uniformierter!

Mann Ein Vopo.

Reporter Das ist ja ein unerhörtes Rennen! Toll, wie der erste, der, na, wie heißt er denn, ach so, ja richtig – der Flüchtling spurtet! Aber auch der Vopo läuft keinen schlechten Stil. Es handelt sich noch um fünfzig Meter bis zur Grenze – wer wird eher dran sein, das ist die große Frage, die hier zu beantworten ist. Jetzt – hat der Flüchtling ein Bündel weggeworfen, und sein Tempo wird immer schneller. Großartig läuft dieser Mann, mit schnellen, weiten Sprüngen hetzt er über das Land, der Vopo ist über das Bündel gestolpert – grad will er's aufheben, da kommt ein Sowjet und hat es schon – weiter läuft der Vopo, weiter läuft der Flüchtling – ihn trennen noch fünfzehn Meter von dem Ziel, der Grenze – doch der Vopo kommt noch einmal auf, aber nein, in einem bravourösen Endspurt hat es der Flüchtling geschafft, jetzt ... ist er drüben! Hurra ... Donnerwetter ja, hier ham Se Ihre Mark – das war's wert. Auf Wiedersehn!

Mann Danke *ruft ihm nach* Und gute Fahrt! *Der Flüchtling erscheint – schwer atmend, die Haare verklebt, schlecht angezogen, verschwitzt*

Mann So, Junge. Jetzt läufste noch dreimal, dann ham wa die Kasse voll.

Wir sind wieder wer

Von Musterschülern und Wunderkindern

Ach, das könnte schön sein:
Ein Häuschen mit Garten
in dem ich und Frauchen
unsre Rosen begießen.

Günter Neumann

Die kleine Freiheit, von der Erich Kästner zu Anfang der Fünfziger in seinem Kabarett-Song sprach, nachdem er sehen mußte, daß es zur großen »beim besten Willen« nicht reichen werde, hat zur Zeit des sogenannten »Wirtschaftswunders« ihre große Stunde. Der deutsche Musterschüler, der das demokratische Einmaleins brav auswendig gelernt hat und es auf Zuruf artig herunterzuleiern weiß, weil die Vorteile westlicher Staats- und Lebensform mit Händen zu greifen sind und sich überdies in Mark und Pfennig berechnen lassen, will seine Ruhe haben. Man gibt sich bescheiden, träumt vom Häuschen mit Garten, in dem auch der Gartenzwerg im Rosenbeet wieder zu Ehren kommen soll. Mehr will man nicht, aber auch nicht weniger.

Die von oben verordnete Marktwirtschaft ist nur eine Seite der schimmernden Medaille, die sich D-Mark nennt und den Bundesdeutschen ersten, bescheidenen Wohlstand beschert. Die kleine Freiheit heißt auch: Es soll uns wieder gold gehen, je schneller, je lieber. Nun, da die Hemdsärmel hochgekrempelt werden, um die Trümmer zu beseitigen und den Schutt wegzuräumen, geht der Blick nach vorn, nicht zurück. Wie es zu Schutt und Trümmern kam, will niemand mehr wissen, an das Ende, das 1945 mit Schrekken kam, will niemand erinnert werden. Am allerwenigsten jene, die es sich am endlich wieder gefüllten Freßnapf bequem gemacht haben.

Zudem: Man ist schließlich wieder wer. Und wer hat, der hat. Das Kabarett der fünfziger Jahre bewitzelt und belächelt, glossiert und attackiert, ironisiert und bespöttelt diese neudeutschen Wunderkinder aus altdeutschem Spießergeschlecht nach Kräften, allen voran das Düsseldorfer *Kom(m)ödchen*, das im »Deutschen Credo« vorrechnet, daß zwei Bockwürste mehr sind als eine und daß vier Hummer fünf Brathähnchen um ein Vielfaches aufwiegen. Und das Publikum frißt auch das, klatscht begeistert überm frischen Schmerbauchansatz. Trinkt genüßlich, wie Kästner das einmal genannt hat, von dem Kakao, durch den es da gezogen wird.

In den Chor der Selbstzufriedenen mischen sich bald auch die ersten Mißtöne nationaler Überheblichkeit. Man hat das Gefühl, kraft eigener Tüchtigkeit und dank einer übergeordneten Gerechtigkeit immer auf der richtigen Seite zu stehen, nämlich auf der der Gewinner – anders als die sogenannten Brüder und Schwestern in der Sogenannten, dem Gänsefüßchen-Staat da drüben. Daß die Initiativen zur Abgrenzung, die die Teilung Restdeutschlands zementieren sollte, in der Regel von den Schaltzentralen am Rhein ausgegangen waren, wird nicht nur vergessen, sondern vielfach nicht einmal wahrgenommen.

Ähnliches gilt für die westdeutsche Wiederbewaffnung, die von Adenauer, den man den »Kanzler der Alliierten« genannt hat, vehement gegen den Widerstand der oppositionellen »Ohne mich«-Bewegung durchgeboxt wird – immerhin war die Remilitarisierung der Preis, der für Wiederaufbau, Wirtschaftswachstum und Wohlstand vereinbarungsgemäß zu zahlen war. Daß das Kabarett jener Jahre gegen diesen Deal fast ausschließlich moralisch, nicht aber realpolitisch Sturm gelaufen ist, hat im distanzierten Rückblick etwas Rührendes, wenn nicht gar Weltfremdes. Wie auch immer: Tucholskys »General, General, wag es nur nicht noch einmal« kommt zu neuen Ehren im Kabarett-Keller der Fünfziger, derweil Werner Finck melancholisch witzelt: »Hut ab! Helm auf!« Und dabei blieb es dann ja auch.

Mit dem Marschtritt der Knobelbecher kehren die alten, bösen Lieder wieder und auch die Ritterkreuze am schwarzweißroten Halsband und jene Nationalhymne, unter deren Klängen die Hitler-Armeen zu ihren Eroberungs- und Vernichtungsfeldzügen aufgebrochen waren – das Kabarett kritisiert, opponiert, gibt sich, literarisch nicht ohne Anspruch, als Gewissen der Nation zu erkennen, richtet moralische Appelle an die Vernunft. Es ruft die 50 Millionen Kriegstoten ins verschüttete Gedächtnis, wettert gegen die von der Bundesregierung geplante Atombewaffnung, die von Adenauer als bloße »Weiterentwicklung der Artillerie« beschrieben wird. Die Kabarettisten stimmen zwischen Düsseldorf und Berlin, zwischen München und Hamburg das »Lied vom leichten Unbehagen« an. Aber es bleibt alles beim Alten. Und der macht was draus: Realpolitik ohne Wenn und Aber. Die Machtfrage ist gestellt. Die Ohnmachtfrage auch.

Friedrich Hollaender, der Altmeister der legendären Zwanziger, der in Münchens *Kleiner Freiheit* noch einmal die große, längst vergangene Zeit kabarettistischer Kleinkunst beschwört, zieht resignierend Bilanz: »Clown, du hast deine Stellung verloren, sieh dich nach einer andern um...« Andere, zumal die Jungen, fangen erst richtig an und setzen neue Akzente, die erst in den Sechzigern als Total-Opposition voll zum Tragen kommen und Opas Kabarett frisches Blut zuführen werden. Aber bereits jetzt, in den frühen Jahren der Restauration, erweist sich das Kabarett als vorausschauender, substantieller, zupackender da, wo die öffentlichen Spaßmacher – wie etwa Wolfgang Neuss, der inzwischen als »Mann mit der Pauke« von sich reden macht – sich wieder der Satire zuwenden und hochrechnen, wo diese Reise ins Wirtschaftswunderland enden wird. Nachzulesen etwa in dem Brief, den Onkel Paul vom Schwarzen Meer an die Daheimgebliebenen schreibt.

Mit dem Ende der Nachkriegszeit finden die Kabarettisten, die den Zusammenbruch des Dritten Reiches vielerorts in der Provinz erlebt haben, wieder in die Metropolen zurück. Vor allem Berlin wird, trotz seiner insularen Lage, allmählich wieder eine der ersten Adressen für vielfältiges Kabarett-Treiben. Aber auch in München wird mobil gemacht. Neben der *Kleinen Freiheit*, die sich nach Kästners Abschied vom Kabarett mehr und mehr dem Revuestil zuwendet, etablieren sich hier Anfang der Fünfziger die *Kleinen Fische*, ein temperamentvolles Ensemble um Therese Angeloff, die Unterhaltungs-Charme und herbe Satiren auf einen Nenner zu bringen versucht. In der *Zwiebel* dagegen geht es urwüchsiger, handfester zu als bei anderen Kabaretts, die eher auf Polit-Literarisches setzen wie die *Namenlosen*, ein junges Münchner Studenten-Ensemble, aus dem bald die *Lach- und Schießgesellschaft* hervorgehen wird.

In ihrem Programmheft lassen die *Namenlosen* 1955 unter dem Titel »Zurück zum Brettl«, Programmatisches ab: »Der Kabarettist auf dem Brettl«, ist da zu lesen, »erwartet vom Publikum nicht Stichwörter, sondern Reaktionen. Sie müssen nicht hörbar sein. Auch nicht sichtbar. Aber fühlbar...« Das Talent, mit Tages-Aktualitäten kabarettistisch umzugehen und sie so lange nach Pointenträchtigem abzuklopfen, bis ein Lacher sicher zu sein scheint, haben die *Namenlosen* als Erbmasse in die Nachfolge-Truppe mit eingebracht – kein Wunder, wenn die *Münchner Lach- und Schießer* sich mit dieser Fähigkeit bald als der TV-Medien liebstes Kabarettkind profilieren.

Kabarettistisches auch andernorts, in Mainz etwa, wo sich die *arche nova* um Hanns Dieter Hüsch versammelt hat, oder in Frankfurt, wo Rudolf Rolfs sich in seiner *Schmiere* mit unerbittlichen, bitterbösen Satiren gegen der neudeutschen Zeiten Lauf zur Wehr setzt: knallharte Brocken, an denen das auf Unterhaltung eingestimmte Kleinkunstkeller-Publikum schwer zu kauen und zu verdauen hat. Aufgabe der Satire, so sieht es Rolfs, ist es nicht, die da unten dadurch zu amüsieren, daß man die da oben kitzelt. Die Satire ist eher darauf aus, überflüssig oder verboten zu werden. Solche Haltung wird in den Sechzigern Schule machen.

Günter Neumann

Song vom Wirtschaftswunder

Die Straßen haben Einsamkeitsgefühle,
Und Bretter liefert nicht mehr die Fabrik.
Nur ab und zu mal klappert eine Mühle,
Ist ja kein Wunder nach dem verlorenen Krieg.
Aus Pappe und aus Holz sind die Gardinen,
Den Zaun bedeckt ein Zettelmosaik.
Wer rauchen will, der muß sich selbst bedienen,
Ist ja kein Wunder nach dem verlorenen Krieg.
Einst war'n wir mal frei, nun sind wir besetzt,
Das Land ist entzwei.
Was machen wir jetzt?
  Jetzt kommt das Wirtschaftswunder,
  Jetzt kommt das Wirtschaftswunder,
  Jetzt gibt's im Laden Karbonaden schon
  Und Räucherflunder.
  Jetzt kommt das Wirtschaftswunder,
  Jetzt kommt das Wirtschaftswunder,
  Der deutsche Bauch erholt sich auch und ist
  Schon sehr viel runder.
  Jetzt schmeckt das Eisbein wieder in Aspik,
  Ist ja kein Wunder nach dem verlorenen Krieg.
  Man muß beim Autofahren
  Nicht mehr mit Brennstoff sparen.
  Wer Sorgen hat, hat auch Likör und gleich
  In hellen Scharen.
  Die Läden offenbaren
  Uns wieder Luxuswaren.
  Die ersten Nazis schreiben fleißig
  Ihre Memoiren,
  Denn den Verlegern fehlt es an Kritik,
  Ist ja kein Wunder nach dem verlorenen Krieg.

Wenn wir auch ein armes Land sind,
Und so ziemlich abgebrannt sind,
Zeig'n wir, daß wir imposant sind,
Weil wir etwas überspannt sind,

Wieder haun wir auf die Pauke:
Wir leben hoch – hoch – hoch – hoch – hoch – höher – hoch!
  Das ist das Wirtschaftswunder,
  Das ist das Wirtschaftswunder,
  Zwar gibt es Leut, die leben heut noch
  Zwischen Dreck und Plunder,
  Doch für die Naziknaben,
  Die das verschuldet haben,
  Hat unser Staat viel Geld parat und
  Spendet Monatsgaben
  Wir sind ne ungelernte Republik,
  Ist ja kein Wunder, ist ja kein Wunder,
  Ist ja kein Wunder nach dem verlorenen Krieg.

Werner Wollenberger

Deutsches Credo

Und wenn es von uns Deutschen heißt,
Wir seien geistig vollverwaist,
So heißt das, wörtlich übersetzt,
Daß man uns seelisch unterschätzt!
Denn wenn man von uns Deutschen glaubt,
Der Glaube sei uns längst geraubt,
Was glaubt man denn da überhaupt?
Wir glauben mehr als man so glaubt...

Wir glauben vor allem, daß es uns gut geht,
Weil es uns gut gehen muß,
Denn es ist uns beinah immer gut gegangen,
Und deshalb wird es uns immer gut gehen,
Und daß es uns immer gut gehen wird, ist gut,
Denn wem sollte es gut gehen, wenn nicht dem Guten?

Wir glauben, daß in puncto Geld
Der Deutsche zu den Besten zählt.
Und ging's uns puncto Kasse schlecht,
Dann wär's nicht recht, dann wär's nicht recht!

Wir glauben ferner, daß zwei Bockwürste mehr sind als eine,
Und daß ein Brathähnchen mehr ist als drei Bockwürste,
Doch vier Hummer sind mehr als fünf Brathähnchen,
Und drei Dosen Kaviar sind wiederum mehr, und wenn
Wir ihn nicht essen, dann essen ihn eben die andern
Weshalb wir ihn lieber selber essen,
Denn der Mensch lebt nicht vom Brot allein.

Wir glauben weiterhin, daß es zwei Kategorien gibt
Von Menschen, die gewöhnlichen und die Deutschen,
Wobei wir nicht leugnen wollen, daß auch die anderen
Menschen Menschen sind, beziehungsweise fast,
Und großzügig wie wir sind, wenn's nichts kostet,
Geben wir zu, auch die Franzosen sind Menschen,
Und die Kölner sind Menschen,
Und neuerdings, seit sie uns Volkswagen abnehmen,
Sind auch die Amerikaner wiederum Menschen –
Aber ich bitt Sie, was für welche...

Wir glauben, daß ein Mensch mit Geld
Zum edleren Teil der Menschheit zählt!
Und daß, wer nicht dazugehört,
Das Landschaftsbild empfindlich stört!
Wir glauben, daß wohl überhaupt
Kein Volk an so viel Schönes glaubt!
Und daß, dies ist der letzte Schluß,
Wer nicht dran glaubt, dran glauben muß!

Jürgen v. Manger

Der Kleinaktionär

Adolf Tegtmeier telefoniert mit dem Volkswagenwerk

Halloo, wer ist da? Is dort das Volkswagenwerk? Jawohl, hier ist Adolf Tegtmeier aus Gelsenkirchen. Sie, ich möchte bitte sofort Herrn Nordhoff sprechen. Wie bitte? Hier spricht der Aktionär Tegtmeier aus Gelsenkirchen. Merken Se sich das bitte mal gefäl-

ligst. *zu seinem Kumpel Emil Ellersiek, der bei ihm in der Telefonzelle ist* So, jetz isse am Durchstellen.
ins Telefon Halloo? Jawoll, hier spricht der Aktionär Tegtmeier aus Gelsenkirchen. Sie, ich möchte bitte Herrn Nordhoff sprechen, gefälligst. Wat is? Ja nu Fräulein, ich hab auch 'ne Besprechung. Dat is doch Blödsinn. Stelle Se durch. Machen Se keine Stückskes hier. *zu Ellersiek* Blöde Ziege. Schreib mal auf, Emil, dat wir dat, nächste Hauptversammlung: »Sekretärin von Herrn Nordhoff führt am Telefon freche Redensarten.« Vielleicht können wir se rausschmeißen. Damit die mal merken, wer Herr im Hause ist. Denkste dran, wenn ich sage: »Jetzt spricht mein Kollege Ellersiek«, dann richtig, gib'en Zunder! Die ganzen Sachen, wat wir auf'n Zettel haben. Vor allem diese – Aufsichtsrats – äh – löhne, nich? Wat die sich da so inne Tasche schieben. Sagste, dat wir dat nicht dulden, wenn die ganze Konjunktur jetzt auf den Kleinaktionären seine Knochen ausgebügelt wird.
ins Telefon Ja, hier ist Tegtmeier am Apparat! Wie? Wat mein Anliegen ist? Na, hörnse mal, ich hab kein Anliegen, sondern dat is Gesetz. Und zwar is dat – Augenblick, warten Se mal. *zu Ellersiek* Laß mal schnell gucken. Wo is der Zettel? *ins Telefon* Hörnse? Dat is der Paragraph 131 vom Aktiengesetz. Dat is kein Anliegen, sondern ein gutes Recht als Ihrn Inhaber. Wärn Se ja nich kiebig, Sie. Meine Familie hält 'n Aktienpaket von sechs Stück inne Hand. Ne, dat heißt, mein Schwiegersohn is auch mit bei. Und vielleicht is der Schreibtisch, wo Se dran sitzen, dat is vielleicht gerade mein persönliches Eigentum. Wärn Se ja nich frech. Sonst komm ich mal persönlich hin, kontrollier bei Ihnen mal die Arbeitszeit. Dann können Se aber wat erleben, Sie. Hörnse mal: Ihrn Herr Direktor Nordhoff, nich, der is ja Ihrn Chef, der is nämlich auch nur mein Angestellter, nich. Und da will ich jetzt mit reden, weiter nix! *zu Ellersiek* Junge, Junge, persönlicher Präfferent. Wer weiß, wa dat für'n Pfeifenheini is.
ins Telefon Halloo? Ja, hier spricht der Aktionär Tegtmeier. Ich wollte gefälligst Herrn Nord ... Wie? Ach so. Ach, sind Se schon selber am Apparat, Herr Nordhoff? Ja, sehr angenehm. Mein Name ist Tegtmeier. Nicht, is doch schön, dat man sich mal so kennenlernt. Ja – sagen Se mal: Wie geht denn noch so, Herr Nordhoff? Danke, sicher, mir auch. Dat heißt also, seit Sonntag, nich, hat meine Frau wieder bisken Last mit de Beine. Muß se wieder Gummistrümpfe tragen. Wir warn ja Sonntag bei mein Schwager eingeladen, nich. Und wie wir so nach Hause fuhren, da

fing dat an, ging schon los. Aber die wird schon wieder klarkriegen.
Ja, jetzt *seufzt*. Passen Se mal auf, Herr Nordhoff, ich rufe an wegen, gesetzlich, Paragraph 131. Wissen Se ja Bescheid mit, nich? Und Ihre Bilanz, also muß ich sagen, dat gefällt mir aber nich sehr. Gucken Se mal: Schreiben Se auf de linke Seite, in Passiven, nicht, da schreiben Se: »Posten, die der Rechnungsabgrenzung dienen.« Also Herr Nordhoff, hören Se mal: Dat is wie bei meine Gattin. Wenn die mit de Haushaltskasse im Schwimmen kommt, hat se de Hälfte vergessen, schreibt se auch immer hin: Suppergrün: 13 – Mark – 80!
Sie, jetzt spricht aber mal mein Kollege, Emil Ellersiek. Der steht hier neben mir und hat Se auch noch wat zum Sagen. Augenblick! *zu Ellersiek* So, jetzt los Emil. Brauchste doch bloß ablesen! Richtig mit Schmackes. Jetzt mach los. Wat is? *ins Telefon* Moment, Herr Nordhoff. Kleinen Moment bitte. Herr Ellersiek ist grad noch in eine Besprechung. Mit so'n paar leitende Herrn, nich? Ich stell aber mal gleich durch. *zu Ellersiek* Ja, wat haste denn? Die Brille nich bei? Junge, wat bist denn Du fürn Blödmann. Siehste, jetzt kannste mal hier von de Leber weg und dann haste keine Brille. Ach komm, gib her. *ins Telefon* Herr Nordhoff? Ja, sind Sie noch da? Ja? Herr Ellersiek is gerad unpäßlich. Kommt schon mal vor. Und da hat er gebeten, daß ich seine Interessen, hier, – ä – mitmache, nich?
Passen Se auf, und zwar will der folgendes: Steht auf der rechte Seite »Rücklagen«, nich? Und da meint Herr Ellersiek, dat Ihnen dat so passen könnte. Sie machen die Rücklagen von unse Pfennige, und uns fehlt nachher an de Dividende. Wie bitte? Ja, nun, wat heißt hier paar Jahre. In paar Jahre, da fahrn wa vielleicht alle schon Mercedes. Vielleicht Sie sogar auch, nich? Da interessiert kein Mensch mehr für'n Volkswagen, und da liegen unsere Mäuse bei Ihnen auf hohe Kante. Fehlen mir und de Kollege Ellersiek inne Urlaubskasse.
Wat is? Ach, Invengschtizionen, Herr Nordhoff. Jetzt streuen Se aber mal nich so'ne Fremdwörter, Sand inne Augen vonne Kleinaktionäre. Invengschtizionen ham wa alle. Meine Schwiegermutter, letzte Woche noch. Oben de ganzen Zähne neu. Extra noch'n Goldzahn mit bei, für dat schön echt aussieht. Dat sind auch Invengtschtizionen. Aber ich sag, dat ist Schicksal, nich? Und dat kann ich doch auch nich mit fremde Leute ihrn Geld bezahlen. Da müssen Se aber schon mal Mensch bleiben, Sie.

Aber wir sehen uns ja bald auf de Hauptversammlung. Nu sagen Se mal: Gibt's da nächstes Mal bischen mehr zum Futtern? Nicht nur so Brühwurst und Brötchen? Sehen Se mal zu, dat man nach die weite Reise auch richtig wat in Magen kricht. Sonst hat dat doch alle keinen Wert. Und diese – hören Se? – diese schwarze Zigarre, nich? Sind mir am liebsten. Mit de Bauchbinde, Herr Nordhoff. Wir sind ja jetzt schon mal 'n bißchen bekannt mitnander. Denken Se daran, ja! Und dann – äh – also grüßen Se de ganze Familie nich? Und wünsche Ihnen alles Gute. *hängt ein*

Jaa, Emil. Du bist doch vielleicht ein Heini. Junge, wenn alle Volksaktionäre so wenig tun täten wie du, was meinste, wat die Herrschaften da oben, wat die für unser Geld 'n feines Leben führen täten. Mein lieber Scholli.

MARTIN MORLOCK

Lied vom leichten Unbehagen

Und als er hatte, was der Mensch zum Leben nötig hat:
Ein schwarzgekacheltes Bad,
Eine Frau,
Eine infrarotgeheizte Terrasse,
Eine Brieftasche aus Krokodil
Und einen kopfgesteuerten,
Vollhydraulischen Vierkommadreiliterluxusroadster.
Last but not least...

Und als er hatte, was der Mensch zum Leben nötig hat,
Und Vater war und Fachverbandsvorsitzender und satt
Und manches wußte, was der Mensch im Leben wissen soll,
Und so viel deutsche Pfund wog,
Daß sein Nacken aus dem Kragen quoll –
Da trat er, neugierhalber, an den Zaun
Und fragte seinen Nachbarn: im Vertraun –
Fühlen Sie sich auch so unbehaglich?
Nicht so sehr, sagte der.
Denn bei ihm, dem Nachbarn, sei es nur der Magen;
Sonst sei er, laut ärztlichem Befund, gesund.

Aber sein, des Fragestellers, Unbehagen
Habe ohne Zweifel einen andern Grund.
Die geschätzte Frau Gemahlin hoch in Ehren!
Doch von Mann zu Mann sei wohl erwähnenswert,
Daß gesetzliches Einander-Angehören
Auf die Dauer der Ergiebigkeit entbehrt!
Und er gab ihm augenzwinkernd die Adresse
Einer Dame, deren Ruf es mühlos litt,
Daß man ihr, aus Tatkraft oder Interesse,
Nahetrat und dann gelockert heimwärtsschritt...
Hopp heißa, bei Regen und Wind!

Und als er hatte, was der Menschen Wohlbehagen hebt:
Eine Geliebte, perlonverstärkt,
Mit Brustweite einhundertvier,
Ein schwarzgekacheltes Bad,
Eine Frau,
Eine infrarotgeheizte Terrasse,
Eine Brieftasche aus Krokodil
Und einen kopfgesteuerten,
Vollhydraulischen Vierkommadreiliterluxusroadster.
Last but not least...

Und als er hatte, was des Menschen Wohlbehagen hebt,
Und Rom gesehn und einen Stierkampf in Madrid erlebt,
Und wußte, wie »Was kostet das?« auf portugiesisch heißt,
Und wie man, ohne Kellner zu erheitern, Artischocken speist –
Da griff er nach dem Fernsprechapparat
Und fragte den Geschäftsfreund durch den Draht:
Sagen Sie mal – fühlen Sie sich auch so unbehaglich?
Nicht so sehr, sagte der.

Bei ihm selber seien höchstens die Gefäße
Etwas eng, und manchmal stolpere das Herz;
Aber sein, des Fragestellers, Übel säße
Tiefer und, wie er vermute, anderwärts.

Was er brauche, sei das große Abenteuer,
Die Gefahr als Lebensurquell und Prinzip;
Schweißverklebte Männlichkeit am Lagerfeuer,
Wie sie Hemingway so eindrucksvoll beschrieb.

Und er nannte ihm kollegialerweise
Eine exklusive Reiseagentur,
Welche zweimal wöchentlich zum Sonderpreise
Und zur Großwildjagd an den Sambesi fuhr... Heia, Safari!

Und als er hatte, was dem Leben Sinn und Inhalt gibt:
Den linken Vorderfuß einer selbsterlegten Elefantenkuh
(auch als Schirmständer zu verwenden),
Eine Geliebte, perlonverstärkt, mit Brustweite einhundertvier,
Ein schwarzgekacheltes Bad,
Eine Frau,
Eine infrarotgeheizte Terrasse,
Eine Brieftasche aus Krokodil
Und einen kopfgesteuerten,
Vollhydraulischen Vierkommadreiliterluxusroadster.
Last but not least...

Und als er hatte, was dem Leben Sinn und Inhalt gibt,
Und thailändischer Konsul war und bei Portiers beliebt,
Und sagen konnte, wie in Singapur der Franc notiert
Und wo man Lachse fängt und wie man höhre Staatsbeamte
Da fragte er an Deck, beim Sonnenbaden, [schmiert –
Den nächstgelegnen Jachtklubkameraden:
Pardon – fühlen Sie sich auch so unbehaglich?
Nicht so sehr, sagte der.

Bis auf eine angegriffne Nebenniere
Fühle er, der Kamerad, kein Ungemach.
Doch das Leiden, das der Fragesteller spüre,
Rufe ungleich ernstere Bedenken wach.

Einfluß und Erfolg? In Ordnung. Nichts dagegen.
Aber soll das Glück auf sichern Säulen ruhn,
Sei es heutzutage, rein der Optik wegen,
Ratsam, sich auch als Mäzen hervorzutun.

Und er nannte ihm mit ausgesuchtem Takte
Sowohl Marktwert als auch Stundenhonorar
Eines Spezialisten für abstrakte Akte,
Der als Günstling zu gastieren willens war...
Juchheißa, bei Hinz oder Kunz!

Und als er hatte, was der Mensch durch Fleiß erwerben kann:
Einen linken Abstrakten (auch als Schirmständer zu verwenden),

Einen infrarotgeheizten Vorderfuß,
Eine vollhydraulische Geliebte,
Ein kopfgesteuertes Bad,
Eine selbsterlegte Frau,
Eine Terrasse aus Krokodil,
Eine Brieftasche mit Brustweite einhundertvier,
Eine perlonverstärkte Roadsterkuh
Und einen schwarzgekachtelten,
Vierkommadreiliterluxuselefanten.
Last but not least...

Und als er hatte, was der Mensch durch Fleiß erwerben kann,
Und prüfend Umschau hielt, und vis-à-vis und nebenan
Gesichter sah, so leer, so satt, so sinnlos wie das seine,
Ihr Büschel Wohlstand käuend, mild umstrahlt von ihrer Wangen [Widerscheine –
Da fand er, daß die viele Fragerei
Für einen Mann in seiner Stellung peinlich sei,
Und schalt sich lächelnd eine etwas hypochondrische Natur –
Und fuhr zur Kur.

Eckart Hachfeld

Das Geld ist in den falschen Händen

Ich sah ein Luxuscoupé über den Asphalt flitzen,
Ein ballonbereiftes Gedicht,
Sah später den Eigentümer auf einem Barhocker sitzen,
Pardon, ein Galgengesicht.
Ich sah ihn noch einmal als lachenden Verlierer
Von dreißigtausend Mark beim Ekarté.
Für diese Summe ging ein Frauenkopf von Dürer
Bei einer Kunstauktion nach Übersee.

Jede Zeit hat ihr Gesicht.
Das wissen ich und du,
Jedoch die Creme der Gegenwart
Schmeckt reichlich nach Haut gout.
Wenn man in einem Tümpel rührt,

Dann wird das Wasser trübe,
Und allerhand kommt oben rauf,
Was besser unten bliebe.

Das Geld ist in den falschen Händen,
In Händen, die nicht immer sauber sind.
Das Geld ist in den falschen Händen,
In denen es wie Staub und Schmutz zerrinnt.
Denn Reichtum verpflichtet,
Das hat man vergessen;
Reichtum verpflichtet
Nicht nur zum Fressen!
Reichtum verpflichtet zu Geist und Geschmack
Reichtum ist nichts für Banausen im Frack,
Die sinnlos ein Vermögen heut verschwenden.
Das Geld ist leider in den falschen Händen.

Betreten wir zum Beispiel einmal zwanglos »Haus Reibach«. Also, wenn Sie hereinkommen, da haben wir erst mal die maurische Diele. Wenn Sie das Eisbärfell beiseite schieben, sehen Sie den Steinfußboden aus echtem Mosaik. Dann kommt das Speisezimmer, Brabant, 18. Jahrhundert – mit eingebauter Bar. Durch den zentralafrikanischen Glasperlenvorhang gelangen wir in das Musikzimmer. Beachten Sie bitte die Musiktruhe, frühe Gotik, 16 Röhren. Das Schlafzimmer ist natürlich modern. Dessauer Bauhaus, und das Arbeitszimmer: rheinisches Chippendale mit Neonbeleuchtung. Sonst noch was? Ach so, der Stil! Also der ist reinster Neo-Snobismus!

Das Geld ist in den falschen Händen!
Ein Scheckbuch macht noch keinen feinen Mann!
Ein Konto kann man nicht als Passepartout verwenden.
Nur wie man's ausgibt, darauf kommt es an.
Was die sich so leisten,
Das grenzt schon an Wunder;
Was die sich leisten,
Ist doch nur Plunder.
Was kostet die Welt? Hauptsache: teuer!
Die Spesen gehn runter
Von der Einkommensteuer.
Kultur ersetzt man nicht durch Dividenden!
Das Geld ist leider in den falschen Händen.

Eckart Hachfeld

Der Stahlhelm

Ich hab ihn getragen sieben Jahr,
Auf dem Kopp, auf dem Marsch, auf Paraden,
Ich hab oft draus getrunken, wenn nichts anderes war,
Und ging am Ende drin baden...
Nie wieder! hab ich mir damals geschworen,
Nie wieder stülpst du dir den über die Ohren!
Affe tot! Ofen aus! Bude zu!
Reserve hat Ruh!
Helm ab! Aber nicht zum Gebet, sondern für immer!
Aus der Laden! Weg mit Schaden –
Irgendwo zwischen die Trümmer!
Aber dann hab ich ihn mir doch wieder geschnappt,
Ohne Kommiß hat eben nichts mehr geklappt.
Abends um sechse kam er, umgedreht, auf die Küchenhexe –
Wissen Sie noch? Hunger ist der beste Koch,
Hieß es damals. Das Kochgeschirr war zerschlagen,
Aber der war so heil und so hohl wie in besseren Tagen,
Statt meiner Rübe dünsteten damals Steckrüben drin.
Und für einen Kohlkopf hatte er jetzt den tieferen Sinn.
Und dann erblühte das deutsche Wunder
Aus dem ganzen verrotteten Plunder –
Und ich dachte: Jetzt trägst du ihn endgültig zu Grabe,
Wozu noch Stahlhelm, wenn ich eine elektrische Backhaube habe!
Aber andrerseits war er mir doch teuer,
Schließlich stand er ja für mich im Feuer!
Ich bin ein dankbarer Mensch und hab einen Sinn
Für Allegorjen,
Ich nahm ihn als Blumenkübel und pflanzte was Grünes drin
Als Memento Morjen...
Naja, manche Gäste haben darüber gelacht,
Aber ich finde, er hat im Wintergarten
Nicht schlechter ausgesehen als in der Winterschlacht.
Und dann kamen die Kinder – zwei Jungens!
Ja, das sehen Sie mir nicht an!
Naja, und die Kinder, die wollen ja an alles ran:
Pappi, bitte gib uns den eisernen Hut

Zum Spielen! Sie wissen ja, was man als Vater tut,
Wenn einem die kleinen Kerlchen in den Ohren liegen.
Und so ein deutscher Stahlhelm
Ist ja auch gar nicht kaputt zu kriegen.
Und dann haben die Franzmänner ratifiziert.
Ehrlich gestanden: Ich hab mich geniert.
Hab mich an den Kopf gefaßt: Du bist ein gedienter Mann,
Und dein Stahlhelm zwischen Affe und Hampelmann
In der Spielzeugkiste! Und in der Nacht –
Sonst hätten die Jungens mich ausgelacht –
Hab ich ihn rausgeholt und poliert.
Und vorm Spiegel ausprobiert.
Und es ist wie damals, noch nicht ganz, aber fast –
Kleiner Kopf – großer Rand – – paßt!!

WERNER FINCK

Wer macht mit?

Ein Rundfinck-Kommentar

Wenn es im allgemeinen die Aufgabe eines Kommentators ist, dem täglichen Geschehen einen Sinn zu geben, so sehe ich die meine darin, den Unsinn aufzuspüren.
Unsinn und Sinn überschneiden sich heutzutage in beängstigender Weise. Ist es nicht Wahnsinn, heute, fünf Jahre nach dem Zusammenbruch, schon wieder nach den Waffen zu greifen? Und gibt es etwas Unvernünftigeres, als es nicht zu tun?
Es ist typisch für den deutschen Michel, sich in diesem Falle – oder in dieser Falle – zum Ohne-Michel zu entwickeln. Mißtrauisch sieht er die alten Generäle in neuen Schläuchen.
Der Gott, der Eisenhower ließ, der wollte keine Rechte. Für uns. Das aber hat sich jetzt gegeben. Inzwischen hat er uns seine Rechte hingehalten. (Hingehalten ist gut, nicht?) Und dabei hat er unsere Ehre wieder hergestellt, damit ein kleines Heer wieder gestelltwerden kann. Von uns. Unser Heerstellungspreis ist aber die Gleichberechtigung. Unter einen Hut sind wir nie zu bringen. Aber unter einen Helm sofort.

Noch sind wir aber nicht in der Verfassung, einen Wehrdienst ohne weiteres durchzuführen. Unser vorletzter Kanzler brauchte sich, wenn er aufrüsten wollte, nur zu fragen:
Wehrmacht Heer?
Wehrmacht Luft?
Wehrmacht Marine? Und so weiter.
Dem jetzigen Kanzler bleibt dagegen nur eine einzige Frage:
Wer macht mit?

Die drei Rulands

Keine Lanze für die Wehrpflicht

Wir sind wieder einmal
Halb national und halb sozial.
Und für'n Kommiß gehn wir durchs Feuer
Für'n Kommiß ist uns nichts zu teuer.

Denkste denn, denkste denn, du Berliner Pflanze –
Wir im Westen brechen für die Wehrpflicht keine Lanze.
Hipp-hipp, Sieg-Heil! Es ist nur weil
Die Generäle ... Was ich Ihnen jetzt erzähle,
Bleibt unter uns dreien. Verzeihen
Sie, meine Herrn, ich sag es offen:
Wissen Sie, worauf die hoffen?
Das ist die, das ist die, das ist die
Amnestie.
Das ist der, das ist der, das ist der
Europäer.
Das ist das, das ist das, das ist das,
Was uns raushilft aus dem Braß.

Aber auf die Dauer, Bauer,
Sind die Heldenklauer schlauer.
Früher hinter grauer Mauer,
Jetzt auf haargenauer Lauer
Im Vertraun auf Eisenhower –
Aua, aua, aua...

THIERRY

Hallo Sie…

Sie
hallo Sie
und eventuell noch Sie
und auch Sie vielleicht noch geht es an
was ich Ihnen hier noch laut
was ich Ihnen hier noch laut
erzählen kann

Sie
hallo Sie
und eventuell noch Sie
und auch Sie vielleicht noch werden verstehen
daß ich heulen könnt vor Wut
daß ich heulen könnt vor Wut
denn ich hab einen Nazi gesehn

Ich sah ihn in der Wochenschau
als hohes Tier
beamtet und begehrt
Ich sah ihn und ich dachte mir
die Karre läuft wie immer hier
verkehrt, verkehrt, verkehrt

Man hätte damals…
aber man hat nicht
Und heute ist es leider zu spät
Man verliert doch allmählich die Übersicht
zumal ja die Wochenschau nicht überall dreht
Dabei macht mir besonders der Gedanke Sorgen
daß es eines Tages zu spät sein könnte
vielleicht schon morgen die Freiheit zu schützen

Ich steh doch nicht länger auf Posten
gegen sonstwas für Genossen
wenn die Mörder von gestern
mich schon vorher erschossen

ECKART HACHFELD

Der Klavierstimmer

Na, da wollen wir doch gleich mal sehen, was das überhaupt für ein Instrument ist: Aha, natürlich! Schiedmayr! Sind heute ja alle verstimmt, die guten alten deutschen Schied-Mayr! *spielt »Stolz weht die Flagge schwarz-weiß-rot«* – Sind ja alle ganz falsch behandelt worden, diese Zeugen deutscher Maßarbeit! Heute hat man sie an die Wand gerückt ... Grauenvoll! Deutscher Klang und deutsche Pedale haben einmal ganz Europa beherrscht! Die gewaltigen Töne unserer deutschen Typen waren in der ganzen Welt bekannt! Und was haben wir heute? Stutz-Flügel! *spielt »Ich hab mich ergeben«* – Aber ich sage Ihnen aus der globalen Schau des national empfindenden Klavierstimmers: Der Tag ist nicht mehr fern, wo jeder rechte deutsche Mann wieder seinen rechten deutschen Flügel hat! Ich muß es wissen, – ich habe ja das absolutistische Gehör! *spielt »Heil Dir im Siegerkranz«* – So, – jetzt wollen wir mal die Klappe aufmachen –: Kein Wunder! Im Innern ist ja alles viel zu schlapp! Da müssen mal andere Saiten aufgezogen werden! Rechts müssen die Töne stärker kommen – und links müssen Dämpfer drauf! Die Tonart hat sich vollkommen gelockert! Die Holzhämmerchen finden überhaupt keinen Resonanzboden mehr! Das muß geändert werden. Viel zu weich! Viel zu nachgiebig! Beim ersten anständigen Parademarsch reißt das doch alles aus ... Ich sehe schon, was fehlt: Stahlsaiten – und dann ordentlich Druck dahinter! Spannung! Aufdrehen, – mit dem Vierkantschlüssel! Der Vierkant ist nun mal der wahre Schlüssel zu nationaler Stimmung! *spielt »Volk ans Gewehr«.* – Und die Tastatur? Wahrscheinlich englisches Elfenbein. Ist das nicht eine völkische Schande?! Man kann doch nicht mit dem englischen Elfenbein ins deutsche Hauskonzert treten! Überhaupt, wir müssen unsere Kolonien wiederhaben! Wir wollen deutsches Elfenbein, von deutschen Negern aus den Mäulern deutscher Dickhäuter gebrochen! Deutsch sollen die Zähne sein, in die wir greifen! *spielt »Badenweiler«* Aber heute läßt sich noch nicht viel machen *klappt den Deckel zu*. Nur das Wichtigste: Tasten, tasten, tasten! Piano tasten! Wir wollen verstohlen leichte Fingerübungen machen, wollen uns die Virtuosität der deutschen Solisten erhalten! Wir müssen in Form bleiben, um im entscheidenden Moment wieder weit genug greifen zu können!

Aber nach außen müssen wir erst mal weiter als Stümper erscheinen. Wir werden doch unsere Weltstellung als Sorgenkind Nummer eins nicht frivol aufs Spiel setzen! Gerade jetzt, wo wir die Schmach der Niederlage in aller Ruhe und Gemütlichkeit auskosten können! *spielt »Stimme Amerikas«* – Zurückhaltung, sage ich, Zurückhaltung auf der ganzen Linie! Nicht hereinfallen auf das Geschwätz von wegen Gleichberechtigung! Solange wir bei den amerikanischen Präsidentenwahlen noch keinen deutschen Kandidaten aufstellen dürfen, gibt es für uns keine Völkerverständigung! – Bei der Wahl der Miss Universum kam unsere Miss Germany erst an fünfter Stelle: Recht so! Nicht mal schön wollen wir sein! Oder im Sport: Denken Sie zurück an Helsinki! Wie vornehm haben wir uns zurückgehalten! Die Goldmedaillen im Bobfahren ließen sich allerdings nicht vermeiden, – bergab sind wir nun mal die schnellsten ... Aber im übrigen haben wir der Welt einmal bewiesen, daß wir die Besten sind – warum also heute noch böses Blut machen! – Ein anderes noch: Der amerikanische Dampfer United States hat das Blaue Band gewonnen. Wie taktvoll haben wir verschwiegen, daß der Kapitän deutscher Herkunft ist! Seine Großeltern stammen aus Prag ... *spielt »Heute gehört uns Deutschland«* – Aber seien Sie getrost: Eines Tages hebt sich der deutsche Deckel wieder! Da schlagen wir wieder die alte Tonart an! Dann kommen wieder unsere Läufe, unsere schnellen Läufe, – so weit die deutsche Zunge hängt! Und wir werden endlich, endlich wieder unser völkisches Leben in vollen Zügen genießen – in vollen Militärzügen – !!!

Günter Neumann

Burschen hinaus!

Er Im Grunewald, im Grunewald beim Budiker,
Da trafen sich paar Studiker,
Sie gingen in der Kneipe dort, famos, famos,
Mit Säbeln auf sich los!
Links in die Fresse rein, rechts in die Fresse rein,

Wer nicht mitmacht, der kann nur ein Schlappschwanz sein!
Hier zeigt sich erst der Mann, Ehre hat man nur dann,
Wenn man nachher blutet wie'n Schwein!

SIE Rote Striemen, rote Neesen, blutjes Kinn!
Und ich frage mich: Was hat das bloß fürn Sinn?
Denn der Körperteil, der das Gehirn umfaßt,
Ist ganz beklebt, mit Leukoplast!
Bei aller Toleranz mir ist das unklar janz,
Was euch an Säbelhieben – so sehr gefällt?

ER Wir sind von Kopf bis Fuß auf Hiebe eingestellt,
Denn das ist unsere Welt und sonst gar nischt!
Nur der, der Schmisse hat wie Ochsenmaulsalat,
Nur der taugt was fürn Staat und sonst gar nischt!

SIE Tut das nicht weh? So'n Hieb in die Figuren?

ER Es geht ums Band und um das Vaterland!
Gewiß, ich sah schon häufig in Mensuren

SIE Wenn der Kopp aber nu'n Loch hat?

ER Das macht jarnischt! Hoch in Ehren!

SIE Ich fänds schöner, wenn alle Schmisse
Auf'm Hinterteil wär'n!

ER Au, mein Popo ist dafür viel zu schade!
Was nützt ein Schmiß, wenn er nicht sichtbar ist?!

SIE Packt die schweren Säbel ein,
Laßt das Schlachtefest doch sein,
Trinkt ooch Bier ohne Kommandos!
Seid nicht zackig, seid salopp,
Ihr habt solchen schönen Kopp,
Macht ihn nicht zu Kalbsfrikandeaux!
Na, und wollt ihr schon durchaus
Mit euren Schmissen kokettiern,
Braucht ihr euch doch morgens bloß
Mit stumpfen Klingen zu rasiern!

Aber habt ihr so was nötig? Spart die blutige Kosmetik!
Wir erwarten eure Blüte mehr auf geistigem Gebiete!
Schlagen nämlich kann sich jeder,
Schlagt doch lieber mit der Feder,
Mit der hochgelehrten Birne,
Mit der kühlen Denkerstirne!
Denn am Fehl'n der ollen Paukbodenmensur
Scheitert nicht der Fortschritt der Kultur!

Martin Morlock

Arthur, der Spielverderber

oder die Ballade von der progressiven Ertüchtigung

Schon als ihn die Mutter um halb sieben weckte,
Hatte Arthur keine Lust zu gehn.
Auch das Brot mit Erdbeermarmelade schmeckte
Nicht wie sonst; er ließ die Hälfte stehn.
Was ihn schreckte, war nicht eigentlich das Wandern,
(Wer das glaubt, beurteilt Arthur schief)
Was ihn schreckte, war das Wandern mit den andern:
Arthur fürchtete das Kollektiv.

Seine Mutter aber nahm in solchen Fällen
Stets Partei für Schule oder Staat.
»Knaben«, sprach sie, »die sich dauernd abseits stellen,
Werden nie im Leben Aufsichtsrat.«
Und sie füllte Vaters alte Thermosflasche
Eigenhändig mit Kaffee-Ersatz.
Arthur steckte sie gehorsam in die Tasche
Und begab sich an den Sammelplatz.

Dort standen sie, die andern.
Arthur sah von fern, wie sich die Schar
Der Klassenkameraden um Assessor Eisenreich gruppierte,
Der ihnen –
Wie's auf seinen Schulausflügen gang und gäbe war –
Das Galileische Gesetz vom freien Falle explizierte.

Das war sein Steckenpferd. Er hatte eine Schwäche für Physik,
Obwohl ihm eigentlich die Fächer »Turnen und Gesang« oblagen.
Die Klasse wußte dies und heuchelte mit Anstand und Geschick
Ihr ungeteiltes Interesse. Wenigstens an Wandertagen.

Als Arthur eintraf, fühlte sich Assessor Eisenreich gestört.
Besagter Schüler war sowohl am Barren als am Reck der letzte.
Er konnte nicht einmal die Riesengrätsche –
Kurz, er war's nicht wert,
Daß man ihm die Geheimnisse der Schwerkraft auseinandersetzte.

Drum sprach er bloß ein wenig spitz:
»Sieh da, der Schüler Arthur gibt uns auch die Ehre?«
Die Kameraden lachten herzlich über diesen Witz.
Es schien, als ob der Schüler Arthur –
Ohne eignes Zutun – ungeheuer spaßig wäre,
Und dann ging's los.

Anfangs ging's per Bahn durch graue Häuserklüfte,
Bis zur Endstation der Linie Neun,
Wo Assessor Eisenreich den Kompaß prüfte –
Und dann ging es weiter querfeldein.

So gelangten sie zu ihrem Wanderziele.
Dieses war ein Denkmal und sowohl
Tummelplatz für vaterländische Gefühle
Als auch – wie so häufig – innen hohl.

Eine fünfzig Meter hohe Stufenleiter
Führte mitten durch die Erzfigur
Bis zum Busen und für Schwindelfreie weiter
Über Hals und Kopf in die Frisur.

Als erster stieg Assessor Eisenreich durch eine schmale Tür
Ins Innere und löste zwanzig Eintrittskarten an der Kasse
Zu halbem Preise. Denn für Schulen gab's ermäßigte Gebühr.
Dann klomm er stiefelknarzend höher,
Dicht gefolgt von seiner Klasse.

Es roch nach feuchtem Keller.
Auf der Treppe war es ziemlich dunkel.
Und Arthur,
Der mit seinem Schienbein stetig an die Stufen schlug,
Orientierte sich zur Not nach einem Pubertätsfurunkel,
Das der Kollege, welcher vor ihm kletterte, im Nacken trug.

Doch schließlich war's geschafft.
Und alle zwanzig Schüler standen oben
Und blickten aus der Riesendame aufgerißnem Bronzemund
Sowie aus Auge, Ohr und Nase, um die schöne Sicht zu loben
Und tief zu atmen. Denn das war in dieser Höhe so gesund.
Plötzlich verkündete Eisenreich:

»Wer von euch
Den Mut hat, runterzuspringen,
Bekommt eine Eins in Turnen und Singen...«

Herzen klopften hörbar durch die Stille,
Und der Primus legte seine Brille
Sehr behutsam in das Futteral
Und erklärte: »Ich probier's einmal.«
»Bravo!« sagte Eisenreich und drückte
Ihm die Hände voller Überschwang.
»Endlich einer, der den innren Schweinehund besiegte...«
Und der Primus wurde rot vor Stolz und sprang.

Alle konnten sehen, wie der Klassenerste
Fünfzig Meter frei zur Erde fiel.
Der Assessor sprach: »Der Anfang ist das schwerste,
Weiter unten ist's ein Kinderspiel.«
Denn – so fuhr er fort – je tiefer einer falle,
Desto höher die Geschwindigkeit.
Das beruhigte. Drum sprangen schließlich alle,
Und der Lehrer stoppte ihre Zeit.

Zehn der Kameraden waren schon gestartet,
Und der nächste würde Arthur sein.
Aber Arthur machte völlig unerwartet
Schwierigkeiten. Arthur sagte: »Nein.«

»Spielverderber«, schrien die übrigen und schwangen
Sich ins Leere – einzeln, Stück für Stück.
Arthur schaute zu, wie die Kollegen sprangen,
Hielt sich aber seinerseits zurück.

Und er stieg die fünfzig Meter hohe Leiter
Abwärts, bis er sichern Halt gewann –
Und er kam – zwar als verhaßter Außenseiter –
Doch mit heilen Gliedern unten an.

Die Moral – wir wolln sie so präzise fassen,
Daß kein Pädagoge daran Anstoß nimmt:
Möglich, daß es keine Lehrer gibt, die Knaben springen lassen.
Aber Knaben, die gegebnenfalls sprängen, gibt's bestimmt.

Dietrich Kittner

Schlagende Beweise

Ehre, Bier und Vaterland
Sinds, wofür für raufen.
Echte deutsche Manneszucht
Wolln wir uns ersaufen.
Welche Lust, Couleur zu tragen,
Welche Lust, Mensur zu schlagen,
Welche Lust, zu saufen.

Wer noch nie im Notverband
Aus dem Saal getragen,
Wird fürs deutsche Vaterland
Sicher nie sich schlagen.
Kollektiver Bierkonsum
Schafft uns echtes Mannestum
Und erweitert unsern Magen.

Unsrer Alter Herren Wort,
Comment und Traditionen,
Das ist unser Glaubenshort,
Er soll sich schließlich lohnen.
Denn für Gehorsam ist der Lohn
Förderung und Protektion
Und später hohe Positionen.

Rolf Ulrich

Stammtisch-Solo

Sehn Se mal, teuerste Freunde –, mein Prinzip is, nich über Politik zu sprechen –, so wie Cäsar, der mit dem Lorbeer um die Glatze. Sehn Se mal, der Cäsar, das war ein Politiker, der wollte nur dicke Männer um sich haben – denn dicke Männer –, is ja Quatsch –, Pieck is ja ooch dick und Grotewohl ooch, und det sind Käseköppe. Na ja –, aber vielleicht liegt es vielleicht bei denen an die Drüsen und an det Saufen –, Prost, uff das ick ooch dick werde. – Und – und – na ja und denn Hermann – das war een politischer Mensch. Der lockte alle in den Wald –, nich in die Schorfheide –, nee, in den Teutoburger –, und eene – eene Schlacht – und aus war's. Eene Schlacht nimmt man ja gerne in Kauf, wenn man Sieger is. Aber immer die langen Kriege ..., und denn die Seifenkarten und keen Urlaub, und die Kinder reden einen denn mit Onkel an –, aber ick will ja keen Sieger sein. Da hätt ick ja die janzen Jahre nischt zu schimpfen gehabt –, und denn immer uff die Besiegten uffpassen –, da – da wär ick ja ooch heute noch bei de Feldpost. Nee – bei mir nich in de Tüte –, Prost! Sehn Se mal, mein Prinzip is, nich über Politik zu reden. – Sehn Se zum Beispiel den kleenen Korsikaner – Napoleon – kenn Se doch den kleenen mit die Schillerlocken und die Hand uff de Brieftasche –, mit die Pyramüden und den Kreml. Bloß eenmal hat er sich verpolitisiert – bei Moskau. Da war doch nischt mehr da – nischt! – »Nanu«, dachte sich der Korso – »wo sind denn die alle?« Nu loofen Sie mal von Paris bis Moskau und könn sich nich mal een Wodka und eene Boulette koofen – und denn die kalten Beene. Da warn ja keene Pyramidons wie in Ägypten. Apropos Ägypter. Det sind Politiker. Det sind Erospolitiker – die machen allet mit de Triebe. Zum Beispiel Faruk – oder die Kleopatra. Na det war eene – immer nackich –, da konnten doch jar keene ernsten Gespräche uffkommen. Stelln sich doch mal vor, die Politiker und Literinnen, alle nackich – Mensch, da wüßte man doch nich, ob man Respekt haben oder lachen soll. Und wie soll man im Kriege den Feind erkennen? Aber so brauch man bloß auf die Kinkerlitzchen und Orden zu kieken und schon ist man im Bilde. Ick bin ja gegen Politik. Aber sein wa doch mal ehrlich – warum ham wa den Krieg verloren? Weil wir so schöne Lieder gehabt haben. Na zum Beispiel: »Du Schwert an meiner Linken« oder »Nach Ostland geht unser Ritt«. Es wäre vielleicht alles anders gekommen, wenn wa im Krieg gesungen hätten: »Komm se mal rüber, komm se mal rüber zu Schmidt«. Aber daß Sie mich nicht mißverstehn: Ich bin sogar ein Mensch mit Idealen, obwohl ich 45 so ziemlich alles verloren habe. Bankkonto, Wohnung und ein wenig den Überblick. Apropos Überblick. Sehn Se zum Beispiel am Zoo. Da hab ick völlig den Überblick verloren. Da frag ick mich, wird nun aus dem gesprengten Luftschutzbunker ein Affenfelsen –, oder bauen wir Affen aus dem Felsen wieder een Luftschutzbunker. Ick sage Ihnen –, man verliert den Überblick.

Sehn Se mal, wenn man als guter Deutscher sein Grimmsches Epos »Volk ohne Raum« kennt und 1954 unser Ehebettenminister Würmeling sagt: »Kinder ziert Euch nicht so, der Bestand unseres Volkes ist gefährdet«, da fragt man sich doch, wo sollen denn die Kinder alle hin, wo nicht mal die Berliner Schulen ausreichen. Und Helgoland reicht doch ooch nicht aus, selbst wenn set zehnstöckig bauen. Da verliert man doch langsam den Überblick! Da weeß man doch als alter Parteigenosse gar nicht mehr, wo's lang geht – wirklich! Sehn Se mal, wenn heute Bundesminister Strauß – dieser gute alte Bayer – in Bonn sagt: »Wir Soldaten sollten stark genug sein, solche Verächtlichungen wie – Verdammt in alle Ewigkeit – und – Die Nackten und die Toten – ertragen zu können, ohne an innerer Substanz zu verlieren«, und wenn er weiter sagt: »Einige Herren werden endgültig merken, daß das militärische Element in Deutschland eine Stellung einnehmen wird, die nicht mehr zu diskutieren ist!«, da kriegt man doch Angst, daß man damals bei der Entnazifizierung zu seiner Verteidigung gegen Führer, Volk und Reich ein Wort zu viel gesagt hat. Ja! Die Akten sind doch noch alle da –, die hamse nich verbrannt wie damals die Parteibücher. Nee, die liegen am bewußten Tage alle neben dem Wehrpaß. Ick trau mir doch gar keenen Vertreter mehr wegzuschicken aus Angst, er ist morgen mein Küchenbulle. Und wenn se sich mit dem verscherzen, denn gehn Se doch ein wie die EVG. Prost! Also –, ick bin voll bis an die Mandeln –, aber unpolitisch! Wir woll'n ja mal ehrlich sein: Es sind schon schwere Zeiten! Und in solche schweren Zeiten – ist es immer gut, wenn man Freunde hat.

Selig, wer sich in der Welt ohne Haß verschließt,
einen Freund am Busen hält und mit dem genießt –
von Siemens.
Und wer noch nie bei Siemens war, bei AEG und Borsig,
der kennt das Elend lange nicht, der hat es erst noch vor sich.

Einem Gewerkschaftler ins Stammbuch. – Prost! – Und sehn Sie –, ich kann mich glücklich schätzen, einen Freund mein eigen zu nennen. Wladislaus Brewendenz. Und der sagte: »Sieh mal«, sagte er, »da wir Freunde sind, benutzen wir das traute Du. Sieh mal«, sagte er, wie ich schon eingangs erwähnte, »ich bin Berlin-Neuköllner und Mitglied der Bayern-Partei«. Ich dachte, es reißt mir die Beene von der Taille. »Denn sieh mal«, sagte er, »wenn ich Mitglied von der Bayernpartei bin, kann ich doch eines Tages Schriftführer in Berchtesgaden werden. Und wenn diese Berufung gerade zur Sommerszeit fällt, habe ick doch ne billige Urlaubsreise.« Sehn Se, so sind die Politiker. Aber wie gefährlich ist auch so eine Haltung. Wenn das der einfache Mann auf der Straße hört –, der sagt sich doch mit Fug: »Mensch, da geh ick doch schnell in die CDU, da hab ick ne billige Romreise«! Und dann sagte er weiter: »Und eines Tages haben wir auch wieder den Kniffhäuserbund«. Also nee, sagte ick, denn lieber mit gestoßenem Koks gepudert. »Aber Junge«, sagte er, »warum denn? Das ist doch etwas sehr Schönes. Sieh mal, wenn du jahrelang Mitglied des Kniffhäuserbundes oder eines Kriegervereines bist –, und es kommt der Tag, wo dir Freund Hein eins mit der Sanduhr vor den Nüschel schlägt, dann treten deine Kameraden an deine Gruft –, und drei Handvoll Sand –, und dann den Karabiner an die Wange gelegt und eine Ehrensalve donnert über dein Grab! – Mensch, das ist doch ne schöne Erinnerung.

Mit Tränen in der Stimme Und dann flatterst du nach oben – und vor der Himmelstür steht der Mann, den du schon aus deine Kinderbilderbücher kennst – Petrus – mit dem Fußsack unters Kinn –, und dann lupft er die Himmelstür, da kommen sie alle, um dir ihren Salut zu entbieten. Da kommen dann all die Hirten: Blücher – Gneisenau – Körner – und wenn es nicht gerade zu sehr regnet, auch der alte Marschall Vorwärts. Und plötzlich hörst du aus weiter Ferne ein verträumtes TIRILILILI – und wer kommt die Milchstraße runtergetankert? Es ist der große Alte aus Sanssoussi mit seine Flöte unter die Neese. Und an seiner Seite seine beiden Pudels. Und hinter ihm latscht der Hauptmann von Köpenick und pudert ihm seine Perücke. Mensch, da weßte'doch, wofür du gestorben bist!« Aber, Verzeihung, ick wollte nicht politisch werden. – Prost!

Wolfgang Neuss

Onkel Paul schreibt vom Schwarzen Meer

Als Westler is man hier Kaiser. Die Urlauber aus Polen, Tschechen und so ham ein unverschämten Respekt vor der Mark, wie se bei uns als Zahlungsmittel gäbe ist. Ick wohn in ein wunderfeines Marmorhotel und schaue morgens auf den Campingplatz am Strand, wo die aus der Zone wohnen.

Wenn ick gute Laune habe, schmeiß ick 'ne Mark in den weißen Sand. Hei, ist das 'ne Balgerei. Quasi hab ick drei Diener: einer aus Chemnitz trägt mir das Handtuch ans Meer, einer aus Parchim trocknet mir ab, und gestern hat mir sogar ein Funzenär aus Frankfurt/Oder eine Strandburg geschippt. Die hab ick aber gleich wieder eingerissen, der hat mir zu sehr auf Frankfurter Allee gebaut: Realistische Stukkatur. Mag ja mit dem Strandsand eine gewisse Kunst sein, aber sicher ist sicher.
Auf jeden Fall nie wieder in den Harz. Hier putzen se Schuhe, schleppen das herrliche Essen und lachen dich an. Ick weiß, sie wollen bloß unser Geld, aber trotzdem. Es ist beinah so schön wie damals 1940 in Paris. Natürlich slawischer.
Morgen will ick mir noch etwas kubanischen Zucker in den Hintern blasen lassen. Wenn man sich's leisten kann? Ham genug von dem Zeugs und kost nischt. Gestern hat sich Helga maniküren lassen. Aber an die Füße. Von zwei Kunststudenten aus Leipzig. Sie sieht jetzt den Osten mit janz andre Augen.
Entschuldigt die Maschinenschrift. Aber die Kulis aus der Zone holen mir gerade ein paar Pfund Kaviar aus Odessa. Dis is hier um die Ecke. Herrlich, herrlich. So stell ick mir die Wiedervereinigung vor. Nur das Ganze dann an der Ostsee.
Tschüß, Euer sehr glücklicher
und zufriedener Paul.

WOLFGANG NEUSS

Aus der Zyne für die Zyne

In Abwandlung eines sehr bekannten Flüsterwitzes staune ich auch immer, wie viele Deutsche noch intelligent, ehrlich und wiedervereinigungsgläubig sind. Schön, diese drei Eigenschaften treffen nie auf einmal zu. Entweder wir sind intelligent und ehrlich, dann sind wir nicht wiedervereinigungsgläubig. Oder wir sind intelligent und wiedervereinigungsgläubig, dann sind wir nicht ehrlich. Oder wir sind ehrlich und wiedervereinigungsgläubig, dann sind wir nicht ... – aber wer möchte schon, zugegeben, dämlich sein?

Jo Herbst/Wolfgang Neuss

Der Teppich

Ich bin der Versicherungsangestellte Hugo Flasche. Ich habe noch einen Teppich in Köpenick. Nun werden Sie sagen, da kann sich der Hugo Flasche aber freuen, wenn er noch einen Teppich hat. Aber ich bin so traurig, weil er doch ein Erbstück von Tante Auguste ist und die wohnte doch in Köpenick. Und heute in Köpenick zu wohnen, ist doch keine Freude, und ich wohne doch in Zehlendorf, und da isses doch viel angenehmer als in Köpenick, wo mein Teppich liegt, den ich doch so nötig brauche, weil mein Zimmer doch so fußkalt ist. Und kalte Füße sind doch in Zehlendorf genau so unangenehm wie in Köpenick, wo ich ja noch den Teppich von Tante Auguste habe, den ich aber nicht rüberkriege nach Zehlendorf.

Also das ist so. Da ich ja nun mal ein ehrlicher Mensch bin und allem Unangenehmen gern aus dem Wege gehe, steckte ich mir eine Schachtel Zigaretten ein und ging zu einem Westpolizisten und sagte: »Westpolizist«, sagte ich, »Hüter meiner Freiheit, ich habe einen Teppich in Köpenick – rauchen Sie?« – »Ja«, sagte er, »und meine Frau auch und meine Verwandtschaft übrigens auch.«

Da gab ich ihm die ganze Schachtel und sagte: »Ich habe einen Teppich in Köpenick und den möchte ich gerne nach Zehlendorf holen, weil es dort so fußkalt ist – und du läßt mich doch durch, wenn ich damit zurückkomme?«

Da kuckt er mich empört an und sagt: »Nein«, sagt er, »du darfst keinen Teppich aus Köpenick nach Zehlendorf einführen. Das ist verboten.« – »Aber«, sage ich, »den habe ich doch von meiner Tante Auguste geerbt, und das ist doch was Schönes, wenn wir von denen da drüben auch mal was erben und...«

»Nein«, sagte er noch mal, »das ist illegale Wareneinfuhr, und die kann ich nicht unterstützen. Da mache ich mich strafbar, und dafür muß ich dann sitzen und wer tut das schon gerne. Wo doch schon so viele von uns ... Kauf dir doch einen schönen neuen Teppich in Zehlendorf.«

»Ja«, sagte ich und fuhr nach Köpenick.

*

Ich bin der Versicherungsangestellte Hugo Flasche, und ich habe noch einen Teppich in Köpenick. Wie ich nun in Köpenick an die

Wohnungstür von meiner verstorbenen Erbtante Auguste klopfe, da machte mir ein großer Mann in Unterhosen auf und ich sage gleich: »Verzeihung, ich habe noch einen Teppich hier in Köpenick...«
»So«, sagt er, »da gehen Sie man erst zu unserem Hausobmann. Ich kenn Sie ja gar nicht.«
»Aber ich bin doch ...«, sage ich, und da rief eine Stimme von hinten: »Emil komm rein und helf mir mal den ollen Teppich von der Schmidten aufrollen.«
Und da machte er die Tür zu und ich ging zum Hausobmann, und da war nur seine Frau da und die sagte, ich solle mal den Volkspolizisten fragen, der immer am Bahnhof steht. Und den hab ich dann gefragt. »Volkspolizist, staatliches Ordnungsorgan«, sage ich, »ich habe noch einen Teppich hier in Köpenick und ich bin aus Zehlendorf.«
»Da«, sagte er, »mußt du an den Bezirksbürgermeister Genosse Schmidt einen Brief schreiben und ihn um eine Ausfuhrgenehmigung bitten. Aber wenn ich dir einen Rat geben darf«, sagte er und nahm mir mein ganzes Westgeld aus der Brieftasche, »dann schreib auf den Brief *privat* rauf, dann wird er nur zweimal geöffnet.«
»Schönen Dank, Vopolino«, sagte ich, »und komm bald rüber.«
Und dann fuhr ich wieder nach Zehlendorf.

*

Es wird Sie zwar nicht interessieren. Ich bin ja bloß der Versicherungsangestellte Hugo Flasche, aber ich habe noch einen Teppich in Köpenick. Und nun habe ich einen Brief an den Bürgermeister geschrieben und damit bin ich persönlich nach Köpenick gefahren, weil das ja schneller geht als mit der Post und ich schon einen gehörigen Schnupfen von meinem fußkalten Zimmer habe. Und ich sage zu ihm: »Lies und befürworte, Genosse Bürgermeister.«
Da las er und sagte: »Das ist ja alles sehr gut und schön. Aber hast du eine HO-Quittung?«
Ich sage: »Was?«, sage ich.
Da sagt er: »Eine Quittung, daß der Teppich in der HO gekauft wurde.«
Ich sage: »Als meine Tante Auguste den Teppich gekauft hat, da gab es doch noch keine...«
»Dann hätte sie eben so lange warten müssen.«
Und abgelehnt. Und raus.
Und da hatte ich Angst, der Teppich würde nun beschlagnahmt

und volkseigenes Betretungsgut, und da reifte ein großer Entschluß in mir, und ich fuhr zurück nach Zehlendorf.

*

Ich bin zwar nur der Versicherungsangestellte Hugo Flasche, aber ich habe noch einen Teppich in Köpenick. Und nun reicht es mir aber. Und jetzt habe ich mir vier Wochen Urlaub von meiner Firma genommen und für zwei Monate Vorschuß und einen Rucksack mit Marschverpflegung und eine Maschinenpistole, und nun ist mir alles egal. Und ich fahre jetzt nach Köpenick, wo ich noch einen Teppich habe. Und meinen Schnupfen aus Zehlendorf nehme ich auch mit.

*

Vielleicht interessiert Sie das ja. Ich bin der Versicherungsangestellte Hugo Flasche, und ich habe noch einen Teppich in Köpenick. Und den habe ich mir heute mit Waffengewalt aus der Wohnung meiner verstorbenen Tante Auguste geholt. Die Maschinenpistole war nicht geladen, und ich hätte auch nicht geschossen, aber es geht doch hier um ein Prinzip, und Sie können von Glück sagen, wenn Sie keinen Teppich in Köpenick haben.
Die Leute schrien: »Überfall«, und da habe ich die Maschinenpistole weggeworfen und den Rucksack, wo mein ganzer Vorschuß drin ist, und den Teppich habe ich ganz fest an mich gepreßt, und der ganze Ostsektor ist schon abgesperrt, und ich will noch warten, bis es Nacht wird – und dann will ich versuchen, ihn rüberzubringen.

*

Ich bin der Teppich Hugo Flasche, und ich habe noch einen Köpenick. Und ich bin im Affentempo über die Sektorengrenze gerast und zwei Volkspolizisten immer hinter mir her und rein in den Westsektor. Und da haben sie mich geschnappt, die Vopos, und ich habe geschrien: »Hilfe! Menschenraub!«
Und da sagten sie: »Keine Angst, wir wollen ja bloß wissen, wo die Meldestelle für politische Flüchtlinge ist. Wir sind nämlich getürmt. Und eine Funkstreife hat mich festgenommen. Und nun sitze ich wegen Schmuggel im Untersuchungsgefängnis Moabit – und den Teppich, den hat man mir vorläufig gelassen, damit ich mich nachts zudecken kann.

*

Ich bin der entlassene Versicherungsangestellte Hugo Flasche, und ich habe noch einen Teppich in Moabit und eine Geldstrafe von 500 Westmark, und nun sitze ich in Köpenick im Untersuchungsge-

fängnis, weil man mich von dorten angefordert hat zwecks Verurteilung wegen Raubüberfall und illegalen Besitzes von Westgeld und einer Maschinenpistole. Und ich muß jetzt eine Zeitlang sitzen.
Und wenn ich wieder rauskomme, dann muß ich einen Zuzug in Westberlin beantragen. Und meine Frau wird wohl einen andern haben und Onkel Eduard wird wohl dann auch bald sterben, und der hat noch eine Standuhr in Pankow.
Aber diese Erbschaft trete ich nicht an.

Jo Herbst

Flüchtlingsgedicht

In der Flüchtlingsmeldestelle

Mann Frau Abendroth – aus Aue? Bitte, treten Sie ein. *Zwei Flüchtlinge bleiben auf der Bank sitzen*

1. Flüchtling Ja, dann will ich Ihnen mal erzählen:
In Breslau geboren und zur Schule gegangen
Und Lehrling gewesen bei Schlosser Karl Schmidt,
Die Elli geheirat', für Wohnung gespart,
Und Elli brachte die Einrichtung mit.
Als Fritzchen zur Welt kam, verlor ich die Arbeit,
Und Elli war krank, und der Hunger war groß.
Das Stempelgeld reichte nicht vorn und nicht hinten,
Doch sonst war gar nichts Besonderes los.
Und als mich der Wirt vor die Haustüre setzte,
Marschierte ich hinter dem Hakenkreuz her,
Und dann kam ein Tag, da gabs wieder Arbeit
Und Elli gesund und der Tisch nicht mehr leer.
Ich hab mich um Politik niemals gekümmert.
Und dann kam der Krieg, man fragte nicht groß,
Und Abschied von Elli; und Front und Verwundung,
Doch sonst war gar nichts Besonderes los.
Dann hab ich das letztemal Breslau gesehen,
Da hat mich ein Iwan zum Bahnhof gebracht,
Und endlose Züge und endlose Kälte
Und Hunger gehabt und an Elli gedacht.

Und Fritz, der ist dann im Lager gestorben,
Daß er mein Sohn war, was zählte das groß,
Und schuften und Heimweh – und andre verreckten,
Doch sonst war gar nichts Besonderes los.
Als Jahre vorbei und die Hände kaputt war'n,
Da gab man mir ein Entlassungspapier,
An Breslau vorbei ging die Reise zurück,
Und dann stand ich allein vor fremder Tür,
Und Angst gehabt, nach Elli zu fragen.
Und Frieden und Freundschaft, das schrieb man jetzt groß,
Und die Norm und Parolen und Spitzel und Hunger,
Doch sonst war gar nichts Besonderes los.
Mit Elli hätt ichs vielleicht noch ertragen,
Doch die Furcht trieb mich gestern nach Westberlin,
Und in Lagern sortiert sitzen Tausende mit mir,
Und wohin müssen wir weiterziehen?
Vielleicht hilft es leichter die Straße zu gehen,
Wenn jeder mal sprechen kann von seinem Los.
Ich dank schön, daß Sie mir zugehört haben,
Und sonst ist gar nichts Besonderes los.

MANN Herr Bauer aus Cottbus – – würden Sie bitte eintreten.

1. FLÜCHTLING *tritt ein*

2. FLÜCHTLING Verzeihung, ich habe nur eine Frage, bin ich hier richtig, ich bin nämlich Flüchtling aus Westdeutschland.

MANN Aus Westdeutschland?

2. FLÜCHTLING Ja, Jude!

WOLFGANG NEUSS

Warum ich mich auf die Wiedervereinigung freue

Weil wir dann eine Macht sind. Eine Million Soldaten. Noch mal soviel Polizisten. Jeder Deutsche ein Auto. Hunderttausende von Gefängnissen. Ein unübersehbares Heer von Finanzbeamten. Oderkähne. Danziger Goldwasser. Königsberger Klopse. Das Frische Haff. Schneekoppen-Abfahrtsläufe. Rübezahl in Kattowitz. Schweidnitzer Keller. Zeiss Ikon für Münemann. Die Nachkom-

men von Pferdmenges als Verpächter brandenburgischer Angelplätze und der vielen schönen Seen, die uns dann wieder gehören. Die Jahrhunderthalle in Breslau. Stettiner Sängerknaben. Dresdner Zwinger. Auerbachs Keller in Leipzig. Thomanerchor. Die Kirche in Wittenberg. Goethestadt Weimar. Das Westberliner Theater, das wieder nach Cottbus umzieht. Baden in der Ostsee. Rügenwalder Teewurst. Kreidefelsen. Ein 70 Millionen Volk. Und eine hohe Mauer an der deutsch-polnischen Grenze von 1937. Mit Schießbefehl für Bundesgrenzschutz. Damit kein Pole zu uns rein kann, weil wir wieder unter uns sind. Weil wir nicht getrennt sein wollen von unserer Familie.
Und weil wir dann auch keinen Ärger mehr haben mit fremden Polizisten, die unsere Autos im eigenen Land durchschnüffeln. Weil wir dann keine Entwicklungshilfe mehr zu zahlen brauchen an fremde Völker. Weil die dann nichts mehr anerkennen brauchen. Oder können, was sie wollen. Weil wir dann nicht erpreßt werden. Weil wir dann keine Schicksalsfrage der Nation mehr haben. Nur noch Antworten. Auf demokratischer Basis. Und jeder, der kein Demokrat ist, kriegt dann eins in die Fresse. Weil wir was gelernt haben. Weil wir's diesmal besser machen. Weil wir die Franzosen nicht mehr brauchen. Weil der Russe die Quittung kriegt. Und Rostock und Swinemünde und Danzig Kriegsschiffe aus Wilhelmshaven und Kiel. Und weil die Bundesliga aufgestockt wird. Und der 1. FC Köln dann gegen Beuthen 09 antreten muß. Weil wir keine KZs mehr brauchen. Weil die Juden aus Berlin, Hamburg und München dann nach Israel müssen. Und Ulbrichts Schergen ins Lager kommen. Weil das unsere Selbstbestimmung ist. Und dem Völkerrecht Genüge geschieht. Und in Werder die Baumblüte. Endlich wieder Töpfereien in Bunzlau. Peenemünde wird aufgebaut.
Dann zittern aber die Chinesen.
Deshalb freue ich mich auf die Wiedervereinigung. Weil die Chinesen letzten Endes doch an der deutschen Teilung schuld sind. Was die später mal alles mit uns machen wollen, nur weil wir sie heute hungern lassen. Deshalb müssen wir wieder ein Volk sein, mehrere Führer haben (das muß sein in einer Demokratie)! Und reich müssen wir auch bleiben, wegen der Anziehungskraft bis zum Ural.
Ich freue mich auch darauf, weil die Intellektuellen dann nicht Recht bekommen. Die wollen verzichten. Unser Anspruch ist aber unverzichtbar. Weil wir zusammengehören. Darum freue ich mich

auf die Wiedervereinigung. Weil es uns dann noch besser geht als heute. Vom Saargebiet bis nach Allenstein.
Dann sehen wir weiter.

THIERRY

Der Elektriker

ELEKTRIKER *kommt mit einer Taschenlampe auf die dunkle Bühne* Nanananana! Was ist denn?
KABARETTIST Das merken Sie gar nicht? Hier ist ne Störung.
ELEKTRIKER Was? Eine Störung? Na, die Behauptung wollen Se ja wohl nicht aufrecht erhalten.
KABARETTIST Na, sehen Sie denn nicht, daß es dunkel ist?
ELEKTRIKER Ja, det es dunkel is, det seh ick. Is dunkel hier. Wie die Erklärung, die ick heute jelesen habe. Aber is ja wirklich wahr, is ja so dunkel wie die Nacht, nicht? Also, so wat Finsteres, Junge Junge! Apropos Nacht, wat soll ich Ihnen sajen – wer looft mir heute im Traum übern Weg? Watscheslaff! Wat, den kennen Se nich? Naja, ick kenn ja den Mann selber nur unjern. Der kleene Molotow, den mein ick. Der mit die einjelegten Vetos, der. Ja? Also, det sag ick Ihnen, wenn ick wach jewesen wär, dem hätt ick vielleicht die Meinung jesagt, nich? Aber ausjerechnet da muß ick natürlich pennen, ja? Also, wie der mir entgegen kam, wie der mir so übern Weg läuft, also der Mann macht ja ein Gesicht, hat der Molotow, also wissen Se, ick gloobe, dem is der janze Kommunismus nich bekommen, wa? Also eine Miene macht der immer – daneben wirkt ne Tellermine jeradezu scheu und lieblich, nich? Also, wissen Se, wat ick dem jesagt hätte? Ick hätte ihm jesagt: Watscheslaff, hätt ick jesagt – Also, an sich bin ick ja noch böse wejen damals, wo die unsern Krieg jewonnen haben. Na, hörn Se doch, is doch keene Art, jewinnen wir denn die Kriege von anderen? Na, bitte! Nee, aber trotzdem, aus menschliche Jründe hätt ick jesagt: Watscheslaff, hätt ick jesagt, uns liegt nich im jeringsten daran, daß ihr uns entgegenkommt, aber ganz bestimmt nich. Ihr seid ja nu schließlich schon weit jenug drin, nich. Wir ham ooch nichts dagegen, daß ihr Fehler macht, durchaus nich. Aber, bitte, macht se zuhause inne Innenpolitik wie wir das ooch machen, nich?

WOLFGANG NEUSS

Der Mann mit der Pauke

So, ick werde jetzt gleich 'n bißchen schneller sprechen ... also, das mach ick immer, weil ick versuche dann beim Sprechen zu denken. Falls einer der Herren das nicht kennen sollte ... Also, Sie verstehen, ja?
Wie ick heut nacht so im Bett auf- und abgehe, dacht ick mir: Wenn ick hier draufschlage, auf meine Pauke, das schlägt auf's Gemüt, und unser Fell ist dick, und abnehmen wollen wir alle, nicht wie's der Staat tut, mit irgendeinem Statut, sondern mit Dr. Richters Frühstücks-Kräutertee, gelt? Nu hatte ick ja gestern erst 'n Tee-à-Tee mit'n Auswärtigen, also mit einem von drüben, vom Osten. Die Russen, sagt er, sind jetzt sehr nett, sagt er, schicken jetzt Tee, T34, sind entgegenkommend, sagt er.
Meine mit mir befreundete Frau, die sagt ja auch: Über die Milch der frommen Denkungsart, sagt sie, da wird noch so manch einer stolpern, der heut seine Gesinnung verbuttert. Mensch, da steht nun so 'n Vopo an der Zonengrenze, und was sieht er, ringsum in Berlin, wenn er sich umkiekt? Türme, Türme, Türme! Und was denkt er?? ... Na bitte!
Mensch, aber letzten Endes wollen wir doch mal nicht vergessen, daß wir in Deutschland den Kommunismus erst erfunden haben: Marx, Engels, Pferdmenges. Aber genau. Wir sind doch die Leute. Aber natürlich ... Marx hat das Kapital geschrieben, Engels hat's verdammt und Pferdmenges hat's verdient...
Sehn Sie ma, icke als milieubedingte Kriechernatur, ick sage immer: Was sollen wir denn mit dem Luxus einer neuen Weltanschauung! Nicht, daß ich meiner inneren Gesinnung in den Rücken falle oder was des Dolchstoßes mehr sein könnte, aber ich habe gestern mit einem alten deutschen Mütterchen gesprochen. Und das alte deutsche Mütterchen hat gesagt – ach, ist ja egal, was sie gesagt hat, wichtig ist, daß diese Frau in diesem Alter überhaupt noch spricht in Deutschland...
Das deutsche Rindvieh, hat sie gesagt, muß wieder führend werden in der Welt! Es muß wieder seine alte Stelle einnehmen – wenn man aber unsere Ställe abgerissen hat, Stall für Stall, Freunde, dann können wir keine Milch geben, und dann wollen wir auch keine Milch ... Mensch, wir sind doch keine Ochsen, daß wir uns von

denen melken lassen... Wir wissen doch, daß die Russen heute an einer Kuh arbeiten; wenn die mal fertig ist, dann ist alles im Eimer ... Wir sind doch hilflos ... Hilfslose sollte es wieder geben ... Stück fünfzig Pfennige. Ja, jeder müßte dreie kaufen, bei dreien ist immer eine Niete dabei, so daß auf jeden von uns eine Niete entfällt. Nieten sind ja irrsinnig wichtig, wenn wir das Schiff wieder klar kriegen wollen ... klar kriegen wollen ... klar, wollen wir Kriege...

Ick habe mit dem Seydlitz gesprochen, der sagt: »Wir wollen keine Pensionen, wir wollen arbeiten.« Mensch, wir sind schon wer! Ick sage Euch, an der deutschen Gesundheit wird die Welt verwesen... also am deutschen Wesen. Der deutsche Bronchialkatarrh als wirksames Mittel des germanischen Widerstandes... und dann der Welt einen hingehustet...

Was heißt denn das, die Franzosen mißtrauen uns. Wir mißtrauen ooch. Wir werden uns noch so lange mißtrauen, bis wir Grund dazu haben ... Wir sollten alle, so wie wir hier sind, brüllen: Die Saar gehört zu Frankreich ... was glauben Sie, wie mißtrauisch die Franzosen dann werden und darauf verzichten...

Wir brauchen doch etwas, um die romanische Angst zu befriedigen. Deutsches Vollkornbrot, nachts still und heimlich gebacken, was meinen Sie, wie der welsche Stiftzahn wackelt! Wo Deutschland groß war – und es war groß, ich habe noch alte Landkarten zuhause – da war es dieses mit Musik! Der Alte Fritz saß auf einem Windhund und flötete seinen Soldaten nach der Schlacht bei Leuthen den gleichnamigen Choral. Freunde, wir müssen uns darüber im klaren sein: Nur die preußische Flöte und die deutsche Pfeife sind die Garanten einer europäischen Gastspielmusik.

Da sagen die in New York immer: »Berlin ist unser Sorgenkind«, und dann wolln se nich mit uns spielen. Mensch, wenn man 'n Kind hat, muß man auch Rattatata machen ... Aber unsere blonde Hildegard darf den Broadway begeistern ... Da ham Se wieder mal die gesamte Spannweite der deutschen Seele: Von Alraune zu Al Capone ... und die Knef in Seidenstrümpfen ... Anschließend gastiert Blank in Wehrmachtssocken ... auch diesen Weltmarkt werden wir uns erobern ... Das Deutschtum ist letzten Endes nicht dazu geschaffen, um global verheizt zu werden. Unsere Parole: Zurück zu Bismarck. Jeder Deutsche ein ehrlicher Mäkler...

Warum hat man denn, frage ich Sie, die Sektsteuer gesenkt? Damit endlich jeder die halbe Flasche Sekt kaufen kann, die uns im Blute fehlt. Wir Deutschen sind doch der Sektkorken auf der Flasche, die

Europa heißt: Wenn wir knallen, schäumen die andern über... Wozu brauchen wir denn Amerika? Wir könnten so glücklich sein, im kleinen Kreise. Die Sowjets bekämpfen die Juden, die Juden bekämpfen die Araber, die Araber bekämpfen uns und wir bekämpfen die Sowjets ... Erlauben Sie mal, wozu dann noch Amerika? Wir sind doch eine geschlossene Gesellschaft...
Was heißt denn das: die Russen wollten uns damals mit dem General Schörner verblüffen. Junge, Junge, wenn wir in Spandau und in Werl unsere Tore öffnen, was könnten wir denen alles rüberschicken ... Naja, gut, wir brauchen sie selber, aber immerhin. Da hätten wir einen Export, sage ich Ihnen... Mann, der germanische Spätzünder in der europäischen Hose bringt doch erst das rote Kaninchen zum Wackeln ... das Bulganinchen ... Mit Kinsey vor Augen und Glenn Miller im Herzen werden wir die europäische Inbrunst nach Osten tragen ... und dann aber ganz schnell zurückloofen, bevor der Winter wieder einbricht...
Neenee, wir leben in einer Zeit der Zeichen und Wunder. Im Delikatessen-Eck gibt's schon wieder Schmelzkäse in Dosen, das ist ein Zeichen. Und wir gelten noch immer als demokratischer Staat, das ist ein Wunder ... Kinder! Was heißt denn das – Konjunktur? Rechnen Sie doch mal aus, wie viele Rentner heute auf ein Auto kommen. Von denen, die drunter kommen, ganz zu schweigen ... Das ist der gesunde Ausgleich, den wir brauchen. Jedesmal, wenn die Hoffnung sinkt, steigen die Preise ... Zugegeben, die Zigaretten sollen billiger werden, dafür werden jetzt die Mieten teurer – ick sage: Lieber an 'ner teuren Zigarette ziehen als aus der Wohnung... Für uns gibt es doch nur eins, Freunde: Wir paar Begüterten müssen zusammenhalten. Schließlich sieht die Welt hinterm Scheibenwischer immer noch gemütlicher aus als unterm Regenschirm ... Ick denk mir so: Auf die Dauer kann man ja mit den zehn Geboten nicht mehr auskommen. Darum hat der Adenauer ein elftes erfunden – das Gebot der Stunde ... Das hebt die andern zehn auf. Naja, dafür spricht der Kanzler ja auch perfekt Englisch, und wir müssen uns hier in Berlin immer die rheinischen Büttenreden übersetzen lassen ... Jaja, die Politiker. Der gesunde Mensch hat fünf Sinne. Nur bei den Politikern ist es damit wie im Zahlenlotto. Ganz selten, daß mal einer alle Fünfe richtig mitbekommen hat...
Und da sage ick Ihnen in aller Freundschaft: Die von der CDU, die werden noch so lange machen, bis der liebe Gott aus der Kirche austritt...

Therese Angeloff

Sie wissen genau, was sie tun

Nach der Regierung freundlichem Beschluß
Darf man die alten Orden wieder tragen.
Es ist nur gut, daß sie noch »dürfen« sagen.
Ich fürchte nur, es heißt sehr bald: man muß.

Holt nur die Orden aufs Paradekissen,
Laßt sie im Dunkeln länger nicht verstauben.
Die das Gesetz erließen, werden wissen,
Warum sie es auf einmal euch erlauben.

Sucht sie hervor aus Kisten und Kommoden,
Laßt die Vergangenheit nicht länger ruhn!
Die euch verlocken mit den ältesten Methoden:
Die wissen genau, was sie tun.

Glaubt ihnen nicht, wenn sie euch auch erklären,
Daß sie die Orden an die Brust euch stecken,
Allein um eure Tapferkeit zu ehren
Und nicht um die Vergangenheit zu wecken.

Glaubt ihnen nicht! Gebt ihnen den Bescheid:
Wenn auf der Kriegerehrung sie durchaus bestehn,
So mögen sie den Rentensatz erhöhn
Der Opfer jener allzu großen Zeit.

Solange denen nicht ihr Recht geworden,
Weil es der Mühe wohl nicht wert erschien,
Solang verzichtet auf die Orden,
Die euch dereinst der Führer hat verliehn.

Und wenn sie auch das Hakenkreuz entfernen,
An ihnen haftet seines Geistes Spur.
Sein Geist erwacht mit jenen Ordenssternen:
Der Geist von Lidice und Oradour.

Laut der Regierung freundlichen Beschlüssen
Sind wir auf einmal gegen diesen Geist immun,
Und ihre Absicht ist so rein wie ihr Gewissen,
Doch sie wissen genau, ganz genau, was sie tun.

Anleitung zum Nichttragen von Orden

Sommerfest eines Industrieclubs. Große Abendgarderobe. Zwei Herren, beide in gutsitzendem Frack, begegnen sich vor einem großen Spiegel.

1. Herr *nestelt an seinem Ritterkreuz* Verzeihung – würden Sie mir freundlicherweise … Das Band hat sich gelockert … der eine Druckknopf …

2. Herr *hilft ihm, den Orden zu befestigen* Bitte. – Hätte ich mir nie träumen lassen, daß ich nochmal einem Ritterkreuzträger beim Richten seines Ordens helfen würde …

1. Herr Wie bitte?

2. Herr Ihr Kreuz …

1. Herr Ach so: Ihnen ist noch kein Ritterkreuzträger begegnet, und da sind Sie natürlich … gestatten Sie: Kellmann!

2. Herr Lieven. Ich wollte sagen …

1. Herr Aber ich bitte Sie! Eh … so ungewöhnlich ist es ja gar nicht.

2. Herr Finden Sie?

1. Herr Mir würde es ungewöhnlicher erscheinen, wenn man uns das Tragen der Ehrenzeichen verweigern würde, fast 15 Jahre nach dem Krieg. Bisher war das jedenfalls nicht üblich.

2. Herr Vielleicht waren bisher auch solche Kriege nicht üblich.

1. Herr Krieg ist Krieg! Und zu den simpelsten Grundregeln des Krieges gehört die ritterliche Behandlung des Feindes. Meinen Sie nicht?

2. Herr Ich kenne die Grundregeln nicht, aber wahrscheinlich ist es eine der simpelsten …

1. Herr Einem Gegner die Ehre verweigern – nur weil er verloren hat?

2. Herr Sie meinen: den Krieg verloren!

1. Herr Ja. Wieso?

2. Herr Könnte man ihm die Ehre verweigern, wenn er sie verloren hat, die Ehre?

1. Herr Selbstverständlich, wenn er keine hat … dann …, ja dann gibt es ja gar nichts zu verweigern. Worauf wollen Sie eigentlich hinaus?

2. Herr Darf ich fragen, wie Sie Ihre Auszeichnung bekamen?

1. Herr 44, Herbst 44. Für den Abschuß eines englischen Panzers. Hafthohlladung!

2. Herr Dazu gehört wahrscheinlich sehr viel Mut –?

1. Herr Es ist auch eine Frage der Nerven. – Sie waren nicht Soldat?

2. Herr Nein, ich nicht. Von wem bekamen Sie dieses Kreuz?

1. Herr Mein Regimentskommandeur band es mir um, verliehen hat es mir der Führer, der damalige, Sie verstehen?

2. Herr Ich verstehe: es gehört also zu einem Orden – einerseits – Mut und Nerven, andererseits gehört dazu ein Regimentskommandeur und ein Führer...?

1. Herr Das muß nicht ein Führer sein – es kann auch ein Präsident sein, ein Monarch...

2. Herr Ist das nicht ein großer Unterschied?

1. Herr Ach, ich verstehe. Sie dachten, ich sei vielleicht ... O nein, ich bin kein Nazi. Und ich war auch keiner, das dürfen Sie mir glauben.

2. Herr Hitler – ist also schuldig?

1. Herr Ja, und zwar nicht nur, weil er den Krieg verloren hat, nein, weil er ihn begann! Ein skrupelloser Verbrecher – das war Hitler in meinen Augen. Auch damals schon.

2. Herr Sie meinen: Der Feind des deutschen Volkes.

1. Herr Ja.

2. Herr Den es zu bekämpfen galt?

1. Herr Gegolten hätte, hätte! Tatsächlich galt es das ja bekanntlich damals nicht. – Ach so, Sie meinen, von einem Feind nimmt man keine Orden an, von einem Verbrecher?

2. Herr Ich sagte schon, ich kenne mich in den simpelsten Regeln des Krieges nicht aus.

1. Herr Ich habe meinen Mut, meine Tapferkeit, wenn Sie wollen, nicht für diesen Verbrecher eingesetzt, sondern für das Volk, dem ich angehöre. Ich verteidigte meine Heimat.

2. Herr Warum nicht gegen diesen Verbrecher?

1. Herr Das hatten die Generäle ein paar Jahre früher versäumt. So etwas kann ein junger Oberleutnant nicht reparieren.

2. Herr Zu schwach – zu klein?

1. Herr Jawohl: zu klein und zu schwach. Aber nicht zu feige. Nur: Gegen Hitler aufzutreten, wäre nicht Mut gewesen, sondern Selbstmord.

2. Herr Es gab Selbstmörder, Herr Kellmann.

1. HERR Hatten sie Erfolg damit? – Verzeihung. Erfolg ist kein moralisches Maß. Ja, der Krieg war ein Verbrechen. Sie haben recht. Aber muß jeder, der an einem Verbrechen teilnimmt – ein Verbrecher sein?

2. HERR Nein. Er kann auch als Opfer dran teilnehmen. Wie die Engländer, die Sie abgeschossen haben.

1. HERR Die ich abschießen mußte. Ich habe dabei keine Genugtuung empfunden. Ich tat es einfach. Es war meine Pflicht.

2. HERR Ihre soldatische.

1. HERR Nennen Sie's, wie Sie's wollen. Es gab damals keine Alternative. Jedenfalls keine, die nicht sinnlos gewesen wäre.

2. HERR Und heute?

1. HERR Heute? Wo liegt der Vergleich? Heute sind wir frei, darin frei. Heute können wir wählen – zwischen Gut und Böse.

2. HERR Wenn wir es können.

1. HERR Sehr richtig. Wenn wir es können.

2. HERR Sie, Herr Kellmann, können?

1. HERR Ich kann. Ich denke, ich kann. Heute kann ich sagen: Der Krieg war ein Verbrechen, daran ist nicht zu rütteln. Aber auch nicht daran, daß die meisten von uns Opfer waren.

2. HERR Das trägt Ihnen Mitgefühl ein, Herr Kellmann. Aber Ehre? Ehre könnte Ihnen doch wohl nur eine sichtbare, entschiedene Ablehnung dieser Vergangenheit eintragen.

1. HERR Das Hakenkreuz wurde aus allen Orden entfernt.

2. HERR Der Krieg ist also entnazifiziert?

1. HERR Wieso? Wollen Sie etwa, das Hakenkreuz wäre drauf geblieben?

2. HERR Darin läge eine gewisse Konsequenz. Ein jeder müßte sich dann kompromißlos entscheiden: Entweder mit Hakenkreuz – oder gar nicht.

1. HERR Und der Bundestag? Meinen Sie, die Demokraten hätten darüber nicht nachgedacht?

2. HERR Die gewählten Abgeordneten meinen Sie.

1. HERR Sind die etwa nicht demokratisch?

2. HERR Demokratisch gewählt, natürlich. Aber ob jeder einzelne von ihnen selbst gewählt hat zwischen Vergangenheit und Demokratie – wissen Sie es?

1. HERR Das weiß ich nicht. Aber ich weiß, ich lebe in einer Demokratie. Und für mich, wie für jeden anderen gilt der Beschluß der Mehrheit. Außerdem: Man kann die Vergangenheit nicht einfach auslöschen.

2. Herr Aber vielleicht könnte man aus ihr lernen.

1. Herr Gewiß, aber deshalb bleibt die Vergangenheit doch die Vergangenheit. Und Mut bleibt Mut. Tapferkeit und Pflichtgefühl...

2. Herr Mut – was meinen Sie, Herr Kellmann, wieviel Mut manchmal nötig war, wieviel Pflichtgefühl ... Verzeihung, haben Sie zufällig eine Sicherheitsnadel bei sich?

1. Herr Nein – wozu...

2. Herr Schade. Diese Auszeichnung stammt aus der gleichen Zeit ... *holt aus seiner Brieftasche einen Judenstern, hält ihn sich an die Frackbrust.*

Eckart Hachfeld

Amadeus

An des Bundes höchsten Spitzen
Sieht man häufig Herren sitzen,
Welche unterhalb vom Kragen
Statt Charakter Kreuze tragen.

Denn im Staatsdienst und beim Heere
Wird zumeist des Kopfes Leere
Durch ein Bändchen auf der Brust
Etwas weniger bewußt.

Emaillierte Herrlichkeit –
Heute wie zur Nazi-Zeit:
Kinderkriegen oder Morden –
Kein Erfolg blieb ohne Orden.

Amadeus meint: Es brauchen
Leute, die sonst immer krauchen,
Wenigstens im Frack das starke
Selbstgefühl der Hundemarke.

Rudolf Rolfs

Held auf höhere Weisung

Über mir: zwei Meter Dreck.
Obendrauf: ein Kreuz aus Holz.
An der Uniform: ein roter Fleck.
Lungenschuß! Mensch, bin ich stolz!
Ich bin ein Held und weiß es nicht.
Die Nation braucht mich fürs Lesebuch.
Würmer zerfressen mein Gesicht.
Und Ratten kommen täglich zu Besuch.
Jede Leiche kostet nen Groschen!
Ein Kopfschuß macht den Feigling zum Held.
Sind einem die Augen erloschen,
Ein Lorbeerblatt für die Ruhmessoße man erhält.
Mir bleibt ein Gedenktag im Kalender:
Du starbst mutig für dein Vaterland.
Man verlieh mir bunte Bänder
Und einen Orden in die tote Hand.
Ich ein Held? Quatsch mit Soße!
Ich hab ein Hirn, drum war ich feige.
Das Herz fiel mir fast aus der Hose.
Gott mit uns? Ich starb und schweige.
Jede Leiche kostet nen Groschen!
Man fällt uns Toten in den Rücken.
Erst sterben und dann noch moralisch verdroschen –
So wird der nächste Krieg schon wieder glücken!
An meinem Tod, da hat man gut verdient.
Ein neuer Soldat muß ausgerüstet werden.
Herr Direktor Kempke händereibend grient:
»Stahl zieht an, wie mit tausend Pferden!«
Wo ist mein Feind – so dacht ich mir –
Dort, wohin ich befehlsgemäß da zeige?
Nein! Der Feind, der steht schon wieder hinter dir.
Wir brauchen Helden? Nein, die Welt braucht Feige!
Jede Leiche kostet nen Groschen!
Ne Rakete kostet eine Million.
Kippst du dann aus deinen Galoschen –
Es lebt die Rakete der Firma Brown und Sohn!

Dieter Süverkrüp

Der General

Was macht der General am Feierabend?
Er grüßt seine Familie,
Er gibt einem jeden die Hand.
Und er ißt etwas Petersilie,
Weil das so gesund ist,
Besonders, wenn man ein ganzes Bund ißt.
Was macht der General, wenn er vorm Fernsehn sitzt?
Er träumt von einem andern Land.

Was macht der General in der Nacht?
Er liegt um elf unterm Daunenpfühl,
Und er schläft seinen freundlichen Schlaf.
Und er schätzt das allnächtliche Gefühl,
Das ein jeder im Leib hat,
Der zwei Kinder, Brot und ein Weib hat.
Was macht der General, wenn er nicht schlafen kann?
Er träumt von einem andern Land.

Was macht der General am nächsten Morgen?
Er grüßt seine Paraden,
Er gibt aber keinem die Hand.
Denn das sind ja seine Kameraden.
Weil das so gesund ist,
Besonders, wenn man ein ganzes Bund ist.
Was macht der General in trüber Morgenluft?
Er spricht von einem feindlichen Land.

Was macht der General nach der Schlacht?
Er grüßt die Hinterbliebenen,
Er gibt natürlich keinem die Hand.
Er macht es mit etwas Geschriebenem,
Weil nichts anderes drin ist,
Und weil, was hin ist, hin ist.
Was macht der General, wenn er das unterschreibt?
Da denkt er an sein eigenes Hemd.

Was macht der General nach dem Krieg?
Er schreibt an seine Familie,
Und er schreibt nicht über den Rand.
Später kriegt er von der Frau den Begrüßungskuß,
Weil er ja wieder da ist,
Und weil er ja schließlich der Papa ist.
Was macht der General, wenn er nach Hause kommt?
Dann ist er halt wieder im Land!

ROLF ULRICH

Die Wucht am Rhein

O wie schön, daß wir den Osten haben,
Die Gefahr aus Pankow, Moskau und den Don;
Denn der Osten ja der gab uns schließlich
Erst die Teilung Deutschlands und zum Glück dann Bonn.

Und durch Bonn da zogen Geld und Banken
An den Rhein und zogen Handel, Wirtschaft nach,
Millionäre – Fremde und Devisen –
Und das Ganze krönt jetzt schließlich Andernach.

O es wär nicht auszudenken,
Wenn jetzt plötzlich eine Einheit käm
Und statt unserm goldnen Rheine
Dann die Spree wär Deutschlands Diadem.

Und was mühsam haben wir erworben
Unter dem Geheimwort Provisorium,
Schnappte weg uns die Berliner Schnauze,
Und uns bliebn die Greise im Panoptikum.

Drum bewahret uns den lieben Osten,
Haltet Wacht und laßt auf kein Gespräch euch ein,
Kämpft um unsre Nibelungenschätze,
Sonst ist es vorbei mit unserer Wucht am Rhein!

Therese Angeloff

Song der Freiheit

Man sieht mich nur als Ideal
Und hebt mich auf ein Piedestal
Ganz hoch, so hoch wie möglich.
Die Meinung, sie besteht nun mal:
Ich wäre nicht für täglich.

Man sieht mich gern als Theorie,
Am liebsten allegorisch,
Doch praktisch, da gebrauchen sie
Mich meistens nur rhetorisch.

Man hat mich zwar neu ausstaffiert
Und allen Bürgern garantiert,
Mich niemals zu verletzen.
Doch wurde sehr viel retuschiert
Und überall herumradiert
An mir und den Gesetzen.
Es glaubt jeder Staat, er hat mich gepachtet,
Selbst der nach der Freiheit der anderen trachtet,
In meinem Namen marschiert.
Ich werde seit vielen Jahren mißbraucht,
Und wo ein Freiheitszeichen raucht,
Werd ich meist falsch zitiert.

Doch langsam wird es mir zu viel,
Ich steig vom Postament,
Weil man die Freiheit in Zivil
Noch viel zu wenig kennt.
Verkehrt man nicht mit mir privat,
Verwehrt der Freiheit Hauch,
Nehmt mich darum nicht als Zitat,
Nein, nehmt mich in Gebrauch!
Denn die Freiheit, die ist weiblich,
Und daher ist unausbleiblich
Jede Freiheit nur bestimmt – für den,
Der sie sich nimmt!

Martin Morlock

Kleine Anfrage

Man schrieb das zehnte Nachkriegsjahr,
Die Dividende blühte.
Man schrieb das zehnte Nachkriegsjahr,
Da sagtet ihr: »Wer artig war,
Bekommt was aus der Tüte.«
Man schrieb das zehnte Nachkriegsjahr,
Die Unternehmer lachten.
Man schrieb das zehnte Nachkriegsjahr,
Da wolltet ihr für alle gar
Den Garten Eden pachten.
Und alles klappte wie bestellt,
Kein Hemmschuh stand im Wege.
Man öffnete das Tor zur Welt,
Gab jedem Narrn sein Tummelfeld,
Gab Aufsichtsräten Kindergeld
Und Stümpern Staatsaufträge.
  Und hell erklang
  Der Lobgesang
  Der ganzen Republik:
  Das hat er wieder gut gemacht,
  Unser Bundestag, unser Bundestag!
  Das hat er wieder gut gemacht;
  Zehn Jahre,
  Zehn Jahre,
  Zehn Jahre nach dem Krieg!

Man schrieb das zehnte Nachkriegsjahr,
Die Wertpapiere stiegen.
Man schrieb das zehnte Nachkriegsjahr,
Da sagtet ihr: »Was war, das war;
Laßt uns den Haß besiegen.«
Man schrieb das zehnte Nachkriegsjahr,
Stolz blähten sich die Brüste.
Man schrieb das zehnte Nachkriegsjahr,
Da wart ihr euch darüber klar,
Daß man vergessen müßte.

Und wie beschlossen, so geschah's
Im hohen Parlamente.
Bald wuchs auf allen Gräbern Gras,
Man trat es nieder und vergaß –
Vergaß der Schuld gerüttelt Maß,
Doch nicht des Henkers Rente.
  Und hell erklang
  Der Lobgesang
  Der ganzen Republik:
  Das hat er wieder gut gemacht,
  Unser Bundestag, unser Bundestag!
  Das hat er wieder gut gemacht;
  Zehn Jahre,
  Zehn Jahre,
  Zehn Jahre nach dem Krieg!

Man schrieb das zehnte Nachkriegsjahr,
À zweiundfünfzig Wochen,
Da sagte eine kleine Schar,
Die nicht pensionsberechtigt war:
»Ihr habt uns was versprochen.
Wenn wir euch lästig sind, verzeiht's!
Uns fehlt zu unserm Kummer
Das ›Etwas‹, der gewisse Reiz.
Wir trugen nie ein Ritterkreuz,
Nur eine Häftlingsnummer.«
Man schrieb das zehnte Nachkriegsjahr,
Und hielt den Kopf im Nacken.
Man schrieb das zehnte Nachkriegsjahr,
Da hatte diese kleine Schar
Nichts als ein leeres Formular
Und krummgelaufne Hacken.
Und stand und stand mit hohler Hand –
Und stand und sah und schwieg.
  Hat er das wiedergutgemacht,
  Unser Bundestag, unser Bundestag?
  Hat er das wiedergutgemacht –
  Zehn Jahre,
  Zehn Jahre,
  Zehn Jahre nach dem Krieg?

Friedrich Hollaender

Spötterdämmerung

Clown, du hast deine Stellung verloren.
Sieh dich nach einer neuen um.
Zogst die Politik lang genug an den Ohren.
Dummer August, sei nicht länger dumm.
Sieh: Wie arm wird an Späßen die Liste!
Alles schon abgetretner Samt!
Pack deine rote Nase in die Zigarrenkiste!
Lacht keiner mehr übers Auswärtge Amt!
In den Klischees hausen die Motten!
Und bring nicht die großen Sujets
Auf die kleinen Varietés,
Sie sind zu hartgesotten!
Spötter, Spötter, Spötter, es gibt nichts mehr zum Spotten!
  Spötterdämmerung kommt auf leisen Sohlen.
  Aus der Belämmerung ist kein Witz zu holen!
  Nur, weil du nicht feig,
  Wächst noch kein grüner Zweig!
  Oh, du dummer Augustin,
  Sei ein lieber Augustin:
  Schweig!

Sieht man euch wieder Orden polieren,
Fällt einem auch das Lachen schwer.
Denn der blanke Stern wird die Heldenbrust zieren –
Und die Brust ist gar nicht komisch mehr.
Kitzlige Sache: ein Löwenjunges zu necken,
Das man so lang aufs Ärmchen nahm –
Auf einmal bleibt der Kalauer dir im Halse stecken –
Mitten im Spiel merkst du plötzlich – er ist gar nicht zahm!
Deine Bonmots beginnen zu rosten!
Es brenzeln die Wortspielerein
In einer Welt der Mordspielerein.
Gib uns nicht länger zu kosten
Deine muntren Späßchen über Westen und Osten!
  Spötterdämmerung kommt mit leisen Schritten.
  Keine Belämmerung ist mit Spaß zu kitten!

Stopfe, stopfe du
Die Ulk-Trompete zu!
Oh, du dummer Augustin!
Gib doch, dummer Augustin,
Ruh!

Dieter Hildebrandt

Die gebrannten Kinder

Fünfundvierzig waren wir achtzehn,
Achtzehn Jahre auf der Welt.
Älter waren wir als achtzehn,
Denn mit siebzehn warn wir Held.

Wer so früh in einem Haufen
Mitgebrüllt und mitgelaufen,
Hat noch Zeit zu überlegen:
Warum – Wofür – Wogegen?

Wer ein Kind ins Wasser stößt,
Muß sich überlegen,
Daß es schwimmen lernt im Strom,
Und zumeist dagegen.

Reißend ist der Strom geworden.
Zehn Jahre gingen erst ins Land.
Alte Helden tragen Orden.
Wer Verstand hat, bleibt am Strand.

Neues gibt es nicht im Westen.
Zehn Jahre gingen erst ins Land.
Wieder hält man uns zum besten:
Wer Verstand hat, bleibt am Strand.

Und Ströme werden wieder überlaufen,
Zehn Jahre gingen erst ins Land.
Als Männer kann man uns heut nicht mehr kaufen –
Wir waren einst die Kinder – und wir sind gebrannt.

Klaus Peter Schreiner

Die Nullen sind unter uns!

Alle Wir haben keinen Namen,
Die Firma kennt man nicht,
Wir ham nur, Herrn und Damen,
Ein Allerweltsgesicht.

Alle Wir haben keinen Namen,
Doch wir hätten ihn ganz gern.
Und darum und darum und darum
Gehn wir, gehn Sie, gehn wir, gehn Sie
Gehn wir jetzt ins Examen –

A Sagen Sie: Was ist eine Null?

B Eine Null ist eine Ziffer.

A Gut. Was für eine Ziffer?

B Die Null ist eine Ziffer, mit der man rechnen kann.

A Falsch. Eine Null ist eine Ziffer, mit der man rechnen muß. Warum?

B Weil die Null von allen Ziffern am meisten verbreitet ist.

A Gut. Wieso?

B Die Null ist Nichts. Und daher sind überall, wo nichts ist, Nullen.

Alle Herr Kollega, gar nicht dumm,
Redet etwas drumherum,
Aber sonst – cum laude cum.

A Sagen Sie, was sagt Ihnen die Zahl Zehn?

C Die Null bedarf immer einer Ziffer, die ihr voransteht, um eine Rolle zu spielen.

A Oder umgekehrt?

C Jede Ziffer bedarf der Nullen, um mächtiger zu werden.

A Und was schließen Sie daraus?

C Je mehr Nullen hinter einer Ziffer stehen, desto größer ist das Nationalbewußtsein.

A Oder?

C Das Volkseinkommen.

A Oder?

C Oder die Liebe zur Regierung.

A Oder besser?

C Die Achtung vor der Null.

ALLE Sie sind, wir sind, Sie sind, wir sind
In die Praxis entlassen,
Um sich, um uns, um sich, um uns
Mit der Null zu befassen.
Denn die Null, das ist wichtig,
Verstehen Sie richtig.
Die Null ist nicht wichtig,
Die Null wird geschichtlich,
Denn es ist ein Prinzip allen menschlichen Tuns:
Die Nullen sind unter und über uns!

MARTIN MORLOCK

Der Standpunktlose

Und als er ein paarmal beherzt seinen Mund aufgetan
Und ungebeten erklärt hatte, daß ihn hiehüben
Diverses nicht froh stimme, sahn ihn die übrigen an,
Als habe er Wechsel gefälscht oder Unzucht getrieben.

Und als er ein paarmal so keck war, zu sagen, hier sehe
Der Kehricht so wenig dekorativ aus wie dort,
Da warn sie entrüstet und fragten ihn, wo er denn stehe,
Und meinten damit seinen ideologischen Ort.

Und als er bekannte, er wisse es nicht und sie möchten
Sein Unwissen gütigst verzeihn, vielleicht wüßte er's später,
Auf jeden Fall liege sein Standpunkt
Nicht dort, wo sie dächten,
Da schalten sie ihn voller Zorn
Einen Landesverräter...

Und hießen ihn wandern,
Wie ihr Gesetz es befahl.
Ihm blieb keine Wahl,
Er ging zu den andern.

Und als er auch dort zu verstehn gab, nichts Arges im Sinn,
Er finde teils dieses, teils jenes von minderer Güte,

Da wurde ihr Willkommlächeln rasierklingendünn,
Und argwöhnisch sanken die vorschnell gelüfteten Hüte.

Und als er auch dort nicht mit Scheuklappen lief,
Sondern kritisch
Beschaute, was niemand dort ungestraft kritisch beschaut,
Da hieß es bei jeder Vernehmung: Wo stehst du politisch?
Wir haben ein Recht, es zu wissen – bekenne es laut!

Und als er bekannte, er wisse es nicht und erführe
Es gerne von ihnen, befürchte jedoch immer mehr,
Sein Standpunkt, sofern er ihn wüßte,
Sei schwerlich der ihre,
Da schalten sie ihn voller Zorn
Einen Reaktionär...

Und hießen ihn wandern,
Wie ihr Gesetz es befahl.
Das war ihm fatal,
Denn es gab keine andern.

So irrte er eine Weile – Wanderer zwischen zwei Welten –
Verachtet von allen ideologischen Bessergestellten
Sowie von der Pflicht, einen Standpunkt zu haben, befreit
Durch seine Zeit.

Und als eines Tages, da Veilchen und Krokusse blühten,
Die Standpunkte derer, die welche besaßen, mit Macht
Und lautem Getöse zu dicht aneinander gerieten,
Da wurde auch seine Affäre in Ordnung gebracht.

Da war es vorbei mit dem Rätseln und Raten.
Da wußte er endlich Bescheid, wo er stand.
Er stand neben denen, die leider
Den schwächeren Standpunkt vertraten:
Er stand an der Wand.

Jürgen v. Manger

Die Delinquentenzelle

Monolog eines Justizwachtmeisters

Augenblick mal, ich will sehen, wie weit dat jetzt is: – – aha, jetzt holen se den Rothaarigen von Zelle 112 ... dann kommt von 95 der mit die Knubbelnase, und dann sind Sie dran ... können Se sich schon mal langsam fertigmachen.
Wie bitte? Wie dat geht? Sie sind aber vielleicht gut! Da darf ich ja gar nicht drüber reden, weil dat is ja ... diese Amtsverschwiegenheit ... oder Dienstsiegel ... is doch eigentlich ganz geheim. Sie gehen durch de Falltür, gehn Se ab, drei Meter tief. Oder – daß ich nicht lüge! – ich glaub, die haben sogar erweitert, fünf Meter is das jetzt, da sausen Sie dann runter. Is natürlich sicherer, is angenehmer. Und dann bricht Ihnen ja hinten der Knochen kaputt, dat hören Se richtig knacken. Das heißt, Sie nicht mehr, dat is klar – aber der Gefängnisarzt, der hört, wie dat da knackt, und schreibt schön in sein klein'n Notizbuch: Gesetz Genüge geschehn!
Hinterher kommt noch der Staatsanwalt, der bekuckt Sie, weil ja ein Zeuge sein muß, der das beweist, daß Sie der Tote da auch wirklich sind.
Ja, und dann is Feierabend, ham Se alles hinter sich, sind Se froh. Dat ganze Leben hat sowieso kein'n Wert. Kucken Se mal, nur wir vom Strafvollzug als Beispiel: – schon wieder keine Weihnachtsgratifikation!
Ich sag gestern noch für ein Kollege: am liebsten ging ich auch auf de Falltür, da hätt ich die ganze Malessen vom Hals. Is doch wahr!
Aber wissen Se, woher dat kommt? Weil wir nicht organisiert sind. Wir haben jahrelang ein Antrag gestellt bei de Gewerkschaft Öffentliche Dienste, Transport und Verkehr, daß wir da rein wollten. Aber immer wieder ham Se abgelehnt. Bis jetzt der neue Kollege kam ... Wachtmeister Wuttke, den kennen Se doch auch ... der große, stämmige Herr mit die Glatze. Der kommt so von Berlin, oder wo er her is ... jedenfalls mit de Schnauze is der ganz schön vornweg ... und sagt: »Was, die wollen euch nicht aufnehmen in de Gewerkschaft? Das werd ich mal inne Hand nehmen!«
Dann ist er hin: »Wieso hier ... nicht wahr? ... warum wollen Sie das nicht genehmigen? Bitteschön, wir transportieren die Herr-

schaften zum Galgen – also: Transport und Verkehr!« Ja, da ham die dumm aus de Wäsche gekuckt, konnten se nix gegen sagen, und sind wir dadurch jetzt in de Gewerkschaft schön angeschlossen. Is sogar ein Antrag am Laufen auf Seelenzulage, wegen die Grausamkeit in de Todeszelle, das bleibt ein'n ja schließlich nicht inne Uniform hängen. Na, ich bin gespannt, wieviel Mäuse daß se uns da zubilligen werden.
Dat dauert heute wieder! ... Immer, wenn der Staatsanwalt Knuffmann de Hinrichtung leitet, dann dauert das ne halbe Stunde länger. Soll doch nich soviel erzählen, dat wollen die Leute doch gar nicht mehr hören. Mann, is dat ein Blödsinn!
Ich bin bei mein Schwager zum Geburtstagskaffee eingeladen ... ja, die eine Straßenbahn die krieg ich schon nicht mehr. Sicher, da fährt noch ein Omnibus – mein Schwager wohnt oben in die neue Kolonie am Stadtwald – wenn der den Anschluß abwartet ... aber da müßte ich schon viel Glück haben ... nä, wahrscheinlich ist der schon weg ... – dann kann ich da ne halbe Stunde stehn und warten. Junge, Junge, is dat ärgerlich! Aber wie gesagt, immer nur bei den Knuffmann.
Wat ham se als Henkersmahlzeit? Bratwurst? Die is gut, nich? Ja, der Gefängniskoch, Sie, der is eine Kanone, der Mann. Früher ist der auf die große Ozeandampfer gefahren, da hat er alles unter sich gehabt. Nä, auch nur gute Zutaten nimmt der, Fleisch immer schön abgehangen, anders kommt das bei dem nich in Frage... Aber Sie hätten mehr haben können – steht Ihnen doch zu: ein Pfund Fleisch, anderthalb Pfund Gemüse, zwei Pfund Kartoffeln!
Wie bitte? – – Nä, jetzt nicht mehr! Dat is natürlich Blödsinn. Das hat doch jetzt kein Wert, kriegense ja auch gar nicht mehr auf. Ich will Ihnen sagen, wie dat geht. Sie mußten mir gestern abend ... bis 18 Uhr ... mußten Sie mir da die Wünsche bekanntgeben. Der eine will schon mal Rotbarschfilet, der andere Wiener Schnitzel, oder daß einer vielleicht auch »chinesisch« vorzieht. Dann muß ich es – aber spätestens bis 19 Uhr!! – aufn klein Zettelken inne Gefängnisküche geben ... und dann kriegen die Herrschaften das morgens serviert fürn letzten Gang. – Sicher, dat is Schuld vom Geschäftszimmer, das hätten die Ihnen sagen müssen! Da ham se immer andere Sachen im Kopp, die Blödmänner, statt daß sie hier die Herrschaften auf de Schangsen hinweisen. Aber ich werd nachher ganz schön reklamieren, werd ich richtig mal Krach schlagen, da können Se sich aber drauf verlassen!

Wie alt sind Sie eigentlich? Noch'n junger Mensch, nich? Oder – raten Sie mal, wie alt ich bin! Was? Haha! Ja, Junge – denkste!! Nä, ich bin dreiundsechzig! Ich weiß, daß sieht mir keiner an. Wat meinen Sie, ich bin über vierzig Jahre schon im Strafvollzug! Siebendreißig Jahre war ich im Außendienst, und jetzt hab ich seit einiger Zeit Last mit die Füße, dadurch bin ich dann hier in de Todeszelle gekommen. Aber ich bin 63 – könnt' ja Ihr Vater sein! Ich hab mich aber auch hier immer gut mit die Herrschaften verstanden. Dat wissen Sie ja selber, daß ich kein Unmensch bin. Ich sage: Wie es in den Wald hereinschallt, so ... äh ... also, schallt die Sache dann auch heraus. Wenn mir einer anständig entgegentritt, dann ... nicht wahr ... man muß nämlich Mensch bleiben im Leben, alles andere hat sowieso kein'n Wert.
Sie machen das zum Beispiel richtig: Nicht jammern, nicht klagen – wenn man was ausgefressen hat, sagt man: Jawohl, bitteschön, ist leider passiert, und steht man da als Mann dafür grade.
Ich kann das nicht vertragen, wenn die Brüder manchmal so jammern tun, und auch der Knuffmann, der wird dann ganz wütend. Die Tage war noch einer, der hatte auch wie Sie dasselbe Delikt, auch jemand umgebracht. Und der war so am Quengeln: »Mamma, Mamma – ich will nicht sterben!!« Da hätten Se aber mal den Staatsanwalt Knuffmann erleben müssen, der hat ne vielleicht angebrüllt. Sagt er: Hätten Se das blühende Menschenleben nicht ausgelöscht, das wär besser gewesen, jetzt wird hier Gesetz Genüge geschehen, sonst nix! Au, der hat den aber fertiggemacht, also so bös hab ich den Knuffmann noch nie gesehen. Der hat den da richtig Zunder gegeben.
Nä, wie gesagt, wie Sie's machen, is richtig. Ich kann Ihnen das jetzt auch ruhig sagen: vor Ihnen ham Se hier im Gefängnis alle Hochachtung, ehrlich auf Ihnen halten die alle ganz große Stücke. Sicher, da ham Se nicht mehr viel von, aber is egal, Sie ham hinterher richtig schöne Nachrede ... So – ich glaube, die kommen jetzt. Passen Se auf, der Staatsanwalt liest das Urteil noch mal vor, da müssen Se bei aufstehn, das wissen Se ja.
Guten Tag, Herr Staats –, nä, der unterhält sich noch mit'n Direktor ... Guten Tag, Herr Staatsanwalt! – – Jawohl, wünsch ich auch gehabt zu haben! – – Ja, also ich weiß nicht, mir is was nicht bekommen ... ob das die Knackwurst war! ... ich hatte paar Tage richtig Magenverstimmung! ... Wie bitte? – Ach so ja, mit den Herrn hier is alles in schönster Ordnung – ich muß nur noch de Ketten abnehmen... Also dann – – alles Gute!

Friedrich Hollaender

Der Song vom Nichts

Die Greco singt

Rien! Rien! Schopenhauer, der Vermieste mit der Brille,
Ging nicht weit genug mit der Verbitterung:
Auf der einen Seite war zu wenig Wille,
Auf der andern Seite zuviel Vorstellung.
Ja, richtig negativ ist nur, wer jung!
Unsre Dichter tändeln nicht mit Kleinigkeiten.
Das beweist jetzt unser jüngster Novellist:
Dessen neuestes Buch hat nichts als leere Seiten –
Das spricht Bände! Da weiß man, woran man ist!
Denn man kann sich alles denken … Ach, ist das trist!
Unser allergrößtes Symbol. Was sagt es wohl?
Und was verspricht's?
  Nichts! Und was ist nichtser als Nichts?
  Wir! Denn wir sind gut zu nichts!
  Trommelnd auf den Trommeln des Verzichts…
  Schade, schade! So viel Lärm um nichts!
  Uns, die wir besessen vom Nichts,
  Uns wird man vergessen wie nichts!
  Was wir treiben, was wir schreiben
  Tierisch ernsten Angesichts
  War für nichts und wieder nichts.

Von drüben gesehen

Kabarettistisches jenseits der Grenzen

Von der Ruhr bis an die Neiße
alles … alles …
Keinesfalles!

Die Amnestierten

Drüben, das ist jenseits der Grenzen, die die frischgebakkene Bundesrepublik von ihren Nachbarn trennen. Auch im angrenzenden deutschsprachigen Ausland, in Österreich, in der Schweiz und in der DDR, gibt es – wenn auch unter unterschiedlichen Bedingungen – jenes Kabarett, wie man es hierzulande zwischen Elbe und Rhein kennt: literarisches, politisch-literarisches, politisch-satirisches und schließlich das rein unterhaltende Amüsierkabarett, das dem Kneipenwirt die munteren Zecher bei Laune halten soll.

Österreich ist schon früh eigene, kabarettistische Wege gegangen, nachdem das *Überbrettl* um die Jahrhundertwende dort gastiert und den Brettl-Bazillus unter das Künstlervolk gebracht hatte. Die Wiener Szene, mit Typen und Temperamenten wie Peter Altenberg, Egon Friedell, Karl Kraus, Roda Roda, Paul Morgan, Karl Farkas und Fritz Grünbaum, eigenständig in der Mischung aus Wiener Schmäh, geistreichelndem Witz und schwarzem Zentralfriedhof-Charme, war bald auch außerhalb Österreichs zu einem Begriff geworden und hatte ihrerseits vor allem die Berliner Kabarett-Landschaft der zwanziger Jahre bereichern helfen. Der Einmarsch der Deutschen hatte dem Wiener Kabarett, wie zuvor bereits dem deutschen, den Garaus gemacht.

Nach dem Zusammenbruch des Dritten Reiches erstand es neu: mit dem *Simplicissimus*, dem *Lieben Augustin*, mit der *Literatur im Moulin Rouge*, mit dem *Casanova* und dem *Kleinen Brettl*. Im Wiener Hochschulkabarett *Die Grimasse* gibt sich 1948 ein junges Talent zu erkennen, das bald in aller Munde sein wird – Helmut Qualtinger. Seiner Zusammenarbeit mit Carl Merz, Gerhard Bronner, Peter Wehle und anderen verdankt das österreichische Kabarett der Nachkriegszeit die sicherlich wichtigsten Impulse.

Zu den Höhepunkten von Qualtingers Karriere als Darsteller und Autor gehört ohne Zweifel die satirische Aufarbeitung der in Österreich wie in Deutschland verdrängten Geschichte zwischen 1933 und 1945. Hatte schon Erich Kästner 1946 in einem für die *Schaubude* verfaßten Beitrag »O du mein Österreich« die ehemaligen »Ostmärker« daran erinnert, daß die sprichwörtlich blaue Donau zuzeiten tiefbraun gewesen ist, so übte Qualtinger mit seiner Satire vom »Herrn Karl« eine bisher in Wien und anderswo unbekannt gebliebene, schonungslose, messerscharfe Kritik an der tümelnden Volksseele, deren Name, wann immer die Sprache auf den Mann aus Braunau kam, neuerdings Hase war. So vielfältig die Palette der Wiener Kabarettszene ab 1945 auch war, so reichhaltig das Angebot von Artmann über Kreisler bis Rühm sich darbot, das meiste davon verblaßt gegenüber der Unerbittlichkeit, mit der Qualtinger seine kabarettistische Profession betrieb.

Anders die Lage in der Schweiz, die während der braunen Jahre mit erheblicher Kraftanstrengung und moralisch zuweilen anfechtbaren Mitteln um ihren Status als neutrales Ausland bemüht gewesen war. Ab 1933 war dort für kurze Zeit Erika Manns *Pfeffermühle* heimisch, bis das Exil-Kabarett zum Gegenstand diplomatischer Verwicklungen wurde und man die politisch engagierten Emigranten schließlich aus dem Land herauskomplimentierte. Gegen die Anfeindungen aus Berlin konnte sich das Zürcher *Cornichon* da schon besser behaupten, weil es, schweizerisch von Geburt und Gesinnung, gewissermaßen in der Landessprache auf die dunklen Mächte im benachbarten Großdeutschen Reich zu sprechen kam. Ähnliches gilt für den Basler Kabarettisten Alfred Rasser, der auf der Bühne, vorzugsweise mit seiner volkstümlichen »Läppli«-Figur, gegen Faschismus, Fremdenhaß, blindwütigen Antikommunismus, gegen Kriegsgeschrei und Waffengerassel Front machte. Goebbels hatte über die Schweizer Behörden versucht, Druck auf ihn auszuüben, hatte sein Kabarett *Kaktus* schließen lassen wollen – kein Wunder, daß Rasser nach Kriegsende besonders hellhörig war für ewig-gestrige Töne, die da aus der Bundesrepublik über die Grenze herüberhallten.

»Drüben« angesiedelt auch das Kabarett, wie es sich im anderen Deutschland nach 1945 entwickelte. In den ersten Nachkriegsjahren gab es noch Gemeinsamkeiten bis Übereinstimmungen – der antifaschistische Grundton, die »Nie wieder«-Mentalität, das Bewußtsein, als Hinterbliebene am Neubeginn zu stehen, das alles war hüben wie drüben, im Westen wie im Osten Kabarettisten-Konsens. Aber bereits nach Gründung der DDR und besonders nach dem Bau der Berliner Mauer waren die Bedingungen, unter denen Kabarett stattfand und möglich war, in Ost- und Westdeutschland so grundverschieden voneinander, daß sich selbst Kabarett-Kollegen kaum noch imstande sahen, sich über das eigene Metier zu verständigen: zu mißverständlich die Form, zu unverständlich die Inhalte.

Während sich hüben Kabarettistisches gewissermaßen in freier Wildbahn, ohne Netz und doppelten Boden, darbot – ein Kabarett, das sein Selbstverständnis aus der Opposition gegen »die da oben« bezog –, wuchs die einstmals freche, scharfzüngige Muse drüben zu einem gehätschelten Musterkind heran, das, mit Zukkerbrot und Peitsche gegängelt, nach offizieller Lesart an dem Staat, von dem es lebte, nichts Kritikwürdiges zu entdecken hatte. Zwar bleibe, so ist einer in der DDR publizierten Kabarettgeschichte zu entnehmen, »auch in der sozialistischen Gesellschaft Hauptmethode des Satirikers der Angriff, die ätzende, vernichtende Kritik, die sich nun aber nicht mehr gegen Staat und führende Klasse der Gesellschaft richtet, sondern gegen deren ideologische ›Widersacher‹, gegen rückständiges, nichtsozialistisches Denken.«

»Wir sind das schlechte Gewissen einer guten Sache«, heißt es 1957 in einem Grundsatzpapier der Ost-Berliner *Distel* mit »zehn Thesen zu einer gesamtkabarettistischen Verständigung«. Die gute Sache, der Staat, der den Sozialismus für sich gepachtet zu haben vorgab, kümmerte sich ausgiebig um diesen gewissenhaften Berufsstand, ganz gleich, ob es sich dabei um die im Freien Deutschen Gewerkschaftsbund zusammengeschlossenen Freizeitkabarettisten, um Laienkabarett, um Betriebskabarett oder etwa um landserhumoriges Soldatenkabarett handelte.

Ausgiebiger noch war die staatliche Fürsorge für die Profi-Kabaretts. Sie hatten in der DDR den Status von Staats- und Stadttheatern, die Künstler bildeten eine eigene Sektion im »Verband der Theaterschaffenden der DDR«, ihre Texte und Aufführungen unterlagen der strengen Zensur durch Parteifunktionäre. Bei Wohlverhalten regnete es Subventionen, Prämien und Auszeichnungen, darunter der reichlich unter Kabarettisten verteilte Nationalpreis. Unvorstellbar für westliche Professionelle der Lästerbrut, wie man sich brave, angepaßte Gesinnung derart spektakulär von Staats wegen bescheinigen lassen könnte. Schon Otto Reutter, der abseits jeder radikalen Gesinnung volkstümlich-gemütliche Kabarett-Coupletdichter, wußte – und das bereits zur Kaiserzeit – ein Lied von Ehrungen dieser Art zu singen: »Wenn du einen Orden willst, mußt du dich hübsch bücken; was du auf die Brust bekommst, verdienst du mit dem Rücken.«

»Wir ergreifen Partei«, schrieb die *Distel* 1957 auf ihre obrigkeitlich vereinnahmten Fahnen, »dies ist unser Grund-Unterschied zu allen westlichen Kabaretts...« Ex-DDR-Kabarettist Conrad Reinhold, einst Chef der *Leipziger Pfeffermühle*, bevor er Ende der fünfziger Jahre wegen unbotmäßiger Kritik in den Westen gegangen wurde, hatte kabarettistischer und zugleich genauer formuliert, worin der Grund-Unterschied bestand: »Im Osten soll das Kabarett alles verändern, darf aber nichts sagen. Im Westen darf das Kabarett alles sagen...«

Georg Kreisler

Weg zur Arbeit

Jeden Morgen gehe ich
Zirka acht Minuten lang,
Außer wenn ich krank bin,
Von meiner Wohnung in meine Kanzlei.
Das ist schon seit Jahren so.
Ich bin nicht der einzige.
Für die meisten Leute geht
Das Leben so vorbei.

Ich grüße freundlich
Die Verkäuferin meiner Zeitung.
Sie hat es schwer heut
Seit jenem grausigen Prozeß.
Ihr Mann ist eingesperrt
Wegen so mancher Überschreitung.
Sie wurde freigesprochen,
Denn sie war nicht in der SS –
Obwohl sie wußte, was da vorging.

Und ich grüße ebenso
Den Friseurgehilfen Navratil,
Der auch bei der SS war –
Oder war es die SA?
Einmal hat er angedeutet,
Während er mir die Haare schnitt,
Was damals in Dachau
Mit dem Rosenblatt geschah.

Er war erst zwanzig.
Zwölf Jahre jünger als der Rosenblatt.
Jetzt ist er fünfzig
Und ein sehr brauchbarer Friseur.
»Grüß Gott, Herr Hauptmann!«
Der heißt nur Hauptmann, er war Oberst
Und hat in Frankreich einige zu Tode expediert.
Er ist noch immer Spediteur –
Es hat sich nichts geändert.

Drüben macht Herr Hammerschlag
Seinen Bücherladen auf.
Ich seh ihn noch heut vor mir:
Er ist damals so gerannt
Und hat direkt vor seinem Buchgeschäft
Einen Scheiterhaufen aufgestellt
Und hat darauf Thomas Mann
Und Lion Feuchtwanger verbrannt
Und Erich Kästner
Und den Kafka und den Heine
Und – viele andere,
Die jetzt sein Schaufenster verzieren.
Und er verkauft sie
Mit einem Lächeln an der Leine.
Tja, er muß leben,
Und seine Kinder wollen studieren –
Er hat ja selbst den Doktor.

»Verehrung, Herr Professor –
Wie geht's der Frau Gemahlin?
Danke – Sie schaun blendend aus –
Wie bleiben Sie so jung?«
Das war Professor Töpfer,
Seinerzeit »Völkischer Beobachter«,
Anthropologie und Rassenkunde.
Jetzt ist er beim Funk.

»Grüß Gott, Herr Neumann!«
Der ist nichts, der ist erst dreißig.
Was war sein Vater?
Na, er war jedenfalls Soldat.
»Habe die Ehre, Herr Direktor!«
Der ist gute fünfundsechzig,
Also muß er was gewesen sein.
Heute ist er Demokrat –
Das sind wir schließlich alle.

Drüben ist der Eichelberger,
Gummibänder, Hosenträger.
Das hieß früher Blau und Söhne,
Herrentrikotage.
Nebenan war das Café Winkelmann.

Der Winkelmann ist noch zurückgekommen.
Dann ist er wieder weggefahren.
Jetzt ist dort eine Garage.

Da kommt die Schule.
Da bin ich selber hingegangen.
Mein Deutschprofessor
Bezieht noch immer dort Gehalt.
Der schrie: »Heil Hitler!« –
Das wird er heute nicht mehr schreien.
Was nur die Kinder bei dem lernen?
Vielleicht vergessen sie es bald.
Ich kann es nicht vergessen.

So – jetzt bin ich endlich
In meine Kanzlei gekommen,
Setz mich an den Schreibtisch
Und öffne einen Brief.
Doch bevor ich lesen kann,
Muß ich erst die Richtung ändern,
Blicke rasch zum Himmel auf
Und atme dreimal tief.

Max Werner Lenz

Ich bleib der Alte

Hjalmar Schacht zugeeignet

So kam ich aus dem Krieg heraus mit ganz geleerten Taschen,
Mir fehlte Dach und Herd und Haus, ich sog an leeren Flaschen.
Da war ich ohne Schutz und Schuld, ich hatte keinen Bissen,
Kein Hakenkreuz, kein Adlerbild, kein Flaggentuch zum Hissen.
Zu deutsch: Beschissen!

Der Gott, der Eisen wachsen ließ, ließ auch mein Eisen rosten.
Er klemmte mich, mir war so mies,
Eng zwischen West und Osten.

Doch da ich nicht von Pappe war, so hielt ich stand dem Drucke,
Mein Ziel bleibt: Zum Gefechte klar! Ich laure durch die Luke.
Zu deutsch: Jeduld mit Spucke!

Und schon gibt's Soße mit Salat: Der West läßt mich regieren,
Der Osten gibt mir einen Staat – ich kann mich wieder rühren.
Man kuschelt sich von links und rechts an meine grüne Seite,
Man gibt mir dies und gibt mir das, ich steige aus der Pleite.
Zu deutsch: Ich bin der G'scheite!

In zwei, drei Jahren, wartet ab, da glänzt ein blauer Himmel,
Dann setze ich mich hübsch in Trab auf einem braunen Schimmel.
Schon zück ich meinen deutschen Hut –
Den mir mein Gott erhalte!
Schon spür ich wieder Preußenmut wie einst, da es noch knallte.
Zu deutsch: Ich bleib der Alte!

HELMUT QUALTINGER

Weltreise 1948

Wieselburg am Amazonas

Liebe Freunde!
Ich besuchte den neuen argentinischen Staatspräsidenten Señor Martino Borman. In Zistersdorf bohrte ich nach deutschem Eigentum, in den Basaren Bagdads kaufte ich Inku-Waren. In Griechenland gab mir der Sängerheros Morpheus, der derzeit Partisanenlieder komponiert, an den in Wien lebenden singenden Engel Giacomo Offenbach-Genter einen Brief mit, in dem er die Wiener Volksoper einen Forstschaden nennt. Im huzulischen Meerbusen hörte ich den berühmten Koloratur-Baß Nikotini bukowinische Heldenlieder aus »Maske in Braun« von Jirko Melusich singen. Auf den Prärien Nordamerikas spielte Horst Winnetou mit seinen Rot-Weiß-Rot-Häuten die neue indianische Bundeshymne »Land der Schleicher«. In Peru kam ich gerade zurecht, wie der Film »Es ist nicht alles Gift, was schleicht« verboten wurde. Im pazifischen Ozean entdeckte ich eine neue Inselgruppe, die Lemuren. Sie ist hauptsächlich von entregistrierten Österreichern bewohnt... Und

in Kaukasien fuhr ich auf dem Kolchos-»Ernst-Fischer«-Traktor nach der Melodie von »Unrasiert und fern der Heimat«. Ich war dabei, als Mahatma Gandhi seinen neuen philosophischen Leitsatz prägte: »Zeig mir, mit wem Du schlafen gehst, und ich sage Dir, womit Du aufstehst.«
In Österreich kam ich gerade zurecht, als man die Befreiungstaxe in Form einer Währungsreform eintrieb ... Ich zog mich ins Hochquellwassergebiet des Amazonas zurück und schreibe jetzt unter dem Pseudonym »Alfred Rosenberg« historische Romane und Traktätchen. Meine nächste Arbeit erscheint im »O, Du mein Österreich-Verlag« Figlopol und führt den Titel »Der Leidensweg Österreichs. Von Globotschnig zu Koplenig«.

Mit vielen Grüßen verbleibe ich
Euer alter Weltenbummler

Alfred Rasser

Es ist erreicht!

Achtung!
Meine Herrschaften, stramm gestanden!
Zugehört, nicht mißverstanden!
Es spricht zu Ihnen, es donnert und dröhnt,
Wiedererweckt und neu gekrönt,
Rehabilitiert,
Aus dem Wallhall zurückkommandiert,
Den Schnurrbart zum drittenmal aufwärtsfrisiert,
Seine Majestät, der Kaiser.
Kapiert?
Bequemstehn, doch nicht gerührt.
Ich bin das Titelblatt der Neuen Illustrierten,
Das höchste Glied der endlos langen Galerie
Von Ausrangierten, Abgedankten und Blamierten,
Doch glorreich auferstandnen Herrn der Monarchie.
Ich bin die Krone all der königlichen Scharen
Von Fürsten, Prinzen, Feldmarschallen und Lakain,

Die die Gazetten in Romanen und Memoiren
Tagtäglich illustriert in die Kioske spei'n.
    Wir, Wilhelm der Zweite, von Druckers Gnaden,
    Wir sind wieder da mit all den Kameraden
    Vom ersten und zweiten Totentanz,
    Entmumifiziert, im alten Glanz.
    Gestern noch zur Höll verdammt,
    Heut zu neuem Tun entflammt,
    Haben wir es längst vorausgesehn:
    In der Zeitung unsrer Heimat,
    Da gibts ein Wiedersehn.
    Meine Herren, stramm gestanden!
    Zugehört, nicht mißverstanden!
    Es grüßt Sie alle im Adlerrevier,
    Die Wiedererweckten auf dem Papier,
    Den Rommel zuerst,
    Dann die übrigen Generäle und Standartenträger,
    Dann den dort hinten mit dem Karnickelschwanz,
    Seine Majestät, der Kaiser, ruft dir zu:
    Auch du kommst wieder dran, doch vorderhand Heil...
    Dir im Siegerkranz!
Ich lachte, als ich sah, wie er das neu erstrebte,
Was mir zerfallen ist, was ich umsonst geeint.
Ich staunte, als dann ganz Europa vor ihm bebte.
Und als auch sein Reich fiel, hab ich im Geist geweint.
Doch in memoriam geschniegelt und gebügelt,
Betrachten Geist an Geist wir heute eure Welt.
Zwei Reiche fielen und in Potsdam wards besiegelt.
Doch wir erwachten neu beim Tod von Roosevelt.
    Wir, Wilhelm der Zweite, von Adolfs Gnaden,
    Wir fanden ihn wieder, den alten Faden,
    Wir reichten ihn weiter mit dem Ruf:
    Nun noch einmal immer feste druff!
    O alte Burschenherrlichkeit,
    Mensur, Paradestehen,
    Das ists, was uns die Kraft verleiht,
    Das Rad zurückzudrehen.
    Meine Herren, stramm gestanden!
    Zugehört, nicht mißverstanden!
    Es grüßt Sie alle zum letzten Turnier,
    Die neuen Herren im Westrevier.

Entnazifiziert,
Mit dem alten Feind verfraternisiert,
Ihn bereits schon infiziert.
Eure Majestät, der Kaiser, ruft euch zu –
Deutlich vernommen? –
In meinem Fahrwasser weitergeschwommen.
Was hat die Welt gelernt an unseren Gestalten?
Sie hat gelernt, daß wir ihr unentbehrlich sind.
Denn heute, wo sie sich in Ost und West gespalten,
Da braucht sie Köpfe, die im Spalten Kenner sind.
Ich spaltete Millionen Schädel, als ich thronte,
Es spaltete Europa sich vor meinem Stolz.
Und weil ich spalten, spalten, nichts als spalten konnte,
Blieb mir zuletzt zum Spalten nur in Doorn noch Holz.
Wir, Wilhelm der Zweite, von Amis Gnaden,
Ihr habt euch den Kaiser nun aufgeladen.
So spaltet denn weiter, go not home!
Und schmäht ihr das Holz, so spaltet Atom!
Drum den Kaiser hoch erhaltet,
Illustriert ihm keiner gleicht.
Spaltet – wenn ihr ausgespaltet,
Rufe ich: Es ist erreicht!

Carl Merz/Helmut Qualtinger

Herr Karl und die Weltgeschichte

Als der Hitler kommen is … Naja – des war eine Begeisterung … ein Jubel … Naja, also mir san alle … i waaß no … am Ring und am Heldenplatz g'standen … unübersehbar war mir … man hat gefühlt, ma is unter sich … es war wia bei Heirigen … es war wia a riesiger Heiriger …! Aber feierlich. Ein Taumel. Da san'seinmarschiert, die Deitschen, mit klingendem Spiel sans kummen.
Na, unsere Polizisten san aa scho da g'standen, mit die Hakenkreizbinden … fesch, fesch … es war furchtbar … das Verbrechen, wie man diese gutgläubigen Menschen in die Irre geführt hat … Der Führer hat geführt.

Aber a Persönlichkeit war er ... vielleicht ein Dämon ... aber man hat die Größe gespürt...
I maan, er war net groß. I bin ja vor ihm g'standen – bein Blockwartetreffen in Rathaus. So wie i jetzt mit Ihnen sitz, bin i vor ihm g'standen ... Er hat mi ang'schaut ... mit seine blauen Augen ... i hab eahm ang'schaut ... hat er g'sagt: »Jaja.« Da hab i alles g'wußt. Wir haben uns verstanden.
So bin i Illegaler worn ... I maan, i war scho ... des wissen S' no gar net ... Illegal ... des war damals jeder in Österreich ... Illegal ... des war so wie heit, wenn man bei aner Partei is ... Bei uns im Gemeindebau alle ... mir warn eh alle bis Vieradreißig ... dann warn mir illegal...
I maan, schaun S', was ma uns da nachher vorg'worfen hat – des war ja alles ganz anders ... da war a Jud im Gemeindebau, a gewisser Tennenbaum ... sonst a netter Mensch ... da ham s' so Sachen gegen de Nazi g'schrieben g'habt auf de Trottoir ... und der Tennenbaum hat des aufwischen müassn ... net er allan ...: de andern Juden eh aa ... hab i ihm hing'führt, daß ers aufwischt ... und der Hausmaster hat zuag'schaut und hat g'lacht ... er war immer bei aner Hetz dabei...
Nachn Kriag is er z'ruckkumma, der Tennenbaum. Is eahm eh nix passiert ... Hab i ihm auf der Straßen troffen. I gries eahm freundlich: »Habediehre, Herr Tennenbaum!« Der hat mi net ang'schaut. I grüaß ihn no amal: »– 'diehre, Herr Tennenbaum ...« er schaut mi wieder net an. Hab i ma denkt ... na bitte, jetzt is er bees ... Dabei – irgendwer hätt's ja wegwischen müaßn ... i maan, der Hausmaster war ja aa ka Nazi. Er hats nur net selber wegwischen wolln.
Alles, was man darüber spricht heute, is ja falsch ... es war eine herrliche, schöne ... ich möchte diese Erinnerung nicht missen ... Dabei hab ich ja gar nichts davon g'habt ... Andere, mein Lieber, de ham si g'sund g'stessn ... Existenzen wurden damals aufgebaut ... G'schäften arisiert, Häuser ... Kinos!
I hab nur an Juden g'führt. I war ein Opfer. Andere san reich worden. I war a Idealist. Was war i scho?
Man erinnert sich: Wie man sich geplagt hat ... für die Gemeinschaft ... für die Gattinnen ... für den Beruf ... für den Wiederaufbau ... und was ist geblieben? Erfahrung ... Lebensklugheit ... immerhin. Aber sonst? Zuviel Herz, zuviel Arbeit ... zuviel Aktivität.
Natürlich ... es hat auch schöne Momente gegeben. Und auf die hab i mi immer konzentriert.

G'freit hab i mi scho ... an den Tag, wo ma 'n bekommen ham ... den Staatsvertrag ... Da san ma zum Belvedere zogn ... san dag'standen ... unübersehbar ... lauter Österreicher ... wie im Jahr achtadreißig ... eine große Familie ... a bissl a klanere ... weil's Belveder is ja klaner als der Heldenplatz. Und die Menschen waren auch reifer geworden ...
Und dann is er herausgetreten ... der ... der ... Poldl und hat die zwa andern Herrschaften bei der Hand genommen und mutig bekannt: »Österreich ist frei!« Und wie i des g'hört hab, da hab i g'wußt: Auch das hab ich jetzt geschafft. Es ist uns gelungen – der Wiederaufbau ...
Ich mein', nicht daß ich blind wär gegen die Fehler der Regierung ... i war ja immer kritisch. Ich hab immer alles durchschaut ... auch a Regierungsmitglied, wann i mir's so anschau ... der is aa net anders, wie i. Und i kenn mi. So san de alle.
Aber bitte – es geht mi nix an. Ich mache meine Arbeit, ich kümmere mich nicht um Politik, ich schaue nur zu und behalte es für mich.

Hugo Wiener

Ich kann den Novotny nicht leiden

In unserem Haus, gleich die Tür nebenan,
Da wohnt der Novotny, ein lediger Mann.
Er ist ein Kopf größer. Sie sagn, das ist schön?
Ich glaube, da habn Sie den Kopf noch nicht gsehn.
Er grüßt mich »Bonjour«, wenn wir beide uns sehn.
Ich dank nicht, ich muß ja nicht Englisch verstehn.
Ich möcht die Bekanntschaft vermeiden –
Ich kann den Novotny nicht leiden.

Da einmal sprach er auf der Straße mich an,
Am folgenden Sonntag traf ich ihn sodann.
Am Abend ging er in ein Gasthaus mit mir,
Ich nahm eine Suppe und zwei Flaschen Bier,
Ein Gulasch, ein Braten und zehn Bäckerein,
Ein Roquefort mit Butter und drei Viertel Wein.

Dabei bin ich sonst so bescheiden –
Aber ich kann den Novotny nicht leiden.

Der Mann ist nicht schön, und er ist nicht gescheit.
Doch hab ich an ihn mich gewöhnt mit der Zeit.
Wir warn oft im Kino, das ist ja nicht schlimm –
Und heute, da hab ich drei Kinder von ihm.
Den Hansl, den Franzl und die Katharin,
Doch wenn der jetzt denkt, deswegn heirat ich ihn,
Da wird sich der Blödian schneiden –
Ich kann den Novotny nicht leiden!

GERHARD RÜHM

Liebling, du hast mich heute ausgelacht

liebling du hast mich heute ausgelacht
liebling drum hab ich dich jetzt umgebracht
du weißt ja daß ich es nicht leiden kann
und trotzdem fingst du zu lachen an

liebling warum hast du mich ausgelacht
liebling drum hab ich dich halt umgebracht
du weißt ja es ist für mich so schwer
schau doch bitte nicht so traurig her

woran denkst du
liebe kleine leiche
denkst du an mich
oder denkst du an dich

warum schenkst du
mir kein letztes lächeln nicht
und blickst so wunderlich
auf mich auf mich

woran denkst du
liebe kleine leiche sprich

Carl Merz/Helmut Qualtinger

Die Ahndlvertilgung

Eine Stimme aus dem Radio

Aus Hörerkreisen erhalte ich seit einigen Wochen unzählige Briefe, in denen sich Landwirte darüber beschweren, daß sich in letzter Zeit der Staat immer mehr in die natürliche Vertilgung der Ahndln einmischt. So wurden biedere Landleute, die diesen gesunden Prozeß beschleunigen wollten, verhaftet und in mehreren Fällen sogar verurteilt. Um diesen ungerechtfertigten Nachstellungen zu entgehen, sollte sich der Bauer an folgende Vertilgungsmethoden halten, die sich bereits in weitesten Kreisen der Landbevölkerung durchgesetzt haben. Was macht der Landwirt in der grünen Steiermark? Er verwendet die Jauchegrube, die den Schädling außerdem der Volkswirtschaft zuführt. Die Bauern im sonnigen Kärnten bedienen sich primitiverer Methoden. Sie benützen Hacken, die zwar zweckentsprechend sind, aber das Ahndl unter Umständen vor dem Vorhaben warnen können. Aus dem schönen Burgenland kommt die Methode des Häuseranzündens, die nur leider zu oft mit erheblichem Sachschaden verbunden ist. Hier empfiehlt es sich, das Unternehmen mit einer Versicherungsaktion zu koppeln. Man kann natürlich – wie auf den herrlichen Matten des Tauernmassivs – seinen Vorfahren in den Stall sperren und ihm die Nahrung verweigern, was jedoch nicht in allen Fällen wirkt, da derselbe dann zuweilen beim Vieh mitfrißt. Was macht der Tiroler in so einem Fall? Der Tiroler ist lustig, der Tiroler ist froh, er hat stets Arsen, im Volksmund »Hüttrach« genannt, in seiner blitzsauberen Küche vorrätig und erspart sich dadurch unnötige Arbeit. Im Salzkammergut, da kann man gut lustig sein, weil es so viele Seen gibt, in denen die ganze ältere Verwandtschaft Platz hat. Niederösterreich, das Land des herrlichen Weines, hat große Mengen von Kupfervitriol bereit, um den Vorfahren die entsprechende Behandlung teilwerden zu lassen. Und Oberösterreich, die Heimat des Führers, bringt einen Most hervor, der allein imstande ist, auch dem härtesten Großvater das Handwerk zu legen. Ich hoffe, dieser kleine Überblick hat Ihnen wertvolle Anregungen gegeben. Ich verabschiede mich und melde mich morgen wieder mit einem Vortrag über das Thema »Die Blutschande und ihre Bedeutung für ein gesundes Landleben«.

Der Papa wird's schon richten

Da neulich, da sitz ma in der Eden und reden,
Der Gießhübel, der Puntigam und i.
Man red't so, was soll ich Ihnen sagen, vom Wagen
Und was man schon so red't um zwei Uhr früh.
Die Weiber, die habn ma schon nach Haus expediert,
Wir warn schon, wie man so sagt: après,
Und weil man dann trist und bisserl nachdenklich wird,
Passiert's, daß man richtiggehend philosophiert –
Das ist schon so bei der Jeunesse dorée.
Auf einmal sagt mir der Puntigam:
Sag, was is wahr an dem Tamtam?
Ich hab da sowas aufgeschnappt,
Du hättest einen Unfall ghabt?
Drauf sag ich: Es is nix passiert,
Mein Porsche ist schon repariert,
Nur leider is mir ein Passant,
Bevor er g'storb'n is, einigerannt.
Da mischt der Gießhübel sich ein:
Was is jetzt mit dein'm Führerschein?
Naja, sag ich, naja, was soll schon sein?

Der Papa, wird's schon richten,
Der Papa wird's schon richten,
Das ghört zu seinen Pflichten, dazu ist er ja da.
Denn wenn man einen Sohn hat und so a Position hat
Und so viel Protektion hat wie mein Papa,
Dann genügt ja schon ein Telephonat
Zum richtigen Ort, und dort sind sofort
Die Akten unauffindlich.
Sitzt dort ausnahmsweis ein Falscher am Draht,
Der glaubt, er kann da Manderl machen, und wird rabiat
Na ja –
Der Papa wird's schon richten, er weiß so viele Gschichten
Die andre Leute störn:
Vom kleinsten Referenten hinauf zum Präsidenten
Wer wichtig is, der kennt'n,

Mein'n alten Herrn, man dient ihm gern
Und applaniert die leidigsten Affärn – ganz intern.

Und wie ma so sitzen in der Eden und reden,
Inzwischen da war's schon halber drei,
Da sag ich, nachdem ich ein bissel grübel: Gießhübel!
Ich hör, du hast a kleine Schererei?
In unseren Kreisen spricht man überall davon,
Man hätte dich einfach abgelehnt
Für irgendein'n Job bei der Atomkommission
Mit monatlich 13000 Schilling als Lohn,
Sie sagn, du wärst zu unintelligent!
Da sagt der Gießhübel drauf: Na klar,
A bissel was is daran wahr,
Wann's d'zruckdenkst noch an unsre Schul,
Da war ich eher schon a Null.
Na und die Universität...
Du kennst mi ja, das liegt mir net.
Drum war ich bisserl desperat,
Als man mich dort net gnommen hat.
Drauf sag ich: 's tät mich intressiern,
Wirst du da gar net protestiern?
A wo, sagt er, was kann mir schon passiern?

Der Papa wird's schon richten,
Der Papa wird's schon richten,
Das ghört doch zu den Pflichten von jedem Herrn Papa.
Und brauch ich einen Posten, dann läßt er sich's was kosten
Sonst frag ich mich: Zu wos denn ist er sonst da?
Plötzlich kommt zu uns von hintenherum
Der Kellner daher und sagt: Bitte sehr,
Darf ich die Rechnung bringen?
Und der Puntigam sagt: Bitte darum!
Dann schaut er ins Portemonnaie und sagt: Es ist zu dumm
Na ja –
Der Papa wird's schon richten, er ist mit seiner Nichten
Fast jeden Abend da.
Dann gebn S' ihm das zu lesen, 's is eh net viel gewesen.
Er zahlt's ja von den Spesen.
Der Herr Papa, er hat es ja.
Er applaniert mir jeglichen Faux pas – mein Papa.

Mord

vorhang geht auf.
vorne auf einem podest steht eine tulpe in einem blumenstock.
scheinwerferkegel.
plötzlich die bühne in rotem licht.
dance macabre von saint-saens in bearbeitung.
tod mit sense tritt auf.
tod köpft blume und geht.
christl novak als engel und birgitt schwabbauer als gefallener engel treten auf. christkind novak mit geige. blaues licht. duett:
heda, ich nehme die seele an mich.
du da, diebische elster!
geld *wirft ihr ein geldstück vor die füße* diese seele gefällster?
engellos.
bin ich auch ein gefallener bloß,
schwereslos.
das sag ich dem herrn!
geh dich nur beschwern. aber bei der milchfrau.
ich bin kein gefallener engel
und wackel mit dem knie,
aber wie.
ich bin kein gefallener Engel
und wackel nicht mit dem knie,
aber wie.
trotzdem.
meine.
meine.
meine.
meine.
eleganter herr tritt auf. blickt die engel strafend an, welche zurückweichen.
herr *(während er die blume ins knopfloch steckt)*
nicht albern sein. *volles licht, auch im zuschauerraum* eine blume hat doch keine seele.
die beiden engel *(erstaunt, verwirrt, unisono)*
wirklich??
vorhang geht zu.

Gerhard Bronner

Die alte Engelmacherin

Wenn i denk an vergangene Zeiten,
An die herrlichen Sehenswürdigkeiten
Unsrer Wienerstadt von anno damals,
Dann klopft bis zum Hals mir mein alts Wienerherz.
Es erzählte mir oft mein Herr Vater
Von der Sesselfrau, vom Maronibrater.
Doch mit'n Fiaker und Wasserer gingen dahin
Die schönsten Berufe aus Wien.
Man hat drüber gsungen von Herz und voll Gmüt,
Nur für einen Beruf gab's bis jetzt noch kein Lied:
  Die alte Engelmacherin vom Diamantengrund,
  Die gibt's heute nimmermehr;
  So manchem Mäderl, das in Not war
  Und vor Angst und Scham halbtot war,
  Hat gerettet sie die Ehr.
  Sie hat an Floh gemacht aus jedem Elefanten und
  Erwarb viel Sympathie
  Weil: hat man heut auch keine Sorgen,
  Hat man sie vielleicht schon morgen,
  Und an Ausweg wußt nur sie.
  Ihre Kundinnen, die waren niemals skeptisch.
  Sie blieben ihr ein ganzes Leben treu –
  Und war ihr Werkzeug einmal nicht ganz antiseptisch,
  Dann machte sie statt einem Engerl zwei.
  Die alte Engelmacherin vom Diamantengrund
  Verteidigte sich dann:
  Überlegt's Euch doch a wengerl,
  's gibt im Himmel so viel Engerl,
  Und auf eins zwei mehr
  Kommt's wirklich nicht mehr an.

Sie hat viel Katastrophen verhindert,
Auch die Wohnungsnot hat sie sehr gelindert,
Und sie hat, auch wenn's niemanden kümmert,
Atome zertrümmert als erste in Wien.
Sie verzichtete auf jeden Titel,

Ganz bescheiden waren ihre Mittel,
Was die Ärzte erreicht habn mit viel Evipan,
Hat sie nur mit'n Gottvertraun g'tan.
Und manchmal als Lohn für ihr edles Bemühn,
Da kommen die Engerln auf Urlaub nach Wien.
Zur alten Engelmacherin vom Diamantengrund...
Die liebten sie so sehr,
Weil: ihre Hilfe war für alle,
Und ihr Sinn fürs Soziale
War beinah schon legendär.
Die alte Engelmacherin hat jeder g'kannt vom Grund,
Sogar die Polizei.
Ja, aber auch ein Polizeirat
Ist ein Mensch und is verheirat't,
Deshalb fand er nix dabei.
Jedoch es gibt im Leben immer wieder Neider,
Die Ärzte habn ihr's Handwerk abgestellt.
Die machen jetzt genau dasselbe,
Aber leider verlangen s' dafür
Zehnmal so viel Geld.
Die alte Engelmacherin vom Diamantengrund
Hat das net lang ertragn,
Und sie is nach ein paar Jahrn
Leider selbst ein Engerl wordn.
Und dann habn die andern Engerl sie derschlagn.
Hallo!

GERHARD BRANSTNER

Das Ding an sich

Ein Herr, der den Sozialismus das erste Mal aus eigener Anschauung erfahren hatte, äußerte Nepomuk gegenüber seine Anerkennung für die einzelnen Einrichtungen sozialer, kultureller und anderer Natur. »Nur«, so glaubte er sagen zu müssen, »gegen den Sozialismus an sich habe ich meine Bedenken.«
Darauf erwiderte Nepomuk: »Von einem Menschen, der den Sonnenschein lobt, aber die Sonne an sich nicht mag, sagt man, daß er nicht auf gutem Fuß mit der Logik steht.«

Gerhard Branstner

Die Liebe und die Weltrevolution

Es steht ein Kollege in weiter Flur.
Sein Mädchen strahlt mit den Augen – nur.
Ein Friedensabend die beiden umrankt.
Sie setzen sich auf eine volkseigene Bank.

Sein klassenbewußtes Auge lacht.
Er hat den Wettbewerb zum Siege gebracht.
Auch sie steht nicht mit leeren Händen im Lenz:
Sie kämpft um die friedliche Koexistenz.

Sie lieben sich nicht individualistisch borniert.
Sie sind beide gewerkschaftlich organisiert.
Nur mit sozialistischem Inhalt erfüllt ist die Liebe normal.
Wer nur aus Liebe liebt, liebt nur formal.

Die Liebe und die sozialistische Weltrevolution
Durchdringen sich in dem neuen Erdensohn!

Erich Brehm

Zweierlei Deutschland

Ich hab ein deutsches Vaterland,
Das ist nach Ost und West benannt.
Und der Regen fällt, und die Sonne scheint
Auf zweierlei Geld und auf zweierlei Feind.
Und der Ostwind weht und der Westwind weht –
Der Schlagbaum voll in Blüte steht.

Was ist des Deutschen Vaterland?
Der Westerwald, der Ostseestrand?
Der Heidelberg, die Rudolstadt?

Die Lüneburg, das Berkabad?
Die wirtschaftswunden Parlamente?
Die Leistungsschau der Transparente?
Die volksgekünstelten Estraden?

Was ist des Deutschen Vaterland?
Ein Kreuz mit zweien aus der Hand.
Denn Deutschland liegt nach alter Sitte
Genau in der alleräußersten Mitte!
Und der Regen fällt, und die Sonne scheint
Auf zweierlei Grund und auf zweierlei Feind
Und auf zweierlei Ehr' und auf zweierlei Sinn –
Und ich selber mittendrin!

Was ist des Deutschen Vaterland?
Das Land, das Ost und West erfand?
Ach, Deutschland war ja längst gespalten,
Als Ost und West für eins noch galten!
Von Bach die Kantaten,
Von Krupp die Granaten,
Von Heine das Lied
Und von Schacht den Kredit.
Von Mozart die Flöte,
Vom König den Stock,
Den Egmont von Goethe
Und vom Kaiser den Rock.
Von Brecht die Courage,
Von Schlieffen den Plan,
Von Marx die Erkenntnis
Und von Hitler den Wahn.

Der gute Mensch – und die Kanonen!
Das warn schon immer Deutschlands Zonen!
Und die Sonne scheint, und der Regen fällt
Auf zweierlei Ziel und auf zweierlei Held.
Und Ost oder West – das ist nicht die Lage.
Krieg oder Frieden – das ist die Frage!
Und nur eine Lösung, daß Deutschland sich eint:
Der Frieden sei unser, und der Krieg sei der Feind!

Berliner Brettl

Große Zeit

Ein Mensch, der sozialistisch lebt,
Will auch die Musen pflegen.
Drum sieht man ihn, die ernste Kunst
An seinem Busen hegen.
Nur in vertrautem, kleinem Kreis
Getraut er sich zu lachen;
Denn unsre Zeit ist groß und hehr,
Kann man da Witze machen?

Die Zeit ist groß. Das Alte
Sieht man rings zusammenkrachen.
Wer heute noch nach rückwärts stiert,
Der hat nichts mehr zu lachen.
Doch wir – das Gestern hat in uns
Noch manchen Sitz.
Glaubt einer nun, wir wüßten's nicht,
Dem lachen wir glatt ins Gesicht,
Das ist der beste Witz.

Wir lachen über uns
Und über jene ewig Gestrigen.
Und unser Lachen hilft,
Das Neue in uns zu festigen.

Erich Brehm/Hans Rascher

Alles fürs Grab

Ich bin eine arme Frau aus Bernau
Und fahr jede Woche dreimal nach Berlin.
Wenn ich Berlin sage, mein ich natürlich genau
Gesagt immer: Kudamm und Tauentzien.
Dort schlägt das Herz des Westens
Bestens, sage ich Ihnen, bestens!

Der Zucker ist dort süßer,
Der Schellfisch ist dort scheller!
Das Pflaumenmus ist müßer,
Der Camembert läuft schneller!
Und stellt mir der Tod mit der Sense ein Bein,
Dann will ich im Westen begraben sein!

Neulich hab ich im Tagesspiegel gelesen,
Wie wundervoll amerikanische Millionäre verwesen.
Wenn die tot sind, wie die dann leben!
So was kann's eben nur in Amerika geben!
Die haben Gräber mit Telefon,
Mit Warmwasserspülung und Spuk-Konzession,
Mit Zehnplattenspieler und Fliegenfänger
Und mit Zwölfzylinder-Fernsehempfänger!
Feuer kann da im Grab gar nicht ausbrechen,
Weil alles aus Gold ist und Wolframstahl.
Wenn ich tot bin,
Möchte ich so was auch gerne mal!
Das muß ich schaffen!
Werd ich einmal begraben,
Muß ich unbedingt so ein Luxusgrab haben!

Gerhard Zwerenz

Wenn etwas jung ist

Auch das neue Leben ist schwer.
Schwer, manchmal verdammt schwer –
Man schuftet und schuftet,
Und abends ist man so leer.

Auch das neue Leben ist kein Zuckerlecken.
Früh um sechse muß der Wecker wecken.
Im Winter ist's kalt –
Und mit den Jahren wirst du alt.

Auch das neue Leben macht altes Eisen
Und nicht nur in den Urlaub verreisen.
Auch das Neue kennt Schmerzen
Und sogar: Gebrochene Herzen!

Es ist nicht leicht, auch im Neuen zu leben.
Es hat Hunger, man muß ihm zu essen geben.
Es ist wild und ungebärdig,
Und – manchmal sogar ein wenig widerwärtig.

Aber sieh,
Es ist doch noch so jung
Und verdiente schon deshalb
Deine Bewunderung.
Gewiß,
Es ist noch nicht so routiniert …
Aber als du noch so jung warst,
Hast du nicht auch
Manche Windel vollgeschmiert?

Conrad Reinhold

Zeitungs-Couplet

Lesen Sie Zeitung, meine Damen und Herrn!
Sie werden erfahren, wir leben modern:
Man trägt nur noch Nylon und hört öfter Jazz,
Der Film läuft jetzt Breitwand, die Mode wird keß.
Der Nachtruh ein Ende, die Großstadt bleibt wach,
Wir können uns kaum retten vor Neon und Krach!
Der Vater fährt Auto, nebst Mutti und Kind,
Die finstren Fassaden am Aussterben sind …
Ja, in der Zeitung! Ja, in der Zeitung!

Lesen Sie Zeitung, meine Damen und Herrn,
Da liegt unser Wohlstand schon gar nicht mehr fern.
Da fallen die Preise, erhöht wird der Lohn,
Sie brauchen nur kaufen, es gibt alles schon:

Für jeden ne Wohnung mit Heizung und Bad,
Für jeden zum Fernsehn 'n neu'n Apparat.
Die Butter ist billig und Kaffee gibt's auch,
Wir fahren ins Ausland, wie's früher der Brauch.
Ja, in der Zeitung! Ja, in der Zeitung!

Na, noch ne Zeitung, meine Damen und Herrn?
Zehn, fünfzehn Pfennig, die opfert man gern!
Da gibt's keine Fehler – und wenn, sind sie klein.
Da scheinen die Ober schon freundlich zu sein,
Da spricht man ganz offen und ehrlich sich aus
Und spielt mit der Wahrheit nicht Katze und Maus.
Auch schafft man die Pläne, hat Zahlen zur Hand,
Man darf auch was sagen, Holzhammer verschwand...
Ja, in der Zeitung! Ja, in der Zeitung!

Doch scheint mir – Verzeihung, meine Damen und Herrn! –
Was ich hier lese, vom anderen Stern.
Wir wissen's doch besser, wir stecken doch drin,
Wir sind mit den Dingen doch erst am Beginn!
Es ist noch nicht rosig, man mach uns nichts weis,
Es ist auch nicht einfach, es kostet viel Schweiß!
Und wenn wir mal schimpfen, seid nicht gleich empört –
Wir wollen doch nur, daß das Leben so werd
Wie in der Zeitung, wie in der Zeitung!

WOLF BIERMANN

Was verboten ist, das macht uns grade scharf

Keiner tut gern tun, was er tun darf
– was verboten ist, das macht uns grade scharf!

Männer, wenn ihr eifersüchtig eure schönen Frauen liebt
Die euch doch zwei Hörner setzen, statt das eine aufzurichten
Rat ich: Laß die Eifersucht, lös des Eh'rings harte Fessel
Laß die Schöne frei, und dann
Wenn Vertrag sie nicht mehr zwingt

Will sie nur noch dich als Mann
  weil:
  Keiner tut gern tun, was er tun darf
  – was verboten ist, das macht uns grade scharf!

Witze riß das Volk schon immer ohne Demut und Respekt
Witze sind wie selbstgebrannter starker süßer Apfelschnaps
Aber in des Zwanges sauren Apfel mag das Volk nicht beißen
O Gericht, vergälle nicht
Uns mit schweren Strafen unsre
Große Lust am Witzereißen
  weil:
  Keiner tut gern tun, was er tun darf
  – was verboten ist, das macht uns grade scharf!

Die ihr oben sitzt mit meiner Billigung, ich rat euch jetzt
Wenn zum Wohl des Sozialismus
Ihr nur schuftet, strebt und hetzt
Plant und sitzt und redet viel, stellt man unter strengste Strafe:
Jedes Loblied auf den Staat
Jede kühne Aufbautat
Wetten, daß das Vorteil hat?
  weil:
  Keiner tut gern tun, was er tun darf
  – was verboten ist, das macht uns grade scharf!

MAX WERNER LENZ

Ikarus

Abgestürzt, das ist das Ende! Abgestürzt – ich hab's gewagt,
Hab mich in die Luft geschwungen!
Abgestürzt – ich hab versagt.
In den Himmel wollt ich schweben
Zum Olymp, das war mein Ziel.
Bei den Göttern wollt ich leben – abgestürzt: ich fiel und fiel!
Tod war das Ende.
Im Drang nach den Höhen über Täler und Hügel

Mit gebreitetem Flügel die Erde zu sehn,
Wie Götter sie sehn, tief unten Gelände
Und flutendes Meer – Tod war das Ende.

Euch ging alles in Erfüllung,
Donnernd jagt ihr durch den Raum
Über Länder, über Meere,
Schaut hinauf, es ist kein Traum!
Euch war's beschieden.
Im Drang nach den Höhen über Täler und Hügel
Mit gebreitetem Flügel die Erde zu sehn,
Wie Götter sie sehn, im strahlenden Frieden
Im glücklichen Land – euch war's beschieden.

Aber als die Nächte kamen, jene Nächte ohne Licht,
Als der Tod mit tausend Flügeln, ohne Augen und Gesicht,
Brachte Brand und wilde Schreie,
Schrecken über Mensch und Tier,
Unauslöschliches Entsetzen. Abgestürzt – das seid auch ihr!
Ihr seid verloren,
Wenn nicht die Wende, Erwachen euch rettet
Aus dem Wahn, der euch kettet. Sonst stürzt eure Welt
Und alles zerfällt, was ihr je geboren.
Setzt endlich ein Ende – oder ihr seid verloren.

Georg Kreisler

Bum!

Dem Atom bist du ganz egal,
Ob es Uran ist oder sonst ein Mineral.
Doktoren und Strategen
Setzen es in Fluß.
Das Atom denkt: Meinetwegen,
Ich tu halt was ich muß.
        Und Bum!
        Du bist ihm ganz egal.

Dem Atom kommt es nicht darauf an.
Es spaltet sich und denkt nicht weiter dran.
Verödet sind die Gassen
Von Moskau bis Madrid.
Der Mann, der's losgelassen,
Stirbt höchstwahrscheinlich mit,
    Denn Bum!
    Dem Atom kommt es nicht darauf an.

Das Atom ist niemandem böse.
Dazu hat es nicht genug Verstand.
Wenn du willst, macht es ein Getöse.
Und wenn du willst, frißt es dir aus der Hand.

Aber du bist dem Atom ganz egal.
Für das Atom ist dein Leben trivial.
Es bringt dir von der Sonne
Die Energie ins Haus,
Mit ebensolcher Wonne
Macht es dir den Garaus
    Mit Bum!

Und um unseren Planet
Weht, etwas spät,
Ein heulendes, radioaktives Gebet.
Und es gibt weder Physiker noch General.
Nur Sonne und Luft. Und auch die ist schon schal.
Amerika und Rußland sind endlich neutral.
    Doch dem Atom ist auch das ganz egal.

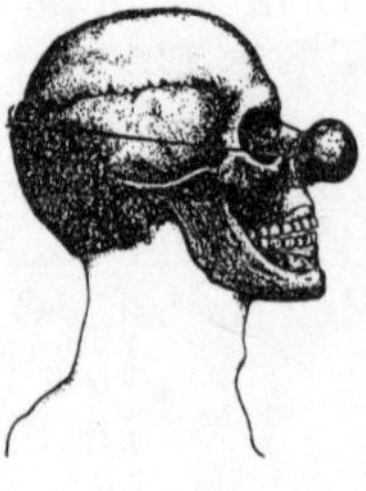

Positiv dagegen

Kabarett zwischen Anpassung und Opposition

Guten Abend, auch du politischer Banause!
Wir können hier richtig deutsch diskutiern
richtig deutsch
wir haben Verbandszeug im Hause.

Wolfgang Neuss

Noch ist von einer Krise des Kabaretts nicht die Rede. Im Gegenteil, im Zuge der wirtschaftswunderlichen Entwicklung, die Westdeutschland nach der Währungsreform nimmt, boomt es geradezu. Und Themen gibt es genug. Die große und kleine Politik sowieso, man genießt es, am starken Mann, den man gerufen hat und gewähren läßt, hier und da liebenswert menschliche Schwächen zu entdecken, schmunzelnd Kleinigkeiten zu bekritteln und ihn anschließend dreifach hochleben zu lassen.

Und auch sich selbst mag man schon wieder im andern ein wenig auf die Schippe nehmen. Wo man auf Erfolg programmiert zu sein scheint, ist eine Prise schlechtes Gewissen ein sanftes Ruhekissen und das Salz in der fetten Wohlstandssuppe: Der erste Bauchansatz am bis dato ausgemergelten Volkskörper, die Lust an beschaulicher Idylle, der Frust am eigenen Wohlbefinden, das sich nicht bescheiden kann, weiter nach vorn drängt, immer höher hinaus will und kein Ende finden darf. Man gibt sich locker und ist verklemmt. Ablachen ist gefragt, Lachen, so heißt es, entspannt.

Die Nachkriegs- und Wiederaufbauphase des westlichen Restdeutschlands trägt den Namen des Mannes, der der Ära seinen Stempel aufdrückte, sie mit List, Lust und Tücke gegen alle oppositionellen Kräfte bauernschlau und füchsig gestaltete – Konrad Adenauer. Schon die Physiognomie des knittergesichtigen Greises, patriarchaischer Pascha-Papa und altersstarrsinniger Querkopf-Opa in einer Landesvaterfigur, war ein Fest für jeden Karikaturistenstift. Auch das Kabarett verdankt ihm viel. Da war das Stammesoberhaupt, gütig lächelnd und immer quivive-aktiv, an dem es sich gut reiben ließ. Da waren die Themen, für die er stand – Restauration, Remilitarisierung, Reaktion –, gegen die sich im Kabarett großmäulig gut Sturm laufen ließ, weil, solange er am Staatsruder war, ohnehin kein Kurswechsel zur Debatte stand. Adenauer war ein Segen fürs Kabarett, er machte an ihm wieder wett, was die Währungsreform mit ihren Kabarett-Pleiten ihm angetan hatte – er erweckte es zu neuem Leben. Die Kabarettisten erwiesen sich als dankbarer, als es ihrem Ruf zukommt: Sie übten an ihm Kritik, begehrten gegen ihn auf, ritten spitzfindig gereimte Attacken, die eine Lust waren, ein pures Vergnügen, das den Alten weiter popularisierte und wiederwählbar machte.

Und das Publikum? Der Bundesbürger hat sich eingerichtet, hat es sich in diesem frisch verputzten Haus, für das er selbst die Fundamente neu gelegt hatte, bequem gemacht; hier läßt es sich leben. Ein paar kritisch klingende Wortspielereien, parodistische Freundlichkeiten, witzige Frotzeleien, die das Zwerchfell aufs Angenehmste reizen, gehören zu jenem Luxus dieser Jahre, an dem man mehr und mehr Gefallen findet. Kabarett als Stimmungskitzel verwöhnter, leicht übersättigter Zeitgenossen?

Als die Medien, allen voran das Fernsehen, sich des Kabaretts bedienen, um ihrem Sendeauftrag, Unterhaltendes unters Zuschauervolk zu streuen, gerecht zu werden, wird eben dies Programm: Man ist nett zueinander. Das ist die Geburtsstunde der Schere, die im Kopf wirksam ist, der Selbstzensur. Einigen wenigen Kabarettisten, darunter Rudolf Rolfs von der Frankfurter *Schmiere*, ist dieser Preis für Popularität, Prosperität und populistische Publikumsgunst zu hoch. Die Mehrzahl indes beugt sich den Bedingungen, unter denen Aufmüpfiges oder das, was man dafür hält, unters Fernsehvolk zu bringen ist, allen voran die etablierten Ensembles wie das Düsseldorfer *Kom(m)ödchen* und die *Münchner Lach- und Schießgesellschaft*. Da wird denn putzmunter gezwickt, gezwackt und gekitzelt statt gekniffen, gebellt statt gebissen – Massengaudi zum satirischen Nulltarif.

Bemerkenswerter Höhepunkt des munteren Kabarettisten-Geplänkels vor den Fernsehkameras der Nation ist eine Bildschirm-»Diskussion«, die die *Münchner Lach- und Schießer* 1964 mit den Bonner Parteispitzen Gerstenmaier, Mende, Erler und Strauß zusammenführt und die, wie zu erwarten, mit einem vernichtenden Knockout der Kabarettisten endet. Die Politiker-Profis hatten, Sympathiezuwachs im Sinn und Kameraderie im Kalkül, die Arme weit ausgebreitet, hatten die Polit-Narren umarmt, hatten geklammert und zugedrückt: Wenn es sie nicht gäbe, so einer aus der Politikerrunde über die Kabarettisten, hätte man sie erfinden müssen – »eine nützliche Opposition«. Dieter Hildebrandts späte Erkenntnis nach der spektakulären Niederlage: »Die lächeln dich einfach um.« Wohl wahr. Da lag was am Boden und kam nicht mehr auf die Beine.

Die Gestrauchelten brauchten für den Spott nicht zu sorgen. Die Münchner *Zwiebel* schlug daraus Funken für ein ganzes Programm, das sich »Ohne Rücksicht auf Verluste« nannte; im Opening hieß es, man hoffe sehr, daß es niemals im Deutschen Fernsehen gesendet werde. Kabarett – nur für Kellerkinder?

»Wenn die großen, die namhaften, die erfolgreichsten, fast hätte ich geschrieben: die ›Staats-Kabaretts‹ ihr Programm übers Fernsehen feilbieten, drängen sich ihre ›Opfer‹, die Objekte ihrer Kritik und Anflaumerei, eilfertig im Parkett«, schreibt Kritiker Friedrich Luft 1964, der schon Jahre zuvor das Wort von der »gepolsterten Bank der Spötter« in die Debatte geworfen hatte. Die bespöttelten Politiker, so Luft weiter, »lassen sich von der Kamera beobachten, wie unerhört gut gelaunt, liberal und schenkelschlagend humorvoll sie auf die Narrenhiebe von der Bühne reagieren. Bundesminister, Landesminister, Bürgermeister. Ihnen ist, sichtbar, nicht lästig oder ärgerlich, so vor rund sieben Millionen Zeugen ins Schußfeld kabarettistischen Witzes zu geraten. Sie drängen sich danach. Sie genießen es, Ihre Popularität blüht, auch wenn sie scheinbar direkt geprügelt wird, wohlig auf... Es ist eine Sozietät der Angreifer und der Angegriffenen zustandegekommen, die fast pervers erscheint, wenn man die alten, kämpferischen Zeiten des Kabaretts in Deutschland bedenkt. Damals hatte Beschäftigung mit der politischen Kleinkunst Verschwörer-, hatte sie Anarchistencharakter.« Das Luft-Fazit, Anfang der Sechziger, klingt bitter: »Was die Kabaretts heute an Provokation nicht mehr zu leisten vermögen, haben sie längst durch Perfektion wettgemacht... wir haben großartige Kabaretts. Aber Kabarett gibt es kaum mehr.«

Es ist das alte Dilemma, seit das Kabarett in den achtziger Jahren des letzten Jahrhunderts auf dem Montmartre zur Institution wurde. Schon Aristide Bruant hatte, als ihm die großbürgerlichen Spießer dafür zujubelten, daß er in ihnen in der Kabarett-Kneipe »eins in die Fresse« androhte, kein Gegenmittel gefunden, wie man sich gegen solcherlei Umarmung wehren kann. Auch in den satten Fünfzigern finden solche Umarmungen statt, freundschaftliche Umklammerungen einer schönen Gesellschaft, die im Kleinkunstkeller mit masochistischer Lust genießt, was ihnen die Zornesröte ins Gesicht treiben müßte, die ihrem eigenen Zerrbild zujubelt, um sich besser ertragen zu können. Dem Kabarett sind solche tödlichen Liebkosungen noch nie bekommen, oft hat es, unter stürmischer Umarmung um die Luft gebracht, sein Leben auf der Stelle ausgehaucht, zuweilen vegetierte es sich auf schleichende Weise ins Aus, starb es am lebendigen Leibe ab, ohne es zu merken. Und manches Kabarett, das so gestorben ist, lebt noch heute.

Damals, Anfang der Sechziger, beginnen sich die Einzelkämpfer einzumischen, allen voran die politischen Liedermacher. Von einer Krise des Kabaretts wird vorerst nur getuschelt. Aber sie steht schon vor der Tür, die viel beschworene, oft zitierte. An der frisch verputzten, auf Schmuddel-Chic getrimmten Stiege, die in den Kleinkunstkeller hinabführt.

Hanns Dieter Hüsch

Deutsche Zunge

Ich bin ein deutscher Herr
Ich bin ein hochdeutscher Herr
Ich bin des Deutschen mächtig
Ich habe einen deutschen Mund
Ich kann meinen deutschen Mund öffnen
Ich kann meinen deutschen Mund halten
Ich kann mit Hilfe meiner deutschen Zunge Deutschland sagen
Ich kann Dichter und Denker sagen
Ich kann meinen Mund öffnen und mit Hilfe meiner deutschen Zunge auf hochdeutsch dummes, armes, grausames, korruptes, heiliges, vergammeltes, vergeistigtes, verfressenes, gebildetes, geteiltes, verbundenes, verinnerlichtes Deutschland sagen
Ich kann Westdeutschland sagen
Ich kann Ostdeutschland sagen
Ich kann Bundesrepublik sagen
Ich kann sogenannte DDR sagen
Ich kann sagen, was ich will

Ich kann sogenannte sowjetisch besetzte Zone sagen
Ich kann sogenannte Bundesrepublik sagen
Ich kann alles durcheinander sagen
Ich kann sagen: Ich sage, wie es ist
Ich kann es mir ins Gesicht sagen

Ich kann mir in aller Ruhe sagen:
Erkennt die Oder/Neiße-Linie an
Ich kann mir in allem Zorn sagen:
Erkennt die Oder/Neiße-Linie an
Ich kann sagen: Ich kenne keine Polen
Ich kann sagen: Ich kenne keine Deutschen
Ich kann in meinen vier Wänden auf einen Stuhl klettern
Und kann es sagen
Ich kann es gegen die Wand sagen
Ich kann es gegen die Decke sagen
Ich kann es zum Fenster raus sagen
Ich kann meinen Kopf in einen Kochtopf stecken und in den

Kochtopf hinein sagen: Erkennt die Oder/Neiße-Linie an
Genau wie ich allein auf dem Felde oder in einem Gebüsch versteckt »Brummbär« oder »Schaumgummi« sagen kann, kann ich in einen Kochtopf hinein: Erkennt die Oder/Neiße-Linie an sagen

Ich kann es auf hochdeutsch sagen
Ich kann es in Liedform sagen
Ich kann es in Gedichtform sagen
Ich kann es direkt sagen
Ich kann es indirekt sagen
Ich kann es verschlüsselt sagen
Ich kann es künstlerisch wertvoll sagen
Ich kann es lispelnd sagen
Ich kann es offen sagen
Ich kann es idiotisch sagen
Ich kann es nebenbei sagen
Ich kann es meinem Nachbarn sagen
Der kann es seinem Nachbarn sagen

Ich kann inzwischen Initiative sagen
Ich kann durch einen Wald laufen
Und ganz laut Initiative sagen
Ich kann mich in die Wüste setzen und schrecklich laut:
Erkennt die Oder/Neiße-Linie an sagen
Ich kann es als Gnom in der Wüste sagen
Ich kann in der Wüste Sachfragen sagen
Ihr könnt in der Wüste Sachfragen sagen
Alle Deutschen können auf hochdeutsch Sachfragen sagen
Alle Deutschen können in der Wüste
Auf hochdeutsch Sachfragen sagen
Alle Deutschen können als Gnom in der Wüste alles durcheinander sagen, können: Erkennt die Oder/Neiße-Linie an sagen
Können sagen, was sie wollen
Werden aber nicht gehört

Ich werde nicht gehört
Sie werden nicht gehört
Ihr werdet nicht gehört
Wir werden nicht gehört

Darum können wir Deutschen alles sagen.

Dieter Hildebrandt

Überleben Sie mal

Überkleben Sie Plakate, Transparente,
Wo geschrieben steht, es ist nun alles aus.
Überlassen Sie das bitte dem Talente,
Der Voraussicht unsrer Herrn im Bundeshaus.

Übergeben Sie suspekte Elemente,
Die das sagen, der Verfassungspolizei.
Auch der Untergang der Welt war eine Ente.
Pazifismus ist nur leere Rederei.

Weil alles halb so wild ist,
Wenn man nur recht im Bild ist.
Weil man nur angeschmiert ist,
Wenn man nicht informiert ist.
Weil alles halb so schwer ist,
Weil alles kein Malheur ist,
Weil jeder Amateur ist,
Der sich dabei empört.

Überheben Sie sich sämtlicher Bedenken,
Eine Bombe kostet nicht gleich jeden Kopp,
Und die Kirche sagt, der Herr wird sie schon lenken,
Und der lenkt sie in den Osten. Na und ob …
Sie aber über Oberammergau
Oder aber über Unterammergau,
Oder aber überhaupt nicht fällt,
Ist nicht gewiß.

Bürgerin Der Mensch von heute soll nicht höher als höchstens im Hochparterre wohnen.

1. Bürger Warum denn das?

Bürgerin Je höher der Stand der Technik, um so tiefer muß der Mensch wohnen.

1. Bürger Weswegen?

Bürgerin Damit er's nicht so weit in den Keller hat.

2. Bürger *zieht ein Buch heraus* »Eine moderne Fernrakete hat eine Geschwindigkeit von 28 000 Stundenkilometern. Die Flug-

zeit von Bratislawa bis München würde also fünf Sekunden betragen.«

3. BÜRGER Sagen Sie!

2. BÜRGER Nein, sagt der Fachmann.

1. BÜRGER Sie vergessen unser hochentwickeltes Warnsystem; es kann uns nichts passieren.

3. BÜRGER Unser was?

1. BÜRGER Warnsystem *zieht eine Broschüre heraus und liest* »Bei einem drohenden Angriff wird die Bevölkerung durch den Rundfunk über die allgemeine Lage laufend unterrichtet.«

3. BÜRGER Sagen Sie?

1. BÜRGER Nein, sagt diese amtliche Broschüre.

3. BÜRGER Moment, das möchte ich wissen. Ich gehe jetzt hinaus und bin die Rakete. Einer von Ihnen spielt den Bayerischen Rundfunk, und einer zählt von 21–25, und dann schlage ich ein. *geht ab*

2. BÜRGER Ich bin der Bayerische Rundfunk.

BÜRGERIN Und ich zähle bis 25. Alles fertig?

3. BÜRGER *von ganz weit hinten* Fertig! Ich liege bereits auf der Abschußrampe!

BÜRGERIN Einundzwanzig – zweiund ...

2. BÜRGER Hier ist der Bayerische ...

BÜRGERIN zwanzig – dreiund...

2. BÜRGER Rundfunk.

BÜRGERIN zwanzig – vierund ...

2. BÜRGER Vor fünf Sek ...

Alle stürzen mit einem Schrei von der Bühne. Die »Bombe« tritt auf

3. BÜRGER Wo sind Sie denn?

2. BÜRGER Im Keller!!

3. BÜRGER Sie waren doch der Rundfunk. Sie müssen doch das Volk warnen?

2. BÜRGER Und wer warnt mich?

Alle kommen langsam wieder auf die Bühne

3. BÜRGER Das Frühwarnsystem funktioniert ganz toll, was? Und was sollte denn der Quatsch mit der Aktentasche? Warum haben Sie die über den Kopf gehalten, als ich einschlug?

BÜRGERIN Das habe ich in der amtlichen Broschüre des Bundesministeriums gelesen.

1. BÜRGER Jawohl, Aktentaschen schützen gegen Strahlung und herabfallende Trümmer.

2. Bürger *schlägt sein Buch auf* »Bei einer Oberflächenexplosion berührt der Feuerball die Erdoberfläche. Dabei werden Gestein, Erde und andere Materialien verdampft und in den Feuerball aufgesogen.«

Bürgerin Und was sagt Ihre Broschüre?

1. Bürger »Die Hitzestrahlung breitet sich mit ungeheurer Geschwindigkeit aus. Sie wirkt aber wegen ihrer kurzen Dauer nur auf die jeweils getroffene Oberfläche. In der Nähe schützen davor bereits Mauervorsprünge und größere Gegenstände.«

2. Bürger Aktentaschen.

1. Bürger Jawohl!

Bürgerin Vielleicht sollte man noch was rein tun in die Aktentasche, dann schützt sie noch mehr.

2. Bürger Ja, die Broschüre vom Innenministerium *liest aus seinem Buch* »Eine Wasserstoffbombe bewirkt nach den Erfahrungen von Bikini eine Verseuchung von 20000 Quadratkilometern.«

1. Bürger Unsinn! Da lese ich doch lieber die Broschüre! »Die sogenannte Anfangsstrahlung dauert etwa 60 Sekunden und reicht nie weiter als 3–5 Kilometer vom Explosionspunkt.«

Bürgerin Wir wollten sowieso aufs Land ziehen.

1. Bürger Tun Sie es nicht, denn in meiner Broschüre steht: »Flucht bringt keine Rettung.«

Alle Ach soo?

1. Bürger Ja. »Wer sich auf die Flucht begibt, kann nicht rechtzeitig gewarnt werden.«

2. Bürger Vom Bayerischen Rundfunk!

Überleben werden wir's auf alle Fälle,
Weil die Seele immer noch unsterblich ist.
Keinen Fußbreit rückt der Deutsche von der Stelle,
Wie ihr alle noch vom letzten Krieg her wißt.

Überheben Sie sich sämtlicher Bedenken,
Eine Bombe kostet nicht gleich jeden Kopp.
Und die Kirche sagt: Der Herr wird sie schon lenken,
Und der lenkt sie in den Osten, na und ob …
  Sie aber über Unterpfaffenhofen
  Oder aber über Oberpfaffenhofen
  Oder aber ganz genau ins Altmühltal,
  Ist fast egal.

Mischa Mleinek

Die unlustige Witwe

Mein Billy war zum Heldentum entschlossen.
Für Vaterland, für Volk und für Physik
Hat man ihn voriges Jahr ins All geschossen,
Doch Billy ist bis heute nicht zurück.
Und mich als Billys angetrautes Weib hat's
Natürlich erstmal kolossal gekränkt.
Die Fachwelt sagt, es lag bestimmt am Treibsatz,
Doch Billy hat schon immer falsch gelenkt.

Nun hat er Ruhm auf Ehre,
Und ich hab die Misere.
Denn Billy bleibt nach amtlicher Gewähr
Nur wegen seinem Fimmel
Noch achtzig Jahr am Himmel
Und zischt im Stratosphären-Kreisverkehr.
Doch etwas macht mir dabei Vergnügen:
Mich kann der Billy nicht mehr betrügen.
Geht einer andern Ollen
Der Ehemann verschollen,
Dann bleibt er meistens unbekannt vermißt.
Doch ich weiß jede Stunde
Genau auf die Sekunde,
Wo Billy mit der Oberstufe ist.

Schon wenn ich das Frühstück mache, weiß ich
Genauestens und immer Billys Lauf.
Zum Beispiel gegen sieben Uhr und dreißig
Geht Billy schon im Süd-Südwesten auf.
Und geht um viertel neune meine Klingel,
Und bringt mir dann der Postmann meine Post,
Dann weiß ich: Jetzt macht Billy grad den Kringel
Am Mars vorbei in Richtung Ost-Nordost.

Und sitze ich beim Essen,
Flitzt Billy unterdessen
Als nuklearer Sternenschnuppenheld.

Kometenhafterweise
Vollzieht er seine Kreise
Parabelförmig hinterm Mars der Welt.
Und gegen Abend – das sah ich neulich –
Da scheint der Billy ein wenig bläulich.
Und geh ich in die Heia,
Geht vor der Kassiopeia
Der Billy grade in die Phase zwei.
Noch nachts von den Matratzen
Seh ich ihn Kurven kratzen
Am Schornstein hinterm Altersheim vorbei.

Für mich ging zwar der Billy leider flöten,
Weil er noch ziemlich dauerhaft rotiert.
Doch dafür hat man Billy als Kometen
In Größenordnung sieben einsortiert.
Nun zeigt man meinen Billy samt Raketchen
Im Fernrohr jeden Abend gegen Geld.
Und neulich kam ein kerngesundes Mädchen
Mit Aszendenten Billy auf die Welt.

Nun hat er siebzehn Orden
Und ist befördert worden,
Doch so was ändert nichts an Billys Lauf.
Ich selber fänd es netter,
Man schießt ihm das Lametta
Und jeden Ersten seine Rente rauf.
Ach, wie beneidet sind meine Tanten,
Daß sie verwandt sind mit nem Trabanten!
Und sagen mir die Leute:
»Wie strahlt Ihr Billy heute
Am Abendhimmel wieder hell und klar!«,
Dann denk ich auf der Stelle:
Der leuchtet nur so helle,
Weil Billy vorher nie ne Leuchte war.

Und abends geh ich immer
Nochmal ins Kinderzimmer
Und sing in Treue fest
Für Billys kleine Rangen:
»Papa ist aufgegangen
Am Altersheim mit Kurs Nordwest.«

Innere Führungs-Kettenreaktion

Der Oberst sagt zum Adjutanten:
Morgen früh um neun ist eine Sonnenfinsternis. Etwas, was nicht alle Tage passiert. Die Männer sollen im Drillich auf dem Kasernenhof stehen und sich das seltene Schauspiel ansehen. Ich werde es ihnen erklären. Wenn es regnet, werden wir nichts sehn. Dann sollen sie in die Sporthalle gehen.
Der Adjutant zum Hauptmann:
Befehl vom Oberst: Morgen früh um neun ist eine Sonnenfinsternis. Wenn es regnet, kann man sie vom Kasernenhof nicht sehn, dann findet sie im Drillich in der Sporthalle statt. Etwas, was nicht alle Tage passiert. Der Oberst wird erklären, warum das Schauspiel selten ist.
Der Hauptmann zum Leutnant:
Schauspiel vom Oberst: Morgen früh neun Uhr Einweihung der Sonnenfinsternis in der Sporthalle. Der Oberst wird erklären, warum es regnet. Sehr, sehr selten sowas!
Der Leutnant zum Feldwebel:
Seltner Schauspielbefehl: Morgen neun Uhr wird der Oberst im Drillich die Sonne verfinstern, wie es alle Tage passiert in der Sporthalle, wenn ein schöner Tag ist. Wenn's regnet: Kasernenhof!
Der Feldwebel zum Unteroffizier:
Morgen um neune Verfinsterung des Obersten im Drillich wegen der Sonne. Wenn es in der Sporthalle regnet, was nicht alle Tage passiert, antreten auf dem Kasernenhof. Äh ... sollten Schauspieler dabei sein, solln sich selten machen.
Gespräch unter den Soldaten:
Haste schon gehört, wenn's morgen regnet? Tja, ich weiß – der Oberst will unser Drillich verfinstern. Das dollste Ding: Wenn die Sonne keinen Hof hat, will er ihr einen machen. Schauspieler sollen Selter bekommen, typisch. Dann will er erklären, warum er aus rein sportlichen Gründen die Kaserne nicht mehr sehen kann. Schade, daß das nicht alle Tage passiert.
Wen wundert es da noch, daß auf den Truppenübungsplätzen die Manöver-Beobachter nie voll getroffen werden!

Hanns Dieter Hüsch

Vierter Gesang gegen die Bombe

> Und die Erde ist wüst und leer,
> leerer noch als am Anfang.
> Und kein Gras und kein Kraut geht mehr auf –
> und kein Baum, der da Frucht trägt.
> Taiga und Tundra, Sahara und Gran Chaco,
> auswechselbare schwarze Wüsten, die Asche
> ist leicht und läßt sich nicht stationieren.

Kein Flugzeug fliegt über die Anden,
Kein Fluß mehr führt Fische spazieren,
Kein Mensch findet auf seinem Atlas
Beispielsweise
Zürich oder den Golfstrom.
Keinem Kabarettisten fällt eine brillante Formel ein,
Die zwischen den Zeilen sagt:
Der Mensch ist verbrannt,
Und alles, was aktuell, heilig und scheinheilig war,
Ist mit ihm verbrannt.
Keine Blume,
Kein Clown,
Kein Licht,
Kein Bild,
Kein Gedicht
Ist zu sehen und zu hören.

Auch die Immerlustigen
Konnten sich nicht mehr aus dem Staub machen und sagen:
So schlimm wird's wohl nicht werden.
Wir sitzen ja Gottseidank weit vom Schuß.
Die meisten Bomben fallen ja vorbei.
Sie sagten vielmehr:
Das haben wir nicht gewollt.
So hatten wir uns das nicht vorgestellt.
Das muß doch wohl ein Irrtum sein.
Und verbrannten.
Und auch die, die immer gesagt hatten,
Das wissen wir ja alles,
Aber wie sollen wirs denn ändern,

Wir sind doch nur ein kleines Rad im Räderwerk,
Schämten sich,
Daß sie nicht deutlich
Nein
Gesagt hatten.
Und verbrannten.
Zu Wasser, zu Lande und in der Luft!
Und auch die, denen wir das nicht mehr zu sagen brauchen,
Weil sie unsere Ansicht und Aussicht teilen,
Verkommen und vergehen mit allem,
Was da kreucht und fleucht seit Anbeginn.

HEIO MÜLLER

Bezugspunkte

Eine wehrpolitische TV-Instruktion

FELDWEBEL *spricht in die Kamera* »Innere Führung« ... »Staatsbürger in Uniform« ... ich mein', sind wa doch ma ehrlich: worauf kommt es denn an beim Militär? Doch, daß wa se fit machen für den Ernstfall, die Männer. Für den Krieg, allet andere geht doch anne Sache vorbei, oder? Ich weiß nich, war dat Moltke oder Scharnhorst oder wer dat geprägt hat, dat Wort: »Der Soldat soll nich denken – er soll gehorchen.« Natürlich muß er wissen, wofür. Heute. So die psychologische Rüstung, wat se früher auf'm Koppelschloß hatten: »Für Volk und Vaterland«. Die Bezugspunkte, verstehen Se. Da hapert es nach meiner Erfahrung. Die Ideale ... *er tippt sich ans Herz* hier drin. Wofür! Klar, wir sind dafür da, um den Krieg zu verhindern. Dat is unsere eigentliche Aufgabe ... den Frieden zu schützen. An Krieg dürfen wir ja überhaupt nicht denken; die Hälfte von Volk und Vaterland is ja drüben, wo wir hinschießen müssen, wenn der Russe uns angreift. Wie könn' wir da an Krieg denken? Also, ich krieg da, ehrlich gesagt, Mattscheibe, wenn ich dadran denke. Und die Kameraden, denen geht's nich anders. *Er wendet sich an seine Soldaten* Also angenommen, der Feind hat heute früh fünf Uhr die Grenzen der Bundesrepublik überschritten. Müller I, was tun Sie?

Müller I Ich gehe sofort nach Hause.

Feldwebel Warum gehen Sie sofort nach Hause?

Müller I Weil unser Auftrag, den Krieg zu verhindern, gescheitert ist.

Feldwebel Klar, wir haben unseren Zweck verfehlt, wenn es Krieg gibt. Aber den Krieg zu verhindern, ist ja nur ein Bezugspunkt; selbstverständlich können wir nich einfach nach Hause gehen, wenn dat nich geklappt hat. Da brauchen wir eben weitere Bezugspunkte. Und die liefert uns die Abteilung »Psychologische Verteidigung«. »Volk und Vaterland« und »Gott mit uns!«, wat früher dat Wofür ausmachte, da kommen wir, wie gesagt, nich mit hin. Un »Familie«, da macht der Feind doch die Städte, so die Menschenansammlungen, die macht er doch zuerst hin, weil da die größte Wirkung zu erzielen is auffe Kampfmoral; denn ich meine: Frau und Kinder in den Städten befinden sich, wenn et Krieg gibt, an der Front, während der Soldat, er muß ja aus strategischen Gründen Ansammlungen vermeiden ... Also, die festen Ziele wie Volk, Heimat, Familie sind als Bezugspunkte nur bedingt tauglich. Es bleiben – als Wegweiser im Chaos eines Atomkrieges: Freiheit – Recht – Verteidigung des Abendlandes. Und natürlich die NATO. *Er wendet sich wieder an die Soldaten* Also angenommen, Fähnrich Meier II, die Bundeswehr wird in einem Krieg mit der Sowjetunion bis hinter die Pyrenäen zurückgeworfen. Die Bundesrepublik mit allem, was drin lebt und steht, ist durch Atombomben völlig zerstört; würden Sie dann noch die Kraft haben, weiterzukämpfen und würden Sie vor allem einen Sinn darin sehen, die nicht mehr existierende Bundesrepubik zurückzuerobern?

Meier II *holt tief Luft* In einem solchen Fall ist mein Bezugspunkt die gesamte freie westliche Welt. In ihr kann es dann immer noch jene Werte geben, für die wir kämpfen, auch wenn die Bundesrepublik nicht mehr existiert. Ich würde also weiterkämpfen.

Feldwebel *in die Kamera* Sie sehen, deutsche Männer und Frauen, wie wichtig es ist, einen Bezugspunkt zu haben. Wat haben wir nu heute gelernt? Falsch is, wenn Müller I nach Hause geht, weil sein Bezugspunkt, den Krieg zu verhindern, im Eimer is. Richtig is, wenn Meier II weiterkämpft, obwohl alles im Eimer is. Denn eines, Nachbarn, bleibt: Irgendein Bezugspunkt! Ohne einen solchen, Kameraden, wäre der Krieg als solcher nicht mehr zu retten.

Gerd Semmer

Atomgedicht 57

Achtzehn Professoren durchbrachen
Das tobende Schweigen der Schallmauer,
Aufgebaut von bezahlter Journaille
Um den Massenmordplan.
Aber, meine Herren, was geht denn Sie das an?
Sie glauben, daß man einfach hereinreden kann?
Das ist doch Politik, wovon Sie nichts verstehn!
Mund halten, weiterforschen!
Sie sind gar nicht gefragt!
Keine Diskussion! Weitergehn!

Seit Generationen wuschen sie
Die Hände in reiner Wissenschaft.
Die Folgen haben sie nie gewollt.
Endlich machten achtzehn den Mund auf,
Männer zeigten Herz.
Aber meine Herren, was gehn Sie die Folgen an?
Sie glauben, daß man einfach hereinreden kann?
Machen Sie Ihre Arbeit, wovon Sie etwas verstehn!
Haben Sie denn kein Berufsethos?
Sie sind außerdem nicht gefragt!
Keine Diskussion! Weitergehn!

»Ihre Kinder an sich drückend
Stehen die Mütter und durchforschen
Angstvoll den Himmel nach den Erfindungen
der Gelehrten.«
Aber meine Herren, was gehn Sie die Kinder an?
Sie glauben, daß man einfach hereinreden kann?
Das ist unsere Politik, wovon Sie nichts verstehn!
Überlassen Sie das den Fachleuten!
Keine Diskussion! Auseinandergehn!

Dieter Hallervorden

Selbstschutz-Empfehlung

Meine sehr verehrten Damen und Herren, Sie wundern sich vielleicht, warum ich von Ihnen aus gesehen jetzt von links außen operiere, aber es handelt sich um eine sehr delikate Angelegenheit, die von hinten rum an das Volk gebracht werden muß. Kurzum hier haben Sie Ihre Überlebenschance im Falle eines Atomkrieges, eine Überlebenschance, wie sie die Bildzeitung vom 10. Juli 1965 verspricht, eine Überlebenschance für 4250 Pfennige.
Hier ist zunächst eine zauberhaft süße kleine Gasmaske, Modell Atomtod ... a ... Atemnot. Also, die ziehen Sie sich über den Kopf, und mal ehrlich, wo kriegen Sie sonst noch ein Kleidungsstück für das Geld, nicht mal einen Hut. Und manch einer hat vielleicht auch nicht so ein schönes Gesicht, dem kommt es dann zugute, wenn er es mal versteckt.
Ja, was ist denn, mein Herr ... ach, Sie sind schon sechsundsechzig? Da haben Sie aber unverschämtes Schwein gehabt, denn selbstschutzverpflichtet ist man nur bis fünfundsechzig. Für alles, was über fünfundsechzig ist, habe ich sozusagen außerhalb meiner Tätigkeit einen ganz persönlichen Rat: Nehmen Sie ein großes weißes Tischtuch über den Arm, in die andere Hand einen großen schönen Blumenstrauß und dann gehen Sie ganz langsam in Richtung Friedhof.
Und die andern, für die habe ich eine kleine Überraschung: Sie haben eine echte Überlebenschance. Für mindestens sieben bis acht Minuten. Was man in acht Minuten alles machen kann? In sieben bis acht Minuten können Sie erst mal zusehen, wie die anderen ohne Gasmaske ... früher ... als Sie...
Außerdem werden Sie die Zeit brauchen, um das Vaterunser wieder zu lernen. Machen Sie, was Sie wollen. Gehen Sie auf alle Fälle nicht an die frische Luft. Von Spaziergängen wird in den ersten zwanzig bis dreißig Jahren dringend abgeraten – es sei denn, es ist gerade Auferstehung.

Conrad Reinhold

Deutschlandstreicher

Ich strich durch Ost, streich jetzt in West,
Spie zweimal schon ins eigne Nest,
Viel Dreck ist drin, teils rot, teils braun,
Bin darum zweimal abgehaun.
War in der lieben DDR,
Wo Selbstkritik fällt furchtbar schwer.
Das Leben nämlich herrlich wär
Doch was er treibt, der Funktionär,
Ist oft kein Sozialismus mehr.
Ein Gaukler lief davon,
Doch nicht ganz partout bis Bonn.

Streich jetzt in West wie einst in Ost,
Doch ziemlich gleich ist da die Kost,
Die Barrikaden hier nicht stehn,
Ich kann nur sichre Posten sehn.
Das ist die Bundesrepublik,
Ein Frigidaire im Wirtschaftsglück.
Der Boss hat einen guten Trick,
Denn der Prolet kriegt auch ein Stück.
So ging der Klassenkampf zurück.
Als Wunder wär zu melden:
Nichts Neues zwischen zwei Welten.

Gar winzig ist der Unterschied
Im vierten deutschen Reich,
Im zweigeteilten Staatsgebiet,
Da ist noch vieles gleich.
Denn hier wie dort, da sitzt sie fest
In ihrer Position,
Die nicht gern mit sich spaßen läßt:
Die deutsche Reaktion.
Ob CSU, ob SED,
Ob Ulbricht oder Strauß,
Verfassungsschutz und SSD –
Sie sehn genauso aus.

Therese Angeloff

Über den Zorn

Eine Tür wird zugeschlagen. Man hört die zornige Stimme eines jungen Mannes.

Was Sie da eben hörten, war mein Sohn,
Er ist erst achtzehn, der Kleine,
Und schon so zornig auf unsere Generation –
Natürlich auch auf die seine.
Er ist ein potentieller, existentieller Individualanarchist.
Tja, ich weiß auch nicht, was das ist.
Aber er wird es schon wissen, mein zorniger Sohn.
Auf jeden Fall ist er für Rebellion.
Und ein strikter Verneiner jeglicher Autorität.
Und du hattest doch erst die Masern, mein Kleiner ––
Nein, wie die Zeit vergeht!

Sei nur zornig, mein Junge,
Und sind die andern auch schockiert,
Ich freue mich, mein Junge, daß dir so leicht nichts imponiert.
Und wenn du mir das Leben auch erschwerst
Mit deiner ewigen Opposition –
Ich möchte gar nicht, daß du anders wärst,
Sei nur zornig, mein Sohn!
Er geht mit dem Fortschritt und knallt mit den Türen,
Doch seine »Schrei-wenn-du-kannst-Manieren«
Machen mir wirklich nichts aus.
Er schreit, weil er glaubt, daß ihn keiner versteht,
Dabei ist er doch kaum aus dem Stimmbruch heraus.
Nein, wie die Zeit vergeht!

Sei nur zornig, mein Junge,
Du darfst die Welt ruhig provozieren.
Schlag um dich, mein Junge, du hast ein Recht zu revoltieren.
Wenn man bei dir auch den Respekt vermißt –
Mir ist noch nie sehr viel daran gelegen.
Du weißt noch nicht, warum du zornig bist,
Doch ich, mein Junge, weiß genau, weswegen.

Die Nacht, mein Kind, in der ich dich geboren,
War eine Vollmondnacht und sternenklar.
Man schoß Salut für dich aus tausend Rohren,
Und obwohl gar nicht Heiliger Abend war,
Brannte ein Christbaum über unserm Haus,
Im Keller ging die letzte Kerze aus.
Vom Himmel hoch fiel Schwefel dir zu Ehren,
Du lagst in deinem Luftschutzpappkarton.
Ich konnte deinen ersten Schrei nicht hören,
Denn die Sirene pfiff – den Schlager der Saison.
Du sahst die schöne Welt, in die ich dich geboren,
Und da hast du vor uns wohl den Respekt verloren.

Sei nur zornig, mein Junge!
Dein Vater war es früher auch.
Doch jetzt hat er höchstens heimlich mal eine Wut im Bauch.
Was wollte der nicht alles für die Menschheit tun!
Vor allem wollte er niemals ein Unrecht decken.
Heut tut er nur noch das, was opportun,
Sonst tut er nichts, um ja nicht anzuecken.
Laß dich nicht auch so wie die andern zähmen
Aus lauter Angst um deine Position!
Laß dir nicht die Zivilcourage nehmen
Und bleib du zornig nur, mein Sohn!

Helmut Ruge

Gebet der Eltern vor der Zeugung

Ehe wir zu Werke gehen,
Wolln wir nach dem Rechten sehen,
Und dann möchten wir schön bitten,
Uns ein gutes Kind zu schicken.

Es sei klein, sein Herz sei rein,
Immer soll es artig sein,
Und wenn es nicht hören kann,
Schicke uns den schwarzen Mann.

Gib dem Vater einen Stecken,
Um auch den Respekt zu wecken,
Und der Mutter gütge Augen,
Daß es fröhlich wird beim Saugen.

Laß es nie mit Steinen schmeißen,
Oder unsern Waldi beißen,
Oder in dem Beet voll Lilien
Mit den andern Kindern spielien.

Widerrechtlich Unbefugtes
Tu es nicht, es tut nur Gutes.
So wie seine Eltern sind
Soll es sein, das liebe Kind.

Kurz es soll in seinem Handeln
Auf dem Pfad der Hampels wandeln,
Und als Glied in einer Kette
Entsteh es jetzt im keuschen Bette.

Klaus Peter Schreiner

Heilig Vaterland

A Verzeihung – Sie sind Immobilienhändler?
B Stimmt.
A Sie handeln also mit unbeweglichen Sachen – Häusern, Grundstücken …
B Falls Sie Interesse haben sollten – ich hätte schöne Seegrundstücke …
A Interessant – ich hätte auch etwas, und zwar eine Frage.
B Ja, bitte?
A Das Vaterland als solches ist doch streng genommen auch eine Immobilie?
B Es ist eine Liegenschaft, es ist unbeweglich …
A Sehr unbeweglich sogar. Wenn man davon absieht, daß es Menschen geben soll, die ihr Vaterland im Herzen mit sich herumtragen, ist das Vaterland eine sehr unbewegliche Sache.

B Sie haben ganz recht. Wenn man das so betrachtet, ist auch das Vaterland strenggenommen eine Immobilie.

A Dann wäre es, ebenso strenggenommen, auch vermakelbar.

B Also … das eigentlich weniger.

A Aber wenn man doch Immobilien vermakeln kann …

B Wir vermakeln andere Immobilien: Grundstücke.

A Aber auf der anderen Seite sind die Grundstücke, die Sie vermitteln, doch wiederum winzig kleine Teile des Vaterlands.

B Da kann ich Ihnen nicht widersprechen.

A Also vermakeln Sie das Vaterland auch portionsweise – warum dann nicht gleich am Stück?

B Das ist doch ganz was anderes. Grundstücke haben Besitzer – das Vaterland gehört allen.

A Allen Grundstückbesitzern.

B Nein, allen Menschen, die zu ihm gehören.

A Nein, das Vaterland gehört nur allen Grundstückbesitzern. Wer keinen Grund und Boden besitzt, dem gehört auch kein Stück Vaterland. Der ist sozusagen automatisch ein vaterlandsloser Geselle.

B Sind Sie Grundbesitzer?

A Nein, Gott sei Dank nicht.

B Was heißt »Gott sei Dank nicht«?

A Als Deutscher halte ich mein Vaterland für sehr belastet, und eine Immobilie, die belastet ist, ist nun mal … nun ja, eine Belastung.

B Ich weiß immer noch nicht, worauf Sie hinauswollen.

A Das sagte ich doch: Mich interessiert das Vaterland als Immobilie.

B Ich habe Ihnen gesagt: Strenggenommen ist das Vaterland eine Immobilie, aber genaugenommen ist es keine.

A Aha, da unterscheiden Sie streng.

B Genau.

A Und wo liegt der Unterschied wirklich?

B Das Vaterland muß man mehr symbolisch sehen.

A Aha, dann gibt es also zwei Vaterländer.

B Wieso zwei?

A Es gibt ein reales, das aus Grund und Boden besteht, der verkäuflich ist, und das demzufolge die Grundbesitzer unter sich aufteilen, und es gibt ein symbolisches, das sozusagen über dem realen schwebt, keinen materiellen Wert hat und demzufolge allen gehört.

B Das ist interessant. Dann wäre das reale Vaterland das teure…

A Im wahren Sinne des Wortes.

B Und das symbolische wäre das heilige Vaterland.

A Richtig. Und mit dem heiligen Vaterland haben Sie als Makler nicht viel am Hut.

B Wie sollte ich auch. Heiligkeit wirft keine Provisionen ab.

A Eins ist ja interessant.

B Was meinen Sie?

A Es heißt immer, unser Vaterland wäre geteilt. Vertikal. So: vertikal.

B Ist es doch auch.

A Schon. Aber außerdem ist es auch noch horizontal geteilt. So. Unten das teure Vaterland und darüber das heilige.

B Das wäre ja mehr eine Spaltung.

A Endlich haben Sie's begriffen. Unser Vaterland ist schizophren.

B Was wollen Sie damit sagen? Etwa, daß es in die Klapsmühle gehört?

A Ach wo. Aber Sie sagten doch, daß dieses obere Vaterland allen gehört?

B Stimmt.

A Dann gehört mir ja auch ein Teil davon.

B Genau. Etwa ein Sechzigmillionstel.

A Und wenn ich Ihnen den abtreten würde – was zahlen Sie dafür?

B Zahlen? Sie sind wohl von allen guten Geistern verlassen. Wir waren uns doch einig, daß diese Art von Vaterland unbezahlbar ist.

A Moment – wir haben gesagt: Es hat keinen materiellen Wert. Aber es gibt doch auch den ideellen Wert.

B Den können Sie gleich vergessen.

A Das heilige Vaterland hat keinen ideellen Wert, der sich in Zahlen ausdrücken läßt?

B Allenfalls in der Zahl Null. Es ist ja nicht mal baureif, dieses Vaterland.

A Was ist es nicht?

B Baureif. Oder kennen Sie ein Vaterland, auf das man bauen kann?

Der Zollbeamte

Fahren Sie doch endlich weiter. Meinen Sie, ich will in Ihrer drekkigen Urlaubswäsche wühlen?
Sobald diese Leute in Grenznähe kommen, benehmen sie sich komisch. Ist es ihre Abenteuerlust oder meine Uniform? Manche sind richtig beleidigt, wenn ich sie durchwinke. So als wollten sie sagen: »Ich habe ein Recht darauf, schlecht behandelt zu werden.«
Wenn ich mal ungnädig die Stirne runzeln und jemanden anbrüllen würde:
»Was? Mit so einem dreckigen Auto wagen Sie es, in die Bundesrepublik einzureisen?«
Der würde Zoll bezahlen für den Dreck.
Schaun Sie mal, was für eine schöne Gegend hier. Berge, überall Berge. Auf denen ist was los, sage ich Ihnen.
Wanderer, Skifahrer, Bergsteiger. Besonders Bergsteiger. Die lassen die Berge einfach nicht in Ruhe. Da drüben, der Große mit der kleinen Wolke hat schon seine elfte Erstbesteigung hinter sich. Ja, das geht. Winterbesteigung, Sommer – Herbst – Frühlingserstbesteigung. Einmal mit verbundenen Augen, mit zwei Rucksäcken, ohne Pickel, mit Pickeln, einmal rückwärts mit Anlauf.
Jetzt will es einer mit 39 Grad Fieber versuchen.
Morgen versucht einer eine Letztbesteigung. Viel Glück. Bergheil!
Fahren Sie doch durch, Mensch!
Aber schnell, ehe mein Assistent kommt. Der will Karriere machen, der verzollt Ihnen die Jacketkronen.
Weg da vom Schlagbaum, Freunde!
Ich bitte mir Respekt aus vor dem Äußersten, was unser Land besitzt!
Warum heißt das Ding eigentlich Schlagbaum?
Mein Assistent, und der ist Assessor, der weiß es auch nicht. Er weiß auch andere Sachen nicht.
Ich habe ihm neulich erklären müssen, daß Frauen Wesen sind, die es auch schon *vor* dem Examen gibt. War ihm neu. Er meinte, Schlagbaum heißt Schlagbaum, weil es der Punkt des Landes ist, von wo aus losgeschlagen wird, wenn es siegreich ins Feindesland geht.

Er kann nichts dafür, der Junge. Bei ihm zu Hause feiern sie noch die Schlacht von Sedan. Und bis dahin ist er auch im Geschichtsunterricht gekommen.
Nein, habe ich ihm gesagt: Schlagbaum? Das ist eine Begrenzung, die heruntergelassen wird, damit Leute mit Ihrem Horizont, Herr Assessor, nicht darüber hinwegsehen können.
Seit der Zeit leidet unser Dienstverhältnis unter Kontaktarmut.
Der Junge will was werden. Neulich hat er ein Auto völlig auseinandergenommen. Teil für Teil! Er wollte beweisen, daß der Fahrer eine italienische Mutter mit einschleppt. Danach hat er das Benzin abgeschmeckt, ob's nicht vielleicht zollpflichtig ist.
Sonst ist mein Assessor ja ein netter Mensch.
Er hat auch Courage.
Wir standen vor ein paar Tagen nebeneinander am Schlagbaum... da schießt mir ein Wilderer durch die Hose. Ist gar nicht so schlimm, war ja nicht meine eigene. Schießt dieser Wilderer mir also da hinten durch das Vakuum ... jede Uniformhose hat hinten ein Vakuum. Das ist schon so berechnet. Wenn der Insasse mal befördert wird, kann hinten noch einer rein. Da durch schießt mir der Kerl. Und was ist passiert? Ich habe meine Hose zum Schneider gebracht, der Assessor seine in die Reinigung.
Haben Sie was zu verzollen?
Na, gnädige Frau? Den Brummer da haben Sie doch nicht mit auf die Safari genommen, oder?
Hallo, Assessorchen, prüfen Sie doch mal das Kilo Gold an diesen Patschhändchen!
Hier kommen Leute durch, na.
Kürzlich erst eine Walzwerksgattin. Wie ein Schellenbaum. Ein Händedruck: ein mittelschweres Platzkonzert. Seit der Zeit habe ich hier den Klunker-Zoll eingeführt.
Ich habe mich mit dem Mann von der Dame unterhalten.
Ich sage Ihnen, ein tragischer Fall.
1937 hatte er eine Heiratsannonce im »Völkischen Beobachter« losgelassen. Er hat mir den Text gezeigt. Original: »Tannenbergkämpfer mit Siedlungsabsicht wünscht männliche Nachkommenschaft mit altarisch ausdauerndem, auch zu grober Arbeit geeignetem Weibe mit breiten Absätzen ohne Ohrringe.« Und jetzt hat er die Frau heute noch.
Die ganzen Klunker sind reinste Vergangenheitsbewältigung. Hallo, Sie da hinten! Halten Sie Ihren Hund zurück. Der hebt an unserem Schlagbaum das Bein!

Wenn das mein Assessor gesehen hätte. Er würde, so sagt er, hier die Würde und Unverletzbarkeit seines Vaterlandes in Frieden und Freiheit auf dem Boden des Rechtsstaates ... das dauert lange, bis er damit fertig ist! Es klingt, wie wenn unser Bundespräsident Lübke sich verliest.
Bei Lübke habe ich immer das Gefühl: Gleich sagt er was Dummes. Das Dumme ist – dann sagt er's auch. Der gleiche Zwergschuljahrgang wie mein Assessor.
Neulich sagte der: »Wir, in diesem Teil unseres armen, geteilten Vaterlandes, stehen im Mittelpunkt des Weltgeschehens. Wir können mit Stolz sagen: Wir sind der Nabel der Welt.«
Ich sagte: »Ich sehe den Fall etwas tiefer.«
Nachdem er langsam verstanden hatte, wurde er fuchsteufelszornig und schrie: »Wir sind Europa!«
Bei gutem Wetter haben wir hier aber ein sehr aufgewecktes Echo, und schon kam's aus den Bergen zurück: »Opa!«
Und er: »Wir wollen Rache für 1918!«
Das Echo: »Achtzehn-achtzehn!«
Er wieder: »Und die Grenzen von 37!«
Und da muß das Echo geglaubt haben, er will mit ihm Skat spielen, und rief zurück: »Passe!«

ECKART HACHFELD

Heim ins Reich

Vorzutragen vor einem Seebohm-Bild

Ja, ja, ja! Schlaflose Nächte macht er mir, der Bub! Hat so traurige Augen! Aber das kommt von diesen verlogenen Berichten im Fernsehn über die alte Heimat! Wenn ich das schon hör! Tatsachenberichte!! Wir haben doch in Erinnerung, wie es jetzt dort ausschauen muß – bei denen Polacken und Tschechen! Schulen, neue Häuser!!! Daß ich nicht lach! Die können doch gar nicht aufbaun ohne uns, wo die doch immer saufen und Weiber verprügeln und Igel am offenen Feuer braten. Höchste Zeit, daß der Jaksch Wenzel das Fernsehn koordiniert! Der wird es euch Reichsdeutschen zeigen, die Schlamperein und die Wüsteneien und die Lügerein!

Er ist gut, der Jaksch, nicht? No gut, ein Sozi, aber er fangt uns die Querschüsse von der Linken ab! Und der Zoglmann von den Freien Demokraten ist auch nicht schlecht, was? Hat man ihm schon damals angesehn, wie ich am Gebietsführer Zoglmann vorbeimarschiert bin – anno 38, als Glaube und Schönheit.
Hast ja recht, daß du bös bist auf uns, daß wir nicht von Anfang an die Klappe aufgerissen haben, so wie du. Aber schließlich mußte man sich ja erst ein bissl setteln, hier in dem elenden Asyl!! Mit an Fahrrad und Ofenheizung, da hat man anderes im Kopf, da ging es erst mal um das Recht auf Heimat, hier in der Bundesrepublik! Aber jetzt, wo man das Zipferl vom Wirtschaftswunder derpackt hat, und sein Kindergeld aus Bonn und die alten Pensionen aus Bonn, das stärkt natürlich ungeheuer das Heimatgefühl – für die Tschechoslowakei. – Das müssen Sie doch verstehn, mit Fünftagewoche und Fernsehtruhe und Bildzeitung, da hat man Zeit, die Sehnsucht zu organisieren – und genügend Kleingeld, um im flotten Wagerl nach Nürnberg oder Stuttgart zu fahren, wo der Seebohm zum Himmel schreit!
Daß die Piefkinesen dich aber auch nicht verstehen wollen, in deinem edlen Wahn! Was verdanken wir denen schon? A sichere Existenz, an gehobenen Lebensstandard – na und? Was können die mehr erwarten, als daß ihnen dein heiliger Zorn außenpolitische Knüppel zwischen die Beine pfeffert! Ein schlechtes Gewissen haben die, sonst würden sie dich ja gar nicht reden lassen! Das ist es! Der Ruf »Heim ins Reich«, der steckt einem eben von altersher im Blut, auf die Richtung kommt es da nie so genau an.
Manchmal, wissen Sie, da komm ich auch nicht so ganz mit, was ihm im Hirnkastl spuckt, aber trotzdem fahr ich zu jedem Treffen! Den Zweikaräter, den geb ich natürlich ins Nachtkastl, da nehm ich dann immer nur die Bernsteinbrosche mit der eingeschlossenen Fliege am Busen. Aber das ist ja nur äußerlich – und wenn ihr dann so von der Tribüne donnert, ihr Berufsflüchtlinge, ihr professionellen Vertriebenen, da ist einem immer innerlich ganz elend zu Mut!
Wissen Sie, manchmal möcht ich ihn gern fragen, was er macht, wenn die Tschechen sagen würden: Kommts! Also ich glaub, am schwarzen Markt würden Höchstpreise bezahlt für gute Ausreden, wie man als gläubiger Sudetendeutscher drumrumkommt um den Triumphzug zurück nach Stary Boleslav oder nach Privoz. Und warum werden sie sich drücken? Weil du so großzügig bist mit deinem Volk! Jezeschmarandjosef, ich hör sie schon: Und

meine 16 Prozent Dividende? Und mein 14. Monatsgehalt? Und mein bezahlter Urlaub in Teneriffa? Und die Krankenkasse? Und der Herr Novotny in Prag wird sagen: nix is, wird er sagen! Aber soll man die Flamme der Sehnsucht deshalb verlöschen lassen? Wer simmer denn? Wo Böhmen und Mähren jahrhundertelang dazugehört hat, – zu Österreich! Da muß man halt auf die paar kapitalistischen Tifteleien verzichten! Ich fleh euch an: Gebts uns keine Subventionen mehr – zum Umgewöhnen! Kein grüner Plan, kein Honnefer Modell – dafür umschulen, Kinder tschechisch lernen lassen, auf Heimkehr vorbereiten, Auto abmelden und hübsch sozialistisch Maulhalten lernen – auch du mein Scheißerle!

KLAUS PETER SCHREINER

Heimaterde

VERKÄUFER Heimaterde! Schöne, gute, frische Heimaterde! Heimaterde!

HERR Bitte ein Tütchen!

VERKÄUFER Schlesische oder sudetendeutsche? Pommern oder Siebenbürgen?

HERR Haben Sie nichts aus der Gegend von Essen?

VERKÄUFER Wohl verrückt, was? Essen! Heimaterde!

HERR Ich dachte mir's fast.

VERKÄUFER Was?

HERR Daß ich keine Heimat habe.

VERKÄUFER Aber Sie müssen doch irgendwo geboren sein?

HERR In der Gegend von Essen, sagte ich doch.

VERKÄUFER Na und? Ist das denn keine Heimat?

HERR Nicht so recht, offenbar. Ich komme zwar manchmal hin und denke mir: Das ist nun deine Heimat! Aber dann fahr ich wieder nach Hause.

VERKÄUFER Sie Ärmster. So ganz ohne Heimat. Wo doch jeder Mensch ein Recht auf eine solche hat.

HERR Das glaube ich Ihnen nicht. Jeder Mensch hat allenfalls einen Anspruch auf ein Zuhause, aber ein Recht auf Heimat? Das wäre ja so wie ... wie ... wie Recht auf Zufriedenheit! Apropos Zufriedenheit – sind Sie eigentlich unzufrieden?

Verkäufer Klar.
Herr Obwohl Sie eine Heimat haben?
Verkäufer Natürlich, weil ich ja nicht hin kann.
Herr Sehen Sie, das ist das Merkwürdige an den Peripheriedeutschen. Immer sind sie unzufrieden. Mal wollen sie unbedingt heim ins Reich, und kaum sind sie endlich drin, wollen sie gleich wieder raus, in die Heimat.
Verkäufer Miesmacher! *Er will weitergehen* Heimaterde!
Herr Warten Sie! Was ist das: Täglich werden in Schlesien polnische Kinder geboren. Was, glauben Sie, ist deren Heimat?
Verkäufer Polen.
Herr Nein, Schlesien. Und die Kinder von Schlesiern, die hier in der Bundesrepublik geboren werden, was ist deren Heimat?
Verkäufer Auch Schlesien.
Herr Obwohl die Schlesien gar nicht kennen? Vielleicht würde es ihnen auch gar nicht gefallen. Und wenn man sie eines Tages dorthin zurücktreibt, schreien sie womöglich: Wir wollen zurück in die Heimat, nach Bayern oder sonstwohin.
Verkäufer Das schreien sie nicht, denn Schlesien ist schließlich die Heimat ihrer Väter. Und Schlesien ist deutscher Boden.
Herr Das ist mir neu.
Verkäufer Bitte? Was wollen Sie damit sagen?
Herr Daß es keinen deutschen Boden gibt. Es gibt guten Boden, schlechten Boden, Lehmboden, Sandboden ... sicher, der Boden wechselt ab und zu mal den Besitzer ...
Verkäufer Der Boden Schlesiens ist mit deutschem Blut getränkt.
Herr Dann könnten wir ja halb Europa als Heimat beanspruchen. Außerdem gibt es bessere Düngemittel.
Verkäufer Was soll das heißen?
Herr Daß er nicht unbedingt wieder mit deutschem Blut getränkt werden muß.
Verkäufer Unterstellen Sie uns nicht, daß wir unsere Heimat mit Gewalt wiederhaben wollen.
Herr Nein, aber mit aller Gewalt.
Verkäufer Aber was einem nicht gehört ...
Herr Wir haben uns seit 1937 auch verschiedenes genommen, was uns nicht gehört hat. Daraus ist nicht unbedingt ein Recht auf das abzuleiten, was uns heute auch nicht gehört.
Verkäufer Wissen Sie was? Sie denken mir zuviel.
Herr Wissen Sie was? Und Sie mir zuwenig!

WERNER FRANKE

Theoretisches Spiel

A So denkt euch mal –
B Und wenn es euch beruhigt,
nehmt es nur in irgendeiner Zukunft an –
A Es wäre da ein Staat!
B Das Ganze bitte, wenn ihr wollt,
rein theoretisch!
A Es wäre da ein Staat,
und der wär grausam,
wär total
und ohne Freiheit für die Menschen,
die drin leben.
B Und weil ihr es ja sowieso
fast nicht mehr anders könnt,
stellt ihn euch meinetwegen
kommunistisch vor.
A Doch angenommen:
diesem Staate ging es wirtschaftlich recht gut.
B So was zu denken,
ist nun zugegeben
nicht ganz einfach
und liegt uns allen
auch von der Schulbank her ganz einfach nicht.
Darum kann es vielleicht
euch helfen,
wenn ich als Beispiel einmal sage:
In diesem Staate soll es wirtschaftlich
den Menschen – nun – so gut
wie 33/45 etwa gehn.
A Die Bürger hätten reichlich Butter
Oder Thunfisch auf der Stulle,
die Spitzensportler wären gut in Form,
und auch die Gottesdienste in den Kirchen
fänden nach Bedarf
hinreichend regelmäßig statt.
Doch in dem Nachbarstaat …
B Wo man, damit ihr's jetzt beim Denken leichter habt,
die gleiche Sprache spräche.

A Doch in dem Nachbarstaat,
da wärn die Menschen frei, doch arm …
B Es klappte die Versorgung nicht,
A die Frauen müßten lächerliche Einheitsstoffe tragen,
B kurz, ihr versteht ja schon,
der Lebensstandard wär beschissen niedrig.
A Bist du ganz sicher, Freund –
B – in deinem Herzen! Laut zu sagen
brauchst du's nicht –
A Bist du ganz sicher, Freund,
bei deiner Antwort,
in welche Richtung man dann fliehen würde?

HANNELORE KAUB

Und jeden Tag ein Stück

Am 13. August 1961 begann der Bau der Mauer durch die Regierung der DDR. Kein Mensch im Westen hat sie gewollt, und jeder von uns verurteilt sie. Und dennoch wird sie täglich höher, denn wir …

Wir bauen an der Mauer, und jeden Tag ein Stück.
Wir bauen an der Mauer mit tränenfeuchtem Blick.
Wir bauen mit Verbissenheit, wir bauen für die Ewigkeit,
Und merken's nicht einmal.
Wir bauen an der Mauer gedankenlos und satt,
Wir bauen an der Mauer,
Weil man die riesengroße Angst im Nacken hat.

Ein bißchen Lüge und nicht dran denken,
Doch jeden Festtag gesamt-gerührt.
Ein paar Briketts per Päckchen schenken –
Wir mögen nicht, wenn unser Bruder friert.
Pauschales Mißtraun, pauschale Liebe
Für den Bruder, den man nur aus Briefen kennt.
Pauschales Mitleid, pauschale Lüge,
Doch im Grunde ist uns der Bruder fremd.
Wir haben ihn zu lange warten lassen,
Wir rieten ihm nur immer: Hab Geduld!

Eines Tages wird uns unser Bruder hassen,
Er wird sagen: Ihr im Westen, ihr seid schuld!
Was haben uns in diesen vielen Jahren
Eure Worte und Versprechen denn genützt?
Wir haben auf euch gehofft und nur erfahren,
Daß ein Weihnachtsstollen nicht vor Hunger schützt.
Wir bauen an der Mauer aktiv und resolut.
Wir bauen an der Mauer und meinen's doch nur gut.
Wir bauen an der Mauer, und jeden Tag ein Stück.
Wir bauen an der Mauer mit tränenfeuchtem Blick.
Wir haben stets auf Gott vertraut und still-ergeben zugeschaut,
Ob sich das Wunder tut.
Wir bauen an der Mauer mit Phrasen und Geschick.
Wir bauen an der Mauer
Mit dieser fünfzehn Jahre falschen Politik.

Und einmal jährlich ein Tag der Einheit,
Mit Richard Wagner – ein Volk hat frei.
Man spricht von Einheit in Frieden und Freiheit,
Als ob das nicht ganz selbstverständlich sei.
Wann wird man aufhören mit dem Bekennen
Und der Wunschvorstellung: Was wir tun, ist gut!
Wann wird man die Dinge beim Namen nennen?
Warum fehlt uns denn für Tatsachen der Mut?
Warum können wir die Wahrheit nicht vertragen,
Daß man Chancen, die wir hatten, glatt vertat?
Warum darf man es nicht laut und offen sagen,
Daß da drüben ist ein zweiter deutscher Staat?
Man kann nicht nur von der deutschen Einheit träumen,
Es ist nötig, daß man mit den andern spricht.
Doch das heißt, Kompromisse einzuräumen.
Na, wir wollen doch die Einheit. Oder nicht?
Wir bauen an der Mauer verbissen wie noch nie.
Wir bauen an der Mauer und einer Utopie.
Wir bauen an der Mauer, und jeden Tag ein Stück.
Wir bauen an der Mauer, mit tränenfeuchtem Blick.
Wir hören, wie's dort drüben ist, fast jeder ist ein [Kommunist,
Nur unser Bruder nicht.
Wir bauen an der Mauer, verdummt und schizophren.
Wir bauen an der Mauer,
Und das Ende ist vorerst nicht abzuseh'n.

Selbständig handeln, politisch denken
Hat unser Staat uns nicht gelehrt.
Das deutsche Volk ist leicht zu lenken
Es wurde immer schon bewußt nicht aufgeklärt.
Und dann die Angst und das Erkennen:
Die da drüben sind geschult und instruiert –
Man wird uns geistig überrennen –
Wir sind in Kürze kommunistisch infiltriert.
Das fürchtet man und ist darum dagegen.
Diese Haltung ist gefährlich und bequem.
Dabei sind wir doch dem Osten überlegen
Mit unsrem westlich demokratischen System.
Wir wolln das ganze Deutschland neu vereinen
Ohne Opfer und reale Konzeption.
Doch solange wir den zweiten Staat verneinen,
Bleibt die deutsche Einheit eine Illusion.
  Wir bauen an der Mauer, und jeden Tag ein Stück.
  Wir bauen an der Mauer, mit tränenfeuchtem Blick.

Und wenn die Wiedervereinigung kommt – die Mauer, die der Osten errichtet hat, ist an einem Tage niedergerissen, doch die geistige Mauer, an der wir beide arbeiten, wird in zehn Jahren noch nicht abgetragen sein.

Michael Burk

Das dressierte Pferd

Der Eine Sehen Sie …
Der Andere Ein hübsches Tier.
Der Eine Ich habe unseren maßgebenden Parteien empfohlen, dieses schmucke Pferdchen gemeinsam in ihren Besitz zu nehmen.
Der Andere Und sie haben wirklich einmütig auf dieses Pferd gesetzt?
Der Eine Sie haben es, Gott sei Dank, alle begriffen, wie wichtig es heutzutage ist, auf dem Rücken gerade dieses Pferdchens die Publicity-Runde zu reiten.

DER ANDERE Toller Gedanke! Deutsche Zucht?

DER EINE Rein deutsch.

DER ANDERE Ach, ist das lieb! Und so schön scheckig in den Farben! Na, komm mal her, komm doch mal her zum Onkel, laß dich mal streicheln! Hat's auch einen Namen?

DER EINE Logisch. Es hört auf den ehrbaren Namen »Kabarett«.

DER ANDERE Ach, ist das lustig. Das ist wirklich zum Lachen!

DER EINE Ja, das ist zum Schießen!

DER ANDERE Sehen Sie mal, wie ausdauernd es mit dem Kopf schüttelt. Anscheinend ist es mit nichts einverstanden.

DER EINE Das sieht nur so aus, das ist alles einstudiert.

DER ANDERE Und wie es herumtollt! Es freut sich offensichtlich seiner Freiheit.

DER EINE Na ja, es tut zumindest so.

DER ANDERE Schaun Sie nur mal, wie es die Zähne fletscht! Ich glaube, es kann sehr scharf zubeißen.

DER EINE Der allgemeine Betrachter nimmt dies an – das ist ja das günstigste. Die Fachleute wissen, daß es eigentlich ganz zahm ist und niemandem wehtut.

DER ANDERE Sie glauben nicht, daß es einen seiner Reiter abwirft? Ich meine, wo die doch parteipolitisch so verschieden im Sattel sitzen.

DER EINE Sie meinen: so richtig in den Dreck?

DER ANDERE Ja, so, daß es wirklich hart wehtut – daß es Folgen hat.

DER EINE Da kann ich Sie beruhigen: Man sieht es zwar nicht auf den ersten Blick, aber unser Pferdchen ist feige.

DER ANDERE Sie meinen, es hat Angst vor sich selbst?

DER EINE Das auch. Aber Sie müssen vor allem bedenken: wir haben es lang dressiert, und da frißt es doch schon aus der Hand.

DER ANDERE Aha, verstehe – und da hat es Angst, daß ihm die öffentliche Hand entzogen wird.

DER EINE In etwa. Es hat sozusagen Angst, daß es vom Bundeskanzler nicht mehr zum Zucker eingeladen wird.

DER ANDERE Weil es Zucker natürlich am liebsten hat.

DER EINE Nein, weil es eitel ist. Was glauben Sie, wie stolz es sich fühlt, wenn der Gerstenmaier, der Mende, der Erler, ja selbst der Strauß auf ihm herumreiten! Und zwar so, daß es gar keine Luft mehr bekommt!

Der Andere Und die benützen das Pferdchen eigentlich nur zu ihren ureigensten Zwecken?

Der Eine Sie sagen es, aber das darf das Pferd natürlich nicht merken, sonst wäre die Schau zu Ende.

Der Andere Und die Zuschauer vor allem auch nicht.

Der Eine Die Zuschauer merken es sowieso ganz zuletzt.

Der Andere Und das Pferd glaubt ehrlichen Herzens, es bewege sich in freier Wildbahn?

Der Eine Das ist ja der Trick des Ganzen.

Michael Burk

Ohne Rücksicht auf Verluste

Wer anderen einen Kuby gräbt, fällt selbst hinein.
Dieser Satz hat überhaupt keinen Sinn.
Wir haben diesen Satz nur gesagt, um zu zeigen,
Daß im deutschen Kabarett vieles gesagt wird,
Was gar keinen Sinn hat.
Man muß es nur erkennen
Und nicht auf seiner Trägheit ausruhen.
Auf der Trägheit, die gar leicht zur Dummheit wird.
Und auf der Dummheit, die einen noch träger werden läßt.

Drum –
Wer dieses Land nur etwas liebt, ist um dieses Land besorgt,
Denn Zivilcourage ist hier leider längstens schon verborgt,
Habt doch Mut zu offnen Worten,
Seid doch nicht so heuchlerisch,
Seid doch froh,
Wenn irgendwer mal mit der Faust haut auf den Tisch.

Ohne Rücksicht auf Verluste, ohne Rücksicht, ob's gefällt,
Sollte man doch heute endlich mal die Wahrheit sagen,
Denn um die ist es bei uns doch schlecht bestellt.
Ohne Rücksicht auf Verluste, ohne Rücksicht auf Gefahr,
Sollte man bei uns doch eine eigene Meinung haben,
Denn die eigene Meinung ist doch bei uns rar.

Bei uns hat man die Meinung nur vom
Oberlehrer, Volksbekehrer,
Rezensenten, Dirigenten,
Zinserheber, Brötchengeber,
Hochgeschätzten Vorgesetzten,
Ja, selbst die, die eine eigene Meinung hätt,
Wie die Gesellschaft von dem deutschen Kabarett,
Gleicht doch leider, leider, leider ihre Meinung an
Und wird Fernsehintendanten-Untertan:

Da wird nur Witz über Mende gemacht,
Da wird zwar sogar über Erhard gelacht,
Und dann gibt's den Spaß gegen Strauß,
Und keiner fühlt sich getroffen.
Im Gegenteil: alle hoffen,
Daß man weiter über sie witzelt
An harmlosen Schwächen kitzelt,
Denn das wiegt nicht schwer
Und erhält populär.
Dann applaudiert Herr Mende,
Dann applaudiert Herr Strauß –
Und damit ist's ja bereits aus.

Dann wird das Programm zwar im Fernsehen gesendet,
Aber so ist das Kabarett, das politische, verendet.
Und es ist leider nicht so, daß dies Beispiel hinkt.
Oft merkt man den Tod erst, wenn die Leiche schon stinkt.

So hoffen wir und wissen wir
Und wünschen und wissen wir,
Daß dieses heute aufgestellte Kabarettprogramm
Niemals im Deutschen Fernsehen gesendet werden kann.

Laßt alle Hoffnung fahren auf jede sanfte Tour,
Setzt alle eure Hoffnung auf keinerlei Zensur –
Ohne Rücksicht auf Verluste ...

Therese Angeloff

Der Untertanengeist

Ich bin der Geist, der stets bejaht!
Die Mächtigen in diesem Staat,
Die können auf mich zählen.
Ich bin der Geist, der stets bejaht,
Und streue meine Drachensaat
In alle kleinen Seelen.
Ich bin der Geist, der nie verneint,
Und schon seit den Germanen
Sitz ich in deutschen Hirnen fest
Als Geist der Untertanen.
Wen immer ich auch infiziert,
Der duckt sich, kuscht sich und pariert
Vor jedem, der ihm überstellt.

Ich bin der Geist, der stets bejaht!
Die Hände an die Hosennaht,
Auch wenn die Naht noch nicht genäht.
Steh stramm vor der Autorität,
Sei vor Respekt zutiefst bewegt
Vor dem, was Uniformen trägt,
Denn diese sind der Macht Symbol,
Und deine Rede sei: Jawohl!
Was immer auch der Staat diktiert,
Nimm ohne Widerspruch es an,
Bleib eine deutsche Eiche
Und auch ein guter Untertan
Womöglichst noch als Leiche!

Ich schreibe auf dein Holzkreuz schlicht
Der Nachwelt folgenden Bericht:
Er hat zu allem ja gesagt.
Er war des Staates höchste Zier.
Hätt er einmal ein Nein gewagt,
Läg er vielleicht noch gar nicht hier!

Eckart Hachfeld

Zivilcourage

Ich fühle, ich muß etwas Gräßliches tun,
Etwas Häßliches, doch Unerläßliches tun,
Es muß etwas Radikales sein,
Was Geniales und Katastrophales sein.
Heute sind ja die linken Intellektuellen
Auf dem deutschen Kraftei nur noch die Sardellen,
Die den satten Knilchen mit Sticheln und Witzeln
Nur noch den erschlafften Gaumen kitzeln.
Ich möchte wie jeder Kabarettist
Alles so sagen, wie es wirklich ist
In offener, ehrlicher, blanker Wut,
Daß selbst Friedrich Luft schreibt: Diese Dame hat Mut!
  Ich möcht' ein bißchen linker noch als links sein,
  Ein bißchen schärfer noch als Werner Finck sein,
  So wie Paczensky ein Rebell von Klasse,
  Kurz Nein und Danke – und dann ab zur Kasse!
  Ich möchte, daß der Neuss mit mir ne Schau macht
  Und daß der Rudolf Augstein mich zur Sau macht,
  Ich möchte mal – vielleicht – nach Warschau reisen,
  Halt, nee – das wär schon wieder ein zu heißes Eisen …

Sehen Sie, wenn wir Kollegen so nachts bei Diener zusammensitzen, dann sagen wir uns: Es macht keinen Spaß mehr. So nicht! Wir brauchen Zivilcourage! Mit billigen Frotzeleien kann man die Bundesrepublik nicht vom Abgrund zurückreißen. Die deutsche Tragik ist nur noch mit einem Bein im Zuchthaus auszuloten. Zivilcourage! So wie die Bügelbrett-Kaub, dies fleischgewordene »Gaudeamus igitur« auf dem Vulkan! Die soll ja schon ganz gemeine anonyme Briefe bekommen haben! Und erst die Lorentz! Die soll überhaupt nur noch unter Polizeiaufsicht singen!

Die Kleinkunst sagt alles nur so à propos,
Ich möchte direkt sein und aussagefroh.
Ich mahne mich immer: Los, Mädel, sei dreist,
Auch wenn dir der Horten keinen Scheck überweist,
Und seh ich »Hallo Nachbarn«, dann ruf ich gleich an:
»Ihr seid die einzigen! Bravo! Geht ran!«

Uns rettet kein Clown, kein opportuner,
Nur harte Asketen wie Strietzel und Gruner.
Man muß kompromißlos zum Kampf sich stellen
Wie die Münchner Lach- und Schießgesellen –
Ich wünschte, daß Hildebrandt mal von mir sagt:
Donnerwetter, das hätte nicht mal ich gewagt!
  Ich möchte mal die freie Welt brüskieren,
  Ich möchte mal in Tel Aviv gastieren,
  Daß die Soldatenzeitung mich versohlt
  Und Egon Monk mich gleich ins Fernsehn holt!
  Ich gellte es euch gerne in die Ohren:
  Bezahlt erst mal den Krieg, den ihr verloren!
  Die Oder-Neiße ist schon längst abgeschrieben –
  Halt, nee – das ist schon wieder übertrieben ...

Es ist zum Heulen! Da heißt es immer, wir sitzen auf der weichen Polsterbank der Spötter – und dabei sind wir so engagiert, so couragiert, so bis zu den Rachenmandeln mit Dynamit geladen! Wir haben doch alles, was zur rechten Kämpfernatur gehört: Das Herz von Heine, den Witz von Tucholsky, die Zunge von Brecht – und die Police von der Schweizer Rückversicherung ...

Ich möchte so gern für nen »Grand mit Vieren«
Mit dem Mäckie-Trio bei Nacht emigrieren,
Ich wäre so gerne für Paprika-Schoten
À la Klaus-Günter Neumann von Höcherl verboten,
Ich möchte wie die Distel-Diseuse fliehen,
Das Dumme ist bloß, – die ließen mich ziehen!
Und was nützte mir schon ein politischer Wechsel,
Ich hätte einen Dreck – und die hat einen Drechsel ...
Wer sperrt mich hier ein oder wer schmeißt mich raus?
Ich hab es doch in mir, bloß ich bring es nicht raus,
Und morgen steht wieder in der Kritik:
Die war ja ganz nett, nur manchmal zu dick ...
  Ich möcht es gerne in den Whisky schnauben:
  Man soll doch endlich die KP erlauben!
  Wir brauchen wieder ne Opposition!
  – Ich sag das nur im Suff, Sie merken schon! –
  Ich weiß, man darf in Deutschland alles sein,
  Ein Schuft, ein Lump, das allergrößte Schwein,
  Es gibt nur eins, das ganz unmöglich ist,
  Und sei's nur in Gedanken: Kommunist ...

Hannelore Kaub

Song vom Kabarett

So ein Kabarett von heute,
Muß sich manchmal fragen,
Ob es was zu sagen, zu wagen hat.
Sollte man nicht schweigen, statt zu zeigen:
Auch das Kabarett führt eben
Nur ein deutsches Wohlstandsleben
Und so etwas macht satt.

Wenn ein Kabarett von heute
Mit durchaus exakten,
Doch brutalen Fakten die Leute verstört,
Hält man augenscheinlich das für peinlich.
Bloß kein Ernst und solche Sachen,
Dafür lieber was zum Lachen,
So wie sich's gehört.

Wenn ein Kabarett von heute
Wirklich liberale,
Echte Ideale und Aussage hat,
Findet man das rührend, imponierend,
Denn Studenten bleiben immer
Für die Umwelt kleine Spinner
Und so obstinat.

Wenn ein Kabarett von heute
Gesamtdeutsche Probleme
Auf höchst unbequeme Manier attackiert,
Sind sie Revoluzzer, Nestbeschmutzer,
Die durch Gift und bittere Schärfen
Unsern Staat total mit Dreck bewerfen,
Total korrumpiert.

Macht ein Kabarett von heute,
Um die Massen zu erfassen,
Super-Show für volle Kassen – man lacht sich kaputt.
Ist die Presse sauer, denkt mit Trauer,

Wie die Spieler doch vor Jahren
Schlanker und viel härter waren –
Warn die früher gut!

Was ist Kabarett von heute?
Sich zu arrangieren,
Die Substanz verlieren: Satire im Fett?
Wir haben noch lange keine Bange,
Weil stets irgendwelche Sachen
Irgend jemand sauer machen –
Das ist Kabarett!!!

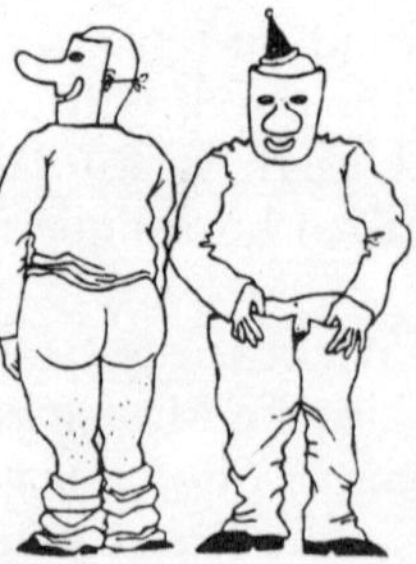

Auf Gedeih und Verderb

Kabarett ums Staats-Theater

Im Osten soll das Kabarett alles verändern
darf aber nichts sagen.
Im Westen darf das Kabarett alles sagen ...

Conrad Reinhold

Zwanzig Jahre nach Kriegsende ist die Nachkriegszeit, für die der Alte aus Rhöndorf steht, vorbei. Adenauer, inzwischen an die neunzig, hatte den Bonner Regierungssessel nur widerwillig seinem Nachfolger freigemacht: Ludwig Erhard, der Dicke mit der Wohlstandszigarre, gilt als Vater des sogenannten Wirtschaftswunders, als Symbol des Wiederaufbauwillens. Sein Wahlspruch »Wir sind wieder wer« wird zum Credo des alldeutschen Spießers althergebrachter Provenienz. Man trägt wieder Bauch, nicht nur überm Hosenbund, sondern auch geistig.

In einem solchen Klima hat Gestriges wieder seine Chance. Alte und neue Nazis lassen wieder von sich hören, bekommen Oberwasser; einige sitzen bereits wieder in hohen Staatsämtern. In der Bundesrepublik, diesem kapitalistischen Musterländle, das seine Prosperität, ja, seine Existenz der blinden Gefolgschaft gegenüber dem Westen verdankt, ist der kalte Krieg am kältesten, hier feiert das Reaktionäre fröhliche Urständ und der Antikommunismus, der mit Kreuzzugsgelüsten daherkommt, wüste Orgien; für Kritik am eben wieder installierten System alter Ordnung hält man den Maulkorb der öffentlich-rechtlichen Meinungsinstitute bereit. In diesem Land, das seine jüngste Vergangenheit verdrängt hat und nicht aufzuarbeiten bereit ist, gilt das Maulhalten, die hohe Schule der Anpassung, die Karriere und Fortkommen verspricht, schon wieder als Tugend, Nachfragen sind unerwünscht.

Im Gegenteil: Wer sich etwas genauer mit der Vita gewisser Staatsautoritäten beschäftigt, wird verdächtigt, ein Gegner des Systems, ein »von denen da drüben« bezahlter Agent zu sein, der dem Reich des Bösen die Geschäfte besorgt. In den Sonntagsreden ultrarechter Vertriebenenpolitiker, die in Bonner Regierungssold stehen, werden unverhohlen revanchistische Töne laut, die die Geschichte korrigieren wollen und nach Deutschland, Deutschland über alles in den Grenzen von 1937 schreien. Mehr noch: Gestandene Antifaschisten, die vor Hitler ins Ausland geflüchtet waren, müssen sich neuerdings fragen lassen, wo sie in Deutschlands schwerster Zeit gewesen sind, was sie getan, was sie unterlassen haben.

Bonn, das Provisorium, das sich längst auf Dauer eingerichtet hat, ist zwar nicht Weimar, und doch bleibt Tucholsky, der von den wenigen Nonkonformisten dieser konformen, uniformen und formierten Gesellschaft wieder entdeckt wird, auf beängstigende Weise aktuell. Der neue Hugenberg heißt Axel Cäsar Springer; die Boulevard-Presse seines gewaltigen Medienkonzerns lullt die ohnehin recht genügsamen Gemüter zwischen Schleswig und Schliersee, Rhein und Elbe vollends ein, verstellt ihnen die Sicht für politische Zusammenhänge, verbiegt die Realität der sechziger Jahre zu einer Heile-Welt-Schmonzette der Selbstzufriedenheit.

Aber die Ruhe, wiewohl bereits wieder erste Bürgerpflicht, täuscht, der schöne Schein trügt. Die politische Großwetterlage gibt sich beständig, aber sie ist nicht frei von Turbulenzen. Das westdeutsche Haus, eilig aus den Trümmern hochgezogen, steht zwar festgemauert auf den alten Fundamenten, aber es mehren sich die Stimmen, die nach der Statik fragen, die wissen wollen, ob man da nicht auf Sand gebaut habe. Die deutsche Frage ist erkennbar festgefahren, nichts geht mehr. Die Abhängigkeit gegenüber den Vereinigten Staaten, die sich in der Dritten Welt mit immer brutaleren Methoden engagiert, stößt hierzulande, nachdem der erste Hunger gestillt ist, auf immer heftigere Kritik namhafter Künstler und Intellektueller, allen voran die Satiriker unter den Kabarettisten, die im Kleinkunstkeller mit jenem »Dynamit in Watte« zu zündeln beginnen, von dem Karl Kraus einmal gesprochen hat.

Auch die Jugend wird von der allgemeinen Unruhe erfaßt. Vorerst findet der Aufstand noch in der Musik statt, sind es noch Bill Haley, die Beatles und die Rolling Stones, die die Teenager aus Vaters stillem Kämmerchen locken und sie aufmüpfig werden lassen – wofür und wogegen da Krawall gemacht wird, bleibt vorerst noch unklar. Aber bereits die Musikgruppe The Who, die ihre aggressiven Bühnenauftritte in einem qualmenden Trümmerhaufen aus Verstärkern, Schlagzeug und Gitarren enden läßt, gibt die Richtung des aufkeimenden Protestes an und erklärt den unterschwellig schwelenden Konflikt zwischen den Generationen zum »Beginn einer großen gesellschaftlichen Revolution«.

Der Vietnamkrieg gibt dem Unmut der Jungen, die null Bock auf das Leben der Älteren haben und ihnen Folgsamkeit und Gefolgschaft versagen, politische Stoßrichtung. Law-and-Order-Rufe des Establishments nach Kriminalisierung und dem Schlagstock, mit dem die Herrschenden die Unbotmäßigen in die alten Grenzen verweisen, blinden Gehorsam erzwingen und in die alte Abhängigkeit zurückknüppeln wollen, verstärken die Lust am Widerspruch. Man lernt nein zu sagen, sich zu verweigern, Protest zu formulieren. Man geht auf die Straße, weltweit. Beim ersten »Marsch auf Washington« protestieren 25 000 Demonstranten gegen die Vietnam-Politik der Johnson-Regierung, beim zweitenmal sind es bereits über 40 000. An über 30 amerikanischen Universitäten und Colleges beteiligen sich bald mehr als 100000 Studenten am Vietnam-Day, sie fordern die Einstellung der Ledernacken-Greuel und der Flächenbombardements.

Die Protestwelle greift rasch auf die Bundesrepublik über. Schlagworte wie Teach-in und Sit-in machen die Runde, namhafte Künstler, Hochschullehrer und Schriftsteller ergreifen Partei und finden sich zum Protest gegen Notstandsgesetze, Atombewaffnung und Bildungsnotstand zusammen, formieren sich schließlich an der Seite der rebellischen Studentenbewegung zu einer Opposition, die im Bonner Parlament keinen Anwalt hat – es ist die Geburtsstunde der APO.

Die etablierten Kabaretts stehen dieser Entwicklung ziemlich ratlos gegenüber, das elegant-unverbindliche Gewitzel über »die da oben« zieht keine Lacher mehr, der humorige Spaß auf Kosten der Bonner Szene kommt nicht mehr über die Rampe; jetzt erst bewahrheitet sich Friedrich Hollaenders Satz von den alten Bonmots, die in einer Welt der Mordspielereien zu rosten beginnen – wenn auch auf radikalere Weise, als es sich der Altmeister des deutschen Kabaretts hatte träumen lassen.

Die Konsequenz nämlich, die eine neue Garde von Kabarettisten aus diesem Tatbestand zieht, bedeutet nicht, wie Hollaender Ende der fünfziger Jahre noch in seinem melancholischen Abgesang von der »Spötterdämmerung« empfohlen hatte, doch »endlich Ruh« zu geben, sondern ganz das Gegenteil: Unruhe stiften, Widerstand leisten, Gegenwehr mobilisieren. Einer von denen, die sich in dieser Zeit des Umbruchs zum Satiriker mausern, ist Wolfgang Neuss, der die Pointen-Pauke in die Ecke stellt und nun zum aggressiveren Schlagzeug greift: der Clown politisiert sich.

Damit kommt ein neuer Ton ins kabarettistische Einerlei jener Jahre, der an die Anfänge des Pariser Kneipen-Kabaretts erinnert, als Aristide Bruant den Bourgeois der Lächerlichkeit preisgab und sich zum Anwalt der kleinen Leute machte: Da wird mit Hohn, Häme und Zyne für die gerechte Sache agitiert, da wird die ausgediente Pointe verabschiedet und auf Erkenntnislacher gesetzt, da wird die Obrigkeit verspottet und auf die Zensur gepfiffen; da werden gallebittere Pillen verabreicht und, Schlag auf Schlag, die Politiker nicht nur beim Namen genannt, sondern auch das, wofür sie stehen und wessen Geschäft sie besorgen. Das Kabarett, das auf der weich gepolsterten Spötterbank einer saturierten Wohlstandsgesellschaft dahinzudämmern drohte, findet endlich wieder zu seinem Ursprung zurück – zum rebellischen Ton der frühen Jahre.

Gerd Semmer

Ich vermisse Nationalgefühl

Gestern abend, plötzlich im Gewühl,
Kam abhanden mir mein Nationalgefühl.
Eben hatt ich's noch, auf einmal war es weg.
Ach, wo war es nur? Lag es vielleicht im Dreck?
Oder hatte es ein Taschendieb geklaut?
Fiel's in den Kaffee und ist da aufgetaut?
Ich vermisse, oh, mir wird ganz schwül,
Ich vermisse so mein Nationalgefühl.

Ob ich es beim Autofahrn verlor?
Kam es etwa schon zu Hause nicht mehr vor?
Ist's ins Telefon, den Mixer mir geflutscht,
In den Staubsauger, den Kühlschrank reingerutscht?
Wurde es vielleicht beim Fernsehn eingelullt?
Oder sind die Kommunisten daran schuld?
Ich vermisse, oh, mir wird ganz schwül,
Ich vermisse so mein Nationalgefühl.

Es war schon ein wenig strapaziert,
Denn wir sind ein bißchen viel damit marschiert.
Zogen damit hin und zogen wieder her
Einst vom Nordkap bis ans schwarze Schwarze Meer.
Ja, ein Nationalgefühl ist wirklich gut:
Nie kriegt man auf sich, nur auf die andern Wut!
Ich vermisse, oh, mir wird ganz schwül,
Ich vermisse so mein Nationalgefühl.

Früher war ich immer auf uns stolz,
Die Geschichte war aus deutschem Eichenholz.
Da war Willi zwo, den man auch Lehmann hieß,
Und der Alte Fritz, der so viel Flöte blies.
Ferner mußte man auch stolz auf Bismarck sein,
Heute fällt mir dazu nur noch – Bückling ein.
Ich vermisse, oh, mir wird ganz schwül,
Ich vermisse so mein Nationalgefühl.

Neues Deutschlandlied

Kennt ihr das Primusland – das Augensternland – das Langemarck-Land?
Pikant, pikant, pikant!
Das knallte auf die Fresse
Wie nie ein Land zuvor,
Doch Kapital und Presse,
Justiz und Wehrmachtskorps,
Die Kriegsverbrecherklasse
Blieb einzig unversehrt.
Und wird noch von der Masse
Ihrer Opfer hochverehrt.
Gold gab ich für Messing,
Heute hat's der Blessing,
Der Spendeneinbimmler
Vom Freundeskreis Himmler.
Der Klub, der dieses Land regiert
Hat's schon mal gründlich ruiniert.
Doch das stört keinen Pipel,
Man nimmt's ihm nicht mal übel!
La, la, la, la ...

Kennt ihr das Sturland – das Autobahnland – das Gasöfenland – das Wiederverteidungsland – das Geschlossendahinterland?
Rasant, rasant, rasant!
Der Monopole Ballungskraft
Hieß bald »Soziale Marktwirtschaft«,
Den Massenkonsum sah man dann
Sogleich als Reich der Freiheit an,
Zur Rüstung wurde bieder
Wie nie zuvor geseicht,
Daß man damit die Wieder-
Vereinigung erreicht.
Im Falle eines Falles
Glaubt das Land wirklich alles,
Ja neunzig von hundert
War'n nicht mal verwundert.

Selbst, daß die eigne Schufterei
Ein deutsches Herrgottswunder sei,
Verdauten diese Leute
Und glauben es noch heute.
La, la, la, la …

Kennt ihr das Dumpfland – das VW-Land – das Recht-auf-Heimatland – das Inneres-Bedürfnis-Land – das Eins-hinter-die-Löffel-Land?
Kulant, kulant, kulant!
Das schmiert sich ran und beugt sich
Vor jeglichem Despot,
Vorausgesetzt er zeigt sich
Faschistisch und nicht rot.
Mit Waffen hilft es eilig
Den Pattakossen stramm,
Und heilig, heilig, heilig
Ist der Kreuzzug Vietnam.
Zur Bildung zu erziehen,
Das ist mit Recht verschrien,
Ein Wähler ist nämlich
Nur nütze, wenn dämlich.
Den Hauptbetrug, die Kuppelei
Der kombinierten Staatspartei,
Nennt jede Koryphäe
Ne gottgewollte Ehe.
La, la, la, la …

Kennt ihr das Schluß-damit-Land – das Erstmal-was-leisten-Land – das Wirwarenauchmaljung-Land – das Schlagtsietot-Land – das Vonunserensteuern-Land – das Abüberdiemauer-Land – das Liebertotalsrot-Land?
Frappant, frappant, frappant!
Denn ein paar junge Typen
Durchschauten das System,
Die Spitzel, die Polypen,
Die Bosse und die Creme.
Entlarvten Staat und Presse
Und mancherlei Skandal
Und schlugen im Interesse
Der verdummten Schicht Krawall.

Das gab ein Erwachen,
Doch statt mitzumachen,
Vertrimmte die Masse
Den Freund ihrer Klasse.
Was dieses Volk an Unsinn schluckt
Und nicht mal mit der Wimper zuckt,
Wie dicke man auch zuhaut,
Das geht auf keine Kuhhaut.
La, la, la, la …

Markus Schmidt

Song vom Ausverkauf

Jack Miller ging nach Vietnam. Ging hin zum heilgen Krieg,
Weil er von jedermann vernahm: Die Freiheit führt zum Sieg.
Zum Abschied küßt er seine Braut. Die sagte: Sende mir,
Da ich dir schließlich angetraut, nach Haus ein Souvenir.
Kaum war die erste Woche hin, verschickt er sein Paket:
Ne Schädelwunde war darin, vereitert und vernäht,
Verbrannte Haut von einem Kind, der Tripper einer Hur,
Ein Schädel angefault und blind. Und eine Nabelschnur.

Und Jenny macht den Laden auf, verkauft da die Effekten.
Und alle kauften da zuhauf die Toten und Verreckten.
Denn schließlich hat man ja Moral. Man weiß als guter Christ:
Der beste Kommunist ist mal der tote Kommunist.
Wie freute sich da seine Braut. Ihr Lager füllt sich auf:
Viel Zentner schwarz verbrannter Haut erwarten den Verkauf
Und Lunge, vom Schrapnell zerfetzt. Es lagert mancher Arm,
Der fliegenweise sich zersetzt, verpackt in Menschendarm.

Jack Miller zieht nun auf Befehl
Durch Sumpf und Dreck nach Norden.
Und dennoch bleibt er stets fidel
Beim Töten und beim Morden.
Und schließlich wird Haiphong, Hanoi vom Boden wegradiert,
Und endlich wurde der Konvoi nach China einfiltriert.

Der Weltkrieg aber, das ist klar, der war für Jenny schlecht,
Denn das, was einst ihr billig war, ist heute jedem recht.
Und auch in unserm deutschen Land
Schenkt lächelnd uns Freund Hein
'n Darm, ne Lunge, eine Hand,
'n Hoden und ein Bein.

Lieferfrist bedenken – Leichen verschenken
Bein abhacken – gut verpacken
Darm zerreißen – blutig scheißen
Eitrig rotzen – brandig kotzen
Messer in Nieren – Gelbe kastrieren
Kinder, Frauen schänden, versauen
Ohren in Salz und Menschenschmalz
Schmeckt verreckt gut
Blut ist ein besondrer Saft
Mit aller Kraft auf zum Verkauf
Ausverkauf
Kommt zuhauf

Und ist der Mensch dem Menschen Wolf,
Wenn er mal Blut geleckt,
Der Unterschied zum Wolf ist der,
Daß Mensch dem Menschen schmeckt.

Mahlzeit, Mister Johnson!

JOACHIM ROERING

Hallo Nachbarn ...

Television eines Untertanen

Hallo Nachbarn! Wir beginnen unsere Sendung mit Ausschnitten aus einer Meldung, die wir der WamS – das ist so eine Art Zeitung – vom 19. 12. 65 entnehmen:
»Die Berliner Zeitungsverleger Franz Karl Maier und Hans Sonnenfeld wurden am Wochenende in Washington von US-Vizeprä-

sident Humphrey empfangen. Sie überbrachten eine Nachbildung der Berliner Freiheitsglocke … Maier und Sonnenfeld vertraten in Washington die acht Berliner Tageszeitungen, die sich zu der Aktion zusammengeschlossen haben, jeder amerikanischen Familie, die einen Angehörigen im Vietnam-Krieg verlor, ein Abbild der Freiheitsglocke zu übersenden.«

Nun, die Berliner Zeitungsverleger sind wegen ihrer Aktion zum Teil sehr heftig angegriffen worden, und zwar – wie wir glauben – zu Unrecht. Bei uns hat jedermann das Recht auf freie Meinungsäußerung, auch die Berliner Zeitungsverleger, und wenn sie ihre – offenbar doch sehr entschiedene – Ablehnung der amerikanischen Vietnam-Politik so feinsinnig, man könnte fast sagen: humorvoll, zum Ausdruck bringen, dann sollten wir nicht amerikanischer sein als die Amerikaner, die sich von dieser Aktion »tief beeindruckt« zeigten. Schließlich werden gerade die Berliner tagtäglich durch das Geläut der Freiheitsglocke ermahnt, an die »Unantastbarkeit jedes einzelnen Menschen« – also auch jedes einzelnen Vietnamesen zu glauben. Und ich kann mir einfach keinen sinnvolleren Appell zur Beendigung des Vietnam-Krieges denken, als die Freiheitsglocke in die USA zurückzuschicken.

Wolfgang Neuss

Dis muß nämlich die Satire!

Eine Selbstanzeige

Ick lag am 3. Dezember 1965 im Bette,
hatte Geburtstag und Grippe,
bekam eine Spritze,
der Dokta war so freundlich
und ließ die BZ und den soßusagen
seriösen »Tagesspiegel« auf meiner
Bettkante liegen,
ach, dacht ick, willste gesunden
oder lieste ma ßeitung?
In der BZ lese ich: »Die Amerikaner opfern

sich täglich selbst in Vietnam.
Täglich fallen amerikanische Soldaten.
Und wir?«
Wir fallen nich, denk ick.
Wir versuchen zu gefallen, denk ick.
Und richtig: Ick sehe nebend dem
Inspektor-Artikel in der BZ
einen Weihnachtsaufruf des Vereines
der westberliner (schwerringenden!)
Zeitungsverleger, man solle als
fühlender und denkender Berliner
etwas spenden für die Amerikaner, die
soßusagen Hinterbliebene seien von
toten Soldaten, welche im Dschungel
ihr Leben lassen mußten, damit wir
ungestört aufn Kudamm unsre
Weihnachts-Einkäufe tätigen können. Hm.

Wat'n nu spenden?
Geld. Mäuse. Puseratzen. Mücken.
Sollte man geben damit die ßeitungs-
Verleger aus Westberlin Mißbildungen,
auch Nachbildungen genannt, also,
wat die Freiheitsglocke beträfe,
woßu die sonore Stimme von Hanne
Söhnker immerdar tönt: »Ich verspreche
der Tyrannei Widerstand zu leisten
undsoweiter«, mir schaudert's.
Is es die Grippe?
Is es der Aufruf?
Is der Geschmack der westberliner
ßeitungsverleger meine Freiheit?
Ekel würgt mir.

Und so machten wir auf die Schnelle Extrablatt Nr. 1
Des Neuss Deutschland,
worin wir aus lauter Anstand
(dis darf die Satire)
der Hinterbliebenen gedachten,
die tatsächlich im Kampf gegen
Hitlerdeutschland gefallen waren

und wir uns nicht nehmen ließen,
an Schillers Glocke zu erinnern –
»festgemauert und so« – also, in
Berlin sagt man, Lehm und Lehm lassen!
Wenn Sie's intressiert,
wie die Story weiterging –
ick will nur soville sagen:
Die Grippe ging von mir,
der Geburtstag
war versaut.
Es boykotzte uns an,
aba wir mußten es tun.

Dis muß nämlich die Satire!

DIETER SÜVERKRÜP

Hörn Se mir doch auf mit Ihrem Scheiß-Vietnam

Bleiben Se mir doch weg mit Ihrem Scheiß-Vietnam
Fällt euch wohl nichts Neues ein nach Prag was?
Wollen Intellektuelle sein
Fettschwanzschafe Sülzkopftaube
Humanitätsduselei
Orthodoxer Flügel
Sehr romantisch
Etablierte APO
Krieg-in-Spezialisten
Hörn Se mal in Prag ja in Prag
Zwanzig Redakteure müssen an die Wand mit dem Gesicht
Und so ein Bedrohter pißt den armen Redakteuren
An die Hosenbeine lieber Mann
Jetzt sind Sie aber stumm
Sie blöde abgestoßne Langhaarflöte
Mit dem tränenreichen Fernblick in die Dritte Welt

Hörn Se mir doch auf mit Ihrem Scheiß-Vietnam
Kennen wir doch alles schon
Schlitzaugen-Stories bis zum Überdruß
Mutter von zwei Kindern
Reißt ihr Jüngstes einem Ami aus den Händen
Entmilitarisierte Zone
Ganz gewöhnlicher Soldat
Erschießt erst die beiden dann das jüngste Kind
Und dann die Mutter
War vermutlich sehr nervös der Mann
Kennen wir doch alles
Die Napalmzicken meinetwegen auch
Alles brennt wie Wunderkerze
Kennen wir
Leute drängen glühend aus den Hütten aus den Löchern
Wegen Frischluft
Aber dann gibt es neuen Zunder
Kugelbomben Splitterbomben daß die Schwarte kracht
Bis zu 178 kleine blanke Kugeln
In nur einem dünnen Leib
Unterleib verkohlt Anlitz angebraten
Wissen wir ja alle
So ein Krieg ist keine Zuckerschleckerei
Wer sich mit dem Kommunismus einläßt
Muß mit allem rechnen

Aber ihr redet immer nur herum
Internationaler Klassenkampf
Ich frage Sie was heißt das
Wenn der Ami seine Kolonien halten will
Was soll er denn dann andres machen
Der Russe ist nur neidisch
Weil er selber keine Kolonien hat
Deshalb hat der Russe überall im Dschungel
Seine Kommissare sitzen
Lauter Stalinisten
Und die jagen mit Gewalt und blankem Terror
Jeden Vietkong einzeln in den Kampf
Sonst wäre der Krieg schon lange aus
Glauben Sie mir
Der Russe will den Stalinismus für den ganzen Erdball

Ich war in russischer Gefangenschaft
Seit 43
Spätheimkehrer weil ich inner NSDAP war
Seit 31
Nur um das Schlimmste zu verhüten
Keine höhere Funktion wie unser Kanzler
Aber auch ich bin mitmarschiert
Gegen den Stalinismus
In Rußland 42
Ich wollte nur das Beste
Nämlich den Sozialismus verteidigen
Gegen die starre Doktrin gegen den Terror
Deshalb bin ich mitmarschiert
Freiwillig gegen Rußland
Und damals junger Mann
Damit Sie endlich klar sehn
Sie Vaterlandsverräter
Ihre These stimmt nicht

Haun Se lieber ab in Ihr beschissenes Vietnam
Können Sie mal Mannesmut beweisen
Können Sie Ihre Fresse halten lernen
Was mir machen müssen ist Realpolitik
Eine große Hoffnung ging zu Bruch
Aber wir lassen uns nicht entmutigen
Wir weinen weiter um den Sozialismus
Ist das klar

Und zwei Dinge können Se sich merken
Erstens
Das ganze Elend dieser Welt kommt nur daher
Daß der Neger zu faul ist zum Arbeiten
Zweitens
Wer Zigaretten raucht
Schadet der Wehrkraft und nützt dem Feind

Drittens
Dieses alles waren
Originalzitate
Aus Diskussionen
Auf der Straße

Definition I

Die Mehrheit des Volkes ist demokratisch ungebildet.
Die Mehrheit des Volkes wählt die Regierung.
Die Regierung erzieht die Mehrheit des Volkes.
Die Mehrheit des Volkes wurde im Dritten Reich erzogen.
Die Regierung vertritt die Mehrheit des Volkes.
Die Mehrheit des Volkes wählt die Regierung.
Die Regierung richtet sich nach der Mehrheit des Volkes.
Die Mehrheit des Volkes richtet sich nach der Regierung.
Die Regierung ist die Vertretung der Mehrheit des Volkes.
Die Mehrheit des Volkes ist die Mehrheit der Wähler.
Die Mehrheit der Wähler hat ein gesundes Volksempfinden.
Das gesunde Volksempfinden ist die Mehrheit des Volkes.
Die Mehrheit des Volkes wählt die Regierung.
Die Regierung hat ein gesundes Volksempfinden.
Das gesunde Volksempfinden ist gerecht.
Die Rechtsprechung hat ein gesundes Volksempfinden.
Das gesunde Volksempfinden ist christlich.
Die Mehrheit der Christen ist katholisch.
Die katholische Kirche ist die Mehrheit des Volkes.
Die Mehrheit des Volkes ist gerecht.
Die Rechtsprechung ist die katholische Kirche.
Die katholische Kirche wählt die Regierung.
Die Regierung ist unfehlbar.

Definition II

Deutsch sein heißt:
Das Volksganze vor uns,
Die Industrie im Rücken,
Den Arbeiter zu Füßen.
Deutsch sein heißt:
Den Sozialismus auf den Lippen,
Die Mitbestimmung im Programm,
Die Karriere im Kopf.

Deutsch sein heißt:
Das Bajonett in der Hand,
Die Bibel im Herzen,
Die Geschlechtsteile des Feindes im Auge.
Deutsch sein heißt:
Freiheit allein durch den Glauben,
Demokratie braucht Führung,
Pflichterfüllung bis ins männliche Glied.
Deutsch sein heißt:
Gehorsam – aber aufrichtig,
Krieg – aber ordentlich,
Mord – aber sauber,
PG – aber charakterstark.
Deutsch sein heißt:
Das Fernsehen nach der Landbevölkerung ausrichten,
Die Demokratie nach den Schwachsinnigen,
Die Zeitungen nach den Halbidioten,
Die Wahlen nach den Analphabeten,
Die Wochenschauen nach den Muttis,
Die Kunst nach den Pfaffen,
Die Gesetzgebung nach Jungfern, Greisen und Popen.
Deutsch sein heißt:
Gesunder völkischer Querschnitt gleich Wurzel aus:
Sterilität und Geschmack
Plus Ritter- und Mütterkreuz
Plus tiefverwurzelter Christen-Glaube und Antikommunismus
Geteilt durch Coca-Cola, Micky Maus und Reader's Digest.
Oh, ich böser, böser Bube
Kacke in die gute Stube,
Spucke auf des Deutschen Ehre,
Schmeiße sie ins nächste Klo,
Trete vorher noch die hehre,
Setz mich drauf mit meinem Po,
Kotze drauf, sie färbt sich gelbe,
Pinkel drauf, sie bleibt dieselbe.
Oh, was sind das böse Worte,
So was hör ich gar nicht gern,
Sagt man, wenn, an anderm Orte
Nur im Suff und unter Herrn.
Oh, ich böser, böser Bube
Kacke in die gute Stube.

Klaus Peter Schreiner

Zwei Fetzen Stoff

Gleichzeitig vom Drang nach Textilien befallen,
Erstanden zwei Damen vom nämlichen Ballen
Zwei gleichgroße Tücher, eins zehn auf zwei dreißig,
Und trugen sie heimwärts. Dort wurden sie fleißig
Und säumten die Tücher mit hurtigem Finger,
Die eine auf Pfaff und die andre auf Singer.
Das eine Stück Stoff wurde peinlichst behandelt,
In Farben getaucht und bestickt und umbandelt
Und schließlich, nach äußerst geglücktem Gedeihen,
Erhielt es als Fahne die höheren Weihen.
Das andre Stück Stoff war viel früher komplett
Und trat seinen Dienst an als Laken fürs Bett.
Zwei Fetzen – im Ursprung von gleicher Natur,
Gemeinsamer Herkunft, Gestalt und Struktur –
Nun trennt diese beiden ganz jäh eine Kluft:
Die Fahne, sie flattert gesund in der Luft,
Laut knatternd und leuchtend und ostentativ –
Das Laken verdämmert in schweißigem Mief,
Ist vielen suspekt, gilt als ziemlich frivol,
Die Fahne jedoch gilt als hehres Symbol!
Drum wird sie gehißt und mit Ehrfurcht gegrüßt,
Weil vielen ihr Anblick das Leben versüßt.
Wird staatlich geschützt und geschont und geschätzt,
An traurigen Tagen auf Halbmast gesetzt
Und niedergeholt bei beginnender Nacht,
Denn für die ist bekanntlich das Laken gemacht.
Das wird strapaziert, wird in Abständen dreckig,
Bei unsachgemäßer Benutzung auch fleckig,
Dann wird es gewaschen, getrocknet, geplättet,
Am Abend zerwühlt und am Morgen geglättet,
Geschleudert, durch Bügelmaschinen genudelt,
Von neuem benutzt und von neuem besudelt.
Dagegen die Fahne! Sie gilt als geheiligt,
Stolz fühlt man sich an ihrem Abglanz beteiligt,
Es wird unter ihr präsentiert und vereidigt,
Es wird unter ihr Allerhöchstes verteidigt –

Das Laken jedoch ist zu Niedrem erkoren,
Auf ihm wird gestorben, gezeugt und geboren ...
Die Treue zur Fahne und andren Fanalen,
Die vorgeben, Sinnbild des Lebens zu sein,
Sie mußte schon mancher und ziemlich gemein
Mit genau diesem Leben bezahlen.
Das Laken, sofern man sich günstig drauf bettet,
Hat manchem hingegen das Leben geschenkt
Und hat auch schon vielen – zuzeiten geschwenkt –
Noch dazu dieses Leben gerettet.
Drum, Wanderer, weht wo ein Laken im Winde,
Geh nicht dran vorbei, denn das wäre verkehrt.
Zeig Ehrfurcht und grüß es – das Laken ist's wert.
Und erkläre es auch deinem Kinde.

JOACHIM ROERING

Der brave Demokrat Schmidt

AUFKLÄRER Demokrat Schmidt!
SCHMIDT Mit »dt« hinten?
AUFKLÄRER Mit »dt«.
SCHMIDT Hier!
AUFKLÄRER Vortreten zur Wahlbelehrung.
SCHMIDT Jawohl.
AUFKLÄRER Wählen – schon mal gemacht?
SCHMIDT Nein.
AUFKLÄRER Passen Sie auf, ganz einfache Sache: parlamentarische Demokratie, verstanden?
SCHMIDT Nicht ganz.
AUFKLÄRER Alle Staatsgewalt geht vom Volke aus, Sie gehören dem Volke an, also geht der auf Sie entfallende Teil der Staatsgewalt von Ihnen aus. Klar?
SCHMIDT ... der auf mich entfallende Teil der Staatsgewalt von mir aus. Jawohl.
AUFKLÄRER Sie übertragen Ihren Teil der Staatsgewalt vermittels Wahl auf einen Abgeordneten, der für Sie ins Parla-

ment einzieht. Das Parlament beschließt die Gesetze, wählt und kontrolliert die Regierung und wirkt bei der Wahl des Staatspräsidenten mit.

SCHMIDT Schön. Und wie mache ich das Wählen, was muß ich da tun?

AUFKLÄRER Ihre Stimme geben.

SCHMIDT Meine Stimme?

AUFKLÄRER Ja.

SCHMIDT Abgeben?

AUFKLÄRER Was stört Sie daran?

SCHMIDT Wissen Sie, wenn es nicht ausgerechnet meine Stimme wäre ... ich bin nämlich ganz froh, daß ich eine habe, und die möchte ich natürlich gerne behalten, sonst hört mich ja keiner mehr.

AUFKLÄRER Sie kriegen sie wieder. In vier Jahren.

SCHMIDT Und dann?

AUFKLÄRER Können Sie sie wieder abgeben.

SCHMIDT Machen das die anderen auch so?

AUFKLÄRER Alle.

SCHMIDT Damit hat das ganze Volk also vier Jahre keine Stimme!

AUFKLÄRER Falsch. Dann hat das Volk alle vier Jahre lang ein Parlament.

SCHMIDT Also geht die Staatsgewalt nur alle vier Jahre vom Volke aus.

AUFKLÄRER Nein, immer; denn das Parlament ist ja sozusagen die Stimme des Volkes.

SCHMIDT Und wenn das Parlament mit unserer Stimme verrückt spielt?

AUFKLÄRER Na, hören Sie mal.

SCHMIDT Ich meine ja nur: ist ne ziemliche Vertauenssache, nicht? – Wenn ich meine Stimme jetzt abgebe – wie kommt die dann ins Parlament?

AUFKLÄRER Zunächst einmal kommt sie in die Urne.

SCHMIDT Na, das klingt ja reichlich nach Beerdigung, was?

AUFKLÄRER Sie sind ein Wortklauber, Schmidt!

SCHMIDT Das ist richtig, aber Worte haben doch einen Sinn, darf man den in einer Demokratie nicht herausklauben?

AUFKLÄRER Sie dürfen alles in unserer Demokratie – bis auf eines: Sie dürfen die Grundlagen unserer Demokratie nicht in Frage stellen.

Schmidt Das will ich auch gar nicht.
Aufklärer Sie sind auf dem besten Wege dazu!
Schmidt Ich wollte nur darüber nachdenken.
Aufklärer Wenn Sie weiter so undiszipliniert denken, dann werden Sie bald große Schwierigkeiten kriegen.
Schmidt Mit wem?
Aufklärer Mit sich selbst natürlich; denn die Staatsgewalt geht ja von Ihnen aus!
Schmidt Sie meinen, ich könnte mir selbst ganz schön gefährlich werden. Wie?

Klaus Peter Schreiner

Vom Manne, der ein Revolutionär werden wollte

Dies ist die Story eines deutschen Mannes
Mit Namen Hannes,
Der Prokurist in einem Schuh-Konzern war,
Als Ehegatte ziemlich subaltern war
Und weltanschaulich äußerst unmodern war,
Dem, abgesehn von seiner Ruhe
Und der Beliebtheit seiner Schuhe,
Ein höhres Ziel ganz unwahrscheinlich fern war.
Bis –
Ja, bis ihm eines Tages
(Woran lag es? Wissen's Freud, Jung, Adler, Klages?)
Bis ihm spontan die Erkenntnis glückte,
Daß man ihn eigentlich unterdrückte.
Und er entschloß sich für seine Person
Zu einer privaten Revolution.

Er drang bei seinem Direktor ein,
Nannte denselben »feudales Schwein«,
Zwickte die Sekretärin ins Bein,
Sank in den Sessel und forderte Wein.

Dann sprang er auf und brüllte »Vive la merde!«
Hing den Direktor an das Schlüsselbrett,
Drauf schmiß er einen Schuh nach einem Pferde,
Und seine Kleider warf er ins Klosett.
Nun rannte er im Dauerlauf nach Hause,
Versetzte seiner Gattin einen Klaps,
Drehte den Gashahn auf sowie die Brause
Und badete das Radio in Schnaps.

Dann nahm er einen ziemlich großen Hammer,
Sprang auf den Tisch und schrie: »A la Bastille!«,
Drang darauf lärmend in die Speisekammer
Und machte in den Gurkentopf Pipi.
Danach befreite er den Wellensittich,
Ließ alle Untertassen aus dem Schrank,
Rief lauthals »Rache für New York und Lüttich!«
Und zog mit sieben Küchenmessern blank.
Er bastelte aus Stühlen Guillotinen
Und köpfte Katze, Hund und Papagei,
Umhüllte sich mit wehenden Gardinen
Und schrieb an alle Fensterscheiben: »Frei!«
Dann kamen Feuerwehr und Polizei.

Auf dem Revier sowohl als auch im Irrenhause
Hielt sein Benehmen unvermindert heftig an,
Bis ein bekannter Psychiater namens Krause
Mit einer wirkungsvollen Therapie begann.
Er würdigte die ideellen Ziele
Und lobte sein politisches Talent.
Doch erst in einem zeitgemäßen Stile
Sei solch ein Handeln von Erfolg gekrönt.
So hörte der Patient voll Interesse,
Es dächten viele ganz genau wie er.
Und ähnliches entnahm er auch der Presse,
Die tat, als sei sie revolutionär.

Bald hielt er vor den andern Irren große Reden,
Und seinen Angehörigen ward mitgeteilt,
Er habe sich vom Chefarzt einen freien Tag erbeten,
Er sei an diesem Tage in die SPD getreten,
Und man entlasse ihn in Kürze als geheilt.

Volker Kühn

Große Koalauktion

Vorzutragen von einem modern phrasierenden SPD-Sprecher mit leichtem Godesberger Tonfall

Wir treten
zum Bieten.
Auf Grund der neuen Situation
stehen aus garantiert altem Bestande
– ehrlich erworben –
folgende Gegenstände zur Koalauktion
(zum ersten, zweiten und dritten):
das Weiße vom Barte des Marx-Propheten,
eine der beredten Engels-Zungen
in Klarsicht-Packung, extra fein.
Fünf unerfüllte Wahlsieg-Bitten.
Drei Aufrufe, einfach dagegen zu sein,
Den Rasen *doch* zu betreten,
und sei es im Notstandsfalle.
Sehr preiswert,
da kaum gesungen:
ein Baßschlüssel der Internationale.
Auch die Liebknecht-Kammer,
das Deckbett von Bebel,
ein Luxemburg-Bildnis, mit Rosas Emblem,
von Lassalle zwei Gramm Sekundanten-Gejammer
sowie vier Fuß breit programmatischer Hegel
kommen hier und heute unter den Hammer.
Und außerdem
(auch ganz nett):
ein komplett
linker Flügel, erfolgreich gestutzt,
eine angekränkelte Revoluzzer-Ehre,
ein Deutschland-Plan, garantiert unbenutzt,
Feuerbachs hitzköpfige Lehre.
Ein Veto gegen den Fibag-Franz,
Einwände gegen den Schützen-Panzer,
Atheisten-Ekel vor der Monstranz,

das Zitat vom Alliierten-Kanzler.
Der Not gehorchend werden zudem
umständehalber verschleudert:
ein problematischer Volksfront-Konflikt,
auf rosa Wohnküchen-Kissen gestickt;
ein halbwegs intaktes Oppositionssytem,
reichlich verjährt
und wenig bewährt,
dafür aber garantiert ohne Anpassungsproblem;
ein Koalitionsversprechen auf Zeit
(durch langfristige Absprachen zu ersetzen),
viereinhalb dunkle Flecken ebensolcher Vergangenheit
auf dem roten Tuch der eingezogenen Revoluzzer-Fahne.
Dreiviertel Pfund Abscheu vor Polizei-Einsätzen
sind ebenfalls zu haben.
Dazu wird gratis vergeben:
der komplett noch vorhandene Genosse Trend –
statt dessen kämen zehn bis fünfzehn Prozent
zusätzliche Wählerstimmen
nicht ungelegen.
Von Staats wegen.
Ferner sodann
bringen wir hier
selbstredend meistbietend
an den Mann:
das Manifest aus Büchners zornigem Boten,
eine Egg-head-Empfehlung, uns trotzdem zu wählen,
des François Neuss launige Wahlkampf-Zoten.
Gewisse Kontaktversuche zur Gruppe Gehlen
sind ausgeschlossen
ebenso wie das parteiinterne Papier zum Thema
– Din-A-geviert –:
wie man erfolgreich Gesicht verliert.
Dagegen sind umständehalber
schnellstens abzustoßen:
zwölf Jahre Widerstand
mit verbrieft echtem Exekutionsnachweis,
ein Schicksal als Emigrant
sowie ein spontaner Vertrauensbeweis
der provisorisch angesiedelten
reichlich überkandidelten

heimatlosen Linken.
Außerdem winken aus altem Bestand,
aber aus erster Hand:
Aversionen gegen alles, was bräunlich schimmert,
ein Lichtblick im Kampf gegen Legion Condor.
Anti-Notstandsgebell, aus Protest gewimmert;
100 Jahre, bewältigt mit Trauerflor –
Barrikadengeheul und Proletensitten
zum ersten,
zum zweiten,
zum –
dritten.

Wolfgang Neuss

Ballade vom Schmoren und Verstoßen

In gelber Ockernfarbe
Arsen und Höllenstein
in ungelöschtem Kalk
Salpeter Schwefelgischt
in siedendheißem Blei
bis daß sie mürbe sei
in Ruß und Pech und Lauge
die man mischt
aus eines Fötus Harn
und Menschenschweiß
verrührt mit eines Aussatzkrankenscheiß
in Senkfuß Hornhaut und
im Ausfluß einer Futt
in Otternblut
und giftigem Absud
in ekler Wolfs- und Fuchs- und Dachsengalle
drin schmore man die Neiderzungen
der Verleumder alle.

In Tito Breschnews
aber auch in Maxe Reimanns Notdurft-Übersoll
Lauchhammers Schlacken
Bunas stinkendem Benzin
im schwarzen Öl aus Schwedt
in Läusepulver mit ner scharfen Jucke
In Spickenagels Rotzespucke
in der Manöver-Kacke von der Nationalen Volksarmee
in Seigewassers Mischmasch-See
im dünnflüssigen Stuhlgang eines Pazifisten
und in der Pisse eines Fanatisten
verrühre man geschwind in jedem Falle
hinein die Anti-Kommunisten
und man schmor sie alle.

Mit Marxens Wanderstock
Fritz Engels Tintenfaß
mit Bebels Hobel
der die Lassalleversager schabte
mit Iljitsch Lenins Faust
die die Sektierer labte
und zwar nach Leo Trotzkis rechtem Augenmaß
verstoße man in jedem Falle
die Godesberger Evoluzzer alle.

Wolfram Siebeck

Kinderspiele

Die Kinder spielen Demonstration. Liese trägt ein Transparent. Hans, Klaus und Peter sind Polizisten. Sie haben Gummiknüppel aus Lakritz und Wasserpistolen. Hans tritt mit dem Stiefel. Klaus schlägt mit dem Knüppel. Und Peter schießt.
Peng-peng-peng macht die Pistole. Zock saust der Knüppel. Und krätsch machen die Knöchlein.
»Seid nicht so laut!« ruft die Mutter aus der Küche. »Seid nicht so ungezogen! Benehmt euch doch einmal wie Erwachsene!«

Franz Josef Degenhardt

Verteidigung eines alten Sozialdemokraten vor dem Fabriktor

Ich sag dir, so geht das nicht,
sagt der alte Sozialdemokrat und spricht:
Paß auf,
natürlich kann ich auf eine Drehbank steigen
und schreien
alle mal herhören
und loslegen
von wegen sicherer Arbeitsplatz
und was übrigbleibt, wenn die Raten bezahlt sind,
oder zum Beispiel
Akkord.
Angenommen sogar, ich bin Franz Beckenbauer,
die hören doch überhaupt nicht hin,
die schreien doch
halt den Hals.

Ich sag dir, so geht das nicht,
sagt der alte Sozialdemokrat und spricht:
Paß auf,
im Theater bei euch, na meinetwegen.
Aber stell dir mal vor
Endspiel
Borussia - Eintracht
so fünf Minuten vor Halbzeit
laufen paar von euch auf den Platz
rote Fahnen und so
und brüllen: Schluß mit dem Quatsch, jetzt wird diskutiert.
Was meinst du, was da passiert?
Hier euer Flugblatt
putzen die sich den Arsch mit ab.

Ich sag dir, so geht das nicht,
sagt der alte Sozialdemokrat und spricht,
Paß auf,
das mußt du auch mal vergleichen,

was hat er früher gehabt,
was hat er heute, sieh mal,
wir waren sieben zu Hause, zwei Zimmer,
und immer Kohldampf geschoben.
Und heute,
guck dir das doch mal an,
Wohnzimmer und Teppich,
Couch, Sessel,
alles, was du willst, Auto sogar,
die Kinder arbeiten und verdienen,
und dann kommt ihr ARBEITER DU WIRST AUSGEBEUTET.
DDR.
Hau mir ab,
das ist doch viel schlimmer.

Ich sag dir, so geht das nicht,
sagt der alte Sozialdemokrat und spricht:
Paß auf,
Ruhe,
das will er haben,
Ruhe,
mach das doch mal acht Stunden am Tag, die Scheiße,
Akkord,
die stehen den ganzen Tag hinter dir,
und wenn du was sagst,
bitte schön, können ja gehen,
und dann kommt ihr mit eurer
Revolution
und wundert euch noch,
daß ihr eins an die Fresse kriegt.

Ich sag dir, so geht das nicht,
sagt der alte Sozialdemokrat und spricht:
Paß auf,
Fünfundvierzig,
da hätten wir zuschlagen müssen,
zack,
dann wären wir am Drücker gewesen,
so.
Und dann hätten die andern mal kommen sollen.
Dann hätten wir diesen Staat gemacht,

aber heute geht das nicht mehr.
Jetzt müssen wir zäh,
Schritt
für
Schritt
für
Schritt
sagt der alte Sozialdemokrat und spricht und spricht,
bloß ändern,
das will er nicht.

JÜRGEN HENNINGSEN

Kellner-Mentalität

Ein Toast Bernadotte, Kotelett Béchamel,
Käsetrüffel. Sehr wohl, Herr Baron.
Ein Sherry Flip, eine Zigarre, hell:
Sehr wohl, Herr Baron, ich eile schon.
Der Reiche wählt, der Herr ist frei,
Geboren zum Regieren.
Unsereiner treibt Zuhälterei,
Darf Speiseröhren mit Alkohol schmieren.
Friß dich voll mit Austern und Ente,
Gieß dich voll mit Sherry und Schnaps:
Ich krieg schließlich von allem meine Prozente:
Genau wie Oetker und Abs.

Manhattan Cooler, Kaviar auf Ei?
Herr Direktor verstehen zu wählen.
Ein Krim-Sekt und ein Martini Dry:
Sehr wohl, Herr Direktor, wie Sie befehlen!
Wer Geld hat, kann kommandieren –
Ich mach mir daraus kein Gewissen.
Ich hab gelernt, mich zu prostituieren,
Und nur manchmal, wenn ich so nachts

Die Stühle zusammenstelle,
Find ich dies Dasein – Verzeihung – beschissen.
Doch wenn Große befehlen, haben Kleine Gewinn.
Nur kein Neid auf die Großen! Ob Sherry, ob Schnaps:
Ich hab meinen Finger auch überall drin:
Genau wie Oetker und Abs.

Ente mit Orangen, Shish Kebab auf Reis,
Château neuf du Pape und Auberginen.
Ein Cordon bleu, zwei Whisky auf Eis:
Durch Dienen läßt sich verdienen.
Ich bin, ich weiß es, servil
Mit Kellner-Mentalität:
Das ist der »Formierte-Gesellschaft(s)«-Stil,
Wie er längst treudeutsch im Lesebuch steht.
Wir sehn, wie regiert wird, und stehen daneben.
Geld macht nicht glücklich, Dienen macht froh.
Solange die Herren uns Trinkgelder geben,
Lieben wir Oetker und Co.

Rudolf Rolfs

An der Ampel

Ich stehe bei Rot
und warte,
ob ein Auto kommt
oder auch nicht.
Ich warte,
bis der Kanzler mir sagt:
Jetzt darfst du DDR sagen!
Bis der Amtmann sagt:
»Herein!«
und der Polizeipräsident:
»Die Veranstaltung ist genehmigt!«

Ich warte auf Grün,
auch wenn ich nicht sehe,
wer da schaltet.
Irgendwo von der Zentrale
Anonym.
Rot ist mir stets:
Halt!
Nicht mucksen,
bis das Rot wieder weg ist.
Mund halten
und warten
bis Grün kommt.
Bis ich an der Reihe bin.
Bis meine Nummer aufgerufen wird.
Dann rufe ich gefahrlos:
»Hier!«
Emil Knoll, das bin ich!
Selbstbewußt, solange Grün ist.
Denn ich bin an der Reihe!
Rot!
Der Bürgersteig ist meine Festung.
Das Rot steht vor der Gefahr des Fahrweges.
Bei Rot zu gehen, wäre Revolution!
Bei Grün ist es nur ein Übergang.
Von Bürgersteig zu Bürgersteig.
Bei Rot gehe ich keinen Schritt.
Grün,
die Farbe für meine Bewegung.
Ich warte auf Grün!
Alle vier Jahre habe ich Grün.
Mein Leben heißt warten:
auf Grün!
Von der Leitstelle bestimmt.
Mein Grün-Polster,
meine Sicherheit!
Staatsbürger an den
Ketten der Ampelimpulse.
Die Vaterlandverwalter bestimmen,
wann für mich Grün ist!
Wann für mich Grün ist:
Wann erlaubt ist, zu atmen!

Volker Kühn

Staatsbesuch

Gastgeber: Ich bringe Ihnen, Majestät, die Grüße unseres Landes, unserer kleinen Stadt, und auch Ihr guter Freund der Bürgermei …

Besucher Schon gut, wie weit seid ihr mit der Aktion?

Gastgeber Ja, Majestät, das hatte keiner ahnen können …

Besucher Ist sie erfolgreich?

Gastgeber Ja, das heißt …

Besucher Heißt was?

Gastgeber Es werden immer mehr …

Besucher Nun das hört man gern.

Gastgeber … die Euren Fortschrittsgeist in Gänsefüßchen setzen.

Besucher Hat die Justiz zu tun?

Gastgeber Ja, wie man's nimmt. Die öffentliche Meinung ist fatal, da helfen auch die Illustrierten-Stories nichts, die über Euren Pfauenthron so liebenswert berichten.

Besucher Und was gedenkt ihr nun zu tun? Der Staat, die kleine Stadt und der sehr ehrenwerte Bürgermeister?

Gastgeber Ja, wissen Sie …

Besucher Ich bin verstimmt. Und die Geduld hat mal ein Ende. Ich will jetzt Taten sehn. Was ich erwarte, sind Erfolgsberichte. Verhängte Strafen, eingelochte Brüder …

Gastgeber Wir sind noch ungeübt im Umgang radikaler Minderheiten. Das ist uns völlig neu. Wenn Sie uns noch ein bißchen Zeit gewährten, so kämen wir auch rasch ans Ziel der rechten Wünsche, da bin ich sicher. Der Notstand steht gewissermaßen vor der Tür.

Besucher Ein bißchen Zeit! Ich will jetzt Taten sehn, und ich erwarte unverzüglich Resultate. Dies ist ein Staatsakt allerersten Ranges.

Gastgeber Es wird ja zugesagt …

Besucher Gesagt wird viel, zumal in Republiken. Doch wenn's zum Schwur kommt, sind das nette Phrasen, fromme Festtagsreden verklemmter Pseudo-Monarchisten. Was tut ihr beispielsweise, um den Staat zu schützen und ihm zu geben, was des Staates ist?

GASTGEBER Wir wollen alles, Majestät, ja tun, was diese heikle Situation verlangt. Doch fragen sich daheim in unserer kleinen Stadt zuweilen auch die Leute, ob denn die Sache eines Staates auch und immer gleich die Sache ist des Volkes. Das ist so eine Frage, und solange man gebunden ist ans Recht ...

BESUCHER Sie haben einen Rechtsstaat, nicht?

GASTGEBER Natürlich, ja, das ist es ja gerade, was es so schwierig macht, in dieser Sache zügig durchzugreifen.

BESUCHER Und rechts ist die Gesinnung?

GASTGEBER Vergeßt doch bitte nicht, daß wir nur Euch zu Ehren dieses kleine Räuber- und Gendarmspiel unter freiem Himmel einstudierten.

BESUCHER Jaja, ich weiß. Was also ist konkret passiert auf mein Verlangen, nun jeden zu bestrafen, der meinen Namen öffentlich mißbraucht?

GASTGEBER Nun, es sind inzwischen ...

BESUCHER Wie viele sitzen hinter Gittern?

GASTGEBER ... schon ... das heißt ... wir haben ...

BESUCHER Hat man sich nun zu Folterungen durchgerungen?

GASTGEBER ... jetzt bereits mit den Ermittlungen begonnen. Jedoch bedenkt, die Einsicht zu verbreiten, daß Stock und Prügel Ausdruck sind des Rechts und von recht progressiver Denkungsart – solch Ding will Weile haben, wenngleich wir auf gewisse Traditionen auch dabei ...

BESUCHER Ich muß mich wundern über eure Auftraggeber, daß man in eurem Lande meine Ehre öffentlich beschmutzt und dann den Mumm nicht hat, die Terroristen aufzuknüpfen. Das könnte Konsequenzen haben ... für das Verhältnis unsrer beider Staaten zueinander. Wir könnten anders über eure Mauer denken und auch zum Beispiel einem Spitzbart Reize abgewinnen ... der Möglichkeiten gibt's genug, wenn Sie verstehen, was ich meine.

GASTGEBER Nein, bitte, nein, ich meine ja, ich hab verstanden. Ich bin ja auch beauftragt, hier zu sagen, daß wir die Schmach, die Ihnen widerfuhr, mit rückhaltloser Härte rächen werden ...

BESUCHER So? Das mindeste jedoch ...

GASTGEBER Kann uns auch niemand hören?

BESUCHER ... wär eine Hinrichtung. Nur das allein wär mir Beweis für eure Freundschaft, die mir neuerdings ...

GASTGEBER Genau das ist geschehn. Es wurde ein Exempel statuiert. Am 2. Juni. Abends in Berlin.

Detlef Michel

Liberales Gelöbnis

Schon als die Sit-ins passierten
Gaben wir zu bedenken
Daß man sich mit sowas
Manche Sympathie bei der Masse verscherzt
Weshalb es besser sei statt dessen
Sachlich eine Diskussion zu machen

Als dann Demonstrationen passierten
Gaben wir zu bedenken
Daß man sich mit sowas
Alle Sympathie bei der Masse verscherzt
Weshalb es besser sei statt dessen
Ein Sit-in zu machen

Als dann Pflastersteine passierten
Gaben wir zu bedenken
Daß man sich mit sowas
Völlig die Sympathie bei der Masse verscherzt
Weshalb es besser sei statt dessen
Eine Demonstration zu machen

Und selbst wenn die Revolution passiert
Geben wir zu bedenken
Daß man sich mit sowas
Restlos die Sympathie bei der Masse verscherzt
Weshalb es besser sei statt dessen
Einen Pflasterstein

Oder besser noch
Eine Demonstration
Oder noch besser
Ein Sit-in
Oder am allerbesten erst mal überhaupt
Ganz sachlich diskutieren

Wolfgang Neuss

Unter die Strafe gestellt

Wegen staatsgefährdender Störung
in Tateinheit mit schwerem Forstwiderstand
wird bestraft
wer Gegenstände zur Verschönerung öffentlicher Wege
böswillig verschleiert
wer die Überwachung von Fernmeldeanlagen stört
wer vorsätzlich Süßstoff herstellt
wer den Dichter will verstehn
wer den Gebrauch gewisser Beteuerungsformeln unterläßt
wer eine Frau zur Gestattung des Beischlafs verleitet
oder einen anderen Irrtum in ihr erweckt
wer auf einem Eisenbahnhofe
mittels Abschneiden eines wichtigen Gliedes
eine Amtsperson verringert
wer länger als drei Kalendertage abwesend ist
wer sich dem Müßiggange hingibt
wer Einrichtungen beschimpft
wer seine Richtung ändern will
wer ein Zeichen der Hoheit beschädigt
wer sich mit Wort und Tat auflehnt
wer Widerstand leistet
wer sich nicht unverzüglich entfernt
wer ohne Vorwissen der Behörde
oder seines Vorteils wegen
oder vorsätzlich
oder als Landstreicher
oder um unzüchtigen Verkehr herbeizuführen
oder mittels arglistiger Verschweigung
oder wegen Entgelt
oder wissentlich
oder durch Drohung mit einem empfindlichen Übel
oder gröblich
oder grob fahrlässig
oder fahrlässig
oder böswillig
oder ungebührlicherweise

oder aufgrund von Rechtsvorschriften
oder ganz
oder teilweise
oder an besuchten Orten
oder unter Benutzung des Leichtsinns
oder nach sorgfältiger Abwägung
oder mit gemeiner Gefahr
oder durch Verbreitung von Schallaufnahmen
oder auf die vorbezeichnete Weise
oder unbefugt
oder öffentlich
oder durch Machenschaften
oder vor einer Menschenmenge
oder in einer Sitte und Anstand verletzenden Weise
oder in der Absicht
den Bestand
der Bundesrepublik Deutschland
zu beeinträchtigen
oder mutwillig
oder nach der dritten Aufforderung
oder als Rädelsführer
oder Hintermann
oder in der Absicht Aufzüge zu sprengen
oder wider besseres Wissen
oder mit vereinten Kräften
oder zur Befriedung des Geschlechtstriebs
oder als Deutscher
oder auf andere Weise
eine Handlung herbeiführt oder abwendet
oder vornimmt oder unterläßt
oder verursacht oder erschwert
oder betreibt oder verhindert
oder unternimmt oder verübt oder bewirkt oder begeht
oder befördert oder beeinträchtigt
oder befördert und beeinträchtigt
oder befördert und nicht beeinträchtigt
oder beeinträchtigt und nicht befördert
oder weder befördert noch beeinträchtigt.
oder – Neisse

Das Nähere regelt die Bundesregierung.

Hans Magnus Enzensberger

Lied von denen auf die alles zutrifft und die alles schon wissen

daß etwas getan werden muß und zwar sofort
das wissen wir schon
daß es aber noch zu früh ist um etwas zu tun
daß es aber zu spät ist um noch etwas zu tun
das wissen wir schon

und daß es uns gut geht
und daß es so weiter geht
und daß es keinen zweck hat
das wissen wir schon

und daß wir schuld sind
und daß wir nichts dafür können daß wir schuld sind
und daß wir daran schuld sind daß wir nichts dafür können
und daß es uns reicht
daß wissen wir schon

und daß es vielleicht besser wäre die fresse zu halten
und daß wir die fresse nicht halten werden
das wissen wir schon
das wissen wir schon

und daß wir niemand helfen können
und daß uns niemand helfen kann
das wissen wir schon

und daß wir begabt sind
und daß wir die wahl haben zwischen nichts und wieder nichts
und daß wir dieses problem gründlich analysieren müssen
und daß wir zwei stück zucker in den tee tun
das wissen wir schon

und daß wir gegen die unterdrückung sind
und daß die zigaretten teurer werden
das wissen wir schon

und daß wir es jedesmal kommen sehen
und daß wir jedesmal recht behalten werden
und daß daraus nichts folgt
das wissen wir schon

und daß das alles gelogen ist
das wissen wir schon

und daß das alles ist
das wissen wir schon

und daß überstehn nicht alles ist sondern gar nichts
das wissen wir schon

und daß wir es überstehn
das wissen wir schon

und daß das alles nicht neu ist
und daß das leben schön ist
und daß das alles ist
das wissen wir schon
das wissen wir schon
das wissen wir schon

und daß wir das schon wissen
das wissen wir schon

Völker, hört die Skandale!

Satirisches mit Marx- und Engelszungen

Komm heißer Herbst komm wieder
Die Herrschenden zittern schon
Verändre unsre Lieder
Und mache Revolution.

Hanns Dieter Hüsch

Erich Kästner hatte es kommen sehen. »Die große Freiheit ist es nicht geworden – es hat beim besten Willen nicht gereicht«, schrieb er in seinem programmatischen Opening zu einem Programm der Münchner *Kleinen Freiheit*. »Wir sind so frei, das heißt: soweit's erlaubt ist; wir sind so frei – soweit man's überhaupt ist«, hieß es da ebenso wohlgereimt wie resignierend. Das war 1951. Kaum war die vielzitierte Stunde Null, die keine war, verstrichen, schien die Chance, einen neuen Staat von Grund auf aufzubauen, schon vertan.

Anfang der fünfziger Jahre nahm man Kästners Zeilen als kabarettistische Äußerung hin, als kleine, wider den Stachel löckende Pointe der Übertreibung, die, hübsch formuliert, schmunzeln macht und niemandem schlaflose Nächte bereitet.

Fünfzehn Jahre später ist das plötzlich anders. Als die Freß- und Saufwelle verebbt ist, werden die Wirtschaftswunderkinder von einst wach und unruhig. Die Gesellschaft wird zur Lieblingsvokabel – und sie beschreibt nicht mehr einen Zustand fröhlichen Beisammenseins. Als die studentische Jugend auf die Straße geht, um demokratische Defizite ein- und die Vätergeneration wegen ihrer opportunistischen Haltungen anzuklagen, wollen die Kabarettisten nicht abseits stehen. Noch einmal, wieder einmal, besinnt sich das Kabarett auf die Möglichkeit, durch Aufklärung, moralischen Appell und soziales Engagement auf Veränderung zu drängen, die Chance zu nutzen, Wirklichkeit zu beeinflussen und mitzugestalten. Und sei diese Chance auch noch so klein.

Die Unruhe, die weltweit an den Universitäten um sich greift und sich im Protest gegen kapitalistische Grundwerte, gegen den Vietnam-Krieg, gegen kolonialistische Kreuzzüge, gegen Unterdrückung und Ausbeutung Luft macht, steckt an und läßt die professionellen Pointenklauber innehalten. Die öffentlichen Spaßmacher engagieren sich und denken nach.

Auch über sich und ihr Handwerk. Das traurige Resümee lautet: Außer Lachern nichts gewesen. Auch das will man ändern. Apo-Kabarett statt Opas Kabarett heißt das Stichwort. Neue Ensembles gründen sich, die der studentischen, radikaldemokratisch gesinnten Linken nahestehen und sich ihren Lehrbuch-Utopien verpflichtet fühlen. Ernst Blochs Bekenntnis »Rot ist die Hoffnung« wird Programm, beim *Bügelbrett* sogar zum Programmtitel. Das *Berliner Reichskabarett*, das sich noch entschiedener als das *Bügelbrett* als Informations- und Agitationsforum der Außerparlamentarischen Opposition versteht, geht noch einen Schritt weiter:

»Hörnse auf, rot zu hoffen – fangense an, rot zu handeln!« Während der Protest die junge Generation in den Großstädten auf die Straße treibt, demonstriert das engagierte Kabarett nun auch auf der Bühne. Die alljährlich stattfindenden Ostermärsche der Kampagne für Abrüstung und die ständig wachsende Opposition gegen imperialistische Feldzüge draußen und eine die demokratischen Grundrechte einschränkende Notstandsverfassung drinnen finden immer mehr Fürsprecher und Wortführer im Kabarett-Keller, in dem nun kein Platz mehr ist für platte Kalauer-Pointen und bekrittelnde Wortwitzeleien. Mit dem Jux der frühen Nachkriegsjahre ist es nun vorbei, statt dessen wird nun ernst gemacht mit dem Spaß: Man bezieht Position, nimmt Partei und läßt sich wieder auf die schwarze, destruktive Kunst der Satire ein.

Die Zeiten sind danach: Im Dezember 1966 wird Alt-PG Kurt Georg Kiesinger neuer Bundeskanzler, und mit dem alten, mit Ludwig Erhard, der vielen Bundesbürgern ein Garant für Ruhe und Ordnung, Wohlstand und neudeutsche Großmannssucht war, geht gleichzeitig ein Stück Nachkriegsgeschichte in Pension. Am Bonner Kabinettstisch nehmen nun, Sessel an Sessel mit den Erzkonservativen, die Sozialdemokraten Platz; Willy Brandt wird Vizekanzler und Außenminister – man hat sich arrangiert.

Der Widerstand auf den Straßen und auf dem Universitätsgelände wächst zusehends und in dem Maße, in dem sich das herrschende »Establishment« darauf verständigt, daß der »Rechtsstaat Zähne zeigen muß« – wie Franz Josef Strauß das formuliert. Die Linke demaskiert diese Law-and-Order-Mentalität als Ausdruck staatlicher Ohnmacht und schließt sich noch enger zusammen. Der Tod des Studenten Benno Ohnesorg, der bei einer Protestdemonstration gegen den Schah-Besuch in Berlin unter Polizeikugeln zusammenbricht, trägt zur Verschärfung der Lage und zur radikaleren Politisierung der Studenten bei. Sie findet Ausdruck in den Aktionen der Außerparlamentarischen Opposition, vor allem denen des Sozialistischen Deutschen Studentenbundes (SDS), dessen Wortführer Rudi Dutschke bei einem Attentat lebensgefährlich verletzt wird.

Das politische Kabarett jener Tage versucht auf dem Podium aufzuarbeiten, was draußen auf der Straße passiert. Und der Kabarett-Besucher, im Kleinkunstkeller dazu ermutigt, an der Garderobe mit Hut, Schal und Mantel nicht auch gleich die Gesinnung abzugeben, bekommt mit der Eintrittskarte beschriebenes Papier in die Hand: Informationen über Macht und Machbares, über

Träume und Utopien, über Gott und die Welt, in der wir leben. Auch auf der Bühne nimmt die Dokumentation einen breiten Raum ein. Die Notwendigkeit, politische Geschehnisse und Prozesse erst vorzustellen, zu beschreiben und zu analysieren, um sie dann nachhaltig attackieren zu können, führt zu eigenen kabarettistischen Ausdrucksformen: Vorbei die Zeit der alten Sketche, der einschmeichelnden Chansons und geschliffenen Dialoge. Statt dessen wird in unterkühlte, theatralische Form gebracht, was die Studenten unter freiem Himmel skandieren. Oppositionelles Gewitzel ist längst der politisch-literarischen Agitation und einer auf die knappste Formel gebrachten Aufklärung gewichen – das Publikum, das auf ein paar schöne Stunden aus ist, geht da lieber gleich ins Kino.

Denn das, was da in den unruhigen Sechzigern auf den Kabarett-Brettern gesagt und gesungen wird, ist so ungemütlich wie die Zeit, von der die Rede ist. Apo-Kabarett bricht mit alten, überkommenen kritischen Ansätzen. Im *Berliner Reichskabarett* und anderswo kritisiert man plötzlich nicht mehr den einen oder anderen Mißstand, diesen oder jenen angreifbaren Politiker, sondern die Gesellschaftsordnung, die derartige Mißstände und Volksvertreter erst produziert und möglich macht. Systemkritik statt Symptomkritik heißt die Formel, nach der das politische Kabarett nun vom Leder zieht und – wie zu besten Weimarer Zeiten Tucho & Co. – Rundumschläge mit der Satire-Keule austeilt. Und die lassen versöhnlich-heiteres Geschmunzel, befreiendes Gelächter und gefälligen Beifall rasch verstummen. Erwünscht ist jener Erkenntnislacher, von dem Brecht einmal sprach.

Die bürgerliche Presse, allen voran der Springer-Meinungsmacher-Konzern, findet das nun gar nicht mehr witzig und wünscht sich die Kabarettisten am liebsten über die Mauer. Das Kabarett der Sechziger kann mit solcher Gegnerschaft gut leben, provoziert sie geradezu, wo immer es geht. Allen voran Wolfgang Neuss, der scharfzüngige Berliner aus Breslau, einst Liebling der alten Frontstadt-Bewohner und vielbeschäftigter Filmstar. Der Mann mit der Pauke – immer empfänglich für die Zeichen der Zeit – hat sich inzwischen zum listigen Polit-Clown gemausert und die Paukenschlegel längst gegen den Schlagzeugknüppel eingetauscht. Über fünf Jahre betrieb er in seinen Solo-Programmen das schwierige Geschäft der Aufklärung und agitierte, allen Anfeindungen zum Trotz, mit harten Bandagen für die gute Sache – mit gepfefferten Radikalauern und gepaukten Polit-Pointen.

Volker Ludwig

Morgenandacht

Die Wirtschaft dröhnt nach alter Weise
In Brudersphären Wettgesang,
Und ihre sturmerprobte Reise
Vollendet sie mit Donnergang.
Ihr Anblick gibt den Leuten Stärke,
Da keiner sie ergründen mag.
Die Douglas- und die Lockheed-Werke
Gehn herrlich wie am ersten Tag.
Und schnell und unbegreiflich schnelle
Entwickelt sich die Produktion,
Der Konsument tritt auf der Stelle,
Doch sieh – die Werbung hat ihn schon.
Der Rüstungsboom ist reich an Gnade,
Der Krieg, er zieht sich etwas hin,
Wer Pech hat, schmilzt zu Marmelade,
Es kocht sich gut mit Napalmin.
Der Tag bricht an, und Mars regiert die Stunde.
Noch so ein Krieg und wir gehn vor die Hunde.
Die Gelben wollen unsre Kohlen,
Die Schwarzen stören den Konsum,
Und drinnen in den Metropolen
Da haust das Weltstudententum.
Die schönen Tage von Aranjuez
Sind nun zu Ende, ja, ich ahnte es.
Mag auch das Schrecklichste geschehen,
Platzt auch das rote Tuch vor Wut,
Eins bleibet ewiglich bestehen:
Die Freiheit – unser höchstes Gut.
Ihr Anblick fördert die Kredite,
Da keiner sie ergründen mag,
Und die Geschäfte und Profite
Stehn herrlich bis zum Jüngsten Tag.
Der Not gehorchend, nicht dem eignen Triebe,
Erziehen wir die Welt zur Freiheitsliebe.

Hanns Dieter Hüsch

Marsch der Minderheit

He du, mein gebildeter Bürger,
Genosse Bürger, Bildersammler, Bücherwurm,
Konzertabonnent, liberaler Ästhet,
Mozartfan,
Komm mit, wir sind auf dem Marsch,
Komm mit, wir brauchen dich!
Nicht nur unterschreiben,
Wenn Sartre unterschreibt!
Komm mit, Genosse Bürger,
Wir brauchen dich wirklich!

Freunde, noch sind wir wenige,
Doch täglich werden es mehr.
Wir sind weder Playboys noch Könige
Und wir haben kein grausames Heer.
Doch wir sind auf dem Marsch
Schon Jahrhunderte weit,
Durch Flüsse und Dschungel, Gebirge und Eis,
Auf dem Marsch der Minderheit.

Man kann uns verbieten,
Man kann uns bespein,
Man kann uns den Löwen
Zum Fraße hinstreun.
Man kann uns in Katakomben treiben,
Man kann uns in Ghettos zusammenfassen,
Man kann uns die härteste Folter beschreiben
Und uns die Folter auch spüren lassen.
Mann kann uns Nägel und tödliche Pfeile
Durch unsere freundlichen Hände schlagen,
Man kann uns durch Sümpfe und faulende Wälder
Mit Wolfshunden jagen, Freunde
Wir sind auf dem Marsch
Schon jahrhundertelang.
Trommel und Traum
Sind in unserm Gesang.

Man kann uns in lieblichen Gärten
Als Vergnügungsfackeln verbrennen,
Doch man kann unsre Herzen
Nicht von unsren Hoffnungen trennen;
Denn wir sind auf dem Marsch
Schon jahrtausendelang,
Von Peking bis Rom und von Rom bis Harlem
Und von Harlem bis Da Nang.

Freunde, noch sind wir wenige,
Doch täglich werden es mehr.
Wir sind weder Playboys noch Könige
Und wir haben kein grausames Heer.
Wir sind auf dem Marsch.
Für eine bessere Welt,
Für eine glücklichere Zeit,
Sind wir auf dem Marsch,
Auf dem Marsch der Minderheit,
Auf dem Marsch der Minderheit,
Auf dem Marsch der Minderheit.

VOLKER KÜHN

Glaubensbekenntnis

Wir glauben an Duck, den Vater,
Schöpfer unseres freiheitlich-demokratischen Systems,
Und seiner duckgewollten Grundordnung.
Wir glauben an Duck, den Vater,
Herr über das Kapital,
Mit dem er wuchert
Zum Segen aller, die guten Willens sind.

Wir glauben an Duck, den Vater,
Gebieter über die vielen hundert Stellvertreter
Hier und in aller Welt,
Die nicht müde werden,
Unserer Freiheit gegen die dunklen Mächte der Unterdrückung

Mit welchen Mitteln auch immer
Ein- und für allemal
Zum Siege zu verhelfen.

Wir glauben an die heilsame Kraft
Der freien Marktwirtschaft,
Die gegründet ist auf dem freien Unternehmertum
Und auf der Freiheit derselben,
Frei zu schalten und zu walten,
Wie es ihr Allgemeinwohl gebietet
Und das sich stützt
Auf Macht und Besitz,
Liquidität und Mehrwert
Seit jeher bis in Ewigkeit.

HANNES STÜTZ

Kapitalisten-Juchzer

Die Polizei verfolgt uns nicht.
Es interessiert sich kein Gericht
Für uns und unser Treiben.
Man sieht uns nicht, man hört uns nicht.
Wir haben immer grünes Licht
Und undurchsichtge Scheiben.

Der Boden, den ihr jetzt belauft,
Er ist von uns schon aufgekauft
Für heute und für später;
Das Haus, in dem ihr teuer wohnt,
Die Wälder und ein Teil vom Mond
Und eure Volksvertreter.

Das Wasser ist noch nicht im Griff.
Es wartet auf den Geierpfiff,
Dann fließt's in unsre Taschen.
Die Flüsse stinken im Verein,
Chemiegigant der Vater Rhein,
Da gibt's nichts mehr zu naschen.

Gesetze kommen über Nacht,
Die meisten sind für uns gemacht
Vom allerbesten Schneider.
Der Staat ist wie ein Maßanzug
Für ganz legalen Volksbetrug
Und schwere Wechselreiter.

Und wenn ihr dann noch immer schreit,
Wie frei ihr auf dem Markte seid,
Wenn jede Kurbel, die sich dreht,
Rundum in unsern Diensten steht,
Gibt's auch nichts mehr zu lachen.
Dann wird die Luft Privatbesitz
Von irgendeinem Zitzewitz,
Dann kauft man eure Frauen auf
Und läßt euch nur zur Miete drauf –
So werden wir das machen.

REICHSKABARETT

Soziale Symmetrie

Der Prokurist B und seine Assistentin A betreten das Zimmer

B Gut. Ich muß sagen, ich bin zufrieden. Im großen und ganzen.

A Ich weiß nicht –

B Mäkeln Sie nicht. Ich finde Betriebsfeiern auch entsetzlich.

A Aber veranstalten sie.

B Natürlich. Soll ich sagen: Lieber Herr Kappes, das ist aber ein ganz entsetzlicher Einfall, tut mir leid, lieber Kappes, so ist das aber, mach was de willst, aber nich mit mir?

A Sie sind seine rechte Hand, da hätten Sie die verdammte Pflicht ge –

B Der alte Herr hat im Lotto gewonnen. Geschmacklos genug. Da möchte er seinen Arbeitern eine Freude machen. Na, machen wir ihm die Freude.

A Das Podium ist zu hoch.

B Wenn Sie mir jetzt mit sozialer Symmetrie kommen, dann schlage ich vor, ich setze mich und die Leute stehen auf, wenn ich rede. Dann gleicht sich das wieder aus.

Franz Josef Degenhardt

Wenn der Senator erzählt

Ja, wenn der Senator erzählt,
der, dem das ganze Wackelsteiner Ländchen gehört
und alles, was darauf steht.
Wie der angefangen hat:
Sohn eines Tischlers,
der war mit 40 schon Invalide,
alle Finger der rechten Hand unter der Kreissäge.
Mit fünf Jahren schon ist der Senator jeden Tag
von Wackelrode nach Hohentalholzheim gelaufen,
zwölf Kilometer hin
und zwölf Kilometer zurück.
Und warum?
Weil in Wackelrode ein Liter Milch zweieinhalb Pfennig gekostet hat,
in Hohentalholzheim aber nur zwei Pfennig,
und diesen halben Pfennig durfte der Bub behalten.
Das hat er auch getan, zehn Jahre lang –
von Wackelrode nach Hohentalholzheim,
von Hohentalholzheim nach Wackelrode.
Und nach zehn Jahren, da hat sich der Senator gesagt:
»So.« Hat das ganze Geld genommen
und das erste Hüttenwerk
auf das Wackelsteiner Ländchen gestellt.
Ja, wenn der Senator erzählt.

Dann 14/18, der Krieg.
Und hinterher, da hat sich der Senator gesagt:
»So, der Krieg ist verloren,
was ist dabei rausgekommen?
Gar nichts.«
Und dann hat er sein Geld genommen
und hat Grundstücke gekauft.
Hier eins, da eins.
Und dann kam die Arbeitslosenzeit, dann Adolf.
Ja, und 34, da gehörte ihm praktisch schon
das ganze Wackelsteiner Ländchen.
Und dann hat er noch ein Hüttenwerk

auf das Wackelsteiner Ländchen gestellt.
Das waren dann schon zwei,
das alte Wackelsteiner Hüttenwerk
und das neue Wackelsteiner Hüttenwerk.
Und mitten im Krieg, in schwerer Zeit,
hat er noch ein Hüttenwerk
auf das Wackelsteiner Ländchen gestellt.
Ja, wenn der Senator erzählt.

Und dann 45, ausgebombt, demontiert.
Da hat sich der Senator gesagt:
»So, der Krieg ist verloren.
Was ist dabei rausgekommen?
Gar nichts.«
Und er war froh,
daß er wenigstens noch sein Wackelsteiner Ländchen hatte
und seine treuen Bauern;
hier einen Schinken, dort einen Liter Milch.
Und so konnte man ganz langsam wieder anfangen.
Aber dann 48, Währungsreform.
Da stand der Senator
wie jeder von uns da, mit 40 Mark auf der Hand.
Und was hat er damit gemacht?
Etwa ein viertes Hüttenwerk
auf das Wackelsteiner Ländchen gestellt?
Nein. Er hat's auf den Kopf gehauen
in einer Nacht.
Und als er dann morgens auf der Straße stand,
neblig war's und kalt,
da mußte der Senator plötzlich so richtig lachen.
Er hatte eine gute Idee:
»Wie wäre es«, sagte sich der Senator,
»wenn man aus dem Wackelsteiner Ländchen
ein Ferienparadies machen würde?« Gesagt, getan.
Verkehrsminister angerufen – alter Kumpel aus schwerer Zeit.
Ja, und dann ist aus dem Wackelsteiner Ländchen
das Wackelsteiner Ländchen geworden,
wie es jedermann heute kennt. Und dann
hat der Senator noch ein Hüttenwerk
auf das Wackelsteiner Ländchen gestellt.
Ja, wenn der Senator erzählt.

Aber dann wird er traurig, der Senator.
»Und wissen Sie was«, sagt er,
»die waren damals doch glücklicher,
die Leute.
Wie ich angefangen habe:
Sohn eines Tischlers,
der war mit 40 schon Invalide,
alle Finger der rechten Hand unter der Kreissäge.
Mit fünf Jahren schon bin ich jeden Tag
von Wackelrode nach Hohentalholzheim gelaufen,
zwölf Kilometer hin
und zwölf Kilometer zurück.
Und warum?«
Ja, wenn der Senator erzählt.

ROLF SCHWENDTER

Ballade von der Geldwirtschaft

Ich weiß, es klingt immer abgeschmackter:
Marx, Freud und Fromm haben sich oft geirrt –
Doch des Geldes Arsch-Charakter
Haben sie richtig anal-ysiert.
  Zehnmal täglich greif ich Scheiße an,
  Zweimal meistens in der Straßenbahn,
  Zweimal täglich, wenn ich essen geh,
  Einmal dann am Abend im Café,
  Zweimal je zwei Bröckelein am Telefon,
  Einmal für die Presse-Manipulation,
  Einmal irgendwo im Freizeitklo,
  Einmal irgendwann und irgendwo.

Es tut uns nicht überraschen:
Eltern wissen, was uns frommt –
Nach Geldangreifen Händewaschen,
Wie wenn man vom Scheißen kommt.
  Zehnmal täglich greif ich ...

Scheiße die tut Leistung messen:
Wer viel konsumiert folglich viel scheißt –
Bleibt den Massen unvergessen,
Hat Prestige und folglich Geist.
  Zehnmal täglich greif ich …

Einst wird alles frei verteilet:
Scheiße, die kommt in den Kanal –
Doch da die neue Zeit nicht eilet,
Heißt's bis dahin auf jeden Fall:
  Zehnmal täglich greif ich …

Wolfgang Neuss

Neuss Testament

Ich lache Tränen heule Heiterkeit
ich schöpfe Trost aus mancher Leute Traurigkeit
ich bin ein Mann voll Macht
ein Mann in Acht und Bann:
Ich –
höchst beliebt
verschrien bei jedermann.

Nichts ist mir sichrer als zum Beispiel
das niemals Gewisse
und dunkel ist mir
was euch allen einfach klar.
Und wenn ich euch mit Freundlichkeit begrüße
dann ist das Absicht
denn mein Geld ist rar.

Mein dummer Wunsch
Villon ist mir nicht böse
und das alles heute hier an dieser Stelle
wär ihm recht.

Ein toter Dichter macht nun mal nicht groß Gewese
und kein Plebejer steht gern auf
wenn Grass ein Stück schreibt über Brecht.
Gefälschte Testamente stehen mir nicht an:
Mir
höchst beliebt
verschrien bei jedermann.

Was hier und jetzt
um euer milchiges Geglotze
und das Gehör
von Marschmusik zerfressen
bittet
ist einer aus der Zunft der Nörgler
ungesittet
noch unterm Mikro-Galgen mit geschliffner Fresse –
auch wurscht ist diesmal mir ne gute oder schlechte Presse –
das Lied vom Wolf unter den Wölfen
fröhlich singend
die allertags von Angst genäßte Haut
auswringend
verschafft euch Jokus nun ein Scharlatan:
Icke
höchst beliebt
verschrien bei jedermann.

Nehmt nun den Nachfahrn Franz Villons
in Gnaden auf.
Seht nur
wie einer seinen allerletzten Willen verkauft.

Drum übet Nachsicht wenn ich mal daneben hau
geschieht's
weil ich dem Publikumsniveau nicht trau.
Ach nehmt mich auf mich ausgesprochen ungeübten Anarchisten
mich unbelesnen lyrisch nüchternen Trotzkisten.
Nehmt an mein Testament
es wird euch schlimm ergehn.
Obwohl ich nur ein sogenannter Wirrkopf bin
wird mich manch kluges Gradeaus-Köpfchen
zwar verstehn

doch ach ihr Herrn:
Nicht gern!

Die dicken Gammler in Kamelhaarkutten
die Topmanager mit den Luxusnutten
Minister mit der großen Koalitze an der Hose
der Geist von Rhöndorf mit der welken Rose
die fetten Playboys in Mercedesfuhren
auch die fiskal-gepreßten Kudamm-Huren
die Blaulicht-Senatoren und die Ratten-Pepper
die Frühstücksgastronomen und die Resi-Nepper
die Luftfahrtmörder und die Konteradmiräle
Blechmarken um Hals Notstandsgeheul im Ohr
mein Freund die Hertha mit dem Fahrian im Tor
der Deutsche Fußballbund das alte Schwein:
Sie alle
mögen mir mein Lästermaul verzeihn.
Die hag'ren Beutemacher Oetker Flick und Krupp
das Wolfsgesindel das sich vegetarisch nährt
die Kleinbürgersippe die sich großkotzig beschwert
wenn Veba und VW versalzt die Bettelsupp
die Funktionäre die im Arsch von Fabrikanten
ihr Schäfchen trocknen
auch die Miet-Erpresser-Tanten
im Café Kranzler
Torte futternd
Leiber breit wie Kisten
auch die Sozialfaschisten
abgekürzt die »Sofas«
und ihr Leberclown
die dort auf Kosten von Metallarbeitern
sich ihr Häuschen baun
die Aufsichtsräte die in bürgerlichen Käsereien
Pförtnerdienste tun und »draußen bleiben« schrein:
Sie alle
mögen mir mein Lästermaul verzeihn.
Nur der geliebte Bürgermeister nicht
der ohne r so gern Bellin ausspricht
dem bleib ich immer wohlgesonnen
der hat am Rhein verloren
und Bellin gewonnen.

Der soll im Schöneberger Rasthaus sitzen
und sich immer wieder sagen:
Des Neussens Lästermaul muß ich nun mal
in diesem ersten deutschen Staat ertragen.

Reimt Verse freche Lieder
schlagt die Pauke und krakeelt
als Hanswurscht Zotenreißer
tollt euch aus im Narrentanz
seid was ihr wollt:
Soldaten Schuster Opernsänger
Produktenhändler oder auch nur Hundefänger.
Ob ihr verlaust seid
oder an der Börse spekuliert
es ist doch ganz egal
wo ihr das falsch verdiente Geld verliert.
In allen Ländern
wollen sie die Welt
sich selber aber wollen sie nicht ändern.

Ob ihr als Diebe lebt vom Stehlen Morden Rauben
meineidige Verräter seid
oftmalen keine Puseratze in der Tasche
ob ihr die Atmosphäre vergiftet oder Tauben
ob ihr krummbeinig euren Weg geht
auf die Barzelmasche:
Am liebsten hockt ihr auf nem Ast
und laßt die andern sägen
und es gelingt euch weiter nischt
als Kneipen auszusaufen Weiber umzulegen.
Stopft euch den Bauch mit Kaviar und Ochsenzungen
und qualmt so lange
bis aus den zerfressnen Lungen
die Schwindsucht grinsend stiert –
möglich ist auch sie lächelt
Ist ja alles ganz egal:
wie oft den Selbstmord eurer Freunde ihr durchhechelt.
In allen Ländern
wollen sie Welt
sich selber aber wollen sie nicht ändern.

Revolutionslied für Sanftmütige

So manchem braven Bürger in sozialem Wohnungsbau
Dem steht das Wasser jetzt schon bis zum Hals.
Er wird aus unserm kapitalen Rechtsstaat nicht mehr schlau
Und billigt diesen Zustand keinesfalls.
Doch sagt man ihm dann: Du bist selber schuld!
Dein Fehler, mein Freund, heißt: zuviel Geduld!
Dann wird dem Braven mächtig flau.
Was fürchtet er denn schon?
Die Revolution! Die Revolution!

Und das ist aus seiner Sicht auch verständlich. Denn für ihn, den Bürger, den Kleinbürger wie auch den akademischen und den wild gewordenen Kleinbürger, da heißt Revolution natürlich nur Handgranaten und Granatwerfer und Maschinengewehre und brennende Bügerreihenhäuser und geschändete Bürgerehefrauen und angebranntes Mittagessen und – was noch viel schlimmer ist – Unordnung und lange Haare und wilde Bärte: »Bitteschön, ich als Bürger habe ja nichts gegen die Studenten, Lehrlinge und Friedensfreunde, wie man die Gammler auch nennt; aber: Der anständige deutsche Mensch wäscht sich morgens regelmäßig kalt und arbeitet sich dann warm!«

Nun kann man vielleicht verstehen, daß den Bürger Maschinengewehrnester im Vorgarten eines Reihenhauses oder Handgranaten im Kofferraum seines nagelneu gekauften, auf langfristige Raten finanzierten, samstags am Bach oder Kanal mühselig gepflegten, sonntags langsam – aber schlecht – gefahrenen, montags häufig ratenrückständehalber gepfändeten, nach Werksangaben benzinsparenden, metalliclackierten, rallyestreifen-verzierten Mittelklassewagens nicht sonderlich behagen. Man kann vielleicht auch noch verstehen, daß er informationslückenhalber die Farbe Rot nicht allzusehr schätzt. Bitteschön: Wir sind ja keine Fetischisten. Soll er seine Revolution so haben, daß er sie versteht.

Da hör ich es von ganz links wieder lauthals analysieren: »Ein liberaler Scheißer!! Revolution und auf Erlaubnisscheine scheißen!! Das ist doch ein bißchen sehr billig! Revolution, das heißt doch: »Handgranaten und Granatwerfer und Maschinengewehre…«

Nur: Ich meine, man könnte es ja doch mal erwägen, auf Erlaubnisscheine zu scheißen. Da kriegt man eine schöne breite Basis. Von wegen Mut machen, Erfahrungen sammeln, Zivilcourage wecken, Interessenlage und Standpunkt erkennen. Denn:
Wenn eines Tages das Volk
Oder, um es genauer zu sagen:
Die Arbeiter
Und natürlich auch die Angestellten
Oder meinetwegen die Studenten,
Kleinbauern, Soldaten und Kleingewerbetreibenden
Die wirkliche Mit-Bestimmung
Wirklich praktizieren würden,
Ohne zuvor die Bundesregierung,
Den Arbeitgeberverband
Oder den philosophischen Lehrstuhl
Der Universität Würzburg
Um Erlaubnisscheine zu fragen:
Das wär bei uns doch schon
Die Revolution!

VOLKER KÜHN

In Marthens Garten

Protokoll eines verspäteten Osterspaziergangs

MARGARETHE Versprich mir, Heinrich!
FAUST Was ich kann.
MARGARETHE Nun sag: Wie hältst du's mit der Revolution?
Du bist ein herzlich guter Mann,
Allein, ich glaub, du hältst nicht viel davon.
FAUST Laß das, mein Kind. Du fühlst, ich bin dir gut.
Für meine Lieben ließ ich Leib und Blut,
Will niemand sein Gefühl und seinen Linksdrall rauben.
MARGARETHE Das ist nicht recht, man muß dran glauben.
FAUST Muß man?
MARGARETHE Ach, wenn ich etwas auf dich könnte!
Das sind ja richtig rechte Argumente!
Glaubst du an M hoch drei?

FAUST Versteh nicht recht …
MARGARETHE … an Marx, Marcuse, Mao, sprich!
FAUST Mein Liebchen –
MARGARETHE Also glaubst du nicht!?
FAUST Mißhör mich nicht, du holdes Angesicht.
Wer darf ihn nennen
Und wer bekennen:
Ich glaub ihn!?
Wer empfinden und sich unter…
MARGARETHE Geschenkt, geschenkt, den Text gibt's an der Kasse.
FAUST Nenn's wie du willst: Nenn's Glück, Herz, Mao, Marx.
Ich habe keinen Namen dafür. Gefühl ist alles,
Name ist Schall und Rauch, umnebelnd Himmelsglut.
MARGARETHE Das ist ja alles schön und gut.
So ungefähr sagt das der rote Dany auch,
Nur mit ein bißchen andern Worten.
FAUST Es sagen's allerorten …
MARGARETHE Ja, schon, nur läßt Cohn-Bendit auch noch Taten [sehn.
FAUST Mein Lieb …
MARGARETHE
Hast du zum Beispiel gegen Springer demonstriert?
Beim Ostermarsch hat man dich nie gesehn.
Hast gegen Lückes Notstand du je protestiert?
Beim letzten Teach-in bliebst du abseits stehn.
FAUST Mein liebes Kind.
MARGARETHE Wie schreibst du DDR? Mit oder ohne?
FAUST Mein liebes Kind, das ist doch so 'ne …
MARGARETHE Wie hältst du's mit der Oder-Neiße?
Auf seiten Hallensteins?
FAUST Das ist doch sch…
Schau, Gretchen, glaub mir doch, ich bin dein Bräutigam.
MARGARETHE Es fehlt noch deine Unterschrift zu Vietnam.
Der Teufel ist dein Mann. Bekenne dich dazu.
FAUST Mephisto?
MARGARETHE: Nein, der Fritz.
FAUST Das ließe Goethen niemals zu.
MARGARETHE Na und? Der säße heute ohnehin im Kabinett der
Koalitze
Und risse mit Professor Schmid vereinsinterne Witze
Wie Strauß und Schiller, Plisch und Plum.
Ach, Heinrich, raff dich auf, zeig doch ein bißchen Mumm.

FAUST Ich kann nicht, Gretchen, bin Beamter, wie du weißt.
MARGARETHE Daß du auf solche Würde nicht zugunsten deiner
linken Freundin sch...
FAUST: Schau: Wissenschaft ist mein Metier,
Nicht das politisch-garstig Lied,
Bin schon geliefert, wenn man mich hier
Mit dir, an deiner Linken, Arm in Arm lustwandeln sieht.
MARGARETHE: Du bist den Herren dieser Welt nur zu bequem,
Und dienst, auch ohne es zu wissen, dem System.
FAUST: Der Rektor sieht den SDS nicht mal zuzeiten gern.
MARGARETHE: Heinrich, mir graut's.
Das also ist des Pudels Kern.

HELMUT RUGE

Beutemüller telefoniert

Hallo Peter! Hier ist dein Vater ... Deshalb brauchst du ja nicht gleich Ho-ho-ho-Tschi-Minh zu pfeifen! ... Wie bitte? ... Ob ich wenigstens jetzt einsehe, daß ich Scheiße gebaut habe?! ... Könntest du dich vielleicht einen Moment gedulden mit deinen Beschimpfungen ... Ich wollte mit dir noch mal über die Fabrik reden ... ja, aber, was willst du denn später machen? ... Natürlich geht mich das was an ... Eine gewisse Sicherheit ... Ja, ja *ihn nachäffend* – ich weiß: »Sicherheitsdenken ist genauso Scheiße wie Leistungs- und Konkurrenzdenken ... – ... nicht von dieser Scheißgesellschaft integrieren lassen« ... Aber von was willst du denn mal leben? – Schreibst du wenigstens an einem Buch über die Linke? Deine Kollegen Rabehl, Lefèvre, Amendt und andere werden inzwischen bei rororo verlegt, und du treibst immer noch Straßenaufklärung. Von Idealismus ist noch keiner satt geworden! ... Faule Sprüche ... Ach, das sind wohl auch faule Sprüche, daß der Cohn-Bendit mit Antonioni filmt, der eine Wolff vom Frankfurter SDS gutbezahlter Lektor bei einem Verlag geworden ist ... und die Klarsfeld mit einer Ohrfeige einen Platten-Hit herausgebracht hat ... aus Versehen.

Was meinst du? Die haben ganz recht, daß sie diese Gesellschaft schröpfen? Dann schröpf sie doch auch! Das ist doch immerhin ein Grund, um auch mit einzusteigen … Aber, Peter, sieh dich doch um! Die besten Linken gehen heute auf den Markt, und die anderen sind nur Puritaner. Und bei den Arbeitern kommt beides nicht an. Wie bitte? Ab jetzt nur noch im Kollektiv? – Dann macht wenigstens ein Leistungskollektiv und seid besser kompromißlos als die anderen. – Sonst bekommt ihr eine schlechte Kritik. Außerdem, wenn ihr euch der Gesellschaft verweigert, baut sie sich ihre eigenen Revolutionäre auf. Die Politiker brauchen euch nämlich. Bist du noch da?
Peter, ich gebe dir auch gern das Geld für eine APO-Kneipe. Da seid ihr dauernd unter euch, und du kannst trotzdem leben … Nach der Demonstration die Restauration! Oder verkauf Poster, stell rote Fahnen her oder Enteignungsbonbons, aber mach irgendwas … nebenbei. Ja, ich bin gleich fertig. Sieh mal, du hast doch einen ganz guten Stil. Warum gehst du nicht irgendwo ins Feuilleton? Da kannst du doch alles schreiben, was du willst. Zwischen Friedmann und Hunter brauchst du kein Blatt vor den Mund zu nehmen. Sicher ist das wie Peter Weiss zwischen Schiller und Madame Butterfly, aber immerhin … Oder schreibe darüber, daß man nichts mehr schreiben kann wie der Enzensberger … oder werde meinetwegen Kabarettist … Aufgelegt!!

RUDOLF ROLFS

Babba und Trudche

T Babba, um was dreht es sich eigentlich beim Marxismus?
B Willst du nicht ein bißchen draußen spielen?
T Nein, ich wollte gerne wissen, was es mit dem Marxismus auf sich hat.
B Weißt du, ich spendiere dir ein Eis!
T Nein, ich möchte wissen, wie das mit dem Marxismus ist!
B So ein ganz großes gemischtes Eis?
T Nein, ich will das mit dem Marxismus wissen …
B Also, da muß man dagegen sein!

T Warum?
B Weil das so ist!
T Warum?
B Die haben Erdbeereis, das magst du doch so gerne!
T Warum muß man gegen den Marxismus sein?
B Also: weil der Marx ... weißt du, der Marx war ein Russe...
T Der ist in Trier geboren.
B In Trier? Wie kommt denn ein Russe nach Trier? Jedenfalls war das ein Proletarier!
T Und der Proletarier hat in Bonn und Berlin Staatswissenschaften, Philosophie und Geschichte studiert ...
B Du weißt doch alles. Was fragste denn da?
T Babba, du liest doch so viel Zeitung, und da wollte ich eben fragen, was du alles über den Marxismus weißt.
B Also, die Mauer muß weg!

Franz Josef Degenhardt

Vatis Argumente

also wenn vati loslegt
dann bringt er so seine
argumente
zum beispiel fall Dutschke
sagt vati
möcht ich gern mal mit sprechen
wirklich und wißt ihr
was Ich ihm dann sagen würde
lieber Rudi Dutschke
würde vati sagen
das ist ja alles ganz gut und schön
aber kaputtschlagen
kann jeder
doch wie is denn mit
Ärmel aufkrempeln zupacken aufbauen
ja vati scheut keine
auseinandersetzungen

und trotz allem
hat er ein herz
für die jungen leute
lieber Rudi Dutschke
würde vati sagen
passen sie auf
als ich so alt war wie sie
was meinen sie
haben wir da gemacht
jawoll krieg
aber nicht freiwillig
das ging nämlich so
von der penne weg
flakhelfer
dann rußland
erste zweite dritte kurlandschlacht
so
dann
gefangenschaft
wissen sie was das heißt
RUSSISCHE KRIEGSGEFANGENSCHAFT
na schön
47 zu hause da war nichts
buchstäblich gar nichts
ja da half kein jammern und wehgeschrei
da hieß es ganz einfach
ÄRMEL AUFKREMPELN ZUPACKEN AUFBAUEN
ja vati läßt sich nicht
unterkriegen
und vormachen läßt
er sich auch nichts
zum beispiel wenn der
SOZIALISMUS hört
kann er nur lachen
lieber Rudi Dutschke
würde vati sagen
wissen sie was das hieß
studieren damals
keine bücher kein brot kein bier
ja
da hatte keiner

flausen im kopp
die welt verbessern
und so
in alten kommißklamotten
paarmal gewendet
so sind wir herumgelaufen
aber gewaschen haben wir uns
und wenns keine seife gab
mit sand
jawoll mit sand
und von wegen asta
mitbestimmung
wissen sie was der asta gemacht hat
gehamstert
daß wir was zu essen hatten
wir und die professoren
und trotzdem
wir waren auch richtige studenten
ja auch wir haben
zusammengehockt
nächtelang
die köpfe uns heiß geredet
aber wir haben
gelernt
gelernt
und nochmals
gelernt
und wir habens geschafft
und warum
weil wir haben gewußt
was das heißt
Ärmel aufkrempeln zupacken aufbauen
ja vati hat wirklich geschuftet
von nichts kommt nichts
das ist sein wahlspruch
und immer sauber bleiben
das lohnt sich
lieber Rudi Dutschke
würde vati sagen
und heute
die jungen leute

jammern und wehgeschrei
paßt dies nicht
paßt das nicht
orgasmusschwierigkeiten
wenn ich so was schon höre
lieber Rudi Dutschke
würde vati sagen
nun hören sie mal gut zu
was sie hier sehen
ringsherum
das haben Wir Wir ihre väter
die sie würstchen nennen
Wir haben das hingestellt
macht das doch erst mal nach
sie ihr alle
streckt doch eure beine unter unsren tisch
und darum verstehen sie
darum
lassen wir uns von euch nicht sagen
wie wir zu leben haben
wer kann das denn heute noch
Ärmel aufkrempeln zupacken aufbauen
also was vati
nun gar nicht mag
das sind die klugscheißer
und intellektuellen
aber gute rasse
die erkennt er sofort
lieber Rudi Dutschke
würde vati sagen
ich mach ihnen einen vorschlag
ich weiß
sie sind aus andrem holz geschnitzt
als die meisten der jungen leute
sie machen sich auch
ihre gedanken
treten für ihre sache ein
und in vielem haben sie sogar recht
mir paßt hier auch manches nicht
das können sie mir glauben
als ich so alt war wie sie

ich habe mir auch nichts gefallen lassen
hatte immer krach
mit dem fähnleinführer
dem spieß
um ein haar und
ich wär bei der strafkompanie gelandet
aber bei aller aufsässigkeit
wenn not am mann war
da hieß es doch
Ärmel aufkrempeln zupacken aufbauen
also lieber Rudi Dutschke
würde vati sagen
wie gesagt
ich mach ihnen einen vorschlag
sie kommen zu mir
in meinen betrieb
personalabteilung
und in einem jahr
in einem jahr sind sie mein assistent meine rechte hand
und dann
steht ihnen alles offen
na
bin mal gespannt
was er dann sagen wird
euer Rudi Dutschke
meint vati
aber das andere ist ja bequemer
würde vati sagen
alles kaputtschlagen
bloß nicht
Ärmel aufkrempeln zupacken aufbauen

also wenn vati loslegt
dann fragt man sich immer
warum ist der bloß so wütend
hat er gemerkt
daß ihn keiner mehr
ernst nimmt

Wolf Biermann

Drei Kugeln auf Rudi Dutschke

Drei Kugeln auf Rudi Dutschke
Ein blutiges Attentat
Wir haben genau gesehen
Wer da geschossen hat
  Ach Deutschland, deine Mörder
  Es ist das alte Lied
  Schon wieder Blut und Tränen
  Was gehst du denn mit denen
  Du weißt doch was dir blüht!

Die Kugel Nummer eins kam
Aus Springers Zeitungswald
Ihr habt dem Mann die Groschen
Auch noch dafür bezahlt
  Ach Deutschland, deine Mörder …

Des zweiten Schusses Schütze
Im Schöneberger Haus
Sein Mund war ja die Mündung
Da kam die Kugel raus
  Ach Deutschland, deine Mörder …

Der Edel-Nazi-Kanzler
Schoß Kugel Nummer drei
Er legte gleich der Witwe
Den Beileidsbrief mit bei
  Ach Deutschland, deine Mörder …

Drei Kugeln auf Rudi Dutschke
Ihm galten sie nicht allein
Wenn wir uns jetzt nicht wehren
Wirst du der Nächste sein
  Ach Deutschland, deine Mörder …

Es haben die paar Herren
So viel schon umgebracht
Statt daß sie euch zerbrechen
Zerbrecht jetzt ihre Macht
  Ach Deutschland, deine Mörder …

Detlef Michel

Die Ursache für die Revolutionierung des Käses

A Also zum Beispiel eine Käsefabrik. In einer Käsefabrik gibt es erst einmal den Direktor. Dann die Aktionäre, die Abteilungsleiter, die Angestellten und die Arbeiter. Und zum Schluß gibt es den Käse, der ja gemacht wird von den Arbeitern und den Angestellten, den Abteilungsleitern und so weiter.

B Also zum Beispiel eine Universität. In einer Universität gibt es erst einmal den Rektor. Dann gibt es die Senatoren, die Professoren, die Dozenten und die Assistenten. Und zum Schluß gibt es die Studenten, die ja gelehrt werden von den Assistenten und den Dozenten und den Professoren und so weiter.

A Die Käsefabrik produziert viele Sorten Käse: Edamer Käse, Harzer Käse, Briekäse, Emmentaler und allerlei mehr. Ganz nach der Marktlage.

B Das macht die Universität auch: Sie produziert viele Sorten Studenten: Mediziner, Soziologen, Chemiker, Germanisten und allerlei mehr. Ganz nach der Marktlage.

A Wenn jetzt der Briekäse, –

B – das heißt, der Chemiker sich für Soziologie, also wenn der nicht nur wissen will, wie zum Beispiel Napalm produziert wird, sondern auch mit welcher Absicht, das geht nicht.

A Stellen Sie sich vor, ein Briekäse, der nach Harzer Käse schmeckt. Das geht natürlich nicht.

B Das geht auch in der Universität nicht. So etwas stört den Produktionsablauf.

A Das leuchtet ein: Die Hausfrau kauft einen Briekäse und will einen Briekäse essen. Deshalb darf er nicht nach Harzer Käse schmecken.

B Und die Industrie kauft einen Chemiker und will einen Chemiker nutzbringend einsetzen. Deshalb darf er keine Ahnung von Soziologie haben. Wenn jetzt aber der Chemiker –

A – also der Briekäse –

B – wenn er trotzdem, dann weiß er zwar, mit welcher Absicht Napalm produziert wird, –

A	– aber dann ist er ein ganz anderer Käse, weil er anders schmeckt und nicht mehr verbraucht werden kann. Und dann schmeißt man ihn auf den Müll.
B	Das macht die Universität auch.
A	Der Käse protestiert dagegen, indem er stinkt.
B	Der Student protestiert dagegen, indem er stänkert.
A	Um den stinkenden Käse kümmert sich die Müllabfuhr.
B	Um den stänkernden Studenten kümmert sich die Polizei.
A	Das sind –
B	– gewisse –
A	– Unterschiede,
B	– werden Sie sagen
A	Selbstverständlich.
B	Vor allem, –
A	zum Beispiel –
B	ja –
Beide	wo denn??

Dieter Süverkrüp

Erschröckliche Moritat vom Kryptokommunisten

Wenn die Sonne bezeichnenderweise im Osten
Und rot hinter Wolken aufgeht,
Das ist seine Zeit, da er flach wie ein Tiger
Aus härenem Bette aufsteht.
Er wäscht sich nur ungern und blickt in den Spiegel
Mit seinem Mongolengesicht,
Er putzt sich die Zähne mit Branntwein und trinkt einen
Wodka – mehr frühstückt er nicht.
Dann zieht der Kommunist die Unterwanderstiefel an
Und dann geht er an sein illegales Untertagwerk ran.
Huhu, huhu ...!

Und dann fletscht er die Zähne, die Hand hält er vor, denn
Das darf ja kein Mensch niemals sehn.

Um neun Uhr zehn frißt er das erste Kind, blauäugig,
Blond, aus dem Kindergarteehn.
Um Elf brennt die Kirche, es drängen sich hilfsbereit
Feuerwehr, Bürger und Christ.
Derweil diskutiert er mit Schwester Theres, bis
Die auch für den Weltfrieden ist –
Der Kommunist ist so geschickt, dagegen kann man nicht!
Und zu Mittag schreibt er gar noch ein politisches Gedicht.
Huhu, huhu ...

Er verstellt sich, spricht rheinisch statt sächsisch und infiltriert
Meuchlings und nur hinterrücks.
Und wenn du bis heute verschont bliebst, ist das eine
Frage persönlichen Glücks.
Am Nachmittag platzt eine Bombe in Bonn,
Aber da hat er sich geirrt!!
Weil, wenn einer nur an KZs mitentworfen hat,
Daraus kein Staatseklat wird.
Und wer ein Kommunist ist, kriegt man niemals richtig raus,
So ein Kryptokommunist sieht immer agitproper aus.
Huhu, huhu ...!

Zumeist kommunistet er dort in der Hütte,
Die gleich hinterm Bahndamm versteckt liegt.
Da übt er sich heimlich in Philosophie,
Analyse sowie Dialektik.
Müd kommt er nach Hause, er küßt seine Frau und
Er spielt mit den Kindern Verstecken.
Die Kinder sind auch durch und durch infiziert, denn
Sie kennen im Haus alle Ecken.
Dann hört er sich die Platten mit der h-moll-Messe an,
Weil er nicht einmal privat mehr völlig unverstellt sein kann.
Dann zieht der Kommunist die Unterwanderstiefel aus
Und dann ruht er sich von seinem schweren Untertagwerk aus.
Huhu, huhu ...!

Gerd Wollschon

Fließbandbaby

Fließbandbaby, manchmal träum ich
Von der Fabrik, in der du nähen mußt
Dann seh ich dich
Zwischen tausend andern Fließbandbabys stehn
Um euch spinnt sich ein Fließbandstraßennetz
Das fließt um fünf direkt zum Supermarkt
Ein Superfließband schüttet Wunscherfüllung
In Dosen, Tuben in den Einkaufskorb
Ein Kassenfließband frißt den Tageslohn
Und klebt dir Rabatt in Marken vor den Kopf
Fließbandbaby, manchmal träume ich
Von der Welt, in der du leben mußt.
Komm mit mir ins Wegschmeisswunderland
Nimm dir einen Wegschmeißteller in die Hand
Und einen Einwegdosenöffner auch
Dann gehn wir zu der Wegwerfkühlbox hin
Und nehmen eine Dose Eintagsschönheit raus.
Komm mit mir ins Wegschmeisswunderland
Die Leute dort sind so herrlich unkompliziert
Das viele Wegschmeißen steckt dich auch an
Bald bist du eine Einwegflasche
Und verstehst dich blendend mit den Leuten …
Fließbandbaby, du sitzt im Gefängnis
Mußt Zwangsarbeit machen und leistest
Freiwillig Überstunden;
Du sitzt im Gefängnis, der Wärter läßt dich
Nicht raus, und du gibst ihm noch Trinkgeld;
Du sitzt im Gefängnis und schreist durch die Gitter:
Noch nie war ich so frei wie heute!
Du ißt eine Wassersuppe und redest dir ein,
Da sind Fettaugen drauf!
Du sitzt im Gefängnis, und wenn die APO kommt,
Verteidigst du mit den Wärtern zusammen die Zellen.
Schaff doch die Zellen ab
Schaff doch die Zwangsarbeit ab
Schaff doch die Gitter ab

Schaff doch die Wärter ab!
Schaff dir doch mal ein bißchen Freiheit an,
Du kannst es dir wirklich leisten.
Schaff dir doch mal ein bißchen Zukunft an,
Zukunft kostet nichts – es ist genug da.
Für die Zukunft zu arbeiten macht sogar mehr Spaß
Als die Vergangenheit zu verteidigen.
Verschwende doch nicht deine ganze Kraft darauf,
Das Gefängnis zu schützen.
Verwende doch die gleiche Kraft darauf,
Es abzuschaffen.

Wolfgang Neuss

Berliner Ballade

Und als ich in die große Stadt reinfuhr,
Da sie so schön und breit am Wannsee lag,
Da tat ich gleich bei meinem Fell den Schwur,
Daß ich die Wahrheit ihr nach Kräften sag.

Da lagen noch sehr viel Soldaten drin,
Die gaben Schutz und Macht – der Himmel grau.
Ich aber ging wohl zu der Mauer hin,
Verzappelte mich schnell im Drahtverhau.

Da kam auch eine kleine Gammlerin
In einem weißen Kopftuch zu mir ran.
Sie fragte, ob ich der Villon wohl bin
Und nicht so'n heutger mittelmäßger Mann.
Da sagte ich zu ihr:
Nu nimm schon meine Schnauze und probier.

Wir taten uns auf Anhieb Gutes dicht am Zaun,
Wir taten das, was man so nennt ein Nestchen baun.
Und niemand störte das in dieser Stadt.
Und als sie fragte, ob sie mich für immer hat,

Da sagte ich zu ihr:
Was ewig dauert macht mir kein Pläsier.

Und als ich grade wieder einmal S-Bahn fuhr,
Da schossen die Soldaten dumm und stur –
Kein Panorama war zu sehn vor lauter Rauch –
Viel rote Löcher schossen sie sich in den Bauch.
Ach, sagte ich zu mir:
Die Menschen in der Stadt sind nicht das Beste hier.

Wir wollen Selbstbestimmung:
Das ist es, was uns zieht.
Wir wollen selbst bestimmen,
Was anderwärts geschieht.
Ein Schuß: Ein Toter. Jeder weiß warum.
Mancher sagt es dumm.
Wissen tun es wenige – große Pein:
Jeden Tag kann in Berlin
Ganz neu 1914 oder 1939 sein.

Niemand will die fernen Ziele dieses West-Berlin
Genau bestimmen …
Die halbe Stadt, in der ich lebte,
Könnt ne internationale Brücke sein,
Doch sie versucht gleichzeitig untendurchzuschwimmen.

Drum schießt und lasset schießen,
Ach, soviel's euch mag behagen,
Und gammelt rum bei Blatzheim
Und auf wüsten Feten.
Vergeßt nicht,
»Die da drüben« immer wieder anzuklagen.

Wir haben Freßbefehl,
Die aber müssen töten.
Wir leben von der Illusion,
Wir werden immer selbstgerechter:
Der neue Hitlerjunge Quex heißt Peter Fechter.
Ihr Söhne, Töchter und ihr ekelhaften Väter,
Ich sag's uns gerne ins Gesicht:
Wir sind schon wieder Schreibtischtäter.

Und als mir diese Stadt das große Kotzen schuf,
Da grub ich in sie unerbittlich meinen Huf.
Und als mein Herz vereiste unter ihrem Hauch,
Verschwieg ich rasch, daß ich ein wenig Wärme brauch.
Und als das Luder mir zuwider war hint und auch vorn,
Da schwoll wie'n Fluß im Frühjahr an mein Zorn,
Daß sich für krudes Geld verkuppelte das Vieh ...
Ja unsre Stadt, sie tat's
Und daß sie's tat
War schuld daran, daß sie gedieh.

Ihr, die ihr diese Stadt so nötig habt wie ich,
Laßt doch die Präferenzen und die Herrn aus Bonn im Stich.
Und wenn ihr alle über meine große Schnauze flucht,
Mit Charly Marx hat's zwischen Warschau und Paris
Noch niemand echt versucht.

Hanns Dieter Hüsch

Freunde, wir haben Arbeit bekommen

Und schon steht der deutsche Spießer wieder auf dem Sprung.
Hält seinen Vormund leicht geöffnet,
Zu schlucken, was da fault.
Schon laufen alt und jung und Christ
Und kleiner Mann in seine Arme,
Und alles fängt von vorne an.
Die national-soziale Lederhosenreaktion,
Ihr blutig Beil noch unterm Bett,
Sie fordert schon, im altbekannten Ton,
Für Deutschland ein gesundes Nationalkorsett.
  Ich versteh's nicht,
  Kein Mensch regt sich.
  Und das deutsche Volk pflegt sich.

Die Herren sagen: Randerscheinung.
Und viele sind sogar der Meinung,

Daß man nun diese neodemokratische Farbe
Doch endlich wieder ganz genau unter Kontrolle habe.
Puritanismus und Josefa Behrens-Totenohl im Schrank.
Den Scheitel grade und die Nägel kurz geschnitten,
Das wuchert um sich, zieht die Messer blank,
Gen Ostland wird natürlich auch geritten.
  Ich versteh's nicht,
  Kein Mensch regt sich.
  Und das deutsche Volk pflegt sich.

Ich kann es nicht poetisch sagen,
Ich weiß nur noch von jenen Jahren,
Wo Menschen ein Stück Vieh für den Gefreiten waren.
Ich versteh's nicht,
Keiner geht auf die Straße;
Nur, wenn Gammler dort zu sehn,
Bleiben viele Leute stehn.
Und es leuchtet in ihren so friedlichen Augen:
Nur weg mit diesen Untermenschen, die nichts taugen.
Das ist des Spießers Zucht und Ordnungssinn –
Bollwerk gegen den Kommunismus.
Gegen Mode und Sex,
Geld und Gewinn
Hilft bei uns nur ein neuer Faschismus.
Das ist der alte Hugenbergmief,
Die Hindenburg-Diadochen.
Der braune Mob, das sitzt so tief,
Kommt immer wieder gekrochen
Und sitzt an unsrem Familientisch
Und ißt mit uns das gleiche Brot
Und fängt mit uns denselben Fisch
Und schickt Millionen in den Tod.
  Ich versteh's nicht,
  Kein Mensch regt sich.
  Und das deutsche Volk pflegt sich.

Doch, ich denke, darauf können wir uns nicht verlassen.
Unsre Freiheit wird bedroht vom selben Feind.
Die Bevormundung, sie nimmt kein Ende.
Diese deutsche Krankheit kriegt man nicht
Mit Anpassung zu fassen.

Und man möchte mit den Gammlern gehen
Und den freien Himmel täglich sehen,
Und wir lägen am Boden und wären nicht wer.
Und hätten kein Geld und kein Vaterland mehr.
In Kellern säßen wir dann und auf Bäumen
Und wären beschäftigt mit anderen Träumen,
Und wir sehen manchen Kontinent.
Und wir kennen manchen, den man hier nicht kennt.
Und wir hören kein dummes und falsches Geschwätz mehr.
Und fürchten kein Notstands- und Nazigesetz mehr.

Doch, das geht nicht, das geht nicht,
Denn es gibt noch ein paar Freunde, die uns brauchen;
Und es gibt noch ein paar Menschen, die gescheit sind;
Und es gibt noch ein paar Kinder,
Die noch längst nicht so weit sind;
Und es gibt noch ein paar Tote, die uns beim Wort genommen.
Freunde, wir haben Arbeit bekommen.

Hanns Dieter Hüsch

Heißer Herbst

Komm heißer Herbst und mache
Die Bäume alle rot
Komm heißer Herbst und lache
Die Herrschenden lausetot

Verändre unsre Reime
Denn Kunst tut nicht mehr not
Grad wie die großen Bäume
Mach unsere Träume rot

Komm heißer Herbst und zeige
Das Fallen der Blätter im Wind
Daß sich kein Mensch verneige
Vor denen die oben sind

Verändre unsre Lieder
Die Herrschenden zittern schon
Komm heißer Herbst komm wieder
Und mache Revolution

Oktober soll es werden
Oktober soll es sein
Des Menschen Not auf Erden
Sie soll zum Himmel schrein

Komm heißer Herbst und bringe
Weil sonst ja nichts geschieht
Den Sturm zu uns und singe
Mit uns ein neues Lied

Ein Lied das alle hören
Im Elend und in Gefahr
Und sich mit uns verschwören
Im Herbst und immerdar

Komm heißer Herbst komm wieder
Die Herrschenden zittern schon
Verändre unsre Lieder
Und mache Revolution.

Das Kabarett ist tot – es lebe!

Von Agit, Prop, Protest und Pop

Der Skandal fängt an,
wenn die Polizei ihm ein Ende macht.

Karl Kraus

Auf der Leichenfeier, die Ende der sechziger Jahre in den bundesdeutschen Kleinkunstkellern abgehalten wird, geht es frisch-frech-fröhlich zu. Opas Kabarett, so wird verkündet, sei tot. Die jungen Kabarettisten weinen ihm keine Träne nach.

Damit findet die Diskussion um das Woher und Wohin des bundesdeutschen Kabaretts, inzwischen längst ein beliebtes Thema für Klausurtagungen und Wochenend-Akademien, ihr vorläufiges Ende. Die Enkel verweigern das Erbe, versagen sich, wollen nicht mehr so weitermachen wie bisher.

1968 werden die Essener Kabarett-Tage gesprengt. Auf einem Flugblatt ist zu lesen: »Die Zeiten des herkömmlichen Kabaretts sind vorbei. In diesen Tagen und Wochen, die im Zeichen der Auseinandersetzungen des Establishments mit der Außerparlamentarischen Opposition stehen, kann das Kabarett nicht tatenlos kritisieren. Es muß selbst über das bisherige Maß hinaus zur Aktion schreiten.« Und weiter heißt es: »Das Kabarett hat die Genehmigung erhalten, alles zu sagen, was ihm nicht paßt. Man kann also unter anderem auf das Kabarett verweisen, wenn der Vorwurf erhoben wird, bei uns im Lande gäbe es keine uneingeschränkte Meinungsfreiheit, wie sie in Artikel 5 des Grundgesetzes garantiert wird. Das Kabarett ist zum Alibi unserer gegenwärtigen Gesellschaft geworden.«

Der Bruch mit überkommenen, gewachsenen Traditionen kommt nicht von ungefähr. Spätestens die Studentenrevolte der sechziger Jahre, die die Ohnmächtigen von der Opposition zum Widerstand übergehen ließ, machte klar, wo selbst liberal gehandhabter Parlamentarismus die Grenzen zieht – es war eine Frage der Macht. Grund genug für die jungen Kabarettisten, die sich einer radikal angedachten Basisdemokratie verpflichtet fühlten, kritische Nachfragen an sich und ihr Handwerk zu stellen.

Das Ergebnis solcher Nachfragen ist nicht eben ermutigend. Der Wille zur Veränderung auf der einen Seite, auf der anderen aber die erwiesene Wirkungslosigkeit dessen, was da engagiert auf der Brettl-Bühne vorgetragen wird – ein unauflösbarer Widerspruch. An dieser Crux leidet das Kabarett, solange es eins gibt. Schon Tucholsky war, als er nach jahrzehntelanger Plackerei die Bilanz seiner publizistischen Tätigkeit zog, darüber in Resignation verfallen: Erfolg ja, Wirkung null, lautete sein vernichtendes Fazit. Die Einsicht, daß sich die Welt vom Kleinkunstkeller aus nun einmal nicht verändern läßt, muß offensichtlich – wiewohl eine

Binsenweisheit – von Generation zu Generation neu gewonnen werden. Auch Opas Kabarett-Enkeln blieb der Schock nicht erspart, den solche Einsichten zur Folge haben. Sie trugen ihn mit Fassung, aber entsprechend lautstark vor.

Die Gründe dafür, daß jene, die ins Gelingen verliebt sind, doch scheitern müssen, sind vielfältig. Einer hängt sicher damit zusammen, daß Kabarett eine Ghetto-Kunst ist, die nicht aus ihrer Haut kann: Es ist das Problem der eingerannten offenen Tür. Man spielt vor Gleichgesinnten, die ohnehin alles schon wissen, wozu sie vom Kleinkunst-Podium herab überredet, überzeugt werden sollen, vor Gesinnungskumpanen, die längst schon überdacht, hinterfragt und in Zweifel gezogen haben, was es zu überdenken, zu hinterfragen und in Zweifel zu ziehen gibt. Mit anderen Worten: Die Einsichten, die der Kabarettist als Überzeugungstäter zu vermitteln verspricht, sind oft längst gewonnen, bevor er sein Opening intoniert – was dann noch bleibt, ist das Vergnügen des eingeweihten Publikums an der einen oder anderen gelungenen Formulierung, an der szenischen Aufbereitung einer Szene, am Witzgehalt einer Pointe, die man schon kennt. Gesinnungsapplaus zum Nulltarif. Erschwerend kommt hinzu: Wer nur klatscht, verändert nichts.

So bleibt am Grabe von Opas Kabarett nur der Ruf nach Aktion. Kabarett, darin sind sich die Jungen einig, sollte für die, die es ausüben, nicht mehr die einzige Form von Aktion sein, sondern nur eine unter anderen. Was darunter zu verstehen ist, geben die *Stichlinge* zu Protokoll: »Wir meinen, daß wir Kabarett nicht mehr isoliert betreiben können, das heißt also, Kabarett soll für uns nur ein Mittel zur Wirkung sein. Wir wollen also mehr tun als nur ein Programm machen. Das Programm soll integriert sein in eine Anzahl von verschiedenen Aktionen: Flugblätter, Informationen, Diskussionen. Wir planen nicht mehr ein Programm in der Art, wie wir es bisher gemacht haben, sondern verstehen es als Teil eines Gesamt-Programms.«

Ähnlich argumentierende Ensembles, darunter das Karlsruher Studentenkabarett *Das Kleine Staatstheater*, fragten sich und andere, ob man »den Witz als Mittel der politischen Agitation« nicht in Frage stellen müsse und ob eine »kabarettistische Variante« der »ernsthaften Auseinandersetzungen, die wir mit dem Establishment zu führen haben«, überhaupt möglich, ja »statthaft« sei.

Das Dilemma war total: Opas Kabarett zur Hölle gefahren, die Nachfahren stehen an der Grube und fragen sich, ob und wie es weitergehen soll. Ist Kabarett überhaupt noch möglich? Wie steht es um den Warencharakter all der kabarettistischen Kleinkunststücke, deren Konsumierbarkeit längst erwiesen ist? Woher die Provokation nehmen, wo alles erlaubt zu sein scheint und Politclowns wie Langhans und Teufel mit ihren schrillen Happening-Auftritten im Gerichtssaal wie auch draußen unter freiem Himmel den Profi-Kabarettisten allmählich den Rang ablaufen? Ist Kabarett noch machbar, wo jede mittelgroße Straßendemo mehr Widerhall in der Öffentlichkeit findet als jedes noch so scharfe Anarcho-Programm, das zum Umsturz, zur Umkehr aller Werte aufruft – im stillen Kämmerchen des Katakomben-Kellers? Fragen über Fragen.

Eine Antwort kommt vom Kölner Studentenkabarett *Floh de Cologne*, das ebenso radikal wie überzeugend mit traditionellen Formen des Kabaretts bricht. Da kommt Dokumentarisches von Dia und Tonband, da kommen harter Beat und fetziger Rock-Sound von E-Gitarre und Schlagzeug, linke Spruchbänder und aggressive Sprechblasen aus der röhrenden Lautsprecher-Box. Man rüstet um – Sketch, Chanson, Blackout-Nummer und Solo-Conference sind gestorben.

Und man rüstet auf, probt den revolutionären Partisanenkampf: »Diese Gesellschaft«, heißt es 1968 in einem *Floh*-Programm, »bietet uns die Möglichkeit, ohne Repression zu leben, aber sie verbietet uns, die Möglichkeit zu nutzen. Also haben wir das Recht, dieses Verbot zu mißachten.« Was das heißen soll, macht ein Sprechchor deutlich, durch den der Kabarett-Besucher aufgefordert wird, endlich aktiv zu werden: »Benutzt öffentliche Verkehrsmittel, ohne zu bezahlen! Zieht in leerstehende Häuser und Wohnungen ein! Treibt voreheliche Geschlechtsverkehr oder Ehebruch! Raucht Haschisch! Demonstriert in den Hauptverkehrszeiten! Stehlt die Grundnahrungsmittel, die ihr braucht!« Rebellische Appelle an den Bürger, seine Anlagen zu schützen, indem er sie betrete.

Kabarett? Die Antwort der *Flöhe* ist lapidar: »Ob sie das, was wir machen, noch Kabarett nennen, ist uns scheißegal.« Und das ist es wohl auch. Immerhin hat das Kabarett, seit es in einer Montmartre-Kneipe zur Welt kam, immer wieder gezeigt, daß es da am stärksten wirkt, wo es kritisch, kämpferisch und polemisch ist und die Grenzen, die man ihm stecken will, überschreitet. Es hat damit Maßstäbe gesetzt, hinter die das Kabarett nicht zurück kann, ohne sich aufzugeben.

Franz Josef Bogner

Kabarett

Licht an: 1 Figur dem Publikum zugewandt, auf Hocker, mit Hemd, Weste, AOK-Brille; runterstarren wie raufstarren, eine Weile, sehr lange Weile, irgendwann denkt die Figur laut und langsam Ka – – – ba – – – rett … *Die Figur denkt darüber nach:* Ka – ba – rett …! *Sinnt:* … Ka … ba … rett??! *Stützt Kopf in Hand, und sinnt … darüber klappen langsam die Augen zu – der Mund geht auf …: gääääääääääähhhnnnnt* Ka-nnnnnr-baaaa-krkknm … *streckt sich, weit und kräftig, kratzt sich wohlig – – dabei streicht die eine Hand an der Tasche der Weste vorbei – –: es knistert. Es knistert: ein Butterbrotpapier! Figur wird lebendig: zieht das Butterbrot(papier)paket aus der Tasche, wickelt ein geleetriefendes Butterbrot aus – – – – –:* ahhhhhhhhh – ???? –: – Ka – ba – rett? – !! *macht sich geil darüber her: ein Bissen! schmatzend, wohlig,* Ka – – – –?!!!, *erfreut, weil wohlschmeckend, hastig 'runterschlucken: zweiter Bissen!! darüber ins Denken, ins Nachdenken kommend, Augen überm Denken verdrehend, langsam holprig kauend* … ba … reeett?? *mühsam, mit Beschwer hinunterwürgend. Dritter Bissen! und fast fallen mit dem Gelächter aus dem Munde auch sämtliche Brocken – aber heiter und fröhlich* Kabarettt! *wird's kleingekaut und – – eiii! ein Stein oder so was im Brot?! Den puhlt man mitm rechten Zeigefinger …!! Und weg damit! Und den Finger aber abgeschleckt, nur ja nix – – –! Und alles in den Mund und hinein und gewürgt und geschlungen – das muß runter! Und geht auch runter, siehste:* … baaa … *und die Hände ganz sauber geleckt – – – und aber ja: das Butterbrotpapier fein sauber geleckt!! Und das Butterbrotpapier schön geglättet und schön fein sorgsam zusammengefaltet, immer ne Hälfte und wieder die Hälfte und noch mal die Hälfte – – und eingesteckt das Papier kabareeeet und dasitzen und die Krumen vom Boden essen – und vergnügt sein und satt sein und befriedigt sein und zufrieden sein: was getan zu haben und was erlebt zu haben und was genossen zu haben und und rundum rundum rundum* kkkaaa … reeeeeet *und alles und sonst mehr nichts und und und – na? na! – und 'n* Rrrrülpbbss! – *und jetzt noch wohler. Und noch mehr ganz – – – –. Und das und sonst garnix – – – und ausatmen … und ein … und aus …*
und Licht weg …

Volker v. Törne

Ein neues Löbtau-Lied

Wißt ihr, Leute, was ich träume?
Hab ins Zuchthaus rein gesehn,
Sah da unsern Fritze Teufel
Wohl bei harter Arbeit stehn.
»Fritze«, fragte ich voll Schrecken,
»Fritze, was hast du getan,
Daß man dich hierher konnt schleppen?
Sag die böse Tat mir an!«

»Hast du jemand schwer betrogen
Um sein Geld und um sein Gut,
Oder hast du gar gemordet,
Klebt an deinen Händen Blut?
Oder hast du falsch geschworen,
Was mit Zuchthaus wird bestraft?
Fritze, Fritze, sag vor allem,
Sag uns deine böse Tat!«

»Ach, ich bin«, so sprach Fritz Teufel,
»Ein radikales Element,
Wollt mit Doktor Oetkers Pudding
Morden einen Präsident:
Hatte den Vanillepudding
Schon in einen Topf gepappt,
Als Herrn Dünsings wackre Popos
Mich auf frischer Tat ertappt.«

»Ich gesteh: Ich bin gefährlich,
Ein ganz schlimmer Terrorist:
Schmiß mit Eiern und Tomaten,
Wie ihr sicher alle wißt.
Doch nun krieg ich meine Strafe
Und muß in das Zuchthaus rin,
Und da sitz ich hundert Jahre,
Weil ich ein armer Teufel bin.«

Wolfgang Neuss

Ballade vom langen Marsch

In der Blüte meiner blauen Tage
spürte ich daß Spaß ein Luxus war
den man mit der Apothekerwaage abwog
denn er war entsetzlich rar.
Und das Land der Dichter und der Henker
ach es war im Antlitz grau vor Rauch
ohne Inhalt blieb so mancher Kognakschwenker
auch an Leere litt so mancher Kopf und Bauch.
Da beschloß ich ungebeten
Spaß zu machen für Moneten –
etwa so:

> Ick komme zum Arzt. Ick sage: Herr Dokta
> meine Frau bildet sich seit zirka zehn Jahren ein
> sie sei eine Henne.
> Aba aba – sagt der Dokta – warum sind Se denn dann nicht eher schon gekommen?
> Ick sage: Herr Dokta, wir ham doch die Eier gebraucht.

Und die Herren von der Industrie
flickten ihre löcherigen Taschen
schrien begeistert: Weg mit Schutt und Aschen
her mit einem Spaß für's liebe Vieh!
Prompt schlug ich auf meine Pauke heftig
die mit einer Kälberhaut bespannt
sah das liebe Vieh war arg beschäftigt
mit dem Beifall für den Komödiant.
Da beschloß ich ungebeten
keinen auf den Huf zu treten –
etwa so:

> Ick komme nach Hause. Ick sage zu meiner Frau –
> Ick sage – Grete – sage ick
> wo is denn hier der Staub von der Kommode?
> Ick hatte mir da eine Telefonnummer notiert!

Ja ich liebte meine Profession
war auf ein paar Pannen rasch dressiert

ließ die Taschendiebe rein obschon
keiner gern sein Portemonnaie verliert.
Und daß jene mit geleerten Taschen
meine Kunst genossen und nicht störten
und daß diese die die Taschen leerten
mich nicht schimpften eine große Flaschen
Da beschloß ich ungebeten
Violin zu spieln auf der Trompeten –
etwa so:

> Ick komme mit zitternde Finger, mit schlotternde Hände zum Dokta.
> Sagt der: Sie trinken wahrscheinlich zuviel?
> Ja – sage ick – Herr Dokta
> aba das meiste vergieße ick noch dabei.

Meiner Künste Kurs stieg an den Börsen
die nach Kaltleim und nach Weihrauch stinken.
Sah mir einer zu beim Kartenzinken
griff ich ihn mir notfalls an den Fersen
denn das konnt ich ums Verreck nicht leiden.
Spaß unter der Oberfläche
das passierte nie.
Wo ich stand stand ich in Herzlichkeiten
und in diesen stand ich bis zum Knie.
Da beschloß ich ungebeten
Spaß zu machen für Proleten –
etwa so:

> Ick sage: Alfons wo warst du denn die ganze Zeit?
> Sagt Alfons: Im Knast. Ick habe in der Einbahnstraße geraucht.

Doch da fiel ich in paar hohle Löcher
und die waren wirklich nicht von Pappe
und es hieß: Geehrter Herr Verbrecher
hier sind zehn Pfund Dreck für ihre Klappe.
Plötzlich ließ ich ihn den Krieg den kalten
wollt nicht länger für Faschisten spaßen
doch die Herrn und Fraun die auf den Bänken saßen
ließen mich nur ungern schelten und auch walten.
Da beschloß ich ungebeten
einige in Arsch zu treten.

daskabarettisttoteslebedaskabarett

Versuche einer Standortbestimmung

Spätestens jetzt, vor der Verabschiedung der Notstandsgesetze, dürfte allen Kabarettisten klargeworden sein, daß jeder satirisch verpackte »Kampf« gegen die Notstandsgesetze und sonstige Formen hochzivilisierter Unterdrückung politische Selbstbefriedigung ist. Viele Kabarettisten betrachten sich als Protestverkäufer und das Publikum als Protestkonsumenten. Das politische Engagement geht mit einer gefüllten Brieftasche einher. Das System ist großzügig, wenn man sich an seine demokratischen »Spielregeln« hält. Spielregeln von wem? Ein Spielchen mit wem?
Demokratie ist für bestimmte Leute offensichtlich nur ein Spiel, Kabarettisten, die da mitspielen, müssen sich den Vorwurf gefallen lassen, daß ihr Engagement nicht ehrlich ist, daß sie Politik des Geldes wegen machen, daß sie reaktionär sind. Wir fordern alle Kabarettisten zum Widerstand auf. Streikt mit den Arbeitern und Studenten! Agitiert auf den Straßen und in den Betrieben! Geht endlich über zur politischen Aktion! *Floh de Cologne, 1968*

*

Wir meinen, daß wir Kabarett nicht mehr isoliert betreiben können, das heißt also, Kabarett soll für uns nur *ein* Mittel zur Wirkung sein. Wir wollen also mehr tun als nur ein Programm machen. Das Programm soll integriert sein in eine Zahl von verschiedenen Aktionen: Flugblätter, Informationen, Diskussionen. Wir planen nicht mehr ein Programm in der Art, wie wir es bisher gemacht haben, sondern verstehen es als Teil eines Gesamt-Programms. *Die Stichlinge, 1968*

*

Wir stehen an einem Wendepunkt: Ist Kabarett als wirksame Agitation noch möglich? In der heutigen Situation des politischen Lebens muß der Witz als Mittel der politischen Agitation in Frage gestellt werden. Als unmittelbar Betroffene müssen wir angesichts der ernsthaften Auseinandersetzungen, die wir mit dem Establishment zu führen haben, daran zweifeln, ob eine kabarettistische Variante dieser Auseinandersetzung noch statthaft ist. Kabarett – verstanden als Agitationstheater und Polit-Revue analysierenden und informativen Charakters, verstanden als ernsthafte Nebenform des Kampfes neben Aufklärungsaktionen, Demonstrationen und Aktionen, ein so verstandenes Kabarett heißt aber: Bruch mit den bisherigen Formen des Kabaretts.

Das kleine Staatstheater, 1968

*

Da wir erstens kein revolutionäres Publikum haben und zweitens wissen, daß durch einen Bühnenvorgang höchstens eine zeitlich begrenzte Beeinflussung erreicht werden kann, nicht aber ein Vorurteil abgebaut, daß Bewußtsein verändert, das Denken umfunktioniert werden kann, verzichten wir auf revolutionäres Kabarett.

Die Stachelschweine, 1968

*

Kabarett zieht vornehmlich Leute an, die sich für Gleichgesinnte halten. Folglich attackiert es sein Publikum nicht: es schmeichelt ihm. Kabarettisten, die mehr wollen, sollten darum ihren Geist für nützlichere Sache als Kabarett verwenden – oder sich wenigstens endlich das bescheidwissende, liberale Publikum zum Gegenstand nehmen, das sie nun einmal haben, und in dem ein guter Teil ihrer selbst steckt.

Reichskabarett, 1969

*

Wir haben Selbstkritik zu üben, denn wir waren lange auf dem Holzweg. Früher glaubten wir, daß es von Bedeutung sei, ob im Kapitalismus die Partei X die Partei Y besiegt und mit der Partei Z eine Koalition bildet. Danach richteten wir unsere Programme aus und waren systemimmanent. Jetzt sehen wir, daß das Kabarett einen konstruktiven Weg aufzeigen darf, wie das derzeitige Dilemma zu überwinden ist; auch wenn dieser Idealismus von den sogenannten Praktikern als Utopie belächelt wird. Die Utopie von heute ist die Realität von morgen.

Kabarett bedeutet weniger die Form und das Kostüm zu ändern als den Inhalt, bedeutet nicht Symptom-Kritik, sondern System-Kritik. Laßt euch nicht als Alibi für ein sozial-kapitalistisches System gebrauchen, das sich in ein orangenes Gewand kleidet, um die Spielgruppen weiter am noch kürzeren Band zu halten. Bleibt in der Opposition!

Die Machtwächter, 1969

*

Ob sie das, was wir machen, noch Kabarett nennen, ist uns scheißegal.

Floh de Cologne, 1968

Hanns Dieter Hüsch

Reihenfolge

Zuerst kommen die,
Die dich umhegen und pflegen, dich sauber halten,
Dich baden und ölen,
Ein Nest bauen.
Dich ermuntern zu sprechen, dir Schritte beibringen.
Dich größer und größer ziehen,
Dich in Kleider wickeln und für dich einen Namen suchen.

Dann kommen die,
Die dich begaffen, beschnüffeln, betasten und tätscheln.
Rasseln und Glöckchen mitbringen,
Spiegel und goldene Löffel,
Dreirad, Schwammdose, Tafel und Ranzen.
Dich tagelang drehen und wenden,
Damit du der Feinste bist.

Dann kommen die,
Die dich mustern und schätzen, dich loben und tadeln,
Setzen und Aufstehn,
Dich bilden, damit du zum höheren Wesen hinaufwächst.
Mit Stöckchen auf deine Finger schlagen,
Auf daß du Charakter und Rückgrat dir anschaffst.

Dann kommen die,
Die dir Berge und Flüsse zeigen,
Eingerichtete Häuser, Silbergruben und Aufsichtsräte.

Dann kommen die,
Die dich anwerben für eine Sache,
Für die man durchs Feuer gehn sollte –
Am besten ist es natürlich, wenn andre durchs Feuer gehn.
Drum sagen sie dir, daß das Feuer auch nur vorübergehend,
Und danach der Himmel wieder erscheinen würde.

Dann kommen die,
Die dir die Kleider vom Leibe ziehn

Und dich in Rüstungen stecken,
Damit du gegebenenfalls deiner Haut dich zu wehren weißt.
Dann kommen die,
Die dich segnen und preisen,
Weil von Berufs wegen das so üblich,
Und dadurch die Kampfkraft erheblich wächst.

Dann kommen die,
Die dich mit Napalm verbrennen und allerlei schon bewährten
Vernichtungsmaschinen.
Die dir beweisen, daß das sehr schnell geht
Und darum human ist.
Dann kommen die,
Die dich zahlenmäßig erfassen
Und es nicht fassen können.

Es sind dieselben,
Die dich umhegten und pflegten
Und für dich einen Namen suchten.
Die dir Spiegel und goldene Löffel brachten,
Die dir Charakter und Rückgrat einbliesen,
Dich sauber hielten.
Dir Berg und Flüsse zeigten
Und von einer heiligen Sache sprachen.
Und nun schon wieder dabei sind,
Andere sauber zu halten,
Um keinen Schweinestall aus dieser Erde zu machen,
Denn so sauber wie ihre frömmelnden Finger
Sind ihre glühenden Öfen und Bomben.
So sauber wie ihre Gesinnung
Sind ihre Zähne,
Die sie in Menschen schlagen –
In roher Gesundheit.
So schnell, wie sie alles sauber halten,
Ist auch dein Tod.
Damit nicht Fliegen und Geier die Gegend bevölkern,
Schicken die sauberen Herren
Das schmutzige Volk unter die Erde.

Wann schickt das schmutzige Volk die sauberen Herren
In ihren mit allen Wassern gewaschenen Himmel?

Volker v. Törne

Lied vom Terroristen Karl Heinz Pawla

Hört die Schandtat von dem frechen
Karl Heinz Pawla aus Berlin:
Dieser schwarze Sohn von Tschechen,
Ohne Zucht und Disziplin,
Lange Haare, ungewaschen
Und die Hände in den Taschen,
Trat er vor das Landgericht
Als ein schlimmer Bösewicht.

Finster stand der Lichtesscheue
In Justizias heilgem Haus,
Ohne Demut, ohne Reue,
Und zog sich die Schuhe aus.
Alle Bürger warn erschrocken,
Als er dastand in den Socken,
Und er grinste ins Gesicht
Den hohen Herrn vom Landgericht.

Schließlich trieb ers immer bunter,
Ohne Zucht und ohne Scham,
Er ließ seine Hosen runter,
Weil ihm ein Bedürfnis kam:
In Justizias heilgen Hallen
Ließ er hinter sich was fallen
Mitten in das Landgericht:
So was tut ein Deutscher nicht!

Das ging den Richtern an die Ehre,
Ihre Würde war beschmutzt.
Des Gesetzes ganze Schwere
Haben sie darob benutzt
Und den Strolch ins Loch geschmissen,
Weil er aufs Gericht geschissen,
Und so siegten Zucht und Pflicht
Vorm Berliner Landgericht.

Die Moral von der Geschichte:
Kommt dich ein Bedürfnis an
Vorm Berliner Landgerichte,
Laß nichts fallen, deutscher Mann!
Mach dich lieber in die Hose,
Statt wie jener sittenlose
Terrorist und Bösewicht
Scheißen auf das Landgericht!

Walter Mossmann

Das Alt-Deutschland-Lied

gewidmet dem guten-schönen-schwäbischen Menschen
Kurt Georg Kiesinger

Ach Deutschland! Alt-Deutschland, du jammerst mich arg,
Wie hat man dich verschnitten!
Wie kamst du damals aus dem Sarg,
Ein fetter Torso, so dummdreist und stark,
Mit den alten barbarischen Sitten?

Alt-Deutschland, dir haften Geburtsmakel an,
Schweig stille vom Reich, 's ist weiser!
Du bist doch der Polizeihauptmann,
Der uniformiert aus dem Gottschädel sprang,
Nur der Gott war ein hirnloser Kaiser.

Alt-Deutschland, hast du mal eine Regung verspürt,
Zum Henker! Da warst du prüde!
Hast keusch die preußische Trommel gerührt,
Rebellische Glieder glatt abamputiert.
Jetzt wirst du der Freiheit leicht müde ...

Der Grundton deiner Fahne ist brauner als Kot,
Das kannst du nicht kaschieren.
Du bringst die Pest und schwarzen Tod
Und wirst nach dem zweitenmal doch noch nicht rot,
Sondern läßt dich vom Golde regieren.

Beim letztenmal hast du dich böse gebrannt,
Zur Buße gerufen wie noch nie;

Da kamen die Engel aus Ami-Land,
Die fingen dich ein mit gar lüsterner Hand
In die Netze der Demokratie.

Die Netze der Demokratie hast du bald
Vom Grundrecht losgerissen:
Dann liegst du getarnt im Hinterhalt,
Ein Wolf im Lammfell, gefräßig und alt,
dann wird mir die Kehle durchbissen.

Alt-Deutschland, du bist eine schlechte Idee,
Ein quälender Gedanke.
Mir tät von dir der Kopf so weh,
Ich wollt, ich röche dich nimmermeh
Mit deinem Gefängnisgestanke.

Alt-Deutschland, du bist mir ein übler Geruch
Auf blühenden Provinzen,
Ein schwer beflecktes Leichentuch,
Ein vielbeschworenes Lügenbuch,
Ein Betrug, wie die biblischen Linsen.

Alt-Deutschland, du bist mir ein alberner Hut
Auf einer schwäbischen Stange.
Und kämen da welche mit jungem Mut,
Die nähmen die Armbrust und die träfen gut:
Mir wär um die Zukunft nicht bange!

Franz Josef Degenhardt

Für wen wir singen

Wir singen nicht für euch,
Ihr, die ihr eure Riemen enger schnallt,
Wenn es um Höheres geht.
Ihr, bis zum Rand voller Gefühlsmatsch,
Ihr, die ihr nichts so haßt
Wie eure eigenen verschwärten Leiber,
Die ihr euch noch in Fahnen wickelt, Hymnen singt,
Wenn euch der Strahlengürtel schnürt.

Und nicht für euch,
Ihr High-life-Spießer mit der Architektenideologie,
Ihr frankophilen Käselutscher,
Ihr, die ihr nichts so liebt
Wie eure eigenen parfürmierten Pöter,
Ihr, die ihr euch nicht schämt,
Den Biermann aufzulegen,
Weil der so herrlich revolutionär ist.
Nein, für euch nicht.

Wir singen nicht für euch,
Ihr vollgestopften Allesfresser
Mit der Tischfeuerzeugkultur.
Ihr, die ihr eure Frauen so wie Steaks behandelt
Und vor Rührung schluchzt,
Wenn eure fetten Köter sterben.
Die ihr grinst, wenn ihr an damals denkt
Wie über einen Herrenwitz.
Und nicht für euch,
Die ihr nur lebt, weil hier zuviel
Und anderswo zuwenig Brot herumliegt.
Tempelstufenhocker, ihr,
Die ihr nichts so liebt
Wie eure eigenen bemalten Bäuche,
Die ihr mit blödem Haschisch-Lächeln
Eure gesetzlosen Gesetze vor euch hin lallt.
Nein, für euch nicht.

Wir singen für euch,
Die ihr die feige Weisheit eurer Heldenväter
Vom sogenannten Lauf der Welt in alle Welt schlagt
Und einfach ausprobiert, was richtig läuft.
Die ihr den Lack, mit dem die Architekten überpinseln,
Runterbrennt von allem rissigen Gebälk.
Für euch, die ihr die fetten Köter in die Sümpfe jagt,
Nicht schlafen könnt, wenn ihr an damals denkt
Und alle Allesfresser schnarchen hört
Und nicht auf Tempelstufen hocken wollt,
Solang der Schlagstock noch die weiße Freiheit regelt,
Napalm noch die Speise für die Armen ist,
Wir singen für euch.

Gerd Wollschon

Hudson

Für mich waren Sommer, Sonne und Nivea nicht dasselbe.
Ich gehöre nicht zu den sieben Prozent der Männer,
Die ihre Wäsche täglich wechseln.
Ich habe kein Ajax ins Becken gespritzt.
Ich hab kein 00 ins Klo gestreut.
Ich habe kein Eau de Cologne gesprüht.
Ich habe noch nie Rasierlotion genommen …
Und ich keinen Deodorant-Spray.
Ich kein Haartonic, Intimspray, Tosan.
Ich kein Brisk, Russisch Leder, Fit, Hattric, Pitralon …
Ich wußte nicht, daß es unternehmungslustige Schuhe gibt.
Ich wußte nicht, daß man Körpergeruch beseitigen kann,
Bevor er entsteht.
Ich habe noch nie bewußt Produkte
Der Bayer-Forschung getragen …
Ich trage einen Schlafanzug.
Ich wirke ärmlich.
Mir fehlt die persönliche Note.
Ich kann nicht genießen.
Ich habe keinen Erfolg.
– bei den Frauen
– bei den Männern.
– überhaupt.
Ich bin schwach.
Ich bin farblos, ich bin langweilig.
Ich bin ohne Schwung. Ich bin unglücklich …
Ich bin unmodern.
Ich bin unnatürlich.

Lasset uns kaufen: Ich kaufe.

Ich kaufe – also bin ich.
Also bin ich – glücklich.

Hudson – denn ich kaufe, was ich will
Hudson denn ich kaufe was ich will

Hudson denn ich kaufe was
Ich will Hudson
Denn ich kaufe was
Ich will Hudson
Denn ich kaufe was
Ich will Hudson
Denn ich kaufe was
Ich will Hudson
Denn ich kaufe was
Ich will Hudson
Ich will Hudson
Ich will Hudson
Ich will Hudson
Hudson – denn ich kaufe was ich will

JÜRGEN HENNINGSEN

System

Eine pädagogisch-kabarettistische Szene

Die Scheinwerfer blenden auf. Vor der violetten Kabarettwand stehen starr drei Spieler. Links, allein, Wolfgang; rechts Dietz, innen neben ihm, untergehakt, eine Hand abgespreizt, Marion. Kein Gesichtsausdruck. Ganz links, außen neben der Wand, Horst am Baß.
Das Paar öffnet den Mund, spricht, laut und hart, gemeinsam einen Satz:
  die schwarze katze ist weiß.
Der Satz wird, nur wenig leiser, sofort wiederholt:
  die schwarze katze ist weiß.
Fast unmerklich hat Marion sich von Dietz gelöst, ist, jetzt beide Hände abgespreizt, in eine marionettenhafte Seitwärtsbewegung mit kleinsten Cha-cha-Schritten übergegangen. Am Baß wird der abstrakte Rhythmus auf Holz aufgenommen und monoton durchgehalten.

Ohne Pause sprechend, bewegt sich Marion exakt im Cha-cha-Mini-Rhythmus weiter zur Mitte der Wand. Dietz spricht noch einige Male, immer leiser werdend, seinen Anfangssatz. Der Satz Marions aber, laut, ändert sich, wird langsam destruiert, bleibt jedoch im Korsett der Baßbegleitung fest gebunden:

weiß ist die schwarze katze
schwarze katze weiß
schwarze katze weiße katze
weiße katze schwarze katze
schwarz weiß katze weiß
weiße katze schwarz weiß
weiß schwarz weiß schwarz.

Jetzt steht sie genau vor der Mitte der violetten Wand. Der Baß verstummt plötzlich, die Cha-cha-cha-Bewegung erstarrt plötzlich, das Mädchen explodiert, den Kopf mit den märchenschönen langen Haaren wild zurückwerfend, die Arme zu einer sexuellen Hingabegeste hebend, die Augen des Publikums magnetisch auf Busen und Beine ziehend. Leidenschaftlich ein Lustschrei, die Konsonanten überwältigen die Vokale:

Katze!!

Aber sofort löst sich die Ekstase, der Gesichtsausdruck wird versonnen, unter langen Wimpern leuchten Augen, die Fingerspitzen gleiten, die noch hervortretenden Halsmuskeln narzißtisch liebkosend, am weißen Pullover entlang wieder nach unten in die Marionettenhaltung, ein sich leise erinnernder Nachhall liegt in dem einen Wort, sanft verklärend, wieder vokalisch:

Katze …

Und schon ist der Baß wieder da, ist die Cha-cha-cha-Bewegung wieder da, ist das Mädchen wieder verschwunden im mechanischen Rhythmus, der von der Mitte der Wand weiter nach außen zwingt. Aus Trümmern entsteht der Satz neu, hart und maschinenartig:

schwarz weiß schwarz weiß
schwarze katze weiß schwarz
weiß schwarz katze schwarz
schwarze katze weiße katze
weiße katze schwarze katze
weiße katze schwarz
schwarz ist die weiße katze.

Endlich ist das Verbum wieder da, zwar nur ein schwaches »ist«, aber doch einen Satz zusammenbindend. Das Mädchen ist jetzt links angekommen, sie steht neben Wolfgang, ist schon eingehakt, die innere Hand noch puppenhaft abgewinkelt. Zu zweit sprechen sie den Satz, den Wolfgang, langsam lauter werdend, schon während der letzten Zeilen andeutungsweise vorgegeben hatte:

die weiße katze ist schwarz
die weiße katze ist –

Blackout. Aus.

Schwarz? War die schwarze Katze nicht weiß, als die Nummer anfing? Wann, wo, wie, warum wechselte sie ihre Farbe? Aber hat sie überhaupt ihre Farbe gewechselt? Sie blieb doch dauernd schwarz, nein weiß, nein …
Wozu passierte auf halber Strecke dieser Ausbruch, wenn sich durch ihn nichts ändert? Oder hat sich doch etwas geändert – wenn nicht auf der Bühne, dann vielleicht im Bewußtsein der Zuschauer? Augenblick – die Nummer hieß doch »System«? System – ein Modewort, immer eingerahmt von soziologischen Paradevokabeln: Reproduktion, Repression, Revolution, Restauration, Reaktion. Meinen die Leute auf der Bühne etwa dies, wenn sie »Katze« sagen? Verdammt abstrakt! – Verzeihen Sie, was, meinen Sie, sei abstrakt? Eine Katze kann man streicheln. – Ja, aber nicht diese Katze! Die bedeutet doch irgendwas. – Sie klammern sich an ein Wort. Passiert Ihnen das häufiger? – Aha, Sie meinen, dies solle Dialektik sein? Aus Schwarz mach Weiß … Warum sagen Sie nicht gleich »Grau«? Bei Nacht sind alle Katzen … – Das Mädchen trägt einen weißen Pullover und einen schwarzen Rock. – Soll die Nummer etwa politisch sein? – Schon möglich. – Und was wollen Sie damit sagen? – Was hatten Sie sich denn dabei gedacht? – Daß Sie dem politischen Engagement ausweichen! Das ist verspielt und intellektuell. Worauf es ankommt, ist Aussage, Aktion, Klassenkampf! – Holzhammer, meinten Sie? – Ist mir scheißegal. Es gibt nur eine Sünde im Kabarett, und die heißt Bestätigung. – Akzeptiert. Aber wenn das Publikum den Holzhammer erwartet, beklatscht es ihn auch. Ein Holzhammer auf der Bühne tut nicht weh. – Dann treten Sie doch dem Publikum in den Hintern, tun Sie um Himmels willen etwas! – Wir tun etwas, wenden uns dabei aber lieber an weniger häufig benutzte Köperteile.

»System«, ein Insgesamt von Zwängen. Es gibt Sprache, Dialektik, aber sie ist abhängig historisch, fast auswechselbar, fast tautologisch. Sie wandelt sich, und damit wandelt sich auch Wirklichkeit. Die Zwänge bleiben trotzdem auf merkwürdige Weise dieselben.

Destruktion und Konstruktion zeigen verteufelte physiognomische Ähnlichkeit.
Kann ein Ausbrechen aus dem System dieses zerbrechen? Die Formel, sexuelle Freiheit impliziere politische Freiheit oder werde sie notwendig nach sich ziehen, am eindrucksvollsten in George Orwells »1984« diskutiert (und verworfen), ist fast schon zu Kleingeld geworden. Diese Formel ist, wenn die beschriebene Nummer richtig ist, falsch.
Trotzdem gibt es Fortschritt (wenn man den Cha-cha-Schritt beherrscht), sogar nach »links«, Wechsel der Anlehnungsmöglichkeiten, Reform, Chancen für die Sprache und damit für die Wirklichkeit. Aber sie sind minimal, nicht in zwei Minuten – länger ist die Nummer nicht – zu realisieren.
Das ist die »Aussage«. Eine Diagnose, keine Therapie. Die Position ist, wie es heute heißt, »systemimmanent«, aber immerhin ideologieneutral. Im Zeitalter der vorfabrizierten Meinungen, deren jede leicht elektrisch verstärkt werden kann, muß, wer Denken provozieren will, Denken provozieren. Damit gerät er zwischen die sich zunehmend solidarisierenden Fronten.
Dem Kabarett, das diese Nummer spielt, sind in den letzten Jahren mehrfach zwei Vorwürfe gemacht worden. Es sei zu »rechts« – so die einen. Es sei zu »links« – so die anderen. In Wahrheit will es kabarettistisch sein.

Die NIveauHILISTEN

Feierabend

C Mittwoch Donnerstag Freitag Samstag Sonntag
A Sonntag Wahltag Landtag Bundestag Freudentag
B Freudenhaus
C *räuspert sich*
A Landtag Bundestag Feiertag
C Feiertag Feierlich Feierschicht Feierabend
B Abendbrot Abendland Abendstern
A Sternbild Sternfahrt Sternbanner Sternstunde
C Morgenstunde Abendstunde Fragestunde Feierstunde
B Feierabend

A Abendmahl Muttermal Nachtmahl
C Nachtfalter Nachtschatten Nachtwächter ... Polizei
A *räuspert sich*
B Polychrom Polygam Polygen Politik
A Ticktatur Registratur Spritztour
C Spritzkuchen Spritzpistole Spritzenmeister
B Meisterhand Meisterstück Meistersinger
A Swingle Singer Bänkelsinger Kiesinger
C Feierabend
B Johann Strauß Oscar Straus Franz Josef
C Feierabend
A Kobalt Cola Koalition
C Feierabend
B Beistand Ehestand Notstand
C Feierabend
A Kabale Kabine Kabinett
C Feierabend
B Kabarett
ALLE Feierabend

WOLF BIERMANN

Kleinstadtsonntag

Gehn wir mal hin? Ja, wir gehn mal hin.
Ist hier was los? Nein, es ist nichts los.
Herr Ober, ein Bier! Leer ist es hier.
Der Sommer ist kalt. Man wird auch alt.
Bei Rose gabs Kalb. Jetzt isses schon halb.
Jetzt gehn wir mal hin. Ja, wir gehn mal hin.
Ist er schon drin? Er ist schon drin.
Gehn wir mal rein? Na, gehn wir mal rein.
Siehst du heut fern? Ja, ich sehe heut fern.
Spielen sie was? Ja, sie spielen was.
Hast du noch Geld? Ja, ich hab noch Geld.
Trinken wir ein'? Ja, einen klein'.
Gehn wir mal hin? Ja, gehn wir mal hin.
Siehst du heut fern?
Ja ich sehe heut fern.

Volker Kühn

Objektive Meinung

A Ich meine.
B Du meinst.
C Er, sie, es meint.
A Wir meinen, ihr meint, sie meinen.
A Ich bin erwachsen. Das ist meine Meinung.
B Ich bin erwachsen, weil ich 1,89 bin.
A Das ist seine Meinung.
C Ich bin erwachsen, weil ich lesen kann.
A Was andere meinen.
B Weil er sich seine Meinung bilden kann, indem er zur Kenntnis nimmt,
C was allgemein gemeint wird.
A Wenn man meint, Meinungen zu haben. –
B Drei mal drei ist neun.
C Deine Meinung ist die: drei mal drei ist neun. Haben wir dazu eine andere Meinung?
A Niemand meldet sich.
B Meinung ist, was man findet.
C Ich bin erwachsen, weil ich kein Kind bin.
A Das meinst du?
C Das ist meine Meinung.
B Deine subjektive.
C Meine tatsächliche.
A Meinungen sind keine Tatsachen.
B Das ist eine Tatsache.
C Kinder spielen.
A Erwachsene handeln.
C Kinder spielen Krieg.
A Erwachsene dagegen –
C Der Ernst des Lebens läßt nicht mit sich spaßen.
B Krieg ist etwas Furchtbares.
C Das ist seine Meinung.
A Krieg ist eben Krieg.
B Wenn Krieg ist.
D Das ist meine Meinung.
C Meinen kann man vieles.

B Wenn Krieg ist.
D Wenn aber Frieden ist …
A muß erst mal Krieg sein.
B Damit Frieden sein kann.
C Krieg macht Frieden erst möglich.
A Und umgekehrt.
B Und so weiter.
D Sie meinen …
C Jawohl, das meine ich.
A Es gibt keinen Frieden an sich.
B Krieg bringt erst Dynamik in die Weltgeschichte.
D Das war schon immer so.
C Fragen Sie mal in Karthago nach. Die werden Ihnen was erzählen.
A Jaja, aus ihrer Sicht.
B Was wir brauchen, ist Objektivität.
A Und die in Karthago waren Objekte, voreingenommen.
C Aber die benutzen das gleiche Wörterbuch wie die aus Nagasaki.
B Eben, sag ich doch. Alles gefärbt.
D Man muß die Geschichte objektiv sehen.
A So wie sie ist.
D Opfer sind schlechte Chronisten. Das Leid schwächt das Sehvermögen.
A Das ist mir zu polemisch. *stellt C ein Bein*
D Ich glaube an die Unantastbarkeit und Würde jedes ein …
B *kniet über C, mimt Fotografen* Ah, herrliches Objekt. Nein nicht so hoch, die Gedärme mehr nach links, wenn ich bitten darf, soo ja, Kopfspalte nicht verdecken, ja, komm Junge, schaff dich, richtig, laß das Auge draußen. So, etwas weniger Blut diesmal, ja so, zeig, was du kannst. Nein, nicht lächeln, uuund – Steckschuß.
A Alle Achtung, wie Sie das machen! Wir zerbrechen uns hier den Kopf, wie wir das da benennen sollen, allgemein geschichtlich oder auch human-menschlich und Sie, Sie knipsen einfach, so ganz einfach und ganz objektiv.
B Das Pentagon gibts frei, wetten?
C Und Time und Life bringen's in Farbe, nicht?
B Klar.
A Und warum?
B Warum nicht? Krieg ist Krieg, und Krieg ist was Schlimmes, das

weiß doch jeder. Und wo gehobelt wird, da fallen Späne. Auch bei uns.

A Und die Charta der …

B Die anderen foltern doch auch. Wir haben keine Beweise für das Gegenteil! Also wir haben nichts zu verheimlichen. Krieg ist etwas Furchtbares.

C Wir führen Krieg, um Frieden zu machen.

D Das ist eine Tatsache.

A Objektivität ist, wenn man beide Seiten …

C Die Amerikaner verteidigen in Vietnam stellvertretend für uns die Freiheit Berlins.

A Beide Seiten!

B Die Vietkongs verteidigen stellvertretend die Freiheit der 17 Millionen Schwestern und Brüder in der sogenannten …

D Aber die Schandmauer.

C Die Schandmauer ist eine Schande. Achtzig Tote.

A Der US-Einsatz ist keine Schande. Acht mal achtzigtausend Tote.

B Objektiv ist, wenn man nicht nur eine Seite sieht, sondern auch die sogenannte andere Seite.

C Das ist seine Meinung.

B Das ist eine objektive Tatsache.

B Meint er.

A Wer ernährt Personen, welche schreiben, redigieren, setzen, drucken, senden und warum?

B Auf tausend Leser kommt ein Schreiber.

A Auf zwanzig Schreiber ein Redakteur.

C Auf fünfzig Redakteure ein Verleger.

A Macht eins zu einer Million.

B Na und? Die Pressefreiheit ist die Freiheit von 200 reichen Leuten, ihre Meinung zu verbreiten. Journalisten, die diese Meinung vertreten, werden sie immer finden.

A Meint einer, der es wissen muß.

B Pressefreiheit wovon? Wer ist pressefrei? Frei ist, wer reich ist. Und da Journalisten nicht reich sind, sind sie auch nicht …

B Also, so geht das nicht. Alle Meinungen sind frei.

D Aber manche Meinungen sind freier als die anderen.

C Wer die Macht hat, braucht nicht zu meinen.

A Wer die Macht hat, weiß Bescheid.

B Wissen ist Macht …

Alle flüstern einen Namen

C	Achtzehn, zwanzig, zwei
A	Dash!
B	Mit Kirsche … bin ich siebzehn, Frau Irene
A	Weißer gehts nicht
C	Mit Doktor Schiwago und Franz Josef Wehner und
A	Konsonant k
C	In der Schrift
B	Als c, cc, ch, ck, ckh. E-t-c:
A	Reiche, wertvolle Tabake, aromatisch und
C	Schicksallos, wie der schlafende Säugling
B	Alete
C	Atmen die Himmlischen
Alle	Unabhängig und überparteilich und ohne
A	Eine Gewähr
B	Für die Richtigkeit
A	Des Inhalts
C	Des Kursbuches:
Alle	Amen! Alle flüstern einen Namen.
C	Three, two, one
A	Dash!
C	Your station of the stars
B	Bringt die kleinen Schritte
A	Beim Frühschoppen
B	Auf dem Vibraphon
C	Mit dem Duft der großen, weiten
A	Rita Hayworth
C	Ein Wagen der Sonderklasse
B	Trinkt ihn mäßig, aber
A	Auf den Bundespräsidenten
B	Lassen wir nichts
C	Kommen Sie selbst
B	In Kontakt
A	Mit der Riesenwaschkraft
Alle	Unabhängig und überparteilich und ohne
A	Eine Gewähr
B	Für die Richtigkeit

A Des Inhalts
C Des Kursbuches:
Alle Amen! Alle flüstern einen Namen.
C A-one, a-two
A A-Dash!
B Bitte zum Aufsichtsbeamten!
C Denn BILD war am Tatort
A Und achtzig Prozent haben
B In Diolen
A Mit Kommunalobligationen
C Und true high fidelity
A Den weißen Riesen
B Nur auf die Schulter geküßt
C Auch als long drink
A Mit den zwei Weißmachern
Alle Unabhängig und überparteilich und ohne
A Eine Gewähr
B Für die Richtigkeit
A Des Inhalts
C Des Kursbuches:
Alle Amen! Alle flüstern einen Namen.
Alle Was offen oder verdeckt
Deutsche Gehirne verdreckt
Buntgescheckt
Wie Woolworth-Konfekt
Wird hier, eh der Intellekt
An sich selber verreckt
Abgeschmeckt
Und Ihnen ins Knopfloch gesteckt.
Wenn, was in allen steckt
Per Verstärkereffekt
Sich selbst entdeckt
Sich selbst entdeckt
Sich selbst entdeckt
Ist der Name perfekt
Den wir flüstern.
Alle Rainer Barzel/Kukident/Sophia Loren. Hä?
C Flüstern!
Alle Willy Brandt/Transparol/Uwe Seeler. Hä?
C Mehr flüstern!
Alle Kiesinger/Stuyvesant/Karajan. Hä?

C Noch mehr flüstern!
ALLE – Amen!
C Na also!
ALLE Alle flüstern einen Namen
Alle schweigen im Choral
Alle sagen ja und amen
Wir sind deutsch und national.
Alle flüstern einen Namen
Alle achten das Tabu
Alle sagen ja und amen
Jeder weiß: Die Tür ist zu!
Mit dem Schreien ist's vorbei
Dafür sorgt die Polizei
Doch wir halten
Treu zum Alten:
Nur wer flüstert, ist noch frei.
Alle flüstern einen Namen
Alle rühren einen Quark
Alle sagen ja und amen
Denn vereinigt sind wir stark.
Wehe, wenn da einer lacht!
Denn wir glauben an die Macht.
Wer den Mund hält,
Sich gesund hält:
Der liegt richtig. – Gute Nacht!

INGO INSTERBURG

Insterburgisches

Ein Regenwurm war schlechter Dinge
Vor Einsamkeit hat er geweint.
Er sprang über eine Rasierklinge,
Da hatte er einen guten Freund.

Wanderer,
Kommst du nach Liechtenstein,
Tritt nicht daneben,
Tritt mitten rein!

Ein Glatzkop hatte über Nacht
Nochmal ein Haar zur Welt gebracht.
Er wachte auf, war sehr erfreut und sprach:
Hoch lebe sie, die Fruchtbarkeit!

Ich tu so gerne rauchen,
Recht lange noch, Gott geb's,
In Qualm die Lunge tauchen,
Das freut den kleinen Krebs.

Der Pastor sprach (es war um acht),
Die Kinder werden nachts gemacht.
Dann rannt er in den Kirchenbau
Und schnappte sich die Reinmachfrau;
Das hat der Papst gehört
Und ihn dabei gestört.

Der alte Bauer haust auf Rügen,
Sein Pferd, es kann alleine pflügen.
»Es brauch mich nicht«, sagt er gekränkt.
»Es hat den Herrgott, der es lenkt«.

Im Herbst da fallen die Blätter,
Das liegt am schlechten Wetter.
Im Sommer sind sie wieder dran.
Sieh mal an.

Der Hund vom Onkel immer bellt,
Wenn dieser in den Keller fällt.
Der sitzt dann da mit dem Schlamassel
Und schändet eine Kellerassel.

Hannes Wader

Kokain

Ich kam von Frankfurt nach Berlin
Drei Koffer voll mit Kokain
Cocaine, all around my brain.
Oh Mama, komm schnell her,
Halt mich fest, ich kann nicht mehr.

Cocaine, all around my brain.
Meine Frau heißt Evelyn,
Ich weiß nicht:
Liebt sie mich oder mehr mein Kokain,
Cocaine.
»Liebster«, sagte sie, »rate mal,
Was kitzelt so schön in der Nase,
Schmeckt nach Scheiße, wirkt wie Arsen?«
Cocaine, all around my brain.

Mein Sohn ist zwölf und ewig angeturnt.
Ich verbiet es ihm, damit er endlich laufen lernt.
Cocaine, all around my brain.
Seit gestern weiß er endlich, wer ich bin.
Wenn er mich sieht, dann ruft er:
»Papa, hast du Kokain?«
Cocaine, all around my brain.

Meine kleine Tochter ist jetzt grad auf nem Trip,
Den sie letztes Jahr schon eingepfiffen hat.
Cocaine, all around my brain.
Sie sieht aus, als wär sie dreißig,
Und sie macht auf zwanzig. Dabei ist sie acht.
Cocaine, all around my brain.
Meine Tante dealt seit einem Jahr,
Seitdem geht sie über Leichen, fährt im Jaguar.
Cocaine, all around my brain.
Immer, wenn sie kommt, bringt sie ein Stückchen Shit
In der Radkappe für die Kinder mit
Cocaine, all around my brain.

Mein Onkel kam vom Alkohol zum Kokain.
Jetzt will er sich das Kokain mit Schnaps entziehn.
Cocaine, all around my brain.
Seit gestern liegt er im Delirium.
Ab morgen steigt er wieder auf die Droge um.
Cocaine, all around my brain.

Opa hat den Gilb, wartet auf den Tod,
Freut sich auf Jimi Hendrix und den lieben Gott.
Cocaine, all around my brain.

Oma geht es augenblicklich auch nicht gut.
Seit ihrem letzten Flash spuckt sie nur noch Blut.
Cocaine.

Ich merk schon, daß ich jetzt aufhör'n muß.
Oh Mama, Mama, Mama, komm, mach mir nen Schuß
Mit Morphium und Heroin.
Opium und Rosamin, oder gib mir
Lysergsäurediäthylamid
Mescalin und Nepalshit,
La, la, la …

Wolf Biermann

Soldatenmelodie

Soldat Soldat in grauer Norm
Soldat Soldat in Uniform
Soldat Soldat, ihr seid so viel
Soldat Soldat, das ist kein Spiel
Soldat Soldat, ich finde nicht
Soldat Soldat, dein Angesicht
Soldaten sehn sich alle gleich
Lebendig und als Leich

Soldat Soldat, wo geht das hin
Soldat Soldat, wo ist der Sinn
Soldat Soldat, im nächsten Krieg
Soldat Soldat, gibt es kein Sieg
Soldat Soldat, die Welt ist jung
Soldat Soldat, so jung wie du
Die Welt hat einen tiefen Sprung
Soldat, am Rand stehst du

Soldaten sehn sich alle gleich
Lebendig und als Leich

Dieter Süverkrüp

Wirtschaftsbericht bei der Nirgendwer AG im Nirgendwoland

Meine Herren, ohne Zweifel
hat die Industrie
ein vitales Interesse
daran, daß sich die
Arbeitslosigkeit in Grenzen hält.
Demzufolge, meine Herren,
hat die Industrie
ein vitales Interesse
daran, daß sich die
Waffen, die sie produziert,
von Zeit zu Zeit verschleißen.
Drittens aber, meine Herren,
muß die Industrie,
um im harten Konkurrenzkampf
zu bestehen, die
Waffen immer besser machen,
und dazu braucht sie:
einen kleinen Kriegsschaupaltz, wo man
den ganzen Kram
in Ruhe
ausprobieren kann.

Die Machtwächter

Wir Puppen

A Als Puppe glaubte ich, wir könnten durch Wahlen etwas ändern. Jetzt aber weiß ich: Kiesinger und Schröder sind wir zwar los, Flick und Siemens bleiben. Strauß ist weg, Springer aber unabsetzbar. Die Kirchen bleiben im Dorf.

B Als Puppe war ich bewußtlos. Ich glaubte, wir hätten Demokratie. Jetzt mit Bewußtsein frage ich mich, welches Interesse haben fünfundfünzig Millionen besitzlose Deutsche, daß das Einkommen erblichen Privatbesitzes aller Produktionsmittel nur bei den zweihundert reichen Familien bleibt.

C Als Puppe begrüßte ich die weiche Welle der Liberalisierung, sogar gegenüber der APO. Mit Bewußtsein weiß ich jetzt, daß erweiterter Handlungsspielraum nichts weiter ist als ein größerer Käfig im Rahmen des alten Systems.

D Welch ein Glücksgefühl überkam mich als Puppe bei dem Gedanken, die Protestwelle habe jetzt freie Fahrt! Jetzt sehe ich, daß der Kapitalismus nur eine neue Hürde genommen hat. Sex-, Soul- und Subkultur sind kommerzialisiert in antiautoritärem Kragen und revolutionärem Knautschlack-Look … Genossen, wir haben uns entpuppt. Wir sind froh darüber. Aber wir haben die Aufgabe, mitzuteilen. Zeigen wir Wege aus dem Puppendasein in die Freiheit – Motto: Sozialismus macht Spaß!

Gerd Knabe

Die Saat ist aufgegangen

Die Saat ist aufgegangen,
Protest-Plakate prangen,
Krawalle überall.
Und Bonn steht da und schweiget,
Weil sich kein Ausweg zeiget
Aus dem besagten Staatsverfall.
Vorbei die Zeit, die stille.
Da hilft auch keine Pille,
Kein neues Wahlgesetz.
Und durch des Aufruhrs Wolken
Erkennt man nun die Folgen
Vom ewgen Widerstands-Geschwätz.
Es bröckeln die Fassaden,
Die Republik geht baden,
Und langsam wird es Nacht.
Der Mond ist aufgegangen,
Doch keine Sternlein prangen,
Die hab'n sich aus dem Staub gemacht.

So trägt bei fahlem Lichte
Die Göttin der Geschichte
In ihr Notizbuch ein:
»Die Saat ist aufgegangen,
Der Staat ist draufgegangen,
Und keiner will's gewesen sein.«

GERD WOLLSCHON

Die Oberen

Die oberen Zehntausend gibt es nur
Weil die unteren sechzig Millionen
Mit ihrer Rolle einverstanden sind
Und sie sagen
Wir sind das Recht und die
Herrlichkeit in Ewigkeit
Und sie machen
Das Recht und die Herrlichkeit
Und die Ewigkeit
Und du sagst Amen
Im Namen des Volkes

ROLF SCHWENDTER

Ich bin noch immer unbefriedigt

Die Zeitungen krakeelen von früh bis spät
Über die anscheinend befreite Sexualität.
Doch außer einem bißchen Ersatzlust
Hab ich von allem nichts gewußt.
   Ich bin noch immer unbefriedigt,
   Ich bin noch immer unbefriedigt,
   Ich bin noch immer unbefriedigt,
   Deshalb muß ich schrein – schrein – schrein!

Man hält mich dumm und hält mich wie ein Tier.
Man hält mich auch zum Narren: Konsumier!
Das wird dir nicht gelingen, mein lieber Mann,
Das Zeug, das ist bald schrottreif. Und was dann?
  Ich bin noch immer unbefriedigt …

Die, die da herrschen, die haben ein Alibi,
Ihr Alibi heißt Freiheit und heißt Demokratie.
Doch ist das demokratisch, wie ich's begreif:
Wenn man mich in vier Jahren mal zur Wahlurne schleift?
  Ich bin noch immer unbefriedigt …

Die Herrschenden, die sagen: Ich tu, was ich tun kann.
Doch was bieten mir die Herrschenden schon an:
Statt Umwälzung nur eine ganz kleine Reform
Streng nach althergebrachter Norm.
  Ich bin noch immer unbefriedigt …

DIETRICH KITTNER

Der Staatskritiker

Wenn ins Kabarett Sie einmal gehen
Und sich dort das Publikum besehen,
Vielleicht sehn Sie in Reihe fünf – mit unauffälligem Wesen –
Den Herrn, der nicht zum Spaß hier sitzt, der sitzt auf Spesen.
Und wer diesen Mann betrachtet,
Denkt sich nichts dabei,
Denn das bin ja nur ich:
Gestatten, Kommissar Schmidt.
Rezensent. Bei der politischen Polizei.
Ja, da sitz ich mitten im Publikum drin
Und halte bereit mein Notizbuch.
Die Leute lachen, dafür fehlt mir der Sinn.
Ich sitz doch hier nur wegen dem … Klick!
Ja, da hör ich mir dann die Pointen an.
Meist scheinen sie ziemlich harmlos.
Doch man weiß ja nie, was noch dahinterstecken kann,
Vielleicht lohnt sich's doch für das … Klick!

Meistens werd ich schläfrig bei all dem Geschwätz,
Besonders bei dem Werner Fincks.
Doch schlafen geht nicht: Hier wacht das Gesetz:
Die Brüder sind uns zu links.
Und meist auch das Publikum rings.
Und da sitz ich unbewegten Gesichts,
Manchmal möcht ich direkt mitapplaudieren.
Doch das geht nicht, denn ich sitz ja von Amts-
Und von Pflichtswegen hier und mach ... klick!
Die Leute lachen, ein Kritiker pennt,
Mich erbost das blöde Gewitzel.
Ich hoff auf den Titel: Staatsrezensent –
Denn die meisten nennen mich
Schlicht und einfach immer nur: »Spitzel«.
Ich werd niemals gedruckt, und das macht mich halb krank.
Mein Triumph wird erst sichtbar nach Jahren:
Denn wenn der dann noch mal muckt,
Geh ich still zum Aktenschrank,
Und dann merkt Ihr's alle am ... Klick!
– – – Abführen!

Rudolf Rolfs

Im Kabarett

Student Genosse, hör zu: Das manipulative Establishment muß durch revolutionär-konsequente Kader sozio-ökonomisch verunsichert werden.

Arbeiter Ja, ja ...

Student Die systemimmanente Umfunktionierung des Proletariats in indefinibele Pseudobourgeoisie ist immobiles Moment der autoritären Hierarchie.

Arbeiter Ja, ja ...

Student Deshalb ist der Revisionismus auch als Minimalretusche nicht zu akzeptieren und indiskutabel.

Arbeiter Ja, ja ...

STUDENT Wenn der Marxismus nicht Primat eines sich zwar renaissierenden, doch doktrinären Pantheismus wird, bleibt er irrelevant und inflexibel. Was sagst du dazu, Genosse?

ARBEITER Scheiße!

STUDENT Genossen, der Sieg ist unser! Er hat mich verstanden!

*

KABARETTIST *zum Publikum* Warum haben Sie gelacht?
Weil sie ein Untertan sind und diesen autoritären Staat hündisch lieben?
Warum haben Sie gelacht? Weil Sie beschränkt sind und mit mehr Freiheit ohnedies nichts anzufangen wüßten? Oder weil Sie zu dumm sind, fortschrittliche Studenten verstehen zu wollen? Und zu intolerant, um sich mit den Argumenten jener auseinanderzusetzen?
Warum haben Sie gelacht? Weil Sie wegen Ihrer Bürger-Karriere stets grundsätzliche Änderungen fürchten, haben Sie gelacht? Weil Sie ein kleiner gehässiger selbstsüchtiger Mistbürger bleiben wollen? Oder? Weil Sie Ihre Scheuklappen lieben und jeden hassen, der sie Ihnen abnehmen will? Und Sie sich freuen, wenn andere das sagen, wozu Sie zu feige sind?
Wenn Sie jedoch gelacht haben, weil Sie sonst hätten weinen müssen, dann sind Sie mein Bruder!

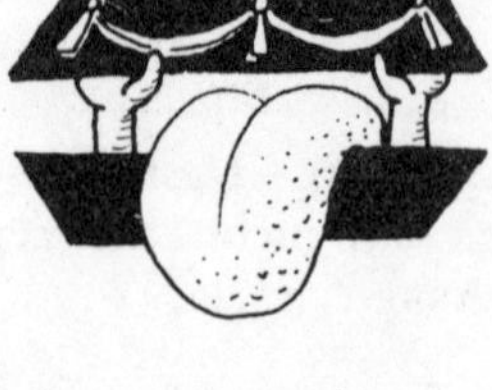

Anhang

Anmerkungen

S. 20 *Der Spuk ist aus* – in den ersten Nachkriegsjahren in verschiedenen Kabaretts vorgetragen. Das Gedicht findet sich in einem 1946 veröffentlichten Lyrik-Band mit dem Titel »Das tausendjährige Reich« – unbotmäßige, polemische Vers-Protokolle, die sich der Autor in den Jahren 1934–1945 über das Leben unterm Hakenkreuz notierte.

S. 21 *Der rote Mohn* – der im Sommer 1945 in einem amerikanischen Kriegsgefangenenlager entstandene Text wurde noch im gleichen Jahr im *Literarischen Cabaret Leipzig* vorgetragen, das im November 1945 vom Autor gegründet wurde und sich bald *Die Rampe* nannte. Die Musik zum May-Text schrieb Joachim Werzlau.

S. 22 *Beim Ziegelputzen zu singen* – vorgetragen vom Autor, der dieses Gedicht 1945 schrieb, in seinen ersten Nachkriegsprogrammen.

S. 22 *Elegie* – vorgetragen von Elisabeth Braun und dem als »Schaubudenbesitzer« annoncierten Rudolf Schündler in einem Kabarettprogramm, das am 15. August 1945 unter dem Titel »Der erste Schritt...« in den Räumen der Münchner Kammerspiele uraufgeführt wurde. Aus diesem Kabarettauftritt entwickelte sich wenig später die von Schündler geleitete *Schaubude*. Über diesen »ersten Schritt« des Nachkriegs-Kabaretts berichtet Kästner in seinen Tagebuchaufzeichnungen vom Sommer 1945: »Schündler und Rabenalt. Die beiden wollen hier im Theater, mit Genehmigung der Stadt, ein Kabarettprogramm starten. Sie probieren schon und sind Feuer und Flamme. Was sie bringen werden? Texte von Villon, Ringelnatz und Baudelaire, Blackouts, Tanzszenen, hübsche Mädchen. Hübsche Mädchen seien weniger rar als gute Texte, und aktuelle Chansons fehlten ihnen völlig. Mich schicke der Himmel. Ich müsse mitmachen. Daß ich nichts geschrieben hätte, sei bedauerlich, aber reparabel.« Kästner schlägt fürs erste vor, sein 1928 entstandenes Gedicht »Kennst Du das Land, wo die Kanonen blühn?« ins Programm zu nehmen. Schündler entscheidet sich statt dessen für den Text, den Kästner 1928 unter dem Titel »Elegie mit Ei« in seinem ersten Gedichtband »Herz auf Taille« veröffentlicht hatte. – »Was Blumen träumen?« war ein bereits 1911 entstandenes Schlagerlied des jüdischen Komponisten Siegfried Translateur (1875–1944), der vor allem durch seinen »Sportpalastwalzer« (Wiener Praterleben) bekannt geworden ist; er starb in Theresienstadt.

S. 24 *Das ganze Leben ist ein Karussell* – vorgetragen im Dezember 1945 in der Hamburger *Bonbonniere*. Die Musik stammt vom Autor, der auch den Dichter spielte. – KdF steht für die Freizeit-Organisation »Kraft durch Freude«, mit der die Nazis sportliche, touristische und kulturelle Aktivitäten auf breiter Massenbasis organisierten. Otto Meißner, Chef der Präsidialkanzlei unter Hindenburg und Hitler, und Hjalmar Schacht, Hitlers Wirtschaftsminister, waren in den alliierten Nachkriegs-Prozessen freigesprochen worden. Lucius D. Clay war Militärgouverneur der amerikanischen Besatzungszone.

S. 25 *Ein Landser kehrt heim* – vorgetragen von den *Hinterbliebenen* in ihrem ersten Programm »Wir heizen ein«, mit dem sie im Dezember 1945 von Bad Reichenhall aus ihre Tourneen durch die drei Westzonen starteten.

S. 27 *Janmaaten* – vorgetragen vom Autor im Rahmen eines Kabarett-Programms, das sich »Janmaaten im Hafen« nannte; es wurde Ende September und Anfang Oktober 1945 im Hamburger Volksheim Eppendorf aufgeführt. Auf den Abenden, die »zwei fröhliche Stunden mit verliebten Leichtmatrosen und seetüchtigen Schwerenötern, Weltenbummlern und Seeräubern, blonden Meerjungfrauen und pikfeinen Hamburger Deerns und allerlei anderen Hafenwundern und Salzwasserleuten« versprachen, trat Borchert neben Henry Harder, Viola Wahlen, Carl Voscherau und Liselotte Pfeiffer auf. Laut Programmzettel berichtete der schwerkrank aus dem Krieg heimgekehrte Dichter dabei »von seltsamen Abenteuern und merkwürdigen Begegnungen zu Wasser und zu Lande«.

S. 27 *Hereinspaziert!* – 1946 vom Autor in der Münchner *Schaubude* vorgetragen. Das Gedicht, das sich an Wedekind anlehnt, gehört zu dem Parodienzyklus, mit dem Krüger das erste Münchner Nachkriegskabarett im Stil von Goethe, Heine, Morgenstern, Ringelnatz und anderen angedichtet hat.

S. 28 *Hinterbliebenen-Song* – Auftrittslied des Reise-Kabaretts *Die Hinterbliebenen*, das im Dezember 1945 in Bad Reichenhall sein erstes Programm mit dem Titel »Wir heizen ein« startete. Der von Klaus Buhé vertonte Song blieb über Jahre Bestandteil der Programme.

S. 29 *Marschlied 1945* – aus dem ersten Programm der Münchner *Schaubude*, das am 21. April 1946 Premiere hatte und sich »Bilderbogen für Erwachsene« nannte; vorgetragen wurde der berühmt gewordene Song von Ursula Herking, die als Flüchtlingsfrau mit geschultertem Rucksack auftrat. Die Musik schrieb Edmund Nick. Die Herking erinnerte sich später an die *Schaubuden*-Premiere: »Als ich den letzten Ton des Marschliedes gesungen hatte, sprangen die Menschen von den Sitzen auf, umarmten sich, schrien, manche weinten, eine kaum glaubliche ›Erlösung‹ hatte da stattgefunden... Es war einfach das richtige Lied, richtig formuliert, richtig gebracht, im richtigen Moment!« – Mit den tausend Jahren ist das Dritte Reich, mit der Schnurrbart-Majestät ist Hitler gemeint.

S. 30 *Prosit Neuanfang!* – vom Autor am Silvesterabend 1945 in der zwei Tage zuvor eröffneten Hamburger *Bonbonniere* vorgetragen. Das erste Programm nannte sich »Das ganze Leben ist ein Karussell«.

S. 31 *Das Leben geht weiter* – das 1945 entstandene und *Kadeko*-Chef Willi Schaeffers gewidmete Gedicht wurde vom Autor in den ersten Nachkriegsjahren auf verschiedenen kabarettistischen Veranstaltungen, u.a. in seinem Berliner Kabarett *Tric-Trac*, vorgetragen.

S. 32 *Himmelfahrt des kleinen Mannes* – 1947 vom Autor vorgetragen in der Hamburger *Bonbonniere*. Die Musik schrieb Lotar Olias.

S. 33 *Der Schatten* – vorgetragen in den vierziger Jahren vom Autor und Günther Jerschke in der Hamburger *Bonbonniere*.

S. 35 *Die Jugend hat das Wort* – vorgetragen im Herbst 1946 in der Münchner *Schaubude*.

S. 36 *Der Fisch-Kongreß* – 1946 vorgetragen im britischen POW-Camp Sheffield, in dem deutsche Kriegsgefangene, darunter der Autor, das Lager-Kabarett *Waschbrettl* betrieben.

S. 37 *Vater und Sohn über den Krieg* – der 1947, kurz vor Karl Valentins Tod, entstandene Dialog fand sich im Nachlaß.

S. 41 *Das Spielzeuglied* – vorgetragen im Dezember 1946 von Ursula Herking im Programm »Für Erwachsene verboten« der Münchner *Schaubude*. Die Musik schrieb Edmund Nick.

S. 43 *Verpaßte Gelegenheit* – im Dezember 1945 vorgetragen von Hans Albert Schewe im ersten Programm der *Hinterbliebenen*, das den Titel »Wir heizen ein« trug.

S. 44 *Dann gibt es nur eins!* – von Hans Quest am 20. November 1947, dem Todestag Borcherts, im NWDR verlesen. Der Text, wenige Wochen zuvor im Baseler Krankenhaus entstanden, ist Borcherts letzte literarische Arbeit und gilt als sein Vermächtnis; das Antikriegs-Manifest wurde in den folgenden Jahrzehnten immer wieder im Kabarett und auf öffentlichen Veranstaltungen vorgetragen, darunter auch von Hanns Dieter Hüsch. – Borchert hatte den Text aus aktuellem Anlaß als Prolog zu Axel Eggebrechts Hörspiel »Was wäre, wenn?« verfaßt, das die Deutschlandfrage vor dem Hintergrund der Vier-Mächte-Konferenzen behandelte. Im Originalskript heißt es bei Borchert zum Schluß: »... all dieses wird eintreffen, morgen, morgen vielleicht, vielleicht heute nacht schon, vielleicht heute nacht – wenn – wenn – (Der Trommelwirbel steigert sich zum Paukengewitter, das nun plötzlich abbricht. Dann ertönt die ruhige und sachliche Stimme des Ansagers:) Morgen beginnt in London die Außenministerkonferenz.« Diese Konferenz, die im Dezember 1947 zu Ende ging, ließ eine Verschärfung der internationalen Lage und die Entfremdung der Siegermächte erkennen.

S. 52 *Die Schuld* – vorgetragen vom Autor 1947 in der Münchner *Schaubude*. – Der Hinweis auf die Radfahrer bezieht sich auf die während des Dritten Reiches unter vorgehaltener Hand kolportierte Redensart, an allem Unglück seien »nur die Radfahrer und die Juden« schuld.

S. 52 *Schüttelgereimte Conference* – Ende der vierziger Jahre im Programm der *Hinterbliebenen* vorgetragen von Roman Sporer. Der hier gekürzt wiedergegebene Text, ein Beispiel für die ausschließlich gereimten *Hinterbliebenen*-Conferencen, kritisiert die Entnazifizierungs-Praxis der Spruchkammerverfahren. – Die Filmschauspielerin Kristina Söderbaum wurde während des Dritten Reiches wegen mehrfacher romantisch verklärter, kitschiger Filmtode, die sie durch Ertrinken suchte, im Volksmund »Reichswasserleiche« genannt. Die Hauptdarstellerin in dem von ihrem Ehemann Veit Harlan gedrehten antisemitischen NS-Hetzfilm »Jud Süß« stand kurz nach Kriegsende wieder vor der Kamera. NS-Reichsmarschall Hermann Göring, im Mostar-Text auch als »wackerer Hermann« apostrophiert, wurde in den Nürnberger Kriegsverbrecherprozessen zum Tode verurteilt, entzog sich seiner Hinrichtung durch Selbstmord; seine Frau Emmy Sonnemann war Schauspielerin, sie wurde in einem Spruchkammerverfahren 1948 als »aktive Nationalsozialistin« eingestuft. Werner Krauss, der im »Jud Süß«-Film mehrere Juden dargestellt hatte, spielte nach anfänglichem Auftrittsverbot ab 1948 wieder im Wiener Burgtheater. Mit Furtsbusch und Knappertswängler sind die Dirigenten Wilhelm Furtwängler und Hans Knappertsbusch gemeint, die während des Dritten Reiches ihre Musiker-Karrieren fortsetzen konnten und bald wieder Konzerte gaben; Furtwängler leitete ab 1949, wie zu NS-Zeiten, die Berliner Philharmoniker. Mathias Wieman, Heinz Rühmann und Johannes Riemann gehörten zu den Leinwand-Lieblingen des NS-Films. Auch Gustaf Gründgens, der von Goebbels zum Staatsrat ernannte Intendant des Preußischen Staatstheaters, zählte zu den Nutznießern der

Hitler-Diktatur; 1946 rehabilitiert, wurde er ein Jahr später Chef des Düsseldorfer Schauspielhauses. Hjalmar Schacht, Hitlers Finanzexperte und Wirtschaftsminister, wurde im Nürnberger Kriegsverbrecherprozeß freigesprochen und war bald wieder für das In- und Ausland als Finanzberater tätig. Heinrich Himmler, der oberste Befehlshaber der SS, endete 1945 durch Selbstmord.

S. 53 *Deutsches Ringelspiel 1947* – vorgetragen im Frühjahr 1947 von Ursula Herking, Monika Greving, Petra Unkel, Karl Schönböck, Hellmuth Krüger, Otto Osthoff und anderen in dem Programm »Vorwiegend heiter – leichte Niederschläge« der Münchner *Schaubude*, das Rudolf Schündler inszenierte. Die Musik zum Ringelspiel, das hier leicht gekürzt wiedergegeben wird, schrieb Edmund Nick.

S. 57 *Das Leben ohne Zeitverlust* – 1946 vorgetragen von Ursula Herking im ersten, »Bilderbogen für Erwachsene« betitelten Programm der Münchner *Schaubude*. Die Musik (»Tangorhythmen, langsam, sinnlich«) komponierte Edmund Nick. Zur Präsentation des Chansons schrieb Kästner: »Der Vortrag der sehr elegant und ebenso offenherzig gekleideten Chansonette muß sein: blasiert bis zum Zynismus; wenn angebracht, von parodistischer Innigkeit; von der Mitte der letzten Strophe an mit kalter, fast zu Bewunderung nötigender Ehrlichkeit.« Nachdem sie geendet hat, blickt sie »noch kurze Zeit kalt und ironisch lächelnd geradeaus; dann geht sie langsam und stolz ab.«

S. 59 *Song vom kleinen PG* – aus der 1945 entstandenen Kabarett-Revue »Berlin 45 – Als alles vorüber war« (Buch: Heino Gaze und F. Koeniger), die vom *Kabarett der Komiker* in der Neuen Scala, Berlin, gespielt wurde. Die Musik zum »PG-Song« schrieb der Autor unter der Verwendung des Badenweiler Marsches. Die optimistische Grundstimmung, die das Berlin-Kabarett vermitteln wollte, kommt im Finale-Song zum Ausdruck: »Kinder, es ist alles halb so wild, alles halb so tragisch, halb so wild! Was heute noch als wichtig gilt – Hunger, Schutt und Trümmer – halb so wild!« – PG war die in den dreißiger und vierziger Jahren gebräuchliche Abkürzung für den Parteigenossen der NSDAP.

S. 61 *Der Fragebogen* – 1947 vorgetragen vom Autor zu eigener Melodie in Frankfurter Kabarett-Cafés, Kleinkunst-Theatern und im Rundfunk. Das Chanson nimmt Bezug auf die Fragebogen-Aktion, mit der parallel zu den Nürnberger Kriegsverbrecher-Prozessen in den ersten Nachkriegsjahren die »Entnazifizierung« betrieben wurde. In der amerikanischen Besatzungszone gab es ein Spruchkammer-Verfahren, das zwischen »Hauptbeschuldigten«, »Mitläufern« und »Entlasteten« unterschied. Der Fragebogen enthielt 131 Fragen zur politischen Betätigung im NS-Regime.

S. 62 *Die Hakenrune* – das 1946 entstandene Gedicht, das zuweilen auch unter dem Titel »Genauso hat es damals angefangen« veröffentlicht wurde, gehört zu den Texten, die in den ersten Nachkriegsjahren in zahlreichen politisch-satirischen Kabaretts vorgetragen wurden. Interpreten waren u.a. Ernst Busch und Dietrich Kittner.

S. 64 *Ihr Kampf* – der Dialog, den Valentin nach Kriegsende schrieb, fand sich in seinem Nachlaß. Ob der Autor, der nach 1945 nur noch vereinzelt aufgetreten ist, diesen Text, der hier leicht gekürzt wiedergegeben ist, noch öffentlich zum Vortrag brachte, ist ungewiß. – Frau Braun ist eine Anspielung auf Hitlers Lebensgefährtin Eva Braun.

S. 65 *Die Ratte* – 1949 vorgetragen von der Autorin in ihrem Berliner Kabarett *Bei Valeska*. Sie pflegte die Nummer, nachdem sie geendet hatte, auf der Bühne mit den Worten zu kommentieren: »Ach, verzeihen Sie, ich habe ganz vergessen, wo ich bin.« – Valeska Gert bedauerte später noch, daß Texte wie der von der Ratte »nicht als politisch anerkannt wurden, weil sie nicht gegen den Kommunismus gerichtet waren, wie man das damals in Berlin verlangte«.

S. 66 *Nachruf* – der 1948 entstandene Text wurde in den ersten Nachkriegsjahren in verschiedenen Kabaretts vorgetragen. – Der NS-Propagandaminister hatte sich 1945 das Leben genommen.

S. 66 *Das Märchen vom Hasen und vom Schweinigel* – 1946 im Programm des Reise-Kabaretts *Die Hinterbliebenen* vorgetragen.

S. 68 *Er geht um ...* – in den vierziger Jahren vorgetragen im Programm der *Hinterbliebenen*. Die V 3, aus Hitlers Rüstungsproduktion, hat es nicht mehr gegeben. Die V 1 und V 2, von den Nazis gepriesene »Wunderwaffen«, – das V stand für »Vergeltung« – waren raketengetriebene »fliegende Bomben«, die von Peenemünde aus in Richtung London und Antwerpen abgeschossen worden waren.

S. 69 *Ilse Koch* – 1950 von der Autorin in ihrem Berliner Kabarett *Hexenküche* vorgetragen. Die Gert erinnerte sich später an den Auftritt: »Diese Kommandeuse spielte ich selbst. Sie befiehlt schneidend scharf, peitscht, grellt höhnische Laute und schmeichelt dann geil, süß, verlogen und heuchlerisch. Manche Gäste verließen schockiert die Hexenküche ... Das Antinazistische wurde ignoriert. Die Darsteller konnten so spießig sein, wie sie wollten, waren sie nur antikommunistisch, waren sie *die* Kabarettisten.« – Ilse Koch (1906–1967), die Frau des KZ-Kommandanten von Buchenwald, war wegen ihrer sadistischen Neigungen und brutaler Aktionen, an denen sie sich beteiligte, unter den Häftlingen gefürchtet; 1947 zu lebenslänglicher Haft verurteilt, kam sie bald wieder frei. 1949 erneut verhaftet und zwei Jahre später wiederum zu einer lebenslänglichen Haftstrafe verurteilt, nahm sie sich 1967 im Gefängnis das Leben.

S. 70 *Verstehst nix von der Politik* – vorgetragen vom Autor und seiner Partnerin Liesl Karlstadt im Oktober 1946 im Sender Radio München.

S. 72 *Im Westen nichts Neues* – vorgetragen 1949 von Iris Barbura, Katja Meirowsky und Alexander Camaro im Berliner Künstler-Kabarett *Die Badewanne*. Das Brecht-Gedicht »An Chronos«, von Johannes Hübner hinter dem Vorhang gesprochen, enstand um 1926 und gehört zu den Gedichten, die der Autor 1930 zu einer Textsammlung unter dem Titel »Aus dem Lesebuch für Städtebewohner« zusammenfaßte.

S. 73 *Wo sollen wir denn anfangen?* – Szene aus dem Schauspiel »Draußen vor der Tür«, das der bereits vom Tode gezeichnete Borchert im Herbst 1946 innerhalb einer Woche niederschrieb. Die Hörspielfassung des Heimkehrer-Stückes, das »kein Theater spielen und kein Publikum sehen will«, wurde im Februar 1947 vom NWDR Hamburg gesendet und löste lebhafte Reaktionen aus. Hans Quest, der den Beckmann sprach, spielte die Rolle auch in der Uraufführung des Schauspiels, die am 21. November 1947, einen Tag nach Borcherts Tod, in den Hamburger Kammerspielen stattfand; der Kabarett-Direktor war Erwin Geschonneck. In der von Wolfgang Liebeneiner inszenierten Filmversion des Schauspiels, die zwei Jahre später unter dem Titel »Liebe 47« in die Kinos kam, wurde Beckmann von Karl John, der Kabarett-Direktor von Hubert von

Meyerinck gespielt. – Max Schmeling, Boxweltmeister nach seinem Sieg über Joe Louis, war in den dreißiger Jahren Deutschlands populärster Sportler. Shirley Temple, Hollywoods berühmter Kinderstar, stand 1934 als Vierjährige erstmals vor der Kamera. Beckmanns Kabarett-Song zitiert einen von Carlo Strässer komponierten und von Karl Schmitt-Walter gesungenen rührseligen Schlager, der während des Zweiten Weltkrieges vor allem durch das »Wunschkonzert für die Wehrmacht« populär wurde: »Tapfere kleine Soldatenfrau, warte nur, bald kehren wir zurück./Tapfere kleine Soldatenfrau, du bist ja mein ganzes Glück./Tapfere kleine Soldatenfrau, ich weiß, wie so treu du denkst an mich ...« – Der Titel der Kabarett-Szene, die leicht gekürzt wiedergegeben ist, stammt vom Herausgeber.

S. 77 *Das Lied vom Warten* – vorgetragen von Ursula Herking im Frühjahr 1947 in dem Programm »Vorwiegend heiter – leichte Niederschläge« der Münchner *Schaubude*. Die Musik schrieb Edmund Nick.

S. 78 *Die Atombombe* – im Dezember 1946 im »Münchner Magazin« veröffentlicht. Dieser Text wurde von Valentin unter dem Eindruck der Atombombardements von Hiroshima und Nagasaki geschrieben, bei denen rund 140000 Japaner den Tod fanden und etwa ebenso viele Menschen schwer verletzt wurden.

S. 81 *Die schräge Braut* – vorgetragen in den vierziger Jahren in der Hamburger *Bonbonniere*. Die Musik schrieb Lotar Olias.

S. 82 *Das heilige Lenchen* – 1949 vorgetragen von Katja Meirowsky im Eröffnungsprogramm des Berliner Künstler-Kabaretts *Die Badewanne*.

S. 83 *Ansprache eines Kippenrauchers* – aus dem Repertoire des Reise-Kabaretts *Die Hinterbliebenen;* vorgetragen in den vierziger Jahren von Roman Sporer zur Melodie von Raimunds Hobellied (»Da streiten sich die Leut herum«).

S. 84 *Tausch-Rausch* – in den vierziger Jahren vorgetragen vom Ensemble der *Hinterbliebenen*. – Die Kabarett-Nummer, die hier gekürzt wiedergegeben ist, persifliert eine typische Nachkriegserscheinung: die Tauschaktion. – »Der Mythus des 20. Jahrhunderts« des NS-Parteiideologen Alfred Rosenberg galt im Dritten Reich neben Hitlers »Mein Kampf« als eigentliche »Bibel« der Nazibewegung.

S. 85 *Schwarzer Markt* – 1952 vorgetragen von den Berliner *Stachelschweinen* im Programm »Festland Berlin«, das Wolfgang Neuss inszenierte.

S. 92 *Die kleine Freiheit* – mit diesem Song, zu dem Edmund Nick die Musik schrieb, wurde im Januar 1951 das Münchner Kabarett *Die kleine Freiheit* eröffnet. Kästner nannte das Gedicht »Der Titel des Programms«.

S. 93 *Anfang terrible* – Anfang der fünfziger Jahre als Beitrag zur geplanten Wiederbewaffnung Westdeutschlands vorgetragen vom Reise-Kabarett *Die Amnestierten*.

S. 95 *Song der Amnestierten* – Ende der vierziger Jahre vorgetragen von dem Kieler Studenten-Ensemble, das sich ab 1948, nach dem Verbot ihres Programms durch die britischen Militärbehörden, *Die Amnestierten* nannte. Die Musik dazu schrieb Gerhard Woyda.

S. 95 *Kurzsichtigkeit* – 1948 vorgetragen von den *Hinterbliebenen*.

S. 97 *Stammtisch-Strategien* – Szene aus der Kabarett-Groteske »Ich war Hitlers Schnurrbart«, die im Dezember 1949 in der Inszenierung von Erik Ode im Berliner *Kabarett der Komiker* aufgeführt wurde. In der vom Autor vertonten Parodie geht es um das Vorhaben eines Produzenten, einen beschönigenden Hitler-Film zu drehen. Der kleine Postbeamte, der den Diktator auf der Leinwand darstellen soll, geht an dieser Aufgabe zugrunde.

S. 98 *Kritik der reinen Unvernunft* – aus dem gleichnamigen Solo-Abend – einer Mischung aus nachdenklicher Conference, heiter-besinnlichem Lebensbericht und kabarettistischer Eulenspiegelei zur aktuellen Lage der Nationen – mit dem der Autor ab 1946 durch die Lande reiste. Als er im November 1947 mit diesem Programm in Zürich gastierte, saß Bert Brecht im Publikum, der an diesem Abend, so Erich Kästner, »am hörbarsten« bewies, »daß er auf dem Gebiet des Lachens zu den Spitzenkönnern gehört.« Brecht schrieb unter dem Eindruck dieses Finck-Auftritts ein Gedicht, das er »Eulenspiegel überlebt den Krieg« betitelte und dem Kabarettisten widmete:
»Gleichend einer madigen Leich/Lag das dutzendjährige Reich/Als, fünfhundert Jahre alt/Eulenspiegel in Gestalt/Sich den Schweizern präsentierte/Und, für eine Mahlzeit, referierte/Wie, indem er Witze riß und bebte/Er die großen Zeiten überlebte./Denn es war für Späßemacher/Die SS ein schlechter Lacher:/Eulenspieglein an der Wand,/Wer ist der Dümmste im ganzen Land?/Nun, da galt es mittlerweilen/Sich die Späße einzuteilen/Sich den Gürtel eng zu schnallen und gelassen/Grad nur so viel Witze zu verpassen/Als man unbedingt zum Leben brauchte/Daß die Bestie höchstens fauchte/Doch nicht biß. Und als der große/Gütevolle, würdenlose/Späßevogel diese knappe/Zeit beschrieb, da war's, als klappe/Geisterhaft ihm manche tote/Hand noch Beifall. Von dem Aufgebote/Derer unter Schutt und Aschehügel./Und es war, als wüchsen Flügel/Diesem ungelenken Gaste/Der in große Zeit nicht paßte/Und, indem er witzig war und bebte/Wie das niedre Volk sie überlebte.«
Der in der Finck-Conference erwähnte, nach US-Außenminister George Marshall benannte Plan sah ein Wirtschaftshilfsprogramm für Deutschland und die übrigen vom Zweiten Weltkrieg betroffenen westeuropäischen Staaten vor. Marshalls sowjetischer Amtskollege Molotow sah in dem amerikanischen Wiederaufbauprogramm den Versuch der politischen Einflußnahme, durch die die Souveränität der betroffenen Staaten eingeschränkt werde. Molotows Vorschlag, die deutsche Bevölkerung erst einmal darüber abstimmen zu lassen, in welcher Staatsform – Bundes- oder Zentralstaat – sie leben wolle, wurde von den drei Westmächten abgelehnt. Unter Care-Paketen verstand man in den ersten Nachkriegsjahren amerikanische Lebensmittellieferungen zur Linderung der Hungersnot.

S. 99 *Der Schieber* – vorgetragen 1949 vom Ensemble der Hamburger *Bonbonniere*. Die Musik schrieb Lotar Olias. – Als Tenno (wörtlich: himmlischer Herrscher) wurde der japanische Kaiser, damals Hirohito, bezeichnet. Hjalmar Schacht, Ex-Reichsbankpräsident und Finanzberater Hitlers, war bekannt für seine hohen, steifen »Vatermörder«-Kragen. General Francisco Franco war Spaniens faschistischer Staatschef.

S. 101 *Alte Kameraden* – 1947 vorgetragen von Hans Deppe und Hubert von Meyerinck (Oberst) in der Kabarett-Revue »Schwarzer Jahrmarkt«, die im Berliner *Ulenspiegel«*, von Karl-Heinz Schroth als »Revue der Stunde Null« inszeniert, aufgeführt wurde. Die Musik stammt vom Autor. Aus dem Vorhaben, den »Schwarzen Jahrmarkt« auf die Kinoleinwand zu bringen, wurde Neumanns kabarettistischer Spielfilm »Berliner Ballade«, der 1948 von R.A. Stemmle mit Gert

Fröbe als »Otto Normalverbraucher« gedreht wurde.

S. 103 *Der Jubler* – 1949 von der Autorin in ihrem Kneipen-Kabarett *Bei Valeska* vorgetragen.

S. 104 *Solo mit unsichtbarem Chor* – 1952 vom Ensemble der Münchner *Kleinen Freiheit* im Programm »Achtung, Kurve!« vorgetragen, den General spielte Hans Nielsen. Die Musik schrieb Joachim Faber. Das populäre Kästner-Chanson, mit dem auf die damals heftig diskutierte Frage der westdeutschen Wiederbewaffnung Bezug genommen wird, wurde seinerzeit auch in Berlin, München und Zürich gespielt. In einer Anmerkung des Autors zu dem Text heißt es: »Während es in unserer Republik noch bei Strafe verboten war, auch nur eine Jagdflinte zu besitzen, wurden Hitlergeneräle nach Bonn beordert, um hinter verschlossenen Türen der Regierung wertvolle Ratschläge zu erteilen. Anstelle der im laufenden Geschäftsjahr geplanten Kasernen könnten vierhunderttausend Wohnungen gebaut werden.« – Robert Lehr, Bundesinnenminister von 1950–1953, schuf mit dem Bundesgrenzschutz, der »Lehrmacht«, die erste bewaffnete Truppe der BRD. Sepp Dietrich war Kommandeur der »SS-Leibstandarte Adolf Hitler« und Oberbefehlshaber der 6. SS-Panzerarmee.

S. 107 *Romanze auf dem Pulverfaß* – 1950 vorgetragen von Lore Lorentz im *Kom(m)ödchen*-Programm »Nur keinen Streit vermeiden«. Die Musik zu der Nummer, die der Autor unter seinem Pseudonym Kurt Zundgut schrieb, stammt von Emil Schuchardt.

S. 109 *Zwei Seelen, ach...* – 1958 von Werner Vielhaber im Düsseldorfer *Kom(m)ödchen* vorgetragen. – Die Bonner Ermekeilkaserne war die erste provisorische Unterkunft des Bundesverteidigungsministeriums.

S. 110 *Uns geht's wieder ausgezeichnet* – vorgetragen vom Autor am 1. Oktober 1951 im NWDR Hamburg. Der vorliegende Text ist einer der heiter-ironischen »Rundfinck-Kommentare«, mit denen der Kabarettist zwischen Februar und Dezember 1951 Woche für Woche im Nordwestdeutschen Rundfunk die aktuelle politische Lage kommentierte. Der vorliegende Text nimmt Bezug auf einen frühen Zensurfall: NWDR-Intendant Ernst Schnabel hatte mehrfach Passagen im Finck-Manuskript gestrichen oder die Sendung ganz ausfallen lassen. Streitpunkt waren Pläne der Adenauer-Regierung, die Wiederbewaffnung voranzutreiben. Bereits im Oktober 1950 war die »Dienststelle Blank« eingerichtet worden, aus der sich bald das Bundesverteidigungsministerium entwickeln sollte; um die gleiche Zeit war Innenminister Gustav Heinemann, der spätere Bundespräsident, aus Protest gegen die Bonner Aufrüstungspolitik zurückgetreten. Adenauer im Juni 1951: »Wer die Neutralisierung oder Demilitarisierung Deutschlands wünscht, ist ein Dummkopf ersten Ranges oder ein Verräter.« Fincks ironischer Kommentar im NWDR: »Donnerwetter! Der hat Courage! Hut ab! Helm auf!« – Otto Grotewohl, DDR-Ministerpräsident, hatte wiederholt deutsch-deutsche Verhandlungen gefordert.

S. 111 *Chor der Rechtsradikalen* – 1949 vorgetragen von Dieter Bündgen, Hans Walter Clasen, Walter Gottschow, Franz Schmitz und Werner Vielhaber in dem *Kom(m)ödchen*-Programm »Macht mir den rechten Flügel stark – den linken aber auch nicht«. Die Musik stammt von Emil Schuchardt, Regie führte der Autor.

S. 113 *Ode an die Regierung* – aus dem von Erik Ode inszenierten Programm »Das Herz am Scheideweg«; 1949 in der Hamburger *Bonbonniere* vorgetragen von Lilo Müller und Lotar Olias, von dem auch die Vertonung stammt. In den fünfziger Jahren war der Kabarett-Song in dem Spielfilm »Die Frauen des Herrn S.« von Paul Hörbiger zu hören.

S. 113 *Chor der Restaurateure* – 1953 vorgetragen von Lore Lorentz, Werner Roth, Horst Butschke, Walter Gottschow und Dieter Stürmer in dem *Kom(m)ödchen*-Programm »Per Saldo mortale«. Die Musik stammt von Emil Schuchardt, Regie führte der Autor.

S. 115 *Der Funzionär und die Planwirtschaft* – 1953 vorgetragen von Walter Gross in Günter Neumanns Rundfunk-Kabarett *Die Insulaner*. Das »Funzionär«-Solo war fester Bestandteil der Kabarett-Programme, mit denen während des Kalten Krieges die Berliner »Frontstadt-Stimmung« angeheizt wurde. In der Nummer wird zwischen den Zeilen auf Stalin Bezug genommen, der im März 1953 gestorben war.

S. 118 *Insulaner-Song* – vorgetragen von Ethel Reschke und Ensemble in Günter Neumanns Rundfunk-Kabarett *Die Insulaner*, das ab Dezember 1948 in 150 Folgen vom RIAS Berlin gesendet wurde. Die »viermotorjen Schwärme« beziehen sich auf die Versorgungsflüge der alliierten »Rosinenbomber« während der Berliner Blokkade. Das vom Autor vertonte Opening blieb, von Zeit zur Zeit aktualisiert, über Jahrzehnte Bestandteil des Programms. 1968 lautete die Schlußzeile: »Der Insulaner hofft unbeirrt, daß seine Kleinstadt wieder mal 'ne Großstadt wird.«

S. 119 *Ost-West-Ausblick* – 1952 im Programm der Berliner *Stachelschweine* gespielt von Günter Pfitzmann (Reporter), Wolfgang Gruner (Flüchtling) und Wolfgang Neuss, der auch Regie führte. Mit der Szene über die deutsch-deutsche Grenze sollte Kritik an dem Medienrummel geübt werden, der die wachsenden Flüchtlingszahlen als westliche Erfolgsquote mißinterpretierte.

S. 126 *Song vom Wirtschaftswunder* – vorgetragen von Wolfgang Neuss und Wolfgang Müller in dem Spielfilm »Wir Wunderkinder« (1958). Die Musik schrieb Franz Grothe.

S. 127 *Deutsches Credo* – 1958 vorgetragen von Lore Lorentz, Ernst H. Hilbich, Werner Vielhaber und Kay Lorentz im Düsseldorfer *Kom(m)ödchen*. Die Musik schrieb Rolf Liebermann.

S. 128 *Der Kleinaktionär* – 1966 vorgetragen vom Autor in seinen Solo-Programmen, im Funk und auf Schallplatte. Die Nummer ironisiert die Mär vom Kapitalismus als Sozialmodell: Das Wolfsburger Volkswagenwerk, ein Erbe aus der Hitler-Zeit, war im März 1960 durch einen Beschluß des Bundestages privatisiert und der einstige Staatsbesitz in eine Aktiengesellschaft umgewandelt worden. 60 Prozent des Kapitals wurden an private Interessenten verkauft, wobei sogenannte Volksaktien im Nennwert von 100 DM unter die Leute gebracht wurden. Heinz Nordhoff war Generaldirektor des VW-Werks.

S. 131 *Lied vom leichten Unbehagen* – 1958 von Lore Lorentz im Düsseldorfer *Kom(m)ödchen* vorgetragen. Die Musik schrieb Werner Kruse.

S. 135 *Das Geld ist in den falschen Händen* – 1953 von Lore Lorentz im Programm »Per Saldo mortale« des Düsseldorfer *Kom(m)ödchens* vorgetragen. Die Musik schrieb Emil Schuchardt.

S. 136 *Der Stahlhelm* – 1955 von Horst Butschke im Programm »Unter aller Kanone« des Düsseldorfer

Kom(m)ödchens vorgetragen. – Mit den ratifizierenden Franzmännern ist die französische Regierung gemeint, die im Oktober 1954 die sogenannten Pariser Verträge unterzeichnete; sie sahen u. a. die Aufnahme der Bundesrepublik in die NATO vor. Der Bundestag billigte die Verträge nach erbitterten parlamentarischen Auseinandersetzungen gegen Stimmen der SPD im Februar 1955.

S. 137 *Wer macht mit?* – vorgetragen vom Autor Anfang Februar 1951 im NWDR Hamburg. Der hier im Auszug wiedergegebene Text ist der erste jener »Rundfinck-Kommentare«, mit denen sich der Kabarettist allwöchentlich über den Hamburger Sender in satirischer Form zu aktuellen Problemen der Innenpolitik äußerte. Adenauer, der »jetzige Kanzler«, hatte schon Anfang der fünfziger Jahre die Remilitarisierung Westdeutschlands betrieben. Finck, der auch in seinen Kabarett-Programmen heiter-ironisch gegen diese Pläne zu Felde zog, war des öfteren scharf attackiert worden, er lähme mit seiner Haltung den »westdeutschen Verteidigungswillen«. Dennoch wußte er sich mit der Mehrheit der Bevölkerung eins: Meinungsumfragen im Herbst 1950 hatten ergeben, daß 73 Prozent der Westdeutschen eine Wiederaufrüstung ablehnen. General Eisenhower, Oberkommandierender der NATO-Streitkräfte und designierter US-Präsident, hatte im Januar 1951, um den Weg für die westdeutsche Wiederbewaffnung freizumachen, eine Ehrenerklärung für die Hitler-Wehrmacht abgegeben; daraufhin wurden die bereits vorher begonnenen Entlassungen deutscher Kriegsverbrecher verstärkt fortgesetzt.

S. 138 *Keine Lanze für die Wehrpflicht* – 1956 von den *Drei Rulands* auf ihren Gastspielreisen vorgetragen, die sie durch westdeutsche Kabaretts und Varietés, darunter ins Hamburger Hansa-Theater, führten. Der Song wurde in Quodlibet-Manier zu bekannten Schlagermelodien gesungen. Die Kabarett-Nummer nimmt Partei in einem heißen Streit: Im November 1955 waren in Bonn die ersten Soldaten der Bundeswehr offiziell ernannt worden, im Juli des folgenden Jahres wurde gegen den erbitterten Widerstand der Opposition die allgemeine Wehrpflicht eingeführt.

S. 139 *Hallo Sie ...* – aus dem Kabarett-Programm »Schieß mich, Tell«, das Wolfgang Neuss 1955 mit Wolfgang Müller u. a. in der Berliner *Komödie am Kurfürstendamm* spielte. Damals waren ehemalige NS-Parteigänger im Adenauer-Kabinett wieder zu Amt und Würden gekommen, darunter Vertriebenenminister Theodor Oberländer, Landwirtschaftsminister Heinrich Lübke und der Staatssekretär im Kanzleramt, Hans Globke. Oberländer soll 1941 in Lemberg an der Erschießung polnischer Juden beteiligt gewesen sein, der spätere Bundespräsident Lübke soll Baupläne für KZ-Bauten erstellt haben, Globke war der NS-Kommentator der berüchtigten »Rassegesetze«. Die Kabarett-Nummer behielt ihre Aktualität: noch zehn Jahre nach der »Tell«-Premiere hatte sie Neuss im Programm, so bei seinem Duo-Auftritt »Wolf Biermann (Ost) zu Gast bei Wolfgang Neuss (West)«, Ostern 1965 in Frankfurt/Main.

S. 140 *Der Klavierstimmer* – 1953 von Werner Vielhaber im Programm »Diplomat schööön« des Düsseldorfer *Kom(m)ödchens* vorgetragen.

S. 141 *Burschen hinaus!* – 1955 vorgetragen vom West-Berliner Funk-Kabarett *Die Insulaner*. Aktueller Anlaß waren Zeitungsberichte, wonach sich im Berliner Grunewald Korpsstudenten bereits wieder zusammenfinden, um Mensuren zu schlagen. Dem Burschen-Song, ein Quodlibet, wurden mehrere bekannte Schlagermelodien unterlegt (Im Grunewald ist Holzauktion/Rote Rosen, rote Lippen, roter Wein/Ich bin von Kopf bis Fuß auf Liebe eingestellt/O mein Papa/Pack die Badehose ein).

S. 143 *Arthur, der Spielverderber* – 1951 in der Münchner *Kleinen Freiheit* vorgetragen. Das entsprechende Programm mit dem Titel »Das faule Ei des Kolumbus« wurde von Trude Kolman in Szene gesetzt. Um die gleiche Zeit wurde die Arthur-Ballade auch im Düsseldorfer *Kom(m)ödchen* gebracht.

S. 146 *Schlagende Beweise* – 1960 vom Autor in seinem Kabarett *Die Leidartikler* zur Melodie »Gaudeamus igitur« vorgetragen.

S. 146 *Stammtisch-Solo* – 1954 vorgetragen von Wolfgang Gruner im Programm »Der große Regen« der Berliner *Stachelschweine*. – Wilhelm Pieck war damals Staatspräsident, Otto Grotewohl Ministerpräsident der DDR; König Faruk von Ägypten, im März 1952 durch einen Militärputsch gestürzt, war seinerzeit in den Schlagzeilen der Boulevardpresse. Hans Grimms Roman »Volk ohne Raum«, der im Sinne der Nationalsozialisten für die »Eroberung neuen Lebensraumes« plädierte, war Mitte der zwanziger Jahre ein Bestseller gewesen. Mit dem Ehebettenminister ist Franz-Josef Würmeling gemeint, der im Adenauer-Kabinett Familienminister von Prüderies Gnaden war. Franz Josef Strauß, bereits Mitte der fünfziger Jahre als »Verteidigungsexperte« im Gespräch, mußte sich 1954 im Bonner Kabinett noch als Minister für besondere Aufgaben begnügen. »Verdammt in alle Ewigkeit« und »Die Nackten und die Toten« waren erfolgreiche Hollywood-Filme mit antimilitaristischer Tendenz. Die Europäische Verteidigungs-Gemeinschaft (EVG), die eine Art Europa-Armee vorsah, war im Oktober 1954 am Widerstand Frankreichs gescheitert. Mit dem »Kiffhäuserbund« ist der seit Ende des vergangenen Jahrhunderts operierende reaktionäre Kriegerverein Kyffhäuserbund gemeint.

S. 149 *Onkel Paul schreibt vom Schwarzen Meer* – 1964 in der Satire-Zeitschrift »Neuss Deutschland« veröffentlicht, wurde die Nummer ein Jahr später vom Autor in dem Duo-Programm »Wolf Biermann (Ost) zu Gast bei Wolfgang Neuss (West)« vorgetragen.

S. 150 *Aus der Zyne für die Zyne* – 1963 vorgetragen vom Autor in seinem Solo-Programm »Das jüngste Gerücht«, das Neuss eine »Satire über Trivialpolitik« genannt hat. Der Titel lehnt sich parodierend an eine Westberliner Radio-Sendereihe mit Nachrichten für die Bevölkerung der DDR an: »Aus der Zone für die Zone«.

S. 151 *Der Teppich* – 1952 vorgetragen von Wolfgang Neuss im Programm »Zwischen Nylon und Chemnitz« der *Stachelschweine*, das er auch inszenierte.

S. 154 *Flüchtlingsgedicht* – 1950 vorgetragen im Programm »Es war so schön, privat zu sein« der Berliner *Stachelschweine*. Regie führte Alexander Welbat.

S. 155 *Warum ich mich auf die Wiedervereinigung freue* – 1965 in der Satire-Zeitschrift »Neuss Deutschland« erschienen, die der Autor zusammen mit Wolfgang Gruner ein Jahr zuvor gegründet hatte. In der Unterzeile bezeichnete sich das Blatt als »Organ des Zentralkomitees der satirischen Einheitspartei Deutschlands.« Neuss hat den »Wiedervereinigungstext« mehrfach im Funk, darunter in der Satire-Sendung »Bis zur letzten Frequenz«, vorgetragen. – Der Bankier Robert Pferdmenges (1880–1962) war Adenauers langjähriger Wirtschaftsberater. Deutschland in den Grenzen von

1937 war das »Großdeutsche Reich« vor der Einverleibung Österreichs und Teilen der Tschechoslowakei. Peenemünde war das nach dem Zweiten Weltkrieg zerstörte Raketentestgelände der deutschen Wehrmacht, auf dem die V-Waffen entwickelt wurden.

S. 157 *Der Elektriker* – im Frühjahr 1953 vom Autor im Programm »Sind Se schon bedient?« der *Stachelschweine* vorgetragen, das von Wolfgang Spier inszeniert wurde. – Wjatscheslaw Molotow war in den Jahren 1939–1949 und 1953–1956 sowjetischer Außenminister, der in internationalen Verhandlungen für seine unbewegliche starre »Njet«-Haltung bekannt war. Mit der »dunklen Erklärung« ist die Protestnote gemeint, mit der Molotow auf die Regierungserklärung Eisenhowers reagiert hatte; der neue US-Präsident hatte darin für die Vereinigten Staaten einen weltweiten Führungsanspruch (»world leadership«) angemeldet.

S. 158 *Der Mann mit der Pauke* – 1955 vorgetragen vom Autor auf einer Kabarett-Veranstaltung vor Bonner Parlamentariern im Berliner »Prälat Schöneberg«. Der »Berliner Abend«, der anläßlich einer Sitzung des deutschen Bundestages in der ehemaligen Reichshauptstadt auf Einladung des Berliner Senats stattfand, wurde vom Deutschen Fernsehen live übertragen. Der CDU-Abgeordnete und spätere Minister für gesamtdeutsche Fragen, Ernst Lemmer, eröffnete den Kabarett-Abend großsprecherisch-ungelenk: »In einer Demokratie mit Freiheit des Geistes ist es ohne freies Kabarett gar nicht denkbar. Das freie politische Kabarett hört da auf, wo auch die Demokratie ihr Ende gefunden hat. Ich wünsche allerdings allen Kabarettisten in Deutschland – nicht nur denen in Berlin –, daß sie immer daran denken: Wenn wir auch das willkommene Objekt ihres Geistes sind, sie sich mit uns unwiderruflich in einem Boot befinden.« Darauf begann Neuss auf die satirische Pauke zu hauen: »Und die Politiker sollten nie vergessen, daß sie es sind, die das Ruder in der Hand haben...« Vor dem Auftritt hatte man dem Kabarettisten Abstriche an dieser Nummer, deren Konzeption von Eckart Hachfeld stammt, abhandeln wollen. Als Neuss, von derlei Zensur-Auflagen unbeeindruckt, sein Solo bringt, täuscht der Sender Freies Berlin in Absprache der Intendanten Bischoff (SWF) und Braun (SFB) für die Dauer des Neuss-Auftritts eine »technische Störung« vor und schaltet den Live-Ton ab. Der als »abgewürgte Pauke« bekannt gewordene Vorfall wird von der Presse bundesweit aufgegriffen und hat ein Nachspiel im Berliner Abgeordnetenhaus: Der Regierende Bürgermeister Suhr spricht von einer »Nagelprobe für die Demokratie«; der SFB-Intendant wird als »nicht tragbar« bezeichnet, der Rundfunkrat mißbilligt die Zensurmaßnahme. – Bankier Robert Pferdmenges war der Finanz- und Wirtschaftsberater Adenauers. Walther v. Seydlitz-Kurzbach, prominenter General des Zweiten Weltkrieges, war erst 1955 aus sowjetischer Kriegsgefangenschaft nach Westdeutschland entlassen worden. Das Saarland, nach 1945 wirtschaftlich Frankreich angegliedert, war zum Zeitpunkt der »Neuss-Pauke« im Blickpunkt des Interesses: Am 23. Oktober 1955 fand eine Volksabstimmung über den politischen Status des Landes statt, knapp ein Jahr später wurde die Saar zehntes Bundesland der BRD. Hildegard Knef, Anfang der fünfziger Jahre durch Spielfilme wie »Alraune« und »Die Sünderin« populär geworden, feierte bald darauf am Broadway als Star des Musicals »Silk Stockings« Triumphe. Theodor Blank war im Juni 1955 erster Verteidigungsminister der BRD geworden. Generalfeldmarschall

Ferdinand Schörner, wegen seiner brutalen Standgerichte als »Bluthund« der Hitler-Armee berüchtigt, war 1955 von den Sowjets nach Westdeutschland entlassen worden. In Berlin-Spandau und im westfälischen Werl waren die verurteilten Kriegsverbrecher inhaftiert. Der sowjetische Staatschef Nikolai Bulganin hatte in Verhandlungen mit Adenauer die Rückführung der letzten deutschen Kriegsgefangenen und die Aufnahme diplomatischer Beziehungen mit Bonn zugesagt. Die Schlußpointe der Pauken-Nummer vom lieben Gott, der aus der Kirche austreten werde, borgte sich Neuss bei Georg Christoph Lichtenberg (1742–1799) aus.

S. 161 *Sie wissen genau, was sie tun* – 1955 vom Münchner Kabarett *Die kleinen Fische* in seinem Programm »Im Zug der Zeit« vorgetragen. Die restaurativen Tendenzen in Westdeutschland, auf die die Nummer Bezug nimmt, wurden durch die von Adenauer betriebene Wiederbewaffnung verstärkt; ein Ordenserlaß der Bundesregierung erlaubte den Soldaten der Wehrmacht das Tragen der von Hitler verliehenen Kriegsauszeichnungen.

S. 162 *Anleitung zum Nichttragen von Orden* – 1957/58 von Achim Strietzel und Joachim Röcker, der den 2. Herrn spielte, im Programm »Der Fette aus Dingsda« der Berliner *Stachelschweine* vorgetragen. – Im Zuge der Remilitarisierung waren die faschistischen Orden wieder zu Ehren gekommen. Da das Hakenkreuz-Emblem weiterhin geächtet blieb, wurde es auf den NS-Orden kurzerhand weggefeilt. Bonn war in seiner Ordens-Entscheidung, gegen die das Kabarett ebenso hartnäckig wie erfolglos Sturm lief, Partei: Selbst prominente Politiker wie der damalige FDP-Fraktionsvorsitzende Erich Mende und dessen Bundestagskollege und Parteifreund, Ex-General Hasso von Manteuffel, erschienen auf Staatsempfängen mit Vorliebe ritterkreuzbehalst. 1964 erhitzte die Thierry-Szene noch einmal reaktionäre Gemüter, als der Sketch, diesmal von Wolfgang Kieling und Günter Pfitzmann (1. Herr) gespielt, in der Satire-Sendung »Hallo Nachbarn« bundesweit ausgestrahlt wurde. TV-Moderator Richard Münch meinte dazu, er glaube, daß die Kabarett-Nummer »immer noch aktuell« sei. Sie war und blieb es. Immerhin war Mende inzwischen zum FDP-Chef und Vizekanzler avanciert.

S. 165 *Amadeus* – 1965 in der Illustrierten »Stern« veröffentlicht.

S. 166 *Held auf höhere Weisung* – 1958 vom Autor vorgetragen in der Fankfurter *Schmiere*. Rolfs erschien in dem Programm »Die tote Ratte in der Limonadeflasche oder Jede Leiche 'nen Groschen«, aus dem diese Nummer stammt, in abgerissener Landserkluft auf der Bühne: auf der Brust trug er das eiserne Kreuz, unterm Arm ein großes Holzkreuz.

S. 167 *Der General* – in den sechziger Jahren vom Autor zu eigener Musikbegleitung in seinen Soloprogrammen vorgetragen.

S. 168 *Die Wucht am Rhein* – 1956 vorgetragen im gleichnamigen Programm der Berliner *Stachelschweine*, das Rudolf Schündler in Szene setzte. – Mit Pankow ist die DDR-Regierung gemeint, deren Mitglieder vornehmlich in diesem Stadtteil Berlins ihren Wohnsitz hatten. In Andernach wurden im Januar 1956 die ersten Einheiten der Bundeswehr aufgestellt.

S. 169 *Song der Freiheit* – 1953 vorgetragen im Münchner Kabarett *Die kleinen Fische*. Der Song bildete den Schluß einer Szene, in der die Freiheit im Bonner Kanzleramt auftaucht, um zu Adenauer vorgelassen zu werden; der Staatssekretär wimmelt sie ab: »So was wie Sie gehört auf den Sockel, aber nicht unter die Leute!«

S. 170 *Kleine Anfrage* – 1955 vorgetragen in der Münchner *Kleinen Freiheit.*

S. 172 *Spötterdämmerung* – 1958 in der Münchner *Kleinen Freiheit* als Lied der Clowns von Hanne Wieder, Monika John und Lukas Ammann vorgetragen. Die Musik zur Hollaender-Revue »Es ist angerichtet«, aus dem dieser Song stammt, schrieb der Autor, Regie führte Trude Kolman.

S. 173 *Die gebrannten Kinder* – 1955 vom Autor vorgetragen im Programm »Es ist so schön, privat zu sein« der *Namenlosen.*

S. 174 *Die Nullen sind unter uns* – aus dem gleichnamigen Programm der *Namenlosen*, im November 1955 vorgetragen vom Autor, Dieter Hildebrandt, Hans Guido Weber, Gerd Potyka und Susanne Weber. Regie führte Sammy Drechsel. Das von Gerd Bauer vertonte programmatische Erkennungslied der *Namenlosen* hatte Dieter Hildebrandt getextet: »Wir haben keinen Namen, die Firma kennt man nicht; wir ham nur, Herrn und Damen, ein Allerweltsgesicht...«

S. 175 *Der Standpunktlose* – 1954 im Programm »F(a)ishing for Compliments« der Münchner *Kleinen Freiheit* vorgetragen. Regie führte Trude Kolman.

S. 177 *Die Delinquentenzelle* – vorgetragen Anfang der sechziger Jahre vom Autor im Funk, im Fernsehen und in Solo-Programmen. – Über die Todesstrafe wurde in den fünfziger und sechziger Jahren immer wieder diskutiert.

S. 180 *Der Song vom Nichts* – aus der von Trude Kolman inszenierten Revue »Der große Dreh«, die 1958 in der Münchner *Kleinen Freiheit* aufgeführt wurde. Das Chanson, hier leicht gekürzt, mit dem Hollaender den Existentialismus persifliert, wurde von Hanne Wieder als Juliette Greco vorgetragen. Die Musik stammt vom Autor.

S. 186 *Weg zur Arbeit* – Anfang der sechziger Jahre vom Autor zu eigener Komposition in Wiener Kabaretts vorgetragen.

S. 188 *Ich bleib der Alte* – 1949 im Programm »Von der Wiege bis zur Bahre« des Zürcher Kabaretts *Cornichon* von Peter W. Staub in der Maske Hjalmar Schachts vorgetragen. Die Musik schrieb Otto Weissert. – NS-Wirtschaftsminister Schacht, Hitlers einstiger Finanzberater, kam 1949, nachdem man ihn im Nürnberger Kriegsverbrecher-Prozeß freigesprochen hatte, in die Schweiz, wo er sich um internationale Finanzkontakte bemühte. Die Eidgenossen trugen ihm nach, daß die Schweiz 1937 durch Schachts Devisenbewirtschaftung große Verluste erlitten hatte. Bald darauf war der einstige Finanzexperte Hitlers wieder als Berater für verschiedene Regierungen tätig.

S. 189 *Weltreise 1948* – aus der Januar-Ausgabe der Wiener Satire-Zeitschrift »Basilisk«. Der fiktive Brief des 19jährigen Studenten Qualtinger wurde von ihm auch als Solo-Nummer im Wiener Kabarett *Die Grimasse* vorgetragen, in dem er 1948 neben Michael Kehlmann und Werner Kreindl auftrat. – Der Text nimmt Bezug auf zwei Nazi-Größen, den Hitler-Sekretär Martin Bormann und den im Oktober 1946 in Nürnberg als Kriegsverbrecher hingerichteten Chefideologen Alfred Rosenberg; nach Kriegsende hielt sich über Jahre das Gerücht, der verschollene Bormann sei in Südamerika untergetaucht. Der österreichische Schriftsteller Ernst Fischer kehrte nach Kriegsende aus dem Moskauer Exil nach Wien zurück, wo er für die KPÖ als Unterrichtsminister dem ersten Nachkriegs-Kabinett Renner angehörte. Mahatma Gandhi, Verfechter des gewaltlosen Widerstandes, war das Oberhaupt der indischen Freiheitsbewegung. Mit Figlopol ist Leopold Figl (ÖVP) gemeint, der von 1945 bis 1953 Bundeskanzler war.

S. 190 *Es ist erreicht!* – 1953 vom Autor vorgetragen in einem seiner Solo-Programme, mit denen der Schweizer Kabarettist auch in der Bundesrepublik gastierte. Die Musik schrieb Theodor Schweizer. – Die Kabarett-Nummer, in der das Wiedererstarken der restaurativen Kräfte in Westdeutschland thematisiert wird, nimmt auf Wilhelm II., den im holländischen Exil holzhackenden Kaiser Bezug, ferner auf Adolf (Hitler) und Konrad (Adenauer). Feldmarschall Erwin Rommel, der 1944 von Hitler zum Selbstmord gezwungen worden war, erlebte durch Filme, Bücher und Illustrierten-Stories eine späte, verherrlichende Rehabilitierung. US-Präsident Franklin D. Roosevelt war im April 1945, kurz vor Beendigung des Zweiten Weltkrieges, gestorben.

S. 192 *Herr Karl und die Weltgeschichte* – Auszug aus dem knapp einstündigen Kabarett-Solo »Der Herr Karl«, das 1961 von Helmut Qualtinger im Wiener *Kleinen Theater im Konzerthaus* aufgeführt wurde. Die im gleichen Jahr ausgestrahlte Fernsehfassung des Monologs führte zu tumultartigen Protesten: »Die Zweite Republik«, so erinnert sich Georg Biron, »geriet wegen dieser Geschichte – ihrer Geschichte – aus den Fugen.« Mit dem Psychogramm des spießigen Kleinbürgers Wiener Prägung erinnern die Autoren an ein dunkles Kapitel der österreichischen Geschichte – den Einmarsch der deutschen Truppen vom März 1938 und die gewaltsame Eingliederung Österreichs ins »Großdeutsche Reich«. Vier Wochen nach Hitlers Überfall ergab eine Volksabstimmung mehr als 99 Prozent für den »Anschluß«. Gleichzeitig fanden in Wien und anderswo antisemitische Ausschreitungen statt; die erwähnte »Säuberungsaktion«, zu der Juden herangezogen wurden, um antifaschistische Parolen von Häuserwänden und Bürgersteigen zu entfernen, ist keine Erfindung der Autoren. – Der erwähnte Staatsvertrag, mit dem Österreich seine Souveränität wiedererlangte, wurde im Mai 1955 im Wiener Schloß Belvedere unterzeichnet. Mit Poldl ist der damalige österreichische Außenminister Leopold Figl gemeint.

S. 194 *Ich kann den Novotny nicht leiden* – Mitte der fünfziger Jahre von Cissy Kraner im Wiener *Simplicissimus* vorgetragen. Die Musik stammt vom Autor. Ein zweites Wiener-Chanson, »Aber der Nowak läßt mich nicht verkommen«, ebenfalls von Cissy Kraner gesungen, wurde zum Schlager.

S. 195 *Liebling, du hast mich heute ausgelacht* – 1958 vorgetragen vom Autor zu eigener Piano-Begleitung im *literarischen cabaret* der »Wiener Gruppe«.

S. 196 *Die Ahndlvertilgung* – in den fünfziger Jahren von Helmut Qualtinger in Wiener Kabaretts vorgetragen.

S. 197 *Der Papa wird's schon richten* – 1957 im Programm »Glasl vorm Aug« von Helmut Qualtinger vorgetragen, das im Wiener *Intimen Theater* gespielt wurde. Der Song, zu dem der Autor auch die Musik schrieb, griff eine österreichische Skandalgeschichte auf: Der Sohn des Nationalratspräsidenten Felix Hurdes (ÖVP) war seinerzeit straffrei geblieben, obwohl bei einem von ihm verschuldeten Verkehrsunfall ein Fußgänger getötet worden war. Der Bronner-Song, der schließlich auch durchs Fernsehen populär wurde, bewirkte, daß »Papa« Hurdes 1959 von seinem Posten zurücktreten mußte.

S. 199 *Mord* – 1959 vorgetragen von Birgitt Schwabbauer, Christl Novak und Friedrich Achleitner im *literarischen cabaret* der »Wiener Gruppe«, die sich mit ihren aktionistischen Happenings dem alten Zürcher *Cabaret Voltaire* verpflichtet fühlte.

S. 200 *Die alte Engelmacherin* – 1957 vom Autor zu eigener Musikbegleitung im Programm »Glasl vorm Aug« vorgetragen, das im Wiener *Intimen Theater* gespielt wurde. Die populäre Kabarett-Nummer wurde auch von Helmut Qualtinger gesungen.

S. 201 *Das Ding an sich* – (s. Anmerkung zu S. 202, *Die Liebe und*...)

S. 202 *Die Liebe und die Weltrevolution* – aus dem Programm »Der vermummte Herr und ein Anderer«, das Fritz Decho 1969/70 in seinem literarischen Kabarett *III. Stock* der Ostberliner Volksbühne veranstaltete; das Programm stellte Texte von Wedekind und Gerhard Branstner gegenüber.

S. 202 *Zweierlei Deutschland* – 1957 von Gina Presgott im Programm »Wenn die kleinen Kinder schlafen« der Berliner *Distel* vorgetragen. Die Musik schrieb Dankward Pfeiffer.

S. 204 *Große Zeit* – 1960 vom DDR-Reise-Kabarett *Berliner Brettl* in seinem Programm »Piratenstreiche« vorgetragen.

S. 204 *Alles fürs Grab* – 1955 vorgetragen von Ingrid Ohlenschläger im Ostberliner Kabarett *Die Distel*. »Keine Ferien für den lieben Spott« nannte sich das Programm, aus dem diese ironisch gemeinte Nummer stammt. Die »Weltbühne« attestierte der *Distel* denn auch prompt, sie habe »jene seltsame Freiheit« attackiert, »auf die sich abendländische Plusmacher und Militaristen so gern berufen«.

S. 205 *Wenn etwas jung ist* – 1956 von der Leipziger *Pfeffermühle* in ihrem Programm »Rührt Euch« vorgetragen. Die Musik zum Zwerenz-Text schrieb Gerd Holger.

S. 206 *Zeitungs-Couplet* – 1956 vorgetragen vom Autor im Programm »Rührt Euch!« der Leipziger *Pfeffermühle*. Die Nummer, in der Reinhold als Zeitungsverkäufer mit bekannten DDR-Blättern die Bühne betrat, bot nach einer Serie unbeanstandeter Vorstellungen Anlaß zu einem Skandal, als der Kabarettist durch SED-Funktionäre am Singen gehindert und von der Bühne geholt wurde. Auf behördliche Kritik stieß auch eine weitere Reinhold-Szene, in der sich zwei Toto-Tipper über die Chancen der Mannschaften »Wacker 08/15« und »Fortschritt IA« unterhalten: »Wie wird sich Ulbricht als Linksaußen behaupten?« – »Der ist gut, wenn er die Vorlagen von Chruschtschow übernimmt.« – Die *Pfeffermühle* wurde für kurze Zeit geschlossen, Reinhold setzte sich wenig später in den Westen ab.

S. 207 *Was verboten ist, das macht uns grade scharf* – 1965 vom Autor zu eigener Musik im Duo-Programm »Wolf Biermann (Ost) zu Gast bei Wolfgang Neuss (West)« in Frankfurt/Main vorgetragen. Die DDR reagierte auf den Biermann-Auftritt mit einem Einreiseverbot für Neuss.

S. 208 *Ikarus* – Ende der vierziger Jahre von Walter Morath im Zürcher Kabarett *Cornichon* vorgetragen. Die Musik schrieb Werner Kruse.

S. 209 *Bum!* – in den sechziger Jahren vom Autor zu eigener Komposition in Wiener Kabaretts vorgetragen.

S. 216 *Deutsche Zunge* – vorgetragen in den sechziger Jahren vom Autor in seinen Solo-Programmen. Die Nummer war auch Bestandteil einer »Da habt ihr es!« betitelten kabarettistischen Collage aus dem Jahr 1967, mit der Hanns Dieter Hüsch, Wolfgang

Neuss, Franz Josef Degenhardt und Dieter Süverkrüp als »Quartett 67« aufgetreten sind.

S. 218 *Überleben Sie mal* – 1962 vorgetragen im gleichnamigen Programm der *Münchner Lach- und Schießgesellschaft*. Die Musik schrieb Walter Kabel.

S. 221 *Die unlustige Witwe* – 1965 in der »Bis zur letzten Frequenz« betitelten kabarettistischen Monatsbilanz des Hessischen Rundfunks vorgetragen von Inge Brandenburg; die Musik schrieb Hans-Dieter Holzschuh. – 1961 wurde mit Juri Gagarin der erste Mensch auf eine Erdumlaufbahn in den Weltraum geschossen.

S. 223 *Innere Führungs-Kettenreaktion* – 1963 vom Autor in seinem Solo-Programm »Das jüngste Gerücht« vorgetragen.

S. 224 *Vierter Gesang gegen die Bombe* – bei dem Text handelt es sich um einen von insgesamt »Vier Gesängen gegen die Bombe«, die der Autor zu eigener Vertonung in den sechziger Jahren unter dem Titel »Carmina Urana« auf Schallplatte aufnahm und öffentlich vortrug. Sie waren bereits 1959 als Auftragsarbeit für den Südwestfunk Baden-Baden entstanden, aber dann nicht ausgestrahlt worden. Den Gesängen ist folgende Regieanweisung beigegeben: »Dieser Text ist sachlich und leicht, fast ohne Beteiligung zu sprechen, aber wie man's auch spricht, betont oder formuliert, die Pointe bleibt leider dieselbe.« Und in einer epilogartigen Anmerkung heißt es weiter: »Wir sagen dies nicht, um zu stören, / Wir lieben diese welke Welt. / Wir hoffen, daß man uns wird hören. / Wir wünschten, daß wir unrecht hätten. / Wir bitten, daß man Einsicht hat, / Daß nicht auf leergebrannten Stätten / Der Mensch vergeht. / Daß man versteht,/den Geist zu finden: / Den Menschen mit dem Menschen zu verbünden.«

S. 225 *Bezugspunkte* – die Szene, die hier gekürzt wiedergegeben wird, wurde als Beitrag zum seinerzeit heiß diskutierten Selbstverständnis der Bundeswehr 1964 für die Juli-Ausgabe der TV-Satire-Sendung »Hallo Nachbarn!« geschrieben und vom Autor inszeniert. Sie durfte auf Anordnung der Intendanz des Norddeutschen Rundfunks »aus geschmacklichen Gründen« nicht ausgestrahlt werden.

S. 227 *Atomgedicht 57* – der 1957 entstandene, von Dieter Süverkrüp vertonte Semmer-Text wurde vor allem durch die Ostermarschbewegung, die aus der Kampagne »Kampf dem Atomtod« hervorging, populär. Er bezieht sich auf die »Göttinger Erklärung«, mit der achtzehn namhafte Kernforscher im April 1957 gegen die Bonner Atompolitik protestierten und eine Verwendung von Kernwaffen ablehnten. Trotz zunehmender Proteste hielt Bundeskanzler Adenauer an seinem Plan fest, die Bundeswehr mit Atomwaffen auszurüsten, da sie lediglich »eine Weiterentwicklung der Artillerie« darstellten; der Bundestag verabschiedete einen entsprechenden Beschluß.

S. 228 *Selbstschutz-Empfehlung* – 1965 vorgetragen vom Autor im Programm »Gesellschaft mit beschränkter Hoffnung« der Berliner *Wühlmäuse*. Die Nummer bezieht sich auf die von der Regierung empfohlenen Selbstschutzmaßnahmen im Falle eines atomaren Krieges.

S. 229 *Deutschlandstreicher* – 1966 vorgetragen von Conrad Reinhold zur Melodie eines französischen Revolutionsliedes in seinem Solo-Programm »Deutschlandstreicher«, das er in seinem Frankfurter Kabarett *Die Maininger* spielte. Kernstück des Programms war eine fiktive Dokumentarfilm-Reportage, die vom angeblichen Staatsbesuch des SED-Chefs Walter Ulbricht in Bonn und seiner Begegnung mit Bundeskanzler Ludwig Erhard zu berichten wußte; am Ende steht ein Vertrag über westliche Wirtschaftshilfe. Authentisch war dagegen der Bericht, den Reinhold, nach eigener Einschätzung »Ost-West-Gaukler als Wunderer zwischen zwei Welten«, über die Verhöre gab, denen er im Osten wie im Westen durch die staatlichen Behörden ausgesetzt war: die Methoden von Ost-Staatssicherheitsdienst (SSD) und West-Verfassungsschutz nahmen sich nicht viel.

S. 230 *Über den Zorn* – 1958 vorgetragen von Kinga von Felbinger im Programm »Moneten, Callgirls und Raketen« der *Kleinen Fische*. 1960 wurde die Nummer vom Münchner Kabarett *Die Zwiebel* in seinem Programm »Doppelbett mit Einzelhaft« nachgespielt; dort war Ursula Herking die Interpretin.

S. 231 *Gebet der Eltern vor der Zeugung* – 1968 vorgetragen vom Autor in dem *Hammersänger*-Programm »Volkskörperpflege oder Die Entwicklungsgeschichte des Musterbürgers Gotthelf Hampel von der Planung seiner Eizelle bis zur bürgerlichen Überreife«.

S. 232 *Heilig Vaterland* – 1968 vorgetragen vom Ensemble der *Münchner Lach- und Schießgesellschaft*.

S. 235 *Der Zollbeamte* – Anfang der sechziger Jahre vorgetragen vom Autor in der *Münchner Lach- und Schießgesellschaft*.

S. 237 *Heim ins Reich* – 1965 vorgetragen von Lore Lorentz im Programm »Prost Wahlzeit!« des Düsseldorfer *Kom(m)ödchens*. Die Nummer löste, wie zu erwarten, Proteste der Vertriebenenverbände aus. – Hans-Christoph Seebohm, ultrareaktionärer Sprecher der Sudetendeutschen Landsmannschaft und langjähriger Minister im Kabinett unter Adenauer und Erhard, war wegen seiner »Sonntagsreden« auf Vertriebenentreffen berühmt-berüchtigt; er plädierte für die Gültigkeit des Münchner Abkommens. Wie Seebohm waren auch die sudetendeutschen Verbandsfunktionäre Wenzel Jaksch (SPD) und Siegfried Zoglmann (FDP), einst Abteilungsleiter beim NS-Reichsprotektor in Böhmen und Mähren, entschiedene Gegner einer auf Aussöhnung bedachten Ostpolitik.

S. 239 *Heimaterde* – 1965 vorgetragen von Dieter Hildebrandt und Jürgen Scheller im Programm »Schuld abladen verboten« der *Münchner Lach- und Schießgesellschaft*.

S. 241 *Theoretisches Spiel* – 1965 vorgetragen vom *Bügelbrett* in seinem Programm »Demokratie 1965«. – Wolfgang Neuss hat sich in seinem Solo-Programm »Das jüngste Gerücht« bereits zwei Jahre zuvor ähnlich geäußert: »Wenn einmal – Flüchtlingsfreund, hör zu, es geht um deine Weizen-Ehre – wenn einmal in unserem freiheitlichen Land die Not und drüben in der Diktatur der Wohlstand ausgebrochen wäre, wenn's drüben aus dem roten Himmel Schokoladenriegel gösse: Bist du ganz sicher, Freund, wo dann der Flüchtlingsstrom hinflösse?«

S. 242 *Und jeden Tag ein Stück* – vorgetragen 1963 vom *Bügelbrett*-Ensemble in seinem Programm »Verdammt ist alle Redlichkeit«. Die Musik schrieb Wolfgang Beck. Der Mauer-Song, eine der umstrittensten Nummern der frühen sechziger Jahre, erlangte seinerzeit auch als Beispiel häufig geübter Medien-Zensur traurige Berühmtheit: Vom Fernsehen aufgezeichnet, wurde das Lied aus der Sendung »Stolz auf Deutschland« im Juli 1964 gegen den Willen der Autorin herausgeschnitten.

S. 244 *Das dressierte Pferd* – 1964 vorgetragen im Programm »Ohne Rücksicht auf Verluste« der Münchner *Zwiebel*. Wie bereits im Programm-Opening nimmt der hier gekürzt wiedergegebene Text Bezug auf einen denkwürdigen Treff zwischen dem Kabarett und der Zielscheibe seiner Kritik: Im April 1964 hatten die durch die Fernseh-Ausstrahlung ihrer Programme populär gewordenen Kabarettisten der *Münchner Lach- und Schießgesellschaft* an einer TV-Sendung »Politiker fragen – Kabarettisten antworten« teilgenommen, zu der der ZDF-Journalist Reinhard Appel eingeladen hatte. Sieger nach Punkten waren bereits in der ersten Minute die Politiker Strauß (CSU), Erler (SPD), Gerstenmaier (CDU) und Mende (FDP) durch technischen K. O.: Gerstenmaier eröffnete die »Diskussion« mit den Worten: »Bevor ich die erste Frage stelle, möchte ich Ihnen ein Kompliment machen – wenn es die ›*Lach- und Schießgesellschaft*‹ nicht gäbe, müßte ich als Parlamentspräsident sie erfinden. Sie sind, meine Herren, eine nützliche Opposition.« Die Kabarettisten waren sprachlos; Hildebrandt später: »Es war furchtbar.« Nicht viel anders erging es den *Lach- und Schießern*, als sie sich im gleichen Monat von Bundeskanzler Ludwig Erhard zum Tee ins Palais Schaumburg bitten ließen. »Zu unserer Verblüffung erschien der Pressereferent des Kanzlers in so legerem Aufzug«, berichtete Dieter Hildebrandt über das Treffen, »daß unsere Anzüge wie Fräcke zu wirken begannen. Dann tauchte der Bundespressechef auf, der sich angelegentlich nach unserem Befinden erkundigte und auch sonst zu erkennen gab, daß er keinem von uns ein intellektuelles Attentat zutraute. Der Mann war enttäuschend natürlich. Vollends unsicher wurde unser satirisches Gemüt, als der Kanzler das Zimmer betrat und mit unverstellter Stimme das Gespräch eröffnete...« In einer gemeinsam mit den Berliner *Stachelschweinen* gestalteten Fernsehsendung der *Lach- und Schießer* vom gleichen Jahr hatte es Hildebrandt kürzer und prägnanter formuliert: »Was meinste, was die mit dir machen? Die lächeln dich um.«

S. 246 *Ohne Rücksicht auf Verluste* – Opening aus dem gleichnamigen Programm der Münchner *Zwiebel*, 1964. Die Musik schrieb Jochen Breuer. – Mit der »Gesellschaft von dem deutschen Kabarett« ist die *Münchner Lach- und Schießgesellschaft* gemeint, die sich im April 1964 auf einen Flirt mit der Politik eingelassen hatte (s. Anm. zu S. 244).

S. 248 *Der Untertanengeist* – Mitte der fünfziger Jahre vom Münchner Kabarett *Die kleinen Fische* in seinem Programm »Vor Gartenzwergen wird gewarnt« vorgetragen.

S. 249 *Zivilcourage* – 1965 vorgetragen von Siegrid Hackenberg im Programm »Kein schöner Land« des Berliner *Reichskabaretts*. Die Musik schrieb Horst A. Haß, Regie führte Marcus Scholz. – Die Nummer, mit der für die Wiederzulassung der 1956 verbotenen KPD plädiert wird, liefert zudem eine ironische Beschreibung der kabarettistischen Szene jener Jahre. Der TV-Journalist Gert von Paczensky stand seinerzeit in dem Ruf, ein Rebell zu sein; »Hallo Nachbarn« war eine Satire-Sendung des NDR (s. a. Anm. zu S. 262). Der Kritiker Friedrich Luft war damals Berlins »Stimme der Kritik«, Hermann Höcherl war Innenminister, mit der *Distel*-Diseuse ist Ingrid Ohlenschläger gemeint, die sich in den Westen abgesetzt hatte.

S. 251 *Song vom Kabarett* – 1963 vom Ensemble des *Bügelbretts* im Programm »Millionen BILD-Leser fordern« vorgetragen.

S. 258 *Ich vermisse Nationalgefühl* – 1966 zu eigener Vertonung vorgetragen von Dieter Süverkrüp.

S. 259 *Neues Deutschlandlied* – Ensemble-Song aus dem 1968 von Volker Kühn, Dieter Kursawe, Volker Ludwig und Detlef Michel für das Berliner *Reichskabarett* verfaßten Kabarett-Stück »Der Guerilla läßt grüßen«. Unter der Regie von Volker Kühn spielten Renate Küster (Cleopatra Cash, genannt Cleo), Joachim Kemmer (Loui Input, genannt Der schlimme Loui), Dieter Kursawe (Tony Output, genannt Der sanfte Tony) und Wolfgang Wiehe (General Motor, genannt Der Boss). Die Musik schrieb Horst A. Haß. Mit diesem Programm erzielte das *Reichskabarett* seinen Durchbruch, selbst die konservative Presse lobte, wie »Die Welt«, die »bestservierte, bestpointierte, bestinszenierte Kabarett-Schau, die wir seit langem sahen«. Allein Rechts-Schriftsteller Hans Habe wetterte in der »Zürcher Weltwoche«: »Opposition? Opposition waren Tucholsky und Mehring und Kästner. Was sich hier auf der Bühne abspielt, ist Apparatschik-Theater, linientreu bis zur totalen Öde.« Der von Habe angesprochene Erich Kästner sah das allerdings ganz anders: »Das ist Kabarett, wie es sein soll.«

S. 261 *Song vom Ausverkauf* – 1967 vorgetragen im *Floh de Cologne*-Programm »SimSAladimbambaSAladUSAladim« zu einer Melodie des Autors. – Lyndon B. Johnson war der US-Präsident, der die amerikanische Intervention in Vietnam anordnete und eine Vielzahl neuer Waffen, darunter Chemikalien zur Entlaubung von Wäldern und das Tränengas CS, ausprobieren ließ. Als die USA im Januar 1973 nach zehn Jahren Krieg die Kampfhandlungen einstellen, lautet die Bilanz: 135 Milliarden Dollar Kosten, 56000 tote GIs.

S. 262 *Hallo Nachbarn!* – aus der satirischen Fernsehsendung »Hallo Nachbarn!«, die am 29. Dezember 1965 vom NDR Hamburg gesendet werden sollte, von der Intendanz jedoch kurzfristig als »unsendbar« abgesetzt worden war. Die Entscheidung, laut »Stern«-Illustrierte »Deutschlands größter Publizisten-Skandal seit der Spiegel-Affäre«, löste bundesweite Zuschauerproteste aus. Das von Richard Münch moderierte Fernseh-Kabarett »Hallo Nachbarn!«, für das Roering den überwiegenden Teil der Texte schrieb, wurde im Juni 1966 eingestellt. – Das Vorhaben der Berliner Zeitungsverleger, amerikanischen Kriegerwitwen eine Nachbildung der Freiheitsglocke zu überbringen, war auch Gegenstand der Auseinandersetzungen um den Kabarettisten Wolfgang Neuss (s. Anm. zu *Dis muß nämlich die Satire*).

S. 263 *Dis muß nämlich die Satire* – im Dezember 1965 vorgetragen vom Autor in der Satire-Sendung »Bis zur letzten Frequenz« des Hessischen Rundfunks. – In einem Extrablatt seiner satirischen Zeitschrift »Neuss Deutschland« hatte der Kabarettist das Vorhaben einiger Westberliner Zeitungsverleger kritisiert, den Witwen der im Vietnam-Krieg gefallenen US-Soldaten eine Porzellan-Nachbildung der Berliner Freiheitsglocke zu überbringen. Für die Aktion rief die Westberliner Presse unter dem Hinweis, die Amerikaner verteidigten in Vietnam die westliche Freiheit, zu Spenden auf. Neuss im Extrablatt: »In Europa wurden amerikanische Soldaten im Feldzug gegen Hitler getötet. In Vietnam kämpfen amerikanische Soldaten mit dem südvietnamesischen General Ky. Sein größtes Vorbild: Adolf Hitler.« Die Verleger kontern mit einem Anzeigen-Boykott gegen Neuss und seine Villon-Show. Der Versuch des Kabarettisten, die Kartellabsprache der Zeitungsverleger gerichtlich verbieten zu lassen, bleibt erfolglos. Statt dessen ermittelt die Polizei gegen Neuss wegen »des Vergehens gegen eine Besatzungsmacht«.

S. 265 *Hörn Se mir doch auf mit Ihrem Scheiß-Vietnam* – Ende der sechziger Jahre vom Autor zu eigener Musikbegleitung vorgetragen.

S. 268 *Definition* – 1967 vorgetragen von Britta Baltruschat, Hansi Frank, Dieter Klemm, Markus Schmidt und dem Autor im *Floh de Cologne*-Programm »SimSAladimbambaSAladUSAladim.«

S. 270 *Zwei Fetzen Stoff* – 1970 von Ursula Noack vorgetragen im Programm der *Münchner Lach- und Schießgesellschaft.*

S. 271 *Der brave Demokrat Schmidt* – Szene aus dem gleichnamigen Programm, 1968 vorgetragen bei den Berliner *Wühlmäusen* von Guido Weber und Dieter Hallervorden, der die Titelrolle spielte. Das von Ralf Gregan inszenierte Stück Kabarett-Theater nannte sich im Untertitel eine »Satire über die Spielregeln der Demokratie in Deutschland«.

S. 273 *Vom Manne, der ein Revolutionär werden wollte* – 1952 von der *Münchner Lach- und Schießgesellschaft* vorgetragen.

S. 275 *Große Koalauktion* – vorgetragen im November 1966 von Alwin Michael Rueffer in der Polit-Satire-Sendung »Bis zur letzten Frequenz«, die der Autor ab 1965 über ein Jahrzehnt lang als »kabarettistische Monatsbilanz« für den Hessischen Rundfunk schrieb, inszenierte und produzierte. Die Nummer, mit der die Bildung der sogenannten Großen Koalition kommentiert wird, wurde von verschiedenen Kabaretts, darunter von den Berliner *Wühlmäusen* nachgespielt; dort sprach sie Dieter Hallervorden. – Die inzwischen 100 Jahre alte Sozialdemokratie, die im Winter 1966 mit der Großen Koalition zum erstenmal in der Nachkriegsgeschichte an der Macht beteiligt wird, hatte für dieses erklärte Ziel einigen »Ballast« abwerfen müssen; vorbereitet wurde dieser Schritt bereits Ende der fünfziger Jahre, als sich die SPD in ihrem Godesberger Parteiprogramm aus wahltaktischen Gründen vom Marxismus verabschiedete, auf Evolution statt Revolution setzte und sich nun auf Marktwirtschaft und »demokratischen Sozialismus« berief. Im Kiesinger-Kabinett wurde Willy Brandt Vizekanzler und Außenminister; der Preis: Franz Josef Strauß, seit der Spiegel-Affäre und dem Fibag-Skandal in seinem parlamentarischen Ansehen schwer angeschlagen, sollte im Gegenzug Finanzminister werden – die SPD schluckte die Kröte. Mit François Neuss ist der Kabarettist Wolfgang Neuss gemeint, der sich nicht nur in seiner Villon-Show »Neuss Testament« als Wahltrommler für die Sozialdemokraten betätigt hat, obwohl er wegen parteischädigenden Verhaltens zeitweise aus der SPD ausgeschlossen worden war. Hitlers Legion Condor hatte in den dreißiger Jahren zugunsten des faschistischen Diktators Franco in den Spanischen Bürgerkrieg eingegriffen, die Sozialdemokraten kämpften damals auf der Seite der republikanischen Streitkräfte.

S. 277 *Ballade vom Schmoren und Verstoßen* – 1965 vom Autor vorgetragen in seinem »Neuss Testament«; die Musik schrieb Fatty George. In der Ballade, mit der sich Neuss in seinem »Villon-Show« untertitelten Solo-Programm auf François Villon bezieht, finden das jugoslawische Staatsoberhaupt Tito, der sowjetische Parteichef Leonid Breschnew und Max Reimann Erwähnung, der als KPD-Abgeordneter Mitglied des ersten Bundestages war. Mit den Godesberger Evoluzzern sind die Sozialdemokraten gemeint, die 1959 mit der Verabschiedung ihres Godesberger Programms dem Marxismus abschworen und sich aus wahltaktischen Gründen auf die Formel vom »demokratischen Sozialismus« einigten.

S. 278 *Kinderspiele* – 1967 von Hans Timerding in der Polit-Satire-Sendung »Bis zur letzten Frequenz« vorgetragen. Im *Reichskabarett*-Programm »Hab Bildung im Herzen« (1967) wurde die Siebeck-Nummer von Renate Küster interpretiert.

S. 279 *Verteidigung eines alten Sozialdemokraten vor dem Fabriktor* – vorgetragen vom Autor in den sechziger Jahren in seinen Solo-Programmen. – Franz Beckenbauer war seinerzeit Fußballer in der westdeutschen National-Elf.

S. 281 *Kellner-Mentalität* – vorgetragen von Wolf Jürgen im *NIveauHILISTEN*-Programm »Alle flüstern einen Namen«, das der Autor 1967 inszenierte.

S. 282 *An der Ampel* – aus dem Programm »Emil Knolls Totlachschau – Ziemlich unkomische Späße«, vorgetragen 1969 vom Autor in der Frankfurter *Schmiere*.

S. 284 *Staatsbesuch* – aus dem vom Autor inszenierten Programm »Hab Bildung im Herzen« des Berliner *Reichskabaretts*, 1967. Die Szene, die von Joachim Kemmer (Besucher) und Wolfgang Wiehe (Gastgeber) gespielt wurde, bezieht sich auf den neuntägigen Staatsbesuch des persischen Schah Reza Pahlawi in der Bundesrepublik. Die prunkvoll ausgerichtete Visite, für die 30000 Polizisten als Leibwache abkommandiert und Autobahnen, ganze Stadtteile und der Luftraum über der Bundesrepublik gesperrt werden, löst in den westdeutschen Großstädten zahlreiche Anti-Schah-Demonstrationen aus. In die tätlichen Auseinandersetzungen greifen auch die »Jubel-Perser«, mit Latten und Totschlägern bewaffnete Schlägertrupps, ein, die vom iranischen Geheimdienst in die Bundesrepublik eingeschleust worden waren. Während die westdeutsche Boulevard-Presse das kaiserliche »Märchenpaar« hymnisch begrüßt, informiert Ulrike Meinhof die Öffentlichkeit in einem offenen Brief an die Perser-Kaiserin Farah Diba (»Guten Tag, Frau Pahlawi!«) über das Terror-Regime des »Pfauenthron«-Herrschers, über Foltermethoden und soziales Elend im Iran. Der Tod des 26jährigen Studenten Benno Ohnesorg, der bei einem Polizeieinsatz an der Westberliner Deutschen Oper am 2. Juni von dem Kriminalobermeister Karl Heinz Kurras, angeblich aus Notwehr, erschossen worden war, führt zu großangelegten Protestaktionen. Heinrich Albertz, Westberlins Regierender Bürgermeister, der das Vorgehen der Polizei zunächst gebilligt hatte, tritt wenig später zurück. – Mit dem »Spitzbart« ist der DDR-Staatsratsvorsitzende und SED-Parteichef Walter Ulbricht gemeint.

S. 286 *Liberales Gelöbnis* – aus dem Programm »Alles hat seine Grenzen!« des Berliner *Reichskabaretts*, 1969. Regie führte Klaus Hentschel.

S. 287 *Unter die Strafe gestellt* – 1965 vom Autor zur Musik von Fatty George in seinem Programm »Neuss Testament« vorgetragen. Das Solo, das von Neuss immer wieder aktualisierend verändert wurde, geht auf einen Text zurück, den Hans Magnus Enzensberger unter dem Titel »Vorschlag zur Strafrechtsreform« und mit dem Zusatz »Quelle: Strafgesetzbuch, 32. Auflage« verfaßt und Neuss überlassen hatte.

S. 289 *Lied von denen auf die alles zutrifft und die alles schon wissen* – vorgetragen 1967 von Wolfgang Neuss in seinem Solo-Programm »Asyl im

Domizil«, das den Untertitel »Bunter Abend für Revolutionäre« trug.

S. 296 *Morgenandacht* – aus dem 1968 von Volker Kühn, Dieter Kursawe, Volker Ludwig und Detlef Michel für das Berliner *Reichskabarett* verfaßten Kabarett-Stück »Der Guerilla läßt grüßen«. Die Musik zu der von Volker Kühn inszenierten Polit-Revue schrieb Horst A. Haß. Die Szene spielt im Büro der OFFU (Organisation für freies Unternehmertum), wo sich Boss General Motor (Wolfgang Wiehe), Loui Input (Joachim Kemmer) und Tony Output (Dieter Kursawe) zu einer Morgen-Messe versammelt haben. Bei altem Bildungsgut und überkommener Liturgie suchen sie Trost und Stärkung für ihren Kampf gegen das »Rote Tuch«.

S. 297 *Marsch der Minderheit* – vorgetragen in den sechziger Jahren vom Autor zu eigener Musikbegleitung in seinen Solo-Programmen.

S. 298 *Glaubensbekenntnis* – 1971 vorgetragen von Rotraud Schindler, Wolf Adrian, Dieter Hallervorden und Wolfgang Immenhausen. Das satirische Credo bildet das Intro zu »Deutschland – wir kommen«, Volker Kühns Kabarett-»Stück moralisch aufrüstender Gruppenbetreuung«, das der Autor für die Berliner *Wühlmäuse* schrieb und inszenierte: Nach dem Muster der im Zweiten Weltkrieg und auch später in Korea und Vietnam praktizierten Truppenbetreuung der US-Streitkräfte ziehen Trick, Track, Dagobert und Donald Duck als »Botschafter des freien Unternehmertums« von einem Krisengebiet zum andern, um tingeltangelnd Zweifel am System zu zerstreuen und für den Erhalt westlicher Werte zu werben. Dagobert Duck, Urvater des Kapitals, verkündete das Motto des ideologischen Kreuzzuges: »Vom Osten her weht ein scharfer Wind, / Die Zeichen stehn auf Sturm. / Es gilt, daß wir gewappnet sind, / Denn schon heult die Sirene im Turm. / Drum mit Herz und Hand für's Disneyland.« Die Song-Musiken zu der Kabarett-Theater-Farce schrieb Rolf Bauer.

S. 299 *Kapitalisten-Juchzer* – 1965 im Programm »Vom Segen in die Traufe« des Münchner *Rationaltheaters* vorgetragen.

S. 300 *Soziale Symmetrie* – aus dem Kabarett-Stück »Ex und hopp« von Volker Kühn, Dieter Kursawe, Volker Ludwig und Detlef Michel; 1970 von Beate Menner, Joachim Kemmer, Dieter Kursawe und Wolfgang Wiehe vorgetragen im Berliner *Reichskabarett*. Die Musik schrieb Horst A. Haß, Regie führte Volker Kühn.

S. 301 *Wenn der Senator erzählt* – vorgetragen in den sechziger Jahren vom Autor zu eigener Musikbegleitung in seinen Solo-Programmen. Die Nummer war auch Bestandteil einer »Da habt ihr es!« betitelten kabarettistischen Collage aus dem Jahr 1967, mit der Franz Josef Degenhardt, Dieter Süverkrüp, Hanns Dieter Hüsch und Wolfgang Neuss als »Quartett 67« aufgetreten sind.

S. 303 *Ballade von der Geldwirtschaft* – Ende der sechziger Jahre vom Autor zur Kindertrommel vorgetragen. In der Anmoderation dieser Kabarett-Nummer wies Schwendter darauf hin, daß diese Ballade »an zwei wissenschaftlichen Theorien orientiert ist – einerseits an der von Marx über den Entfremdungscharakter des Geldes und andererseits an der fortschrittlichen Psychoanalyse, mit der der Analcharakter des Geldes analysiert wird«. – Sigmund Freud (1856–1939), Begründer der Psychoanalyse; Erich Fromm (1900–1980), fortschrittlicher Psychoanalytiker.

S. 304 *Neuss Testament* – Auszüge aus der Villon-Show gleichen Titels, mit der der Autor 1965 im Berliner

Theater am Kurfürstendamm Premiere hatte. An der »satirischen Zeitbombe«, wie Neuss sein Solo-Programm bezeichnete, mit dem er anschließend auf BRD-Tournee ging, waren Horst Tomayer, Thierry, Jens Gerlach, Gerd Delaveaux und Hans Magnus Enzensberger mit Textbeiträgen beteiligt. Die Musik zum »Testament« stammte von Fatty George, dessen Jazzcombo den Kabarettisten auf der Bühne begleitete. Wie selten in der Kabarett-Geschichte gelang hier einem Satiriker, die politisch-gesellschaftlichen Realitäten seiner Zeit komödiantisch zu analysieren und darüber hinaus noch ein Psychogramm des Kabarettisten selbst zu erstellen. »Aufhänger« des Satire-Stücks ist die Testamentseröffnung im Sinne François Villons, des unbeugsamen Rebellen, der gleich zu Anfang des Programms zu Wort kommt: »Franze Villon, der hat dem Neuss was hinterlassen. Dieweil er meine Gründe und Gefühle kennt, ermächtige ich den dikken Neuss fortan, berichtigen soll er jederzeit dies Testament... Er mag's glossieren und auch kommentieren, erläutern, definieren oder annullieren, vermindern und beschränken, auch vermehren, befristen und ergänzen und erklären wie's ihm beliebt und paßt – er ist mein Mann: Ich hab nischt einzuwenden, nein, mir liegt sogar daran.« – Mit dem Grass-Stück ist das Drama »Die Plebejer proben den Aufstand« gemeint, in dem auf die Brecht-Bühne am Schiffbauerdamm angespielt wird. Der Geist von Rhöndorf bezeichnet den greisen Adenauer, der »Leberclown« den rechten Sozialdemokraten Georg Leber, Chef der IG Bau, Steine, Erden, der später zu Minister-Ehren kam. Der Bürgermeister, der 1965 am Rhein (die Bundestagswahl) verlor, war »Bellins« Regierender Willy Brandt. Ein Jahr später trat er als Vizekanzler in das Kabinett der Bonner Großen Koalition ein.

S. 308 *Revolutionslied für Sanftmütige* – 1968 vorgetragen vom Autor zu eigener Musikbegleitung in seinen Solo-Programmen.

S. 309 *In Marthens Garten* – im November 1967 in der Satire-Sendung »Bis zur letzten Frequenz« des Hessischen Rundfunks gesendet; unter der Regie des Autors sprachen Margret Gute und Hans Martin Koettenich. Die Szene, eine Faust-Parodie, die von mehreren Bühnen-Kabaretts nachgespielt wurde, kommentiert den aktuellen Stand der rebellischen Studentenbewegung jener Wochen. Ende Oktober gab es weltweite Massenproteste gegen den Vietnam-Krieg, allein in Washington belagerten 250000 Demonstranten das Pentagon. Am 1. November 1967 gründeten Anhänger des SDS (Sozialistischer Deutscher Studentenbund) im Berliner Audimax die »Kritische Universität« mit dem Ziel, die Studieninhalte selbst zu bestimmen. Dabei kam es wie in Heidelberg, Tübingen, Marburg und anderen Universitätsstädten zu Zusammenstößen mit den Professoren. In Hamburg wurden Transparente mit der Aufschrift »Unter den Talaren – Muff von tausend Jahren« entrollt. Herbert Marcuse, der amerikanische Sozialphilosoph deutscher Herkunft, der in seinen Schriften unterdrückten Minderheiten ein »Naturrecht« auf Widerstand zubilligt, wurde zum Idol der Neuen Linken. – Daniel Cohn-Bendit, der »rote Dany«, war einer der führenden APO-Persönlichkeiten. Innenminister Paul Lücke (CDU) betrieb die geplante Verabschiedung der Notstandsverfassung, durch die weite Bevölkerungskreise die demokratischen Grundrechte bedroht sahen. Die nach Staatssekretär Walter Hallstein benannte Hallstein-Doktrin, über ein Jahrzehnt Richtlinie westdeutscher Außenpolitik, betrachtete die völkerrechtliche Anerkennung der DDR durch andere Staaten als unfreundlichen Akt und brach in der Regel daraufhin ihrerseits die diplomatischen Beziehungen ab. APO-Student Fritz Teufel war seinerzeit als Inszenator von spektakulären Polit-Happenings populär. In Kiesingers »Kabinett der Koalitze«, mit dem 1966 in Bonn die Große Koalition aus CDU/CSU und SPD an die Macht gekommen war, saßen Carlo Schmid und Karl Schiller, beides rechte Sozialdemokraten, neben Franz Josef Strauß (CSU). Strauß und Schiller wurden wegen ihres Zusammenspiels in Wirtschafts- und Finanzfragen im Volksmund »Plisch und Plum« genannt.

S. 311 *Beutemüller telefoniert* – aus dem *Hammersänger*-Programm »Vorsicht, die Mandoline ist geladen oder Beutemüller konzertiert zum letzten Mal«, mit dem der Autor 1969 zusammen mit seinem Partner Ulf Borchardt auftrat. Das Stück beschreibt das Sterben eines Konzernchefs. – Die Studenten Bernd Rabehl, Wolfgang Lefèvre, Günther Amendt, Daniel Cohn-Bendit und Karl-Dietrich Wolff waren in den sechziger Jahren als linke APO-Anhänger bekannt. Beate Klarsfeld machte 1968 Schlagzeilen, als sie Bundeskanzler Kiesinger ohrfeigte, um auf seine NS-Vergangenheit aufmerksam zu machen.

S. 312 *Babba und Trudche* – aus dem Programm »Darf ich Sie darauf aufmerksam machen, daß Sie einen Knopf offen haben?«, das 1964 in der Frankfurter *Schmiere* Premiere hatte.

S. 313 *Vatis Argumente* – 1968 vorgetragen vom Autor zu eigener Musikbegleitung in seinen Solo-Programmen. – Rudi Dutschke (1940–1979), Symbolfigur der studentischen Protestbewegung, war einer der führenden Theoretiker des Sozialistischen Deutschen Studentenbundes (SDS). Allgemeiner Studentenausschuß (Asta) ist die gewählte Studentenvertretung an den Hochschulen.

S. 318 *Drei Kugeln auf Rudi Dutschke* – im April 1968 vom Autor in seiner Ostberliner Wohnung zu eigener Melodie auf ein Tonband gesungen, das noch im gleichen Monat erstmals in Volker Kühns Satire-Sendung »Bis zur letzten Frequenz« im Hessischen Rundfunk zu hören war. Wenig später kursierte in der Bundesrepublik eine Schallplattenversion des Biermann-Songs; das Vorhaben des Bänkelsängers, sein Lied auf einer Westberliner APO-Veranstaltung vorzutragen, scheiterte am Ausreiseverbot der DDR-Behörden; es wurde daher dort von *Schobert und Black* gesungen. – Das Lied bezieht sich auf das Attentat, das der 23jährige Hilfsarbeiter Josef Bachmann am 11. April 1968 in Berlin auf den prominenten APO-Studenten Rudi Dutschke verübt hatte. Dutschke, der durch mehrere Schüsse schwer verletzt worden war, starb an den Folgen des Anschlags im Dezember 1979 in Dänemark. Biermanns Song stellt das Attentat in Beziehung zu den offiziellen Stellungnahmen des Berliner Senats und Äußerungen der Springer-Presse (»Stoppt den Terror der Jung-Roten jetzt!«), mit denen gegen die Aktionen der Außerparlamentarischen Opposition Front gemacht worden war. Mit dem »Schützen im Schöneberger Haus« ist Berlins damaliger Regierender Bürgermeister, Klaus Schütz (»Ihr müßt diesen Typen nur ins Gesicht sehen!«), gemeint; der »Edel-Nazi-Kanzler« nimmt Bezug auf Bundeskanzler Kiesinger, der als NSDAP-Mitglied im Goebbels-Ministerium tätig gewesen war.

S. 319 *Die Ursache für die Revolutionierung des Käses* – 1967 vorgetragen von Renate Küster und Joachim Kemmer im Programm »Hab Bildung im Herzen«, das von Volker Kühn im

Berliner *Reichskabarett* inszeniert wurde.

S. 320 *Erschröckliche Moritat vom Kryptokommunisten* – vorgetragen in den sechziger Jahren vom Autor zu eigener Musikbegleitung in seinen Solo-Programmen. Die Nummer war auch Bestandteil einer »Da habt ihr es!« betitelten kabarettistischen Collage aus dem Jahr 1967, mit der Dieter Süverkrüp, Franz Josef Degenhardt, Hanns Dieter Hüsch und Wolfgang Neuss als »Quartett 67« aufgetreten sind. – Die Bombe, die da in Bonn geplatzt ist, bezieht sich auf den 1967 von mehreren Kabaretts aufgegriffenen Vorwurf gegen den damaligen Bundespräsidenten Heinrich Lübke (CDU), er sei während der Nazizeit als Bauleiter für eine Firma tätig gewesen, die KZ-Unterkünfte errichtet habe.

S. 322 *Fließbandbaby* – aus »Fließbandbabys Beat-Show«, 1969 vorgetragen vom Ensemble des *Floh de Cologne*.

S. 323 *Berliner Ballade* – 1965 vorgetragen vom Autor in seiner Villon-Show »Neuss Testament«. – 1914 und 1939 markieren den Beginn der beiden Weltkriege. Der Gastronom Blatzheim, Romy Schneiders Stiefvater, war für seine Schickeria-Feten bekannt. Peter Fechter war der erste »Mauer-Tote«, der junge Ostberliner Bauarbeiter war am 17. August 1962 bei einem Fluchtversuch von DDR-Grenzsoldaten erschossen worden. »Hitlerjunge Quex«, der erste große Propagandafilm der Nazis, schildert den »Opfertod« eines Jungen, der zum Märtyrer hochstilisiert wird. Neuss, wegen seiner Fechter-Formulierung von der Springer-Presse und den politischen Parteien heftig bedrängt, erklärt, sein Wort vom »neuen Hitlerjungen« sei das Konzentrat seiner Kritik an dem militant antikommunistischen Reklame-Rummel, der in den westlichen Medien mit getöteten DDR-Flüchtlingen getrieben werde.

S. 325 *Freunde, wir haben Arbeit bekommen* – vorgetragen in den sechziger Jahren vom Autor in seinen Solo-Programmen. Die Nummer war auch Bestandteil einer »Da habt ihr es!« betitelten kabarettistischen Collage aus dem Jahre 1967, mit der Hanns Dieter Hüsch, Franz Josef Degenhardt, Dieter Süverkrüp und Wolfgang Neuss als »Quartett 67« aufgetreten sind. – Die im Text angesprochenen Notstandsgesetze, die wesentliche Einschränkungen der verfassungsmäßigen Grundrechte vorsahen, waren seit Ende der fünfziger Jahre von der CDU betrieben worden; im Mai 1968 wurden sie mit Hilfe der SPD trotz erheblicher Massen-Proteste vom Bundestag verabschiedet.

S. 327 *Heißer Herbst* – das im Herbst 1968 entstandene Lied wurde vom Autor zu eigener Musikbegleitung im Funk, auf Schallplatte und in seinen Solo-Programmen vorgetragen.

S. 334 *Kabarett* – 1963 vorgetragen vom Autor im *Freimauler*-Programm »Schändet mir die Leiche nicht«. Das Limburger Studenten-Kabarett, das später an der Universität Frankfurt/M. spielte, verstand sich als »Mimobrettl«.

S. 335 *Ein neues Löbtau-Lied* – 1967 vorgetragen von dem Gesangsduo *Elke & Alexander*. Das Bänkellied bezieht sich auf das sogenannte »Pudding-Attentat« vom April 1967. Während eines Berlin-Besuches des US-Vizepräsidenten waren elf Kommunarden, darunter der Student Fritz Teufel, von der politischen Polizei festgenommen worden. Der Vorwurf lautete, sie seien »unter verschwörerischen Umständen zusammengekommen« und hätten hierbei »Anschläge gegen das Leben oder die Gesundheit des amerikanischen Vizepräsidenten Hubert Horatio Humphrey mittels Bomben, mit unbekannten Chemikalien gefülltem Plastikbeutel oder mit anderen gefährlichen Tatwerkzeugen wie Steinen usw. geplant«. Die Polizeimeldung war falsch: Nach einer Untersuchung der sichergestellten Gegenstände stellte sich heraus, daß es sich um Plastikbeutel mit Farbe, Pudding und Mehl handelte. Daraufhin kam es am folgenden Tag zu einer Demonstration, an der sich 2000 Vietnamkriegs-Gegner beteiligten, Humphreys Wagenkolonne wurde mit Steinen und Flaschen beworfen. Teufel erlangte in der Folgezeit durch seine Polit-Happenings Popularität, so, als er während seiner Verhandlung wegen schweren Landfriedensbruchs auf die Aufforderung, sich bei Eintritt der Richter zu erheben, antwortete: »Naja, wenn's die Wahrheitsfindung erleichtert.«

S. 336 *Ballade vom langen Marsch* – 1965 vorgetragen vom Autor in seiner Villon-Show »Neuss Testament«. Die Musik zu dem Solo-Programm stammt von Fatty George. Späterer Neuss-Nachsatz zu diesem kabarettistischen Selbstporträt: »Dabei ließ ich Haare/Heut jetzt hab ich wieder Lehrlingsjahre./Folge des Verzichts:/Während andere in meinem Alter/Vor der Rente stehen/Steh ich/Vor dem Nichts.«

S. 338 *daskabarettisttoteslebedaskabarett* – in den sechziger Jahren, nicht zuletzt unter dem Einfluß der weltweiten studentischen Protestbewegung, stellte sich das Kabarett zum erstenmal selbst ernsthaft in Frage. Auf den Essener Kabarett-Tagen kam es 1968 zu Protestaktionen verschiedener Ensembles gegen das »herkömmliche Kabarett« als »Bestandteil des Establishments«. Junge Kabarettisten wie die vom Berliner *Reichskabarett*, dem *Bügelbrett*, dem Münchner *Rationaltheater*, den Kölner *Machtwächtern* und dem *Floh de Cologne* gingen zu den etablierten Kabaretts (*Münchner Lach- und Schießgesellschaft*, Düsseldorfer *Kom(m)ödchen*, Berliner *Stachelschweine*) auf Distanz, riefen zur politischen Aktion auf und übten in ihren Programmen zunehmend System- statt Symptomkritik.

S. 340 *Reihenfolge* – vorgetragen in den sechziger Jahren vom Autor zu eigener Musikbegleitung in seinen Solo-Programmen. Die Nummer war auch Bestandteil einer »Da habt ihr es!« betitelten kabarettistischen Collage aus dem Jahr 1967, mit der Hanns Dieter Hüsch, Franz Josef Degenhardt, Dieter Süverkrüp und Wolfgang Neuss als »Quartett 67« aufgetreten sind.

S. 342 *Lied vom Terroristen Karl Heinz Pawla* – 1968 vorgetragen von dem Gesangsduo *Elke & Alexander*. Das Bänkellied bezieht sich auf einen Vorfall vom September des gleichen Jahres, mit dem ein APO-Student, ähnlich wie seine Gesinnungsgenossen Rainer Langhans und Fritz Teufel, durch eine spektakuläre Aktion die staatlichen Autoritäten lächerlich gemacht hatte: Der Berliner Kommunarde Karl Heinz Pawla verrichtete, wie in Volker von Törnes Spottlied beschrieben, während seiner Verhandlung vor dem Kriminalgericht Moabit seine Notdurft und wischte sich sein Hinterteil mit Gerichtsakten ab. Nach zweitägiger Unterbrechung des Verfahrens wurde Pawla »wegen Richterbeleidigung« zu zehn Monaten Gefängnis ohne Bewährung verurteilt.

S. 343 *Das Alt-Deutschland-Lied* – vorgetragen 1967 vom Autor zu eigener Musikbegleitung in seinen Solo-Programmen. – Am »guten-schönen-schwäbischen Menschen Kurt-Georg Kiesinger« entzündeten sich in den sechziger Jahren nicht nur die kabarettistischen Gemüter: Der Bundeskanzler der großen Bonner Koalition 1966–1969 war wegen seiner NS-Vergangenheit immer wieder Zielscheibe öffentlicher Kritik; die engagierte Antifaschistin Beate Klarsfeld, die ihn im November 1968 auf dem Westberliner CDU-Parteitag öffentlich ohrfeigte, um auf Kiesingers Tätigkeit im Reichspropagandaministerium des Joseph Goebbels aufmerksam zu machen, wurde wegen vorsätzlicher Beleidigung und Körperverletzung zu einem Jahr Gefängnis verurteilt.

S. 344 *Für wen wir singen* – vorgetragen in den sechziger Jahren vom Autor zu eigener Musikbegleitung in seinen Solo-Programmen. Die Nummer war auch Bestandteil einer »Da habt ihr es!« betitelten kabarettistischen Collage aus dem Jahr 1967, mit der Franz Josef Degenhardt, Hanns Dieter Hüsch, Wolfgang Neuss und Dieter Süverkrüp als »Quartett 67« auftraten. – Wolf Biermann, der hier angesprochen wird, lebte damals in der DDR, wo man ihn mit Auftritts- und Publikationsverbot belegt hatte; seine Lieder, darunter »Keine Party ohne Biermann«, »Was verboten ist, das macht uns grade scharf«, »Ballade von der Buckower Süßkirschenzeit«, »Das Familienbad«, »Kleinstadtsonntag«, waren seinerzeit in der Bundesrepublik auf der Schallplatte »Wolf Biermann (Ost) zu Gast bei Wolfgang Neuss (West)« zu hören.

S. 346 *Hudson* – 1968 vorgetragen von Britta Baltruschat, Hansi Frank, Dieter Klemm, Markus Schmidt und dem Autor im Programm »Zwingt Mensch raus« des Kölner Kabaretts *Floh de Cologne*.

S. 347 *System* – aus dem von Jürgen Henningsen inszenierten Programm »Kommunikation« der *NIveauHILISTEN*, 1968. »Diese Nummer«, so eine Anmerkung des Ensembles, das sich als »meloflitterarisches Kabarett« verstand, »ist hochgradig charakteristisch für den Stil dieses Kabaretts. An ihrer Ausarbeitung waren alle Ensemblemitglieder beteiligt: Magdalene Vetter, Marion Ziems, Dieter Mohr, Wolfgang Pusch, Jürgen Riesenbeck, Horst Wingender, Jürgen Henningsen.«

S. 350 *Feierabend* – Text von Wolfgang Pusch, aus dem Programm »Alle flüstern einen Namen« der *NIveauHILISTEN*, 1967 vorgetragen von Barb Sewien, Wolf Jürgen und Rasmus Tolkacz. Regie: Jürgen Henningsen.

S. 351 *Kleinstadtsonntag* – 1965 vom Autor zu eigener Musikbegleitung vorgetragen im Duo-Programm »Wolf Biermann (Ost) zu Gast bei Wolfgang Neuss (West)« in Frankfurt/M.

S. 352 *Objektive Meinung* – aus dem vom Autor inszenierten Programm »Hab Bildung im Herzen«, 1967 vorgetragen von Renate Küster, Joachim Kemmer, Dieter Kursawe und Wolfgang Wiehe im Berliner *Reichskabarett*. – Die Definition der Pressefreiheit als der Freiheit von 200 reichen Leuten, ihre Meinung zu verbreiten, stammt von Paul Sethe, einem prominenten konservativen Journalisten.

S. 355 *Alle flüstern einen Namen* – Text von Jürgen Henningsen und Wolfgang Pusch, vorgetragen von Barb Sewien, Wolf Jürgen und Rasmus Tolkacz im gleichnamigen Programm der *NIveauHILISTEN*, das 1967 von Jürgen Henningsen inszeniert wurde.

S. 357 *Insterburgisches* – Ende der sechziger Jahre von *Insterburg & Co.*, der aus Ingo Insterburg, Jürgen Barz, Karl Dall und Peter Ehlebracht bestehenden Musikal-Kabarettgruppe, vorgetragen.

S. 358 *Kokain* – Ende der sechziger Jahre vom Autor zu eigener Musikbegleitung vorgetragen.

S. 360 *Soldatenmelodie* – Ostern 1965 auf einer Veranstaltung der Kampagne für Abrüstung in Frankfurt/M. vom Autor zu eigener Musikbegleitung vorgetragen, wo er zusammen mit

Wolfgang Neuss ein Duo-Programm bestritt: »Wolf Biermann (Ost) zu Gast bei Wolfgang Neuss (West)«. – 25 Jahre später distanzierte sich Biermann öffentlich von seinen eigenen Versen, indem er, einst selber »einer von dem Friedenspack«, sie 1991 als ironisch gemeintes Motto einem Zeitungsartikel voranstellte, mit dem er die angloamerikanische Militäraktion gegen den Irak guthieß: »Damit wir uns richtig verstehn: Ich bin für diesen Krieg am Golf.«

S. 361 *Wirtschaftsbericht bei der Nirgendwer AG im Nirgendwoland* – aus dem 1966 entstandenen »Vietnam-Zyklus«; vorgetragen vom Autor zu eigener Musikbegleitung in seinen Solo-Programmen. Die Nummer war auch Bestandteil einer »Da habt ihr es!« betitelten kabarettistischen Collage aus dem Jahr 1967, mit der Dieter Süverkrüp, Franz Josef Degenhardt, Hanns Dieter Hüsch und Wolfgang Neuss als »Quartett 67« aufgetreten sind.

S. 361 *Wir Puppen* – aus dem »Puppen«-Programm der Kölner *Machtwächter*, 1969 vorgetragen von Wiltrud Fischer, Rainer Hannemann, Heinz Herrtrampf und Max Kellas. Das von Joachim Hackethal inszenierte Programm verstand sich als eine »Einführung in den sozialistischen Bewußtseinsprozeß«, das Kabarett-Ensemble bezeichnete sich in seiner Programmankündigung als »sozialistisches Kollektiv« und nannte sich »Institut für positive demokratische Bewußtseinsbildung«.

S. 362 *Die Saat ist aufgegangen* – 1968 vom Autor in seinem Reise-Kabarett *Die Zeitberichter* als Kommentar zur Lage der von den Studentenunruhen gebeutelten Nation vorgetragen. Ohne den Hinweis darauf, daß Knabe mit seinem Ensemble vorzugsweise vor Heimatvertriebenen, SS-Veteranen und auf Versammlungen rechtsradikaler Gruppierungen auftritt, könnte die Nummer von der aufgegangenen Saat als ironisch gemeinte Parodie mißverstanden werden – sie ist wie fast alles, was die *Zeitberichter* seit 1952 über die Zeit zu berichten wußten, auf recht eindeutige Weise treudoitsch gemeint. – *Zeitberichter*-Töne in der Bewertung der Studentenbewegung fand unter den Kabarettisten auch Günter Neumann, der in einer 1968 wiederbelebten *Insulaner*-Sendung des RIAS-Berlin reimte: »Der Herrenmensch geht nicht mehr zur Mensur, / heut will er die Studentendiktatur. / Er will die Freiheit feiern / mit Steinen und faulen Eiern... / Ich denk, wenn ich eure Kristallnacht beschau, / das gab's schon einmal, nun kommt es wieder.« Das Copyright an der Gleichung SDS = SS hat die »BILD-Zeitung«.

S. 363 *Die Oberen* – 1969 vorgetragen von der Kabarett-Gruppe *Floh de Cologne*.

S. 363 *Ich bin noch immer unbefriedigt* – diese Parodie auf die Rolling-Stones-Nummer »I can't get no satisfaction« wurde 1969 vom Autor zur Kindertrommel vorgetragen.

S. 364 *Der Staatskritiker* – 1968 vom Autor in seinen Solo-Programmen als Parodie auf Georg Kreislers »Mann mit dem Triangel« vorgetragen. Der Text ist hier gekürzt wiedergegeben.

S. 365 *Im Kabarett* – vorgetragen vom Autor im Programm »Emil Knolls Totlachschau – Ziemlich unkomische Späße«, das 1969 in der Frankfurter *Schmiere* Premiere hatte.

Autoren

Die Amnestierten wurden im Sommer 1947 von Kieler Studenten als politisch-literarisches Reise-Kabarett gegründet. Das kritische Engagement, mit dem sich die Truppe mit der Zeit der ersten Nachkriegsjahre auseinandersetzte, rief mehrfach die Behörden auf den Plan: so wurde 1948 ihr drittes Programm vom britischen Theateroffizier wegen einer Hitler-Szene verboten. Nach der Währungsreform mauserten sich die *Amnestierten* zu einem Profi-Ensemble, dem zeitweise Hans Jürgen Diedrich, Ursula Noack und Hanne Wieder angehörten. 1965 löste sich die Truppe auf. Haupttexter war Joachim Hackethal.

Therese Angeloff (1916–1985), Schauspielerin, Kabarettautorin, Regisseurin. Während des Dritten Reiches hatte sie Berufsverbot. 1945 eröffnete sie in Dresden ein Privattheater, 1953 gründete sie in München das Kabarett *Die kleinen Fische*, für das sie die Texte schrieb und Regie führte. Ab 1958 arbeitete sie verstärkt für Funk und Fernsehen, textete und inszenierte kabarettistische Polit-Revuen für den DGB und die IG Metall. Ihre persönliche Kabarettgeschichte hat sie unter dem Titel »Meine Seele hat ein Holzbein« veröffentlicht.

Die Badewanne war ein surrealistisches Kabarett, zu dem sich 1949 in Berlin Schriftsteller, Maler, Musiker, Schauspieler und Tänzer zusammenfanden. Die Programme, die auf aktuelle Tagespolitik verzichteten und in der Nachfolge des Zürcher *Cabaret Voltaire* standen, wurden kollektiv erarbeitet. In einem programmatischen Prolog hieß es zum Selbstverständnis der Künstlergruppe: »Die Badewanne ist die einstweilige Verfügung einer zukünftigen Behörde, deren papierenes Herz zehn Jahre lang im Landwehrkanal schwamm, ohne der Wasserschutzpolizei aufgefallen zu sein.«

Konrad Bayer (1932–1964), Schriftsteller, gehörte zur »Wiener Gruppe« um H.C. Artmann, Gerhard Rühm und Oswald Wiener, die Ende der fünfziger Jahre mit ihrem *literarischen cabaret* an die Öffentlichkeit trat und durch literarische Happenings im Stil des alten Zürcher *Voltaire*-Kabaretts von sich reden machte.

Hans Fritz Beckmann (1909–1974), Schlagertexter, Kabarettautor, Kabarettist. Der gebürtige Berliner wuchs in Argentinien auf, kehrte als 19jähriger nach Deutschland zurück, wo er sich 1932 als Conferencier in einem Hamburger Tanz-Kabarett versuchte, wenig später in Elows *Kabarett der Namenlosen* einsteigt und bald Haus-Autor für Trude Hesterbergs *Musenschaukel* ist, in der er auch durchs Programm führt. In der Folgezeit wird der Chansonautor für dem Film entdeckt und gehört bald zu den erfolgreichsten Schlagertextern der dreißiger Jahre (»Bei dir war es immer so schön«, »Ich brauche keine Millionen«, »Goodbye, Johnny«, »So oder so ist das Leben«, »Ich werde jede Nacht von Ihnen träumen«). Bereits im Mai 1945 gründet er in Berlin das Kabarett *Tric-Trac*, wo er wieder, wie auch im Schaeffers-Kabarett *Tingel-Tangel*, als Conferencier auftritt.

Berliner Brettl, ein 1955 im staatlichen Auftrag in Ostberlin gegründetes Reise-Kabarett, das sechs Jahre lang durch die DDR-Provinz tingelte. Für die Inhalte der Programme steht das recht unkabarettistische Geburtstagsständchen, das das Ensemble 1959 der zehnjährigen DDR darbot: »Wir achten stets auf deinen Ruf, und dir zuliebe üben wir Kritik; wir stehn zur Klasse, die dich schuf, du dufte junge Republik!«

Wolf Biermann (* 1936), Schriftsteller, politischer Liedermacher. Der gebürtige Hamburger ging als 16jähriger in die DDR, wo er bald als Regieassistent am Berliner Ensemble arbeitete. Anfang der sechziger Jahre erste Auftritte mit eigenen Liedern, darunter in der Ostberliner *Distel*. Wolfgang Neuss stellt den umstrittenen »Poeten mit dem Wimmerholz«, wie er sich selbst bezeichnet, 1965 dem westdeutschen Publikum auf der Abschlußveranstaltung des Ostermarsches in Frankfurt/M. in einem gemeinsam gestalteten Programm vor: »Wolf Biermann (Ost) zu Gast bei Wolfgang Neuss (West)«; die DDR reagiert darauf mit Auftritts- und Publikationsverbot für Biermann, mit Einreiseverbot für Neuss. Während Biermann in Ostberlin immer mehr in Opposition zur SED-Führung gerät, erlangt er im Westen durch zahlreiche Schallplatten und Gedichtbände immer größere Popularität. 1971 wird an den Münchner Kammerspielen sein Theaterstück »Der Dra-Dra« uraufgeführt. Im November 1976 erteilen ihm die DDR-Behörden überraschend ein Visum für eine Tournee durch die Bundesrepublik, verwehren ihm aber anschließend die Wiedereinreise und erkennen ihm die Staatsbürgerschaft ab. Seitdem lebt Biermann in Hamburg.

Franz Josef Bogner (* 1934), Schauspieler, Kabarettautor, Pantomime. Schrieb 1958, damals noch beamteter Gerichtsschreiber, erste Kabarett-Texte, fünf Jahre später gründete er in Limburg das Studenten-Kabarett *Die Freimauler*, mit dem er 1964 an die Universität Frankfurt/M. übersiedelte. Anfang der siebziger Jahre begann er seine Karriere als »literarisch-mimischer Soli-Kabarettist«. Mit seinen körperbetont präsentierten Programmen (»Bogners fabel-haftes Theater«, »Goethes V'st«, »Bogners Clown-Theater«, »Kabarett!«, »Bogners großes Welttheater«) hat er sich im In- und Ausland einen Namen als eigenständiger Interpret des Mimo-Brettls gemacht.

Wolfgang Borchert (1921–1947), Schriftsteller, Schauspieler, Kabarettist. Nach der Ausbildung als Buchhändler und Schauspieler, Einberufung als Soldat an die Ostfront. Auftritte als Conferencier und Rezitator in Kabaretts und Fronttheatern. Mehrfach Verhaftung und Verurteilung zu Gefängnisstrafen durch Militärgerichte, u. a. wegen einer Goebbels-Parodie. Obwohl durch NS-Haft gesundheitlich stark geschwächt, kabarettistische Auftritte im Herbst 1945 in Hamburg. Schrieb mehrere Erzählungen sowie das pazifistische Drama »Draußen vor der Tür«. Die Uraufführung fand im November 1947, einen Tag nach Borcherts Tod in Basel, in den Hamburger Kammerspielen statt.

Gerhard Branstner (* 1927), Schriftsteller, Universitäts-Dozent und zeitweise Lektor des Ostberliner Eulenspiegel Verlags, veröffentlichte Romane, Stücke, Aphorismen und Anekdoten, Kalendergeschichten, Fabeln und Schwänke; daneben Abhandlungen über die Kunst des Humors. Eine Auswahl seiner Songs und Balladen, die auch bald zum Repertoire einiger DDR-Kabaretts gehörten, sind in dem Band »Ich kam, sah und lachte« erschienen.

Erich Brehm (1910–1966), Schriftsteller, Kabarettautor, stammt aus Berlin und war ursprünglich als Lehrer tätig. Im Juni 1945 gründete er das Kabarett *Kiki* und schrieb, auch unter dem Pseudonym Awil, für das Kabarett *Frischer Wind*. 1953 gründete er die Ostberliner *Distel*, für die er Sketche und Chansons schrieb und die er bis 1958 leitete. Später arbeitete er hauptsächlich für das DDR-Fernsehen (»Das Stacheltier«). Seine persönliche Kabarettgeschichte hat er in dem Band »Die erfrischende Trompete« niedergeschrieben.

Gerhard Bronner (*1922), Komponist, Texter, Kabarettist, schlug sich in Palästina, wohin er vor den Nazis aus Wien geflohen war, als Barpianist durch. 1948 in Wien zurück, trat er im *Simpl* mit eigenen Chansons auf; ab 1952 brachte er mit Helmut Qualtinger, später auch mit Georg Kreisler und Peter Wehle, eine Reihe von Kabarett-Programmen (»Brettl vorm Kopf«, »Blattl vorm Mund«, »Brettl am Klavier«, »Glasl vorm Aug«, »Spiegel vorm G'sicht«, »Dachl überm Kopf«) heraus. Populär wurde Bronner nicht allein durch seine Songs, sondern auch als Travincek-Partner Helmut Qualtingers. Ab Mitte der sechziger Jahre verstärkt Funk- und Fernseharbeit.

Georg Büsing (†1958), Journalist, Kabarettautor, schrieb eine Reihe von Texten für die Hamburger *Bonbonniere*. Mitarbeit bei zahlreichen Zeitschriften, darunter Beiträge für die 1946 in Ostberlin wiederbegründete »Weltbühne«.

Michael Burk (*1928), Schriftsteller, Kabarettautor, Kabarettist, gründete 1947 das Reise-Kabarett *Die Sextaner*, 1950 *Die Globetrotter* und 1954 die Münchner *Zwiebel*, für die er auch den Großteil der Texte schrieb. Anfang der siebziger Jahre zog er sich vom Kabarett zurück und schrieb Unterhaltungsromane, die hohe Auflagen erreichten (»Keine Stunde ist zuviel«, »Träume haben ihren Preis«, »Aller Menschen Sehnsucht«).

Franz Josef Degenhardt (*1931), Schriftsteller, politischer Liedermacher, brachte 1963, damals noch Assistent an der Uni Saarbrücken, seine erste Chanson-LP heraus. 1968 übersiedelte er nach Hamburg, um sich als APO-Anwalt zu betätigen. In den sechziger und siebziger Jahren als singender Polit-Barde populär (»Väterchen Franz«, »Wenn der Senator erzählt«, »Mutter Mathilde«, »Mit aufrechtem Gang«), fand er auch als Romancier Beachtung, darunter mit »Zündschnüre«, »Brandstellen«, »Der Liedermacher«, »Die Abholzung«.

Die Drei Rulands, parodistisches Gesangstrio, begannen 1933 als »Katakombenjungs« in Werner Fincks Kabarett. Nach der Schließung der *Katakombe* durch die Nazis traten Helmut Buth, Manfred Dlugi und Wilhelm Meißner als die *Drei Rulands* vornehmlich im *Kabarett der Komiker* auf, wo sie mit ihren »Parodien zu Tagesfragen« rasch bekannt wurden. Wegen einer Gesangsnummer, die den Neubau Berlins zum Thema hatte, erhielt das inzwischen auch durch Funk und Schallplatte bekannt gewordene Trio 1939 Auftrittsverbot. Nach Kriegsende formierten sich die *Drei Rulands* neu; für Helmut Buth, der auch als Helmut Ruland in der DDR musikalisch wirkte, vervollständigte nun Franz Bieger das Trio.

Hans Magnus Enzensberger (*1929), Schriftsteller, stammt aus Kaufbeuren. Seine Gedichtbände »Verteidigung der Wölfe«, »Landessprache« und »Blindenschrift« wurden in viele Sprachen übersetzt. Enzensberger, ab 1964 Herausgeber der Zeitschrift »Kursbuch«, ist auch als Dramatiker, Hörspielautor und Essayist (»Einzelheiten«, »Politik und Verbrechen«, »Deutschland, Deutschland unter anderm«) hervorgetreten; seine polit-polemischen Analysen der bundesrepublikanischen Wirklichkeit haben die Studentenbewegung der sechziger Jahre maßgeblich beeinflußt. Mitarbeit an den Kabarett-Programmen von Wolfgang Neuss (»Neuss Testament«, 1965, und »Asyl im Domizil«, 1967); in den siebziger Jahren kabarettistische Songtexte für Ingrid Caven.

Werner Finck (1902–1978), Schauspieler, Conferencier, Kabarettautor, kam 1928 nach Berlin, wo er bereits ein Jahr später sein eigenes Kabarett *Die Katakombe* eröffnete. Fincks Eigenart, sich im Wort-Gestrüpp seiner heiteren Conferencen zu verheddern und gewissermaßen zwischen den Zeilen Pointen freizusetzen, ohne sie direkt auszusprechen, machten ihn im Dritten Reich bald unbeliebt. 1935 wurde die *Katakombe* geschlossen, Finck kam für einige Wochen ins Konzentrationslager, 1939 erhielt er endgültig Auftrittsverbot. Dennoch gelang es Finck während des Zweiten Weltkrieges, den er als Unteroffizier überstand, immer wieder bei Fronttheatern als Kabarettist aufzutreten. Nach 1945 ging er nach mehreren erfolglosen Kabarettgründungen (*Die Mausefalle*) mit Solo-Programmen auf Tournee, in denen er auch seine Erlebnisse im Dritten Reich immer wieder humorig bis anekdotisch aufarbeitete. Seine Kabarettgeschichte ist in seinen Büchern »Alter Narr – was nun?«, »Zwischendurch – Ernste Versuche mit dem Heiteren« und »Witz als Schicksal – Schicksal als Witz« nachzulesen.

Werner Franke (1940–1988), Biologe, Kabarettautor. Während seines Studiums schrieb er Texte für das *Bügelbrett*, für das Düsseldorfer *Kom(m)ödchen* und die Münchner *Zwiebel*. Funk- und Fernseharbeit. Hauptberuflich war er als Professor für Zellbiologie für das Deutsche Krebsforschungszentrum Heidelberg tätig.

Heino Gaze (1908–1967), eigtl. Hermann Otto Gaze, Komponist und Textdichter, war zunächst als Wirtschaftsjurist tätig, bevor er sich, ermutigt durch den Erfolg seiner Rosita Serrano-Schlager, hauptberuflich der leichten Muse widmete. Sein musikalisches Lustspiel »Die letzten Fünf« wurde 1944, unmittelbar nach der Premiere, vom Goebbels-Ministerium verboten. Nach Kriegsende wurde er musikalischer Leiter des *Kabaretts der Komiker*, das er am 1. Juni 1945 mit »Berlin kommt wieder« wiedereröffnen half. Seine Kabarett-Revuen »Ach, du liebe Zeit«, »Berlin 1945 – als alles vorüber war« und »Melodie der Straße« bescherten dem *Kadeko* Serienerfolge. Anfang der fünfziger Jahre widmete er sich ganz dem Schlagergeschäft (»Egon«, »Ich hab mich so an dich gewöhnt«, »La-le-lu«); sein »Schnürlregen« wurde auch im Ausland zum Hit.

Valeska Gert (1892–1978), eigtl. Gertrud Valesca Samosch, Tänzerin, Schauspielerin, Kabarettistin, gilt als Begründerin der modernen Grotesktanz-Pantomime. Auftritte im *Schall und Rauch*, im *Tingel-Tangel* und in der *Katakombe*, daneben mehrere Filmrollen (»Die freudlose Gasse«, »Die Dreigroschenoper«). Ihr eigenes Kabarett, das sie 1932 eröffnete, nannte sie *Kohlkopp*. Nach der Machtübernahme durch die Nazis ging sie auf Ausland-Tournee; in New York eröffnete sie 1941 ihr Kabarett-Lokal *Beggar Bar*. 1947 kehrte sie nach Europa zurück und versuchte mehrfach, nach dem Muster ihrer Bettler-Bar Kabarett-Lokale zu unterhalten, darunter *Bei Valeska* und ihr *Küchenpersonal* in Zürich, die *Hexenküche* in Berlin und ab 1951 den *Ziegenstall* in Kampen auf Sylt.

Eckart Hachfeld (* 1910), Schriftsteller, Kabarettautor, war ursprünglich Wirtschaftsjurist. Als Kriegsgefangener im britischen Camp Sheffield interniert, gründete er 1946 ein Lagerkabarett, *Das Waschbrettl*. Ein Jahr später nach Hamburg entlassen, schrieb er für verschiedene Kabaretts, darunter für die *Bonbonniere* und Fincks *Mausefalle*; auch Wolfgang Neuss verdankt ihm seine ersten »Pauken«-Soli. Ab 1953 war er ständiger Autor des Düsseldorfer *Kom(m)ödchens*, daneben schrieb er für Film, Funk und Fernsehen und machte sich als Chanson- und Schlagertexter einen Namen. Über dreißig Jahre lang meldete er sich Woche für Woche – zunächst in der »Welt«, später im »Stern« – mit seiner zeitsatirischen Vers-Kolumne »Amadeus geht durchs Land« zu Wort.

Joachim Hackethal (* 1928), Schauspieler, Regisseur, Autor, Kabarettist, gründete 1947 in Kiel ein Studenten-Kabarett, das sich bald *Die Amnestierten* nannte. Später schrieb er auch für andere Kabaretts, vor allem ab Ende der sechziger Jahre für die Kölner *Machtwächter*, bei denen er auch Regie führte. Umfangreiche Funk- und Fernseharbeit.

Dieter Hallervorden (* 1935), Schauspieler, Autor, Kabarettist, stammt aus Dessau. Erste Brettl-Erfahrungen an Studentenbühnen in der DDR. Mit den *Bedienten* kam er nach Westberlin, wo er 1960 die *Wühlmäuse* gründete. Nach anfänglich traditionellen Nummern-Programmen nutzte er ab 1966 das neue *Theater an der Lietzenburger* verstärkt für diverse polit-satirische Kabarett-Theater-Projekte: Heio Müller (»Glückliche Maschinen«), Joachim Roering (»Der brave Demokrat Schmidt«) und Volker Kühn (»Deutschland – wir kommen!«) schrieben und inszenierten sie für Dieter Hallervorden und sein Ensemble. Anfang der siebziger Jahre setzte er dann zunehmend auf blödelnden Nonsens, mit dem er zunächst auf der Bühne, später auch im Fernsehen (»Nonstop Nonsens«) und im Spielfilm (»Didi – der Doppelgänger«) erfolgreich wurde.

Heinz Hartwig (1907–1988), Werbetexter, Kabarettautor, leitete 1941 eine Soldatenbühne. Bei Kriegsende fand er sich in Bad Reichenhall wieder, wo er im Sommer 1945 mit Gerhart Herrmann Mostar das Reise-Kabarett *Die Hinterbliebenen* gründete, für das er den Großteil der Texte schrieb. Nachdem *Die Hinterbliebenen* 1949 ein Opfer der Währungsreform geworden waren, arbeitete Hartwig für Funk und Fernsehen und war auch wieder für die Werbebranche tätig. Sein Lebensbericht erschien unter dem Titel »Gelebt – gelacht – gelästert«.

Werner Heldt (1904–1980), Maler, Autor. Nach dem Kunststudium in Paris und in seiner Heimatstadt Berlin, lebte er mehrere Jahre auf Mallorca. 1940–1945 Soldat in Holland, Belgien und Frankreich. Obwohl kein festes Mitglied, gehörte Heldt zum engeren Freundeskreis des Berliner Künstler-Kabaretts *Die Badewanne*, für das er Texte schrieb und Bühnendekorationen, sogenannte »Raumbilder«, anfertigte.

Jürgen Henningsen (1933–1983), Hochschullehrer, Kabarettautor, schrieb und inszenierte ab 1965 für das Lehrer-Kabarett *Die NIveauHILISTEN*, das auf der Basis von Henningsens 1967 publizierten Kabarett-Theorie (»Kabarett ist Spiel mit dem erworbenen Wissenszusammenhang des Publikums«) aktiv war. 1976 gründete der Erziehungswissenschaftler zusammen mit seinem Kollegen Anton Austermann das Studenten-Kabarett *Fortschrott*.

Jo Herbst (1928–1980), Schauspieler, Autor, Kabarettist, gehörte zum Stammensemble der Berliner *Stachelschweine*, für die er auch, wie für eine Reihe anderer Kabaretts, Texte schrieb. Zusammenarbeit mit Wolfgang Neuss im Funk (»Schreibmaschine und Klavier«, 1952), auf der Bühne (»Schieß mich Tell«, 1955) und im Film (»Wir Kellerkinder«, 1960). Herbst, der bei der Westberliner Neuinszenierung des »Schwarzen Jahrmarkt« von 1972 mitwirkte, wurde durch zahlreiche Fernsehspiele und Spielfilme (»Der Hauptmann und sein Held«, »Das Mädchen Rosemarie«) bekannt.

Dieter Hildebrandt (*1927), Schauspieler, Kabarettautor, Kabarettist, studierte Theaterwissenschaften, bekam als Platzanweiser in der *Kleinen Freiheit* ersten Kabarett-Kontakt. 1955 beim Münchner Studenten-Kabarett *Die Namenlosen*; ein Jahr später gründete er mit Sammy Drechsel die *Münchner Lach- und Schießgesellschaft*, für die er bis 1972 auf der Bühne stand und Texte schrieb. Von 1974 bis 1982 Duo-Programme mit Werner Schneyder (»Talk täglich«, »Lametta & Co.«, »Ende der Spielzeit«). 1992 Duo-Programm »Wippchen oder die Schlacht am Metaphernberge« mit Renate Küster. Hildebrandt hat als erster Kabarettist das Fernsehen zum Satire-Forum gemacht: Bereits in den frühen sechziger Jahren als politisierender Dachdecker bei der »Rückblende« des NDR dabei, moderierte er von 1973 bis 1979 die »Notizen aus der Provinz« (ZDF) und ab 1980 den »Scheibenwischer« (ARD). Seine »Anmerkungen zu (meinen) 30 Jahren Kabarett« erschienen unter dem Titel »Was bleibt mir übrig«.

Friedrich Hollaender (1896–1976), Kabarettautor, Komponist, Regisseur, debütierte 1919 mit eigenen Chansons im *Schall und Rauch*, vertonte Mehring, Tucholsky und Klabund und schrieb für Blandine Ebinger die »Lieder eines armen Mädchens«. Ab 1926 verfaßte er Kabarett-Revuen, sogenannte »Revuettes«. Anfang der dreißiger Jahre hatte er in Berlin sein eigenes Kabarett-Theater, das er *Tingel-Tangel* nannte. Daneben schrieb er Schlager-, Bühnen- und Filmmusiken, darunter die berühmt gewordenen Songs für den »Blauen Engel« (»Ich bin von Kopf bis Fuß auf Liebe eingestellt«, »Ich bin die fesche Lola«). 1933 ging Hollaender ins Exil; in Hollywood eröffnete er 1934 sein *Tingel-Tangel-Theatre*, das allerdings nach zwei Revuen (»High Time« und »Allez Hopp«) wieder schließen mußte. Statt dessen konnte er sich als Filmkomponist behaupten. In den fünfziger Jahren nach Deutschland zurückgekehrt, nahm er seine alte Revuette-Idee wieder auf, die er mit Programmen wie »Hoppla, aufs Sofa!«, »Der große Dreh«, »Es ist angerichtet« und »Futschikato« in der Münchner *Kleinen Freiheit* realisierte. Seine persönliche Kabarettgeschichte hat er unter dem Titel »Von Kopf bis Fuß« aufgezeichnet.

Hanns Dieter Hüsch (*1925), Schriftsteller, Komponist, Regisseur, Kabarettautor, Kabarettist, begann während seines Studiums Chansons und Gedichte zu schreiben, die er in kleinen Theatern vortrug. Ende der vierziger Jahre Mitarbeit beim Studenten-Kabarett *Die Tolleranten* und erste solistische Auftritte. Gründete 1956 in Mainz das Kabarett-Ensemble *arche nova*, ab 1962 Solo-Programme, einziges Requisit: die kleine Orgel. Hüsch verfaßte Hörspiele und Revuen, spielte Bühnenrollen, führte Theaterregie; umfangreiche Mitarbeit bei Funk und Fernsehen. Er hat zahlreiche Schallplatten und Textsammlungen (»Frieda auf Erden«, »Cabaretüden«, »Freunde, wir haben Arbeit bekommen«, »Enthauptungen«, »Den möcht ich sehn«, »Hagenbuch hat jetzt zugegeben« u.a.) veröffentlicht; Texte und Angaben zur Biographie finden sich auch in Bernd Schroeders Collage »Hanns Dieter Hüsch hat jetzt zugegeben ...« Hüsch, der sich als literarischer Entertainer versteht, hat seine Gedankengänge als »fahrender Poet« in einem Buch veröffentlicht, das unter dem Titel »Du kommst auch drin vor« erschien.

Alexander Hunzinger († 1959), Schauspieler, Kabarettautor, Kabarettist, war während der dreißiger und vierziger Jahre an mehreren Bühnen als Darsteller engagiert, darunter am Kölner Schauspielhaus. Nach Kriegsende trat er ab 1946 in der Hamburger *Bonbonniere* auf, für die er auch textete. Anfang der fünfziger Jahre ging er mit dem *Bonbonniere*-Ensemble nach Berlin, wo er in zwei *Haferstengel*-Programmen auftrat. Anschließend spielte er in München Theater.

Ingo Insterburg (* 1934), eigtl. Ingo Wetzker, Musiker, Maler, Autor, Kabarettist, stammt aus Insterburg. 1967 gründete er die Berliner Musikal-Kabarettgruppe *Insterburg & Co.*, die in der Besetzung Ingo Insterburg, Peter Ehlebracht, Karl Dall, Jürgen Barz bis 1979 bestand und mit Nonsens-Versen und musikalischen Kakaphonien die Kabarett-Szene blödelbardig bereicherte. In den achtziger Jahren trat Insterburg mit seinem Partner Marian auf. Insterburg, der mit Vorliebe auf selbstgebastelten Instrumenten spielt, schrieb eine »Rosenöl-Sonate für Ein-Mann-Orchester« sowie eine »Sinfonie Nr. 1, die Vollendete«. Buchveröffentlichungen: »Insterburg-Gedichte«, »Das Leben des Otto Darmstatt«, »Das armselige Liebesleben des intelligenten Johnny Käse«, »Ekel-Lyrik«.

Erich Kästner (1899–1974), Schriftsteller, Kabarettautor, schrieb bereits unter dem Pseudonym Fabian für die *Wilde Bühne*. Seine Gebrauchs-Lyrik, ab 1928 in mehreren Bänden (»Herz auf Taille«, »Lärm im Spiegel«, »Ein Mann gibt Auskunft«, »Gesang zwischen den Stühlen«) erschienen, gehörte bald zum festen Repertoire der Kabaretts. Obwohl seine Bücher von den Nazis öffentlich verbrannt wurden, blieb Kästner in Deutschland. Unter Pseudonym schrieb er noch für Fincks *Katakombe* und die *Musenschaukel*. Zeitweise von Goebbels mit Schreibverbot belegt, verfaßte er als Berthold Bürger das Drehbuch zum Ufa-Farbfilm »Münchhausen«. Nach dem Zweiten Weltkrieg widmete sich der auch als Kinderbuchautor bekannt gewordene Kästner wieder dem Kabarett, schrieb Szenen und Chansons für die Münchner *Schaubude* und die *Kleine Freiheit*. 1957 hatte sein Satire-Stück »Die Schule der Diktatoren« in München Premiere.

Hannelore Kaub (* 1936), Kabarettautorin, Kabarettistin, stieß 1959 auf das Heidelberger *Bügelbrett*, für das sie auch textete und deren künstlerische Leitung sie ein Jahr später übernahm. In der Folgezeit linksengagierte *Bügelbrett*-Programme (»Millionen BILD-Leser fordern«, »Black & White«, »Demokratie 65«, »Trotzdem ... Rot ist die Hoffnung«). Ab 1969 pausierte das inzwischen nach Berlin übergesiedelte Kabarett für zwölf Jahre; 1981 startete Hannelore Kaub das *Bügelbrett* erneut mit dem Programm »Keine Angst, wir kommen!«

Dietrich Kittner (* 1935), Kabarettautor, Kabarettist, gründete 1959 das Göttinger Studenten- und Dilettanten-Kabarett *Die Leidartikler*, mit dem er wenig später nach Hannover übersiedelte. Ab 1965 ist Kittner als Solo-Kabarettist tätig, der durch ausgedehnte Tourneen und zahlreiche Plattenaufnahmen, aber auch durch seine an der Real-Satire orientierten spektakulären Polit-Aktionen bekannt wurde. Seine gesammelten Erfahrungen als Kabarettist und Polit-Agitator veröffentlichte er in seinen Büchern »Vorsicht bissiger Mund!« und »Vor Jahren noch ein Mensch ...«

Gerd Knabe (* 1923), Kabarettautor, Kabarettist. Schloß erste Bekanntschaft mit dem Kabarett-Metier als Kriegsgefangener im Internierungslager nach dem Zweiten Weltkrieg, den er als SS-Obersturmführer in der SS-Panzerdivision »Hohenstaufen« mitgemacht hatte. 1952 gründete er sein rechtsextremes Polit-Kabarett *Die Zeitberichter*, mit denen er vorzugsweise auf Vertriebenentreffen, NPD-Veranstaltungen und vor SS-Veteranen auftritt. Das Neo-Kabarett, eine singuläre Erscheinung der deutschsprachigen Kabarett-Szene, jongliert unverdrossen mit antisemitischen Ressentiments, ausländerfeindlichen Parolen und ewig-gestrigen Großdeutschtümeleien. Knabes Autobiographie erschien unter dem Titel »Jeder Tag zählt – Von der Waffen-SS zum Kabarett« im Eigenverlag.

Georg Kreisler (*1922), Schriftsteller, Kabarettautor, Komponist, Kabarettist, arbeitete in Hollywood, wohin seine Familie vor den Nazis aus Wien geflüchtet war, als Filmmusiker, als Fernsehautor und Bar-Entertainer. 1955 nach Wien zurückgekehrt, trat er in der *Marietta-Bar* mit eigenen Chansons auf und erarbeitete mit Helmut Qualtinger, Gerhard Bronner und Peter Wehle verschiedene Kabarett-Programme (»Blattl vorm Mund«), in denen er auch auftrat. 1958 ging er nach München, 1975 nach Westberlin, von wo aus er mit »Nichtarischen Liedern«, »Liedern zum Fürchten«, am schwarzen Humor geschulten »Seltsamen Gesängen« und aggressiven Polit-Songs auf Gastspielreisen geht. Kreisler, der auch Hörspiele, Revuen und Theaterstücke (»Lola Blau«) verfaßte, hat zahlreiche Textsammlungen und Schallplatten veröffentlicht.

Hellmuth Krüger (1890–1955), Conferencier, Kabarettautor, war als Schauspieler am »Deutschen Theater« in Berlin engagiert, bevor er 1920 im *Schall und Rauch* erstmals mit eigenen Texten auftrat. Später conferierte er im *Kadeko*, in der *Rakete*, im *Korso*, im *Alt-Bayern* und bei den *Wespen*, schrieb Kabarett-Revuen, in denen er auch selbst mitspielte. Ab 1933 flüchtete er sich in die humorige, unverbindliche Unterhaltung. Nach Kriegsende trat Krüger als Conferencier in der Münchner *Schaubude* und im Berliner *Ulenspiegel* auf, außerdem wirkte er in Werner Fincks *Mausefalle* und bei der *Kleinen Freiheit* mit.

Volker Kühn (*1933), Journalist, Schriftsteller, Kabarettautor, Regisseur. Von 1965 bis 1977 schrieb, inszenierte und produzierte er im Hessischen Rundfunk die Hörfunk-Sendung »Bis zur letzten Frequenz« als »kabarettistische Monatsbilanz«. Co-Autor und Regisseur mehrerer Programme des Berliner *Reichskabaretts* (»Hab Bildung im Herzen«, »Der Guerilla läßt grüßen«, »Ex und hopp«). 1971 schrieb und inszenierte er für die Berliner *Wühlmäuse* das Kabarett-Programm »Deutschland – wir kommen!« 1973 startete er mit Dieter Hildebrandt die ZDF-»Notizen aus der Provinz«. Fernsehsendungen, darunter das Neuss-Porträt »Ich lache Tränen, heule Heiterkeit«, die Film-Satiren »Die halbe Eva«, »Hochkant« und »Der Eremit« sowie die TV-Features »Bombenstimmung – Unterhaltung unterm Hakenkreuz« und »Totentanz – Kabarett im KZ«. Eigene Polit-Satire auf Schallplatten (»Wie die Alten singen«, »Pol(h)itparade«, »Musik aus Studio Bonn«), LP-Produktionen mit Wolfgang Neuss, Hanns Dieter Hüsch, Dieter Süverkrüp u. a. Textete für verschiedene Kabaretts, darunter für das Düsseldorfer *Kom(m)ödchen*, schrieb und inszenierte Fernseh- und Theater-Revuen (»Libertäterä – Die Revolution findet im Saale statt«, »Quaale Traum erdrosselt meine Singe«, »Vom armen Poeten«), Songtexter für »Turo's Tutti« und das Musical »EinsZweiDrei«. Buchveröffentlichungen u. a. »Das Kabarett der frühen Jahre«, »Leise rieselt der Schmäh – Wende-Parodien zur Lage der Nation«, »Gedicht aus Bonn – Wegwerf-Lyrik aus dem Bundestag«, »Spötterdämmerung – Vom langen Sterben des großen kleinen Friedrich Hollaender« sowie, mit Günter Walter, »Ich bejahe die Frage rundherum mit Ja – Einführung in die Kanzlersprache« und »Schöner wählen«. Herausgeber der Neuss-Textsammlungen »Das Wolfgang Neuss Buch«, »Tunix ist besser als arbeitslos«, »Neuss Testament«, »Die Kellerkinder« und der Satire-Anthologie »Zurück, Genossen, es geht vorwärts!« Autor und Regisseur der zwölfteiligen ZDF-Reihe »Die 10. Muse« zur Geschichte des Kabaretts.

Max Werner Lenz (1887–1973), Schauspieler, Regisseur, Autor, Kabarettist, ist gebürtiger Schweizer. Von Engagements in Deutschland und Rumänien in seine Heimat zurückgekehrt, wurde er 1934 als Darsteller, Autor, Regisseur und Conferencier an das Zürcher Kabarett *Cornichon* verpflichtet, dem er bis 1947 angehörte.

Horst Lommer (1904–1969), Schriftsteller, Kabarettautor, war von 1935 bis 1945 als Schauspieler am Preußischen Staatstheater in Berlin engagiert. Mitwirkung in einigen NS-Filmen, darunter in »Jud Süß«. Seine in den dreißiger Jahren gemeinsam mit Just Scheu verfaßte Komödie »Eintritt frei« erzielte Aufführungsrekorde. 1946 veröffentlichte er unter dem Titel »Das Tausendjährige Reich« satirische Versglossen über das Leben im Hitler-Deutschland, die er während der NS-Zeit geschrieben hatte. Er verfaßte Fernsehspiele, die Revue »Höllenparade«, das Theaterstück »Der General« und textete für das Düsseldorfer *Kom(m)ödchen*.

Kay Lorentz (*1920), Kabarettautor, Kabarettist, Regisseur, hatte ersten Kabarett-Kontakt als kaufmännischer Leiter der Düsseldorfer *Wäscheleine*. 1947 gründete er zusammen mit Lore Lorentz das Düsseldorfer *Kom(m)ödchen* als »kleine Literaten-, Maler- und Schauspielerbühne«, das »dienstälteste« Kabarett der Bundesrepublik. Lorentz, der anfangs auch Texte schrieb und als Darsteller auf der Bühne stand, inszenierte die Mehrzahl der Programme, die zeitweise auch im Fernsehen ausgestrahlt wurden. Haupttexter waren Eckart Hachfeld, Wolfgang Franke und Martin Morlock; Protagonistin des mit den Jahren wechselnden Ensembles blieb vier Jahrzehnte lang Lore Lorentz.

Volker Ludwig (*1937), eigtl. Eckart Volker Ludwig Hachfeld, Stückeschreiber, Kabarettautor, schrieb seit 1956 Sketche und Songs für Funk und Fernsehen sowie für die *Stachelschweine*, für die *Bedienten* und für die *Wühlmäuse*, später auch für das *Kom(m)ödchen*. 1965 war er an der Gründung des Berliner *Reichskabaretts* beteiligt, dessen künstlerischer Leiter und Haupttexter er war. Von 1972 an leitet er das Kinder- und Jugendtheater GRIPS am Berliner Hansaplatz, für das er eine Vielzahl von Stücken (»Mannomann!«, »Ein Fest bei Papadakis«, »Das hältste ja im Kopf nicht aus«, »Eine linke Geschichte«, »Alles Plastik«, »Ab heute heißt du Sara«) mitverfaßte und die Songtexte lieferte. 1983 gründete er zusammen mit Detlef Michel das politisch-satirische Kabarett *Institut für Lebensmut*, das ein Jahr lang im GRIPS-Theater spielte; drei Jahre später gelangte dort auch Ludwigs Erfolgs-Musical »Linie 1« zur Uraufführung, zu dem Birger Heymann die Musik schrieb. Zahlreiche Veröffentlichungen von GRIPS-Stücken; Ludwigs Einschätzung der westdeutschen Kabarett-Szene zwischen 1945 und 1970 ist in dem von Georg Zivier und Helmut Kotschenreuther mitverfaßten Buch »Kabarett mit K« nachzulesen.

Die Machtwächter wurden 1966 von Heinz Herrtrampf in Köln als literarisch-satirisches Kabarett gegründet, das sich unter dem Eindruck der Studentenbewegung immer stärker politisierte und sich später als »Institut für kritische Konsumbefriedigung« verstand, bevor es sich einige Zeit lang als »sozialistisches Kollektiv« bezeichnete. Ab 1968, als der Ex-*Amnestierte* Joachim Hackethal dem Kabarett als Texter und Regisseur zur Verfügung stand, wechselten die *Machtwächter* von der Symptom- zur System-Kritik.

Jürgen v. Manger (* 1923), Schauspieler, Kabarettautor, Kabarettist, begann seine Bühnenlaufbahn nach dem Zweiten Weltkrieg. Daneben absolvierte er in den fünfziger Jahren das Jurastudium. Die während seinen Schauspieler-Engagements in der Theaterkantine aus dem Stegreif erfundenen Geschichten um den fiktiven Ruhrkumpel Adolf Tegtmeier hatten, zur Jahreswende 1961/62 vom NDR aufgezeichnet und gesendet, einen Sensationserfolg. Von da ab führte Manger ein Vierteljahrhundert lang auf der Kabarett-Bühne, auf Schallplatten, im Funk und im Fernsehen seine Tegtmeier-Figur vor, die einen erbitterten Kampf mit den Tücken der Sprache austrägt und sich allzu oft im Gestrüpp kleinbürgerlicher Bildung und Konvention verfängt.

Ferdinand May (1896–1977), Schriftsteller, war zunächst als Buchhalter und selbständiger Kaufmann tätig, bevor er zur Theaterarbeit überwechselte. Ab 1939 Soldat der deutschen Wehrmacht, kehrte er nach Kriegsende nach Leipzig zurück, wo er im November 1945 zusammen mit Joachim Werzlau das *Literarische Cabaret Leipzig* gründete, das sich bald *Die Rampe* nannte. May, der auch als Chefdramaturg der Städtischen Theater Leipzig tätig war, schrieb zahlreiche Hörspiele, Theaterstücke und Romane (»Die Verschwörung des Gracchus Babeuf«, »Heinrich Crössmanns große Fahrt«). Seine Tochter ist die bekannte Schauspielerin und Chanson-Interpretin Gisela May. Seine Lebenserinnerungen erschienen unter dem Titel »Die bösen und die guten Dinge«.

Carl Merz (1906–1979), eigtl. Carl Czell, Schriftsteller, Kabarettautor, Kabarettist, trat von 1933 bis 1935 im Wiener Kabarett *Literatur am Naschmarkt* auf. Während der Nazizeit wurde er wegen kritischer Äußerungen inhaftiert. Nach Kriegsende spielte er im Wiener *Lieben Augustin*, dessen Leiter er kurze Zeit war. Zusammenarbeit mit Helmut Qualtinger, mit dem er in den fünfziger Jahren eine Reihe von Kabarett-Programmen (»Brettl vorm Kopf«, »Blattl vorm Mund«, »Glasl vorm Aug«) schrieb. 1961 verfaßte er mit Qualtinger das kabarettistische Einmann-Stück »Der Herr Karl«, die Travnicek-Dialoge sowie eine Reihe von Sketchen und Satire-Stücken (»Alles gerettet«, »Die Hinrichtung«).

Detlef Michel (* 1944), Schriftsteller, Kabarettautor, war bereits als Schüler an kabarettistischen Versuchen beteiligt. Während seines Studiums schrieb er Texte für das Kölner Kabarett *Floh de Cologne* und arbeitete an den Programmen des Berliner *Reichskabaretts* mit (»Hab Bildung im Herzen«, »Der Guerilla läßt grüßen«, »Wir kennen keine Parteien mehr«, »Ex und hopp«). In den siebziger und achtziger Jahren auch an GRIPS-Theater-Stücken (»Das hältste ja im Kopf nicht aus«, »Eine linke Geschichte«, »Ab heute heißt du Sara«) als Co-Autor Volker Ludwigs beteiligt, mit dem er 1983 das Kabarett *Institut für Lebensmut* gründete. Michel, zeitweise Herausgeber der »Berliner Hefte«, schreibt für Funk und Fernsehen.

Mischa Mleinek (* 1927), Schriftsteller, Kabarettautor, schrieb Texte für verschiedene Kabaretts, vor allem Chansons. Mitarbeit bei Funk und Fernsehen, zahlreiche Buchveröffentlichungen, darunter die Unterhaltungs-

Romane »Küß nicht in Italien«, »Tatort Achterbahn«, »Ich finde Mörder reizend«, »Es taut am Monte Rosa«, »Engel sterben nicht«; seine Gedichte sind unter dem Titel »Die kleine Managerie« erschienen.

Martin Morlock (1918–1983), eigtl. Günther Goercke, Journalist, Kabarettautor, studierte Medizin, trat Anfang der vierziger Jahre in Münchner Lokalen mit eigenen Gedichten auf. Während des Krieges Ufa-Nachwuchsschauspieler, später Feldarzt an der Front. In amerikanischer Gefangenschaft lernte er Werner Finck kennen, mit dem er im Juni 1945 an einer Zeitung für Lazarette (»Die Fieberkurve«) arbeitete. Schrieb, auch unter dem Pseudonym Kurt Zundgut, Texte für verschiedene Kabaretts, darunter für das *Nebelhorn*, die *Mausefalle*, die *Kleine Freiheit* und ab 1949 für das Düsseldorfer *Kom(m)ödchen*. Morlock, der acht Jahre lang als »Telemann« TV-Kritiken für den »Spiegel« schrieb, verfaßte Bühnenstücke und Fernsehspiele. In den siebziger Jahren war er als Autor für die *Münchner Lach- und Schießgesellschaft* tätig. Eine Auswahl seiner Texte sind in dem Band »Auf der Bank der Spötter« erschienen.

Walter Moßmann (*1941), Journalist, Liedermacher, singt seit 1964 eigene Songs und trat damit auf vielen Festivals auf. 1966 auf dem Waldeck-Treffen als »Entdeckung des Jahres« gefeiert, engagierte er sich für die Studentenbewegung, für die Kampagne für Abrüstung, gegen den Bau von Kernkraftwerken (»Der KKW-Nein-Rag«). Seine Lieder, die sich oft am französischen Chanson orientieren, sind auch auf Schallplatte erschienen (»Flugblattlieder«, »Die Wacht am Rhein«, »Der Tod von Duisburg«, »Moßmann meets Sophie Lapierre«); Funk- und Fernseharbeit (»Dreyeckland«). Buchveröffentlichungen: »Alte und neue politische Lieder« (mit Peter Schleuning); »Flugblattlieder – Streitschriften«.

Herrmann Mostar (1901–1973), eigtl. Gerhart Herrmann, Schriftsteller, Kabarettautor, war zunächst Lehrer und Journalist, bevor er sich schriftstellerisch betätigte. 1933 ging er zunächst nach Zürich, später nach Wien ins Exil. Dort schrieb er Texte für den *Lieben Augustin*, dessen Hausautor er bald wurde. 1940 von den Deutschen verhaftet, wurde er in ein Strafbataillon eingewiesen. Nach Kriegsende war er Mitbegründer des Reise-Kabaretts *Die Hinterbliebenen*, für das er auch Texte schrieb. Außerdem wurde er als Buchautor bekannt.

Heio Müller (1917–1968), eigtl. Heinz Otto Müller, Autor und Regisseur, begann als Redakteur beim Hessischen Rundfunk. Bekannt wurde er durch seine »kabarettistischen Bekanntmachungen«, mit denen er unter dem Titel »Kaum zu glauben, aber amtlich« viele Jahre hindurch im Hörfunk gegen den behördlichen Amtsschimmel zu Felde zog. 1966 schrieb und inszenierte Müller, der auch an der TV-Satire-Sendung »Hallo Nachbarn!« mitarbeitete, für die Berliner *Wühlmäuse* das Kabarett-Stück »Haben Sie Lust?«. Ein Jahr später folgte »Glückliche Maschinen«, eine kabarettistisch-apokalyptische Vorausschau auf das Jahr 2000, in dem den Menschen in unwirtlicher Umwelt nur noch die Flucht in den Weltraum bleibt, zumal eine «Oppo-Koa-Sozi-alition« die Demokratie längst zur »Demokratur« hat verkommen lassen.

Günter Neumann (1913–1972), Komponist, Texter, Kabarettautor, saß bereits als Unterprimaner in der *Katakombe* am Klavier. Als das *Tingel-Tangel*, für das er textete, spielte und komponierte, 1935 geschlossen wurde, machte er Funk-Kabarett und schrieb Revuen für das *Kabarett der Komiker*.

Zur Wehrmacht einberufen, wurde Neumann bald zur Truppenbetreuung abgestellt. 1947 schrieb er für den Berliner *Ulenspiegel* die beiden Revuen »Alles Theater« und »Schwarzer Jahrmarkt«. Ein Jahr später gab er die Satire-Zeitschrift »Insulaner« heraus, aus der er das RIAS-Funk-Kabarett *Die Insulaner* entwickelte, das, zur Hochzeit des Kalten Krieges, antikommunistische Frontstadt-Parolen ausgab und parteilich-platte Kleinkunststimmung verbreitete. Neumann war auch als Drehbuchautor erfolgreich (»Berliner Ballade«, »Das Wirtshaus im Spessart«, »Herrliche Zeiten«, »Wir Wunderkinder«).

Wolfgang Neuss (1923–1989), Schauspieler, Autor, Kabarettist, wurde nach einer Metzgerlehre Soldat und machte als Frontkomiker Truppenbetreuung. Nach Kriegsende tingelte er als Ansager von Bunten Abenden durch die West-Zonen und etablierte sich in Westberlin als »Mann mit der Pauke«. Mit seinem Kabarett-Partner Wolfgang Müller wurde er für Film und die Musical-Bühne entdeckt. Ab 1963 avancierte Neuss, der auch mit zwei eigenen satirischen Kinofilmen (»Wir Kellerkinder«, 1960, und »Genosse Münchhausen«, 1962) von sich reden machte, mit drei Solo-Programmen (»Das jüngste Gerücht«, »Neuss-Testament«, »Asyl im Domizil«) zum Star-Kabarettisten der Bundesrepublik. Anfang der siebziger Jahre zog er sich ins Privatleben zurück; seitdem gab es nur noch gelegentliche Auftritte vor Fernsehkamera und Funkmikrophon. Mitwirkung an über 50 Spielfilmen. Schallplatten: »Das jüngste Gerücht«, »Neuss Testament«, »Wolf Biermann (Ost) zu Gast bei Wolfgang Neuss (West)«, »Asyl im Domizil«, »Marxmenschen«, »Heissa Neuss«, »Neuss vom Tage«. Seine Texte sind nachzulesen in den von Volker Kühn herausgegebenen Bänden »Das Wolfgang Neuss Buch«, »Wir Kellerkinder«, »Neuss Testament« und »Tunix ist besser als arbeitslos« sowie in »Der gesunde Menschenverstand ist reines Gift« (Hrsg. Mathias Bröckers) und »Neuss' Zeitalter« (Hrsg. Werner Pieper).

Die NIveauHILISTEN, 1964 als Studentenkabarett in Kettwig/Ruhr gegründet, verstand sich als »meloflitterarisches Kabarett«, das, abseits vom traditionellen Nummern-Programm, mit formalen, sprachlichen und darstellerischen Möglichkeiten experimentierte. Stilbildend wurde der Einfluß von Jürgen Henningsen, der ab 1965 für die *NIveauHILISTEN* Texte schrieb und Regie führte.

Lotar Olias (1913–1990), Komponist, Texter, Kabarettautor, Kabarettist, begann in den dreißiger Jahren als Pianist beim Berliner *Kabarett der Komiker*. Im Zweiten Weltkrieg leitete er das Front-Kabarett *Der Knobelbecher*, das an der Ostfront in Lazaretten, Bunkern und Lagerhäusern vor deutschen Soldaten spielte; Olias, seinerzeit im Range eines Unteroffiziers, conferierte, textete, komponierte, sang und begleitete am Klavier. Im Dezember 1945 eröffnete er in Hamburg das Kabarett *Die Bonbonniere*, für das er Sketche, Monologe und Songs schrieb und als Conferencier auf der Bühne stand. Anfang der fünfziger Jahre, nach dem Aus für die *Bonbonniere*, ließ sich Olias auf das Schlagergeschäft ein (»So ein Tag, so wunderschön wie heute«), schrieb Musicals und wurde zum musikalischen Fernweh-Schmalz-Lieferanten für Freddy Quinn (»Die Gitarre und das Meer«, »Junge, komm bald wieder«). Der Olias-Song »Du, du, du« wurde 1953 auch in den USA zum Hit (»You, You, You«).

Helmut Qualtinger (1928–1986), Schauspieler, Autor, Kabarettist, wirkte während seines Medizinstudiums an dem Wiener Studenten-Kabarett *Die Grimasse* mit, für das er bereits textete. In den fünfziger Jahren wurde Qualtinger durch eine Reihe von Kabarett-Programmen auch als Darsteller populär, die er zusammen mit Carl Merz und Gerhard Bronner erarbeitete. Mit Merz verfaßte er eine Reihe von Theaterstücken (»Die Hinrichtung«), Satiren (»Travnicek«) sowie den Kabarett-Monolog »Der Herr Karl«, in denen Qualtinger auf der Bühne und im Fernsehen auftrat. In den sechziger und siebziger Jahren machte er mit Lesungen von Karl Kraus (»Die letzten Tage der Menschheit«) und Adolf Hitler (»Mein Kampf«) von sich reden. 1981 inszenierte er in Wien sein Stück »Das kleine Wiener Halbwelttheater«. Zahlreiche Buchveröffentlichungen, darunter »Der Herr Karl« und »Travnicek«, und Schallplattenaufnahmen.

Hans Rascher (* 1922), eigtl. Helmut Schneller, Kabarettautor. Ursprünglich als Toningenieur beim Rundfunk tätig, schrieb er ab 1953 für die Ostberliner *Distel*, außerdem für die *Herkuleskeule* in Dresden und die Leipziger *Pfeffermühle*.

Alfred Rasser (1907–1977), Schauspieler, Autor, Politiker, Kabarettist, stammt aus Basel. Der gelernte Spediteur gründete 1930 eine eigene Theatergruppe, bevor er Mitglied des Zürcher Kabaretts *Cornichon* wurde. 1943 eröffnete er in Basel das Kabarett *Kaktus*, das zu diplomatischen Verwicklungen führte, nachdem NS-Minister Goebbels über die Schweizer Gesandtschaft die Schließung erzwingen wollte. Stein des Anstoßes war Rassers »Läppli«-Figur, die in Anlehnung an Hašeks braven Soldaten Schweijk hinter der Maske eines hinterwäldlerischen Dorftrottels Unbotmäßiges unter die Leute brachte. Später mauserte sich der Soldat zum Demokraten, zum Weltbürger, zum Millionär und schließlich zum Zivilverteidiger Läppli. Rasser, der ab 1958 Solo-Programme spielte, war ab 1967 zwei Legislaturperioden lang Mitglied des Schweizer Nationalrats.

Das Reichskabarett, als politisch-satirisches Kabarett 1965 in Westberlin von Volker Ludwig und anderen gegründet, galt in den sechziger Jahren als Schrittmacher fürs APO-Kabarett, das an die Stelle der Symptom-Kritik auf System-Kritik setzte. Zu den Haupttextern zählten Volker Ludwig, Dieter Kursawe, Detlef Michel und Volker Kühn, der auch mehrere Inszenierungen verantwortete (»Hab Bildung im Herzen«, 1967; »Der Guerilla läßt grüßen«, 1968; »Ex und hopp«, 1970). 1971 stellte das *Reichskabarett* mit »Rettet Berlin!« seinen Betrieb ein, es erlebte 1983 für kurze Zeit mit dem *Institut für Lebensmut* im GRIPS-Theater eine Neuauflage.

Conrad Reinhold (1930–1974), Schauspieler, Kabarettautor, Kabarettist, gründete 1954 in Quedlinburg das Reise-Kabarett *Der Wecker*, ein Jahr später wurde er Leiter der Leipziger *Pfeffermühle*, für die er Texte schrieb und auf der Bühne stand. Nach einem Polit-Skandal, den sein »Zeitungs-Couplet« in Leipzig auslöste, ging er in die BRD, wo er 1960 das »kleine Frankfurter Resistenztheater« *Die Maininger* gründete. Von seinen Programmen, die er in Frankfurt schrieb, spielte und inszenierte, wurde vor allem sein Kabarett-Solo »Deutschlandstreicher« (1966) bekannt.

Joachim Roering (* 1934), Schriftsteller, Kabarettautor, Regisseur, ursprünglich Diplomingenieur, schrieb für die *Stachelschweine* und arbeitete seit Anfang der sechziger Jahre für Funk und Fernsehen. Von 1962 bis 1976 produzierte er für den NDR die kabarettistische Hörfunksendung »Adrian und Alexander«, von 1963 bis 1966 war seine Satire-Reihe »Hallo Nachbarn!« im TV-Programm. Ende der sechziger Jahre schrieb und inszenierte er für die Berliner *Wühlmäuse* zwei Programme (»Der brave Demokrat Schmidt«, »Lebenshilfe«), daneben schrieb er Texte für Jürgen v. Manger, für das Düsseldorfer *Kom(m)ödchen* und die *Münchner Lach- und Schießgesellschaft*. Roering, der auch die Pseudonyme Detlev Brewster und F.K. Kelling benutzt, machte durch eine Reihe zeitkritischer Fernsehspiele (»Der Eimer und die Mona Lisa«) auf sich aufmerksam.

Rudolf Rolfs (*1920), Schriftsteller, Kabarettautor, Kabarettist, reiste in den vierziger Jahren mit einer Wanderbühne durch die ostdeutschen Lande. 1950 ließ er sich in Frankfurt/M. nieder, wo er sein Kabarett *Die Schmiere* gründete, das er bis 1989 leitete. Für das »schlechteste Theater der Welt«, wie Rolfs die *Schmiere* nannte, schrieb er insgesamt 54 Programme, in denen er auch auf der Bühne stand, darunter »Dornröschen im Mistbeet«, »Sie sind ein Ferkel, Exzellenz!« und »Die tote Ratte in der Limonadenflasche«. Zahlreiche Buchveröffentlichungen, darunter die Trilogie »Tagebuch eines Nichtschläfers«, das »Fahndungsbuch«, die Romane »Einer hört zu« und »Freitag, 21 Uhr: Berlevag« sowie »Das Abenteuer: Schmiere – Eine Chronik«.

Gerhard Rühm (*1930), Schriftsteller, Kabarettist, gehörte zur »Wiener Gruppe«, die Ende der fünfziger Jahre mit ihrem *literarischen cabaret* durch Publikumsbeschimpfungen, happeningartige Clownerien und intellektuelle Nonsens-Darbietungen von sich reden machte. Rühm, der als Lyriker, Hörspielautor und Dramatiker bekannt wurde, hat seine Chansons, zu denen er sich am Klavier begleitet, auch auf Schallplatte aufgenommen.

Helmut Ruge (*1940), Schriftsteller, Kabarettautor, Kabarettist, war 1963 an der Gründung des Berliner Studenten-Kabaretts *Die Hammersänger* beteiligt, für das er die Texte schrieb. 1967 übersiedelte er nach München, wo er mit einer Reihe von politisch-satirischen Programmen (»Volkskörperpflege«, »Vorsicht, die Mandoline ist geladen«, »Die Meise auf dem Vibraphon«) erfolgreich war. Mitte der siebziger Jahre startete er seine Karriere als Solo-Kabarettist. 1976 Dialogpartner von Hüsch in der satirischen Hörfunkreihe »Hammer und Stichel«, Mitarbeit bei den ZDF-»Notizen aus der Provinz«. Mehrere Revuen und Theaterstücke, darunter »Weihnachten an der Front«, »Noch sind wir nicht tot«, »Wer bezahlt die Zeche?«

Just Scheu (1903–1956), Schauspieler, Schlagermacher, Lustspielautor, Kabarettist. Von 1936 bis 1945 war er am Preußischen Staatstheater Berlin engagiert; während dieser Zeit schrieb er Operettenlibretti, musikalische Komödien und Schlager. Von seinen Soldatenliedern wurde »Wir lagen vor Madagaskar und hatten die Pest an Bord« besonders bei Wehrmacht und Hitler-Jugend populär; der Madagaskar-Song findet sich nach Kriegsende auch im Liederbuch der westdeutschen Bundeswehr wieder. Scheu wurde nach 1945 als Rundfunkplauderer mit Quiz-Sendungen und seiner Funk-Lotterie bekannt. Daneben trat er gelegentlich mit eigenen Chansons vors Kabarett-Publikum.

Karl Schnog (1897–1964), Schriftsteller, Autor, Kabarettist, schrieb ab 1923 regelmäßig fürs Kabarett, stand aber bald auch selbst mit eigenen Texten in der *Wilden Bühne*, im *Größenwahn*, im *Küka*, im *Kadeko* und bei den *Wespen* auf dem Podium. Der politisch engagierte Kabarettist war Mitarbeiter von Satire-Blättern und arbeitete mit Piscator zusammen. 1933 emigrierte er in die Schweiz, wo er für das *Cornichon*-Kabarett Texte schrieb, ging später nach Frankreich und Luxemburg. 1940 verhaftet, überlebte er die Konzentrationslager Dachau, Sachsenhausen und Buchenwald. Nach der Befreiung war er in der DDR für den Berliner Rundfunk und als Chefredakteur der Satire-Zeitschrift »Ulenspiegel« tätig.

Markus Schmidt (* 1939), eigtl. Markus Schmid, Musiker, Kabarettautor, Kabarettist, stammt aus St. Moritz. War 1966 als Student der Theaterwissenschaft an der Gründung des Kölner Kabaretts *Floh de Cologne* beteiligt, für das er als Texter, Darsteller und Komponist tätig war. Schied 1974 nach dem Programm »Geyer-Symphonie in Rock-dur« aus dem *Floh*-Ensemble aus und lebt heute als Lehrer im Schweizer Kanton Graubünden, wo er sich auch als Autor, Librettist, Komponist und Regisseur für Schüler- und Amateurtheater betätigt.

Klaus Peter Schreiner (* 1930), Kabarettautor, Kabarettist, war 1952 an der Gründung des Münchner Studenten-Kabaretts *Die Seminarren* beteiligt, 1955 Autor und Darsteller bei den *Namenlosen*, dann bei den *Amnestierten*. Ab 1958 Hausautor der *Münchner Lach- und Schießgesellschaft*. Daneben schrieb er Unterhaltungsserien fürs Fernsehen (»Klimbim«) und fürs TV-Kabarett (»Notizen aus der Provinz«, »Scheibenwischer«). Seine *Lach- und Schießer*-Biographie erschien unter dem Titel »Die Zeit spielt mit«, seine persönliche Kabarettgeschichte nennt sich »Ins Schwarze geschrieben«.

Rolf Schwendter (* 1939), eigtl. Rudolf Schesswendter, Schriftsteller, Hochschullehrer, Kabarettautor, Kabarettist. In Wien Studium der Rechtswissenschaft, der Soziologie und der Theaterwissenschaft, jeweils mit Promotion abgeschlossen; dann vier Jahre arbeitslos. In dieser Zeit als Liedermacher mit seinen »Liedern zur Kindertrommel« unterwegs, die 1970 auch auf Schallplatte erschienen sind. Seit 1967 in der Bundesrepublik wohnhaft, ist er als Professor für Devianzforschung an der Gesamthochschule Kassel tätig. Buchveröffentlichungen: »Modelle zur Radikaldemokratie«, »Theorie der Subkultur«, »Ich bin noch immer unbefriedigt – Lieder zum freien Gebrauch«, »Zur Geschichte der Zukunft«, »Katertotenlieder«.

Gerd Semmer (1919–1967) Schriftsteller, Kabarettautor, gelernter Schneidermeister, studierte Theaterwissenschaft, Kunstgeschichte und Germanistik. Schrieb erste Chansons für Theaterinszenierungen von Erwin Piscator, dessen Regieassistent er war. In der Folgezeit sammelte Semmer politische Lieder vergangener Jahrhunderte und jüngster Vergangenheit; seine Übersetzungen von Liedern der französischen Revolution wurden von Dieter Süverkrüp vorgetragen, der auch Semmers eigene Chanson-Texte vertonte.

Wolfram Siebeck (* 1928), Journalist, Schriftsteller, Kabarettautor, betätigte sich als Pressezeichner und Illustrator, bevor er für die Wochenzeitung »Die Zeit« Feuilletons, Glossen und eine Feinschmecker-Kolumne zu schreiben begann. Als Satiriker arbeitete er auch für den Funk, darunter für die Satire-Sendung »Bis zur letzten Frequenz« (HR). Zahlreiche Buchveröffentlichungen (»Gewußt wie«, »Klappe zu, Affe tot«, »Beste Geschichten«).

Hannes Stütz (* 1936), Kabarettautor, Kabarettist, war 1960 an der Gründung des Studentenkabaretts *Knallfrösche* beteiligt, bei denen er als Autor und Darsteller mitwirkte. Ein Jahr später trat er in der *Zwiebel* auf; er war Texter für das Stuttgarter *Renitenztheater* und das Münchner *Rationaltheater*. Schrieb Polit-Songs für die Ostermarschbewegung und erarbeitete mit Therese Angeloff politische Revuen. Mitherausgeber der Kulturzeitschrift »Kürbiskern«.

Dieter Süverkrüp (* 1934), Musiker, politischer Liedermacher, arbeitete als Werbegraphiker und spielte als Jazz-

Gitarrist bei den »Feetwarmers«. 1959 erschien seine erste Schallplatte mit Liedern der Französischen Revolution. Die kabarettistischen Polit-Songs, die er in den sechziger Jahren schrieb und auf Gastspielreisen vortrug, machten ihn rasch populär. 1967 gemeinsame Auftritte mit Hanns Dieter Hüsch, Franz Josef Degenhardt und Wolfgang Neuss als »Quartett 67«. Mitarbeit bei Funk und Fernsehen, auch für Jugendsendungen; er schrieb das Kinder-Musical »Das Auto Blubberbumm«. LP-Produktionen: »Fröhlich ißt du Wiener Schnitzel«, »Die widerborstigen Gesänge des Dieter Süverkrüp«, »Süverkrüps Hitparade«, »So weit alles klar!«

Thierry (1921–1984), eigtl. Dieter Koch, Kabarettautor, Kabarettist, trat 1949 mit eigenen Texten in der Hamburger *Bonbonniere* auf, ging 1950 nach Berlin, wo er in den *Haferstengel*-Programmen, im *Rauchfang* und im *Nürnberger Trichter* auftrat, darunter in seiner Solo-Conference als Elektriker. Mitwirkung bei den Berliner *Stachelschweinen*, für die er auch textete. Schrieb für den Hörfunk und lieferte Beiträge für die Neuss-Programme »Neuss Testament« und »Asyl im Domizil«.

Volker v. Törne (1934–1980), Schriftsteller, stammt aus Quedlinburg, engagierte sich Anfang der sechziger Jahre für die »Aktion Sühnezeichen«. Mit seinen Gedichtbänden (»Kopfüberhals«, »Im Lande Vogelfrei«, »Wolfspelz«), in denen er die Gebrauchslyrik wiederentdeckt hat, wollte er »als Conferencier und Pausenclown den Leuten Poesie ans Kinn haun«. In seinen »schröcklichen Balladen«, Läster-Songs und Bänkelliedern, die ihren Stoff aus der politischen Wirklichkeit der sechziger Jahre bezogen, persifliert er die kleinbürgerliche Moral als schein-entrüstete Antwort auf die Studentenrevolte. Auch Wolfgang Neuss hat in seinen Programmen mehrfach Törne-Texte verwendet.

Rolf Ulrich (*1921), Kabarettautor, Kabarettist. Nach absolvierter Schauspielschule arbeitete er als Regieassistent bei Gründgens, Brecht und Fehling. 1949 gründete er in Berlin mit Joachim Teege, Alexander Welbat und Klaus Becker eine Kabarett-Gruppe, aus der wenig später die Berliner *Stachelschweine* hervorgingen, deren Leiter und Haupttexter Ulrich ist. Seine als Buch vorgelegte Geschichte über »40 Jahre Kabarett Die Stachelschweine« nennt sich »Alles sollte ganz anders werden«.

Karl Valentin (1882–1948), eigtl. Valentin Ludwig Fey, Kabarettist, Komiker, Autor, begann als Solist; versuchte sich als Musikclown und Volkssänger, bis er 1911 auf seine Partnerin Liesl Karlstadt traf, mit der er über drei Jahrzehnte auf dem Kabarett-Podium und auf der Leinwand Sketche, Einakter und absurd-komische Szenen im Stegreif-Stil aufführte. Mitte der zwanziger Jahre gab er ein vielbeachtetes Berlin-Gastspiel im *Kabarett der Komiker*. Nach 1933 drehte er noch eine Reihe von Spielfilmen, darunter die Kino-Groteske »Die Erbschaft«, die wegen »Elendstendenzen« 1936 verboten wurde. Von den Nazis boykottiert, zog sich Valentin während des Zweiten Weltkrieges ins Privatleben zurück. 1947 war er mit seiner Partnerin Liesl Karlstadt noch einmal im *Bunten Würfel* und ein Jahr später im Münchner *Simpl* zu sehen.

Hannes Wader (*1942), politischer Liedermacher, gelernter Dekorateur, begann Anfang der sechziger Jahre unter dem Einfluß amerikanischer Folkmusic und des französischen Chansonsängers Georges Brassens eigene Lieder zu schreiben, mit denen er 1966 auf dem Waldeck-Festival aufhorchen ließ. Seine Schallplatten, die erste LP

(»Hannes Wader singt«) erschien 1968, erzielten Rekordumsätze.

Erich Weinert (1890–1953), Schriftsteller, Kabarettautor, Kabarettist, verfaßte politisch engagierte Chansons, zu denen er zuweilen selbst die Musik schrieb, für das Leipziger Kabarett *Die Retorte*; hier trat er auch als Darsteller auf. In Berlin wirkte er an Piscators *Revue Roter Rummel* mit, trug seine bissigen Satiren im *Küka* und bei den *Wespen* vor und trat bei Massenveranstaltungen mit eigenen Versen auf, die ihn rasch populär machten. 1933 mußte er Deutschland verlassen; über die Schweiz, Frankreich und Spanien gelangte er in die Sowjetunion, wo er während des Zweiten Weltkrieges am Moskauer Sender und an der Front vor Stalingrad antifaschistische Polit-Propaganda betrieb. Nach Kriegsende kehrte er in die DDR zurück.

Hugo Wiener (* 1904), Schriftsteller, Chansonautor, Kabarettist. Zunächst Klavierbegleiter im Kabarett *Die Hölle*, schrieb er ab 1928 Programme für die Wiener *Femina*-Bühne und mehrere Operetten. Nach dem »Anschluß« Österreichs emigrierte er nach Südamerika; 1948 Rückkehr nach Wien, wo er vornehmlich für den *Simplicissimus* Texte verfaßte, Fernsehspiele und Theaterstücke schrieb; viele seiner schlagerhaften Chansons wurden von Cissy Kraner interpretiert. Zahlreiche Buchveröffentlichungen (»Doppelconference«, »Das Beste aus dem Simpl«, »Krokodile fliegen nicht«, »Wie das Leben so spielt«, »Seid nett zu Vampiren«).

Werner Wollenberger (1927–1982), Journalist, Kabarettautor, schrieb bis 1960 für das Zürcher *Cabaret Federal*, wo er auch Regie führte. Daneben lieferte er Texte für die Münchner *Kleine Freiheit*, das Düsseldorfer *Kom(m)ödchen* sowie für die Programme des Schweizer Kabarett-Duos Voli Geiler/Walter Morath. Mitarbeit bei Funk und Fernsehen.

Gerd Wollschon (* 1944), Kabarettautor, Kabarettist, war 1966 an der Gründung des Kölner Kabaretts *Floh de Cologne* beteiligt, dessen Haupttexter er wurde. Nach 1968 wurde das Ensemble, das sich in seinen politisch-satirischen Programmen (»SimSAladimbambaSAladUSAladim«, »Zwingt Mensch raus«, »7. Programm«, »Fließbandbabys Beat-Show«) vom alten Nummern-Kabarett verabschiedete und experimentelle Theater- und Musikmittel einsetzte, zur professionellen Polit-Rock-Gruppe. 1976 verließ er das Ensemble, gab Solo-Abende und gründete den Kölner Satire Verlag, in dem er ausschließlich Kabarett-Texte veröffentlichte. Mitarbeit bei Funk und Fernsehen (»Goldener Sonntag«). Buchveröffentlichungen: »Sudel-Lexikon«, »FDGO & Co. KG.«, »Der Duft von Freiheit und Adenauer«.

Gerhard Zwerenz (* 1925), Schriftsteller. Nach einem Jahr Wehrmacht und drei Jahren russischer Gefangenschaft wurde er zunächst Volkspolizist, dann Lehrer für Gesellschaftswissenschaft in der DDR. Ab 1952 studierte er bei Ernst Bloch in Leipzig, später gehörte er der antistalinistischen Opposition um Wolfgang Harich an. 1957 ging er in den Westen. Zahlreiche Buchveröffentlichungen, darunter der kritische Bericht »Soldaten sind Mörder – Die Deutschen und der Krieg«, die Romane »Aufs Rad geflochten«, »Casanova oder Der Kleine Herr in Krieg und Frieden«, »Die Erde ist unbewohnbar wie der Mond« sowie die Tucholsky-»Biographie eines guten Deutschen«. Zwerenz, der auch für die Frankfurter *Maininger* und andere Kabaretts Texte schrieb, hat in seinem Roman »Wozu das ganze Theater« dem Kabarettisten Conrad Reinhold ein unpathetisches Denkmal gesetzt.

Chronik

1945
Der Zweite Weltkrieg endet mit Deutschlands bedingungsloser Kapitulation – Atombomben auf Hiroshima und Nagasaki – Siegermächte richten vier Besatzungszonen ein – Über tausend Anträge auf kabarettistische Spielerlaubnis – Das *Kabarett der Komiker* spielt bereits ab Juni – »Der erste Schritt« der *Schaubude* in München – In Hamburg wird die *Bonbonniere* eröffnet – Von Reichenhall aus ziehen die *Hinterbliebenen* über Land – Leipziger *Rampe* gegründet

1946
Kriegsverbrecherprozesse in Nürnberg – Die Entnazifizierung beginnt – Erich Kästner schreibt für die *Schaubude* – Kabarett *Ulenspiegel* in Berlin eröffnet

1947
Moskauer Außenministerkonferenz scheitert an der Deutschlandfrage – Der Schwarzmarkt blüht – USA legen mit dem Marshall-Plan ein Wiederaufbauprogramm für Europa vor – Kieler Studenten finden sich zum Reise-Kabarett *Die Amnestierten* zusammen – In Düsseldorf etabliert sich *Das Kom(m)ödchen* – Borchert stirbt in Basel – Neumann-Revue »Der schwarze Jahrmarkt« im Berliner *Ulenspiegel*

1948
Währungsreform in den drei Westzonen und Westberlin – Der Osten antwortet mit der Berliner Blockade – USA und Großbritannien richten Luftbrücke ein – Gandhi wird ermordet – Gründung des Staates Israel – Karl Valentin stirbt – Werner Finck gründet in Stuttgart seine *Mausefalle* – Funk-Kabarett *Die Insulaner* im RIAS-Berlin

1949
Ende der Berliner Blockade – Grundgesetz der BRD wird verkündet – Erster westdeutscher Bundestag im »Provisorium« Bonn – Adenauer wird Bundeskanzler – Ostberlin reagiert mit Gründung der DDR – Das große Kabarett-Sterben beginnt – In Berlin werden *Die Stachelschweine* gegründet

1950
Ausbruch des Korea-Krieges – Innenminister Heinemann tritt aus Protest gegen Wiederaufrüstung zurück – In Frankfurt eröffnet Rudolf Rolfs *Die Schmiere*, das »schlechteste Theater der Welt«

1951
DDR schlägt »Gesamtdeutschen Rat« vor – Bonn untersagt Volksbefragung über Wiederaufrüstung – Verbot der westdeutschen KPD – *Die Kleine Freiheit* wird in München gegründet

1952
Sowjet-Note bietet Friedensvertrag mit Deutschland an und stellt Wiedervereinigung in Aussicht – Deutschlandvertrag: die BRD wird souverän – Das Deutsche Fernsehen geht auf Sendung – Dritte Deutschlandlied-Strophe wird BRD-Nationalhymne

1953
Bundestag beschließt Vertrag über Gründung einer »Europäischen Verteidigungsgemeinschaft« – Stalin stirbt – Arbeiteraufstand in der DDR niedergeschlagen – Zweite Amtszeit für Adenauer – *Die kleinen Fische* etablieren sich in München – *Die Distel* wird in Ostberlin eröffnet

1954
Moskau verkündet Souveränität der DDR – US-Senator McCarthy macht Jagd auf Kommunisten – BRD wird

Mitglied der Westeuropäischen Union – Bonn will der NATO beitreten – Leipziger *Pfeffermühle* eröffnet

1955
Sowjetunion erklärt Kriegszustand mit Deutschland für beendet – Blank wird erster Verteidigungsminister der BRD – In San Francisco meldet sich mit Kerouac und Ginsberg die »Beat Generation« zu Wort – Einstein stirbt in den USA – Österreich erlangt Souveränität – Warschauer Pakt beschlossen

1956
Erste Einheiten der Bundeswehr – DDR stellt Nationale Volksarmee auf – Bonn beschließt allgemeine Wehrpflicht, die KPD wird verboten – Aufstand in Ungarn – Suezkrise – *Münchner Lach- und Schießgesellschaft* gegründet – In Mainz entsteht die *arche nova*

1957
Saarland wird Teil der BRD – EWG gegründet – CDU erringt absolute Mehrheit – Atomwaffengegner formieren sich – Russen schießen Sputnik ins All – Claire Waldoff stirbt

1958
Chruschtschow verfügt atomaren Teststopp – Erster Ostermarsch der Atomwaffengegner – Tumulte um Rock'n'Roll-Star Bill Haley – Atom-U-Boot »Nautilus« unterquert den Nordpol

1959
Castro stürzt Batista-Diktatur auf Kuba – Sowjetflagge auf dem Mond – SPD revisioniert sich in Godesberg zu einer marktwirtschaftlich orientierten »Volkspartei« – Kabarett-Gründungen: *Das Bügelbrett* in Heidelberg, Kittners *Leid-Artikler* in Göttingen, die *Wühlmäuse* in Berlin

1960
Zwangskollektivierung in der DDR führt zu Massenflucht in den Westen – SPD geht auf Distanz zum Sozialistischen Deutschen Studentenbund (SDS) – In Frankfurt/M. entstehen *Die Maininger*

1961
Gagarin erster Mensch im Weltraum – DDR baut Mauer in Berlin – In Stuttgart eröffnet das *Kleine Renitenztheater*

1962
Kuba-Krise – Spiegel-Affäre – DGB sieht bei Gefährdung der Demokratie Generalstreik vor – Eichmann in Israel hingerichtet

1963
Ostermärsche der Atomwaffengegner erhalten immer mehr Zulauf – US-Präsident Kennedy ermordet – Adenauer tritt zurück, Erhard wird Kanzler – Auschwitz-Prozeß in Frankfurt/M. – Siegeszug der Beatles beginnt – Wolfgang Neuss startet erstes Solo-Programm

1964
Vietnamkrieg eskaliert – Rechtsextremistische NPD formiert sich – *Die NIveauHILISTEN* und die *Machtwächter* gegründet

1965
»Marsch auf Washington« von Vietnamkriegs-Gegnern – Straßenschlachten zwischen Polizei und Jugendlichen nach Westberliner »Rolling Stones«-Konzert – Verjährungsfrist für NS-Verbrechen verlängert – Das Berliner *Reichskabarett* gegründet

1966
Weltweite Proteste gegen den Vietnamkrieg – In Peking beginnt die »Kulturrevolution« – Große Koalition in Bonn – Studentenführer Rudi Dutschke ruft zur Bildung einer »Außerparlamentarischen Opposition« (APO) auf – *Floh de Cologne* in Köln gegründet

1967
250000 Vietnamkriegs-Gegner belagern das Pentagon – Militärputsch in

Griechenland – Israel führt Sechstage-Krieg – Berliner Pudding-Attentat auf US-Vize-Präsident Humphrey – Che Guevara ermordet – In Berlin wird Benno Ohnesorg bei Studentendemonstrationen gegen Schah-Besuch erschossen – Anti-Springer-Kampagne auf dem Höhepunkt – Proteste gegen die Notstandsgesetze – Adenauer stirbt in Rhöndorf

1968
Prager »Frühling« – Martin Luther King erschossen – Studentenproteste in Paris – Attentat auf Rudi Dutschke löst schwere Unruhen aus – Bundestag verabschiedet die Notstandsgesetze – Ohrfeige für Bundeskanzler Kurt Georg Kiesinger

1969
Heinemann wird Bundespräsident – Woodstock-Festival zieht 400000 Jugendliche an – Brandt Kanzler der sozialliberalen Koalition – Ho Chi Minh stirbt in Hanoi – Amerikaner landen auf dem Mond

1970
Allende wird Präsident von Chile – Stoph und Brandt treffen sich in Erfurt und Kassel – SDS löst sich auf

Rechtsnachweis

Wenn nicht anders angegeben, liegen die Abdruckrechte bei den Autoren.

Für die erteilten Abdruckgenehmigungen danken wir dem Atrium Verlag, Zürich, für alle Texte von Erich Kästner; Elsie Attenhofer, Bassersdorf/Schweiz, für Max Werner Lenz; Aufbau Verlag, Berlin, für Erich Weinert; Edition Esplanade, Hamburg, für Lotar Olias; Christel Burgert, Frankfurt/M., für Conrad Reinhold; Dreiklang-Dreimasken Verlag, München, für Friedrich Hollaender (Spötterdämmerung) und Hans Fritz Beckmann; Kurt Groenewold, Hamburg, für Wolfgang Neuss; Edition Hentrich, Berlin, für Werner Heldt; Verlag Kiepenheuer & Witsch, Köln, für Wolf Biermann (aus: ders., Alle Lieder, 1991); Kindler Verlag, München, für Martin Morlock und Klaus Peter Schreiner; F.A. Herbig Verlagsbuchhandlung, München, für Werner Finck; Mischa Lentz-Mostar, Vence, für Herrmann Mostar; Günter-Neumann-Stiftung, Berlin, für Günter Neumann; Piper Verlag, München, für Karl Valentin; Vera Ripperger, Neusäß, für Therese Angeloff; Rowohlt Verlag, Reinbek, für Wolfgang Borchert (aus: ders., Das Gesamtwerk, 1949); Thomas Sessler Verlag, Wien, für Carl Merz und Helmut Qualtinger; Die Stachelschweine, Berlin, für Rolf Ulrich; Suhrkamp Verlag, Frankfurt/M., für Hans Magnus Enzensberger; Verlag Klaus Wagenbach, Berlin, für Volker v. Törne (aus: Im Lande Vogelfrei, Gesammelte Gedichte).

Trotz intensiver Recherchen konnte für einige Autoren und Texte der Verbleib der Urheberrechte nicht geklärt werden. Berechtigte Ansprüche werden selbstverständlich abgegolten.

Abbildungen